汉语词汇在用
CHINESE WORDS IN USE

汉语相似词语
区别与练习 初级

SIMILAR CHINESE WORDS AND EXPRESSIONS
DISTINCTIONS AND EXERCISES
Elementary

方绪军 著

北京语言大学出版社
BEIJING LANGUAGE AND CULTURE
UNIVERSITY PRESS

本书为国家社会科学基金项目（编号：07BYY034）的阶段成果

总 目
CONTENTS

说 明 INTRODUCTION

汉语学习过程中，学习者要学习和使用大量的词语，其中有不少词语在发音、书写形式、意思或用法等方面有一定的相似性，这些词语可以叫做相似词语（注意，它们不完全是一般意义上的同义词或近义词）。如"不同—区别""不好意思—对不起""没关系—没什么—没事儿""大部分—大多数""不一会儿— 一会儿""点—小时""遍—次—回""不得不—只好""更加—越来越""还是—或者""一边— 一方面""干吗—为什么""吧—吗""的—地—得"等等。词语之间的相似性往往会给学习者正确理解和使用这些词语造成一定的困难。对于学习者而言，他们需要了解这些词语的意思和用法有什么区别。对于教师而言，他们要花费相当多的时间和精力来解答学生们的问题。因此，无论是对于学习还是教学，都有必要把一些常用的相似词语集中起来，指出它们在意思和用法上的区别。

汉语学习是有阶段性的，通常从最常用的内容开始。词语学习也是一样，初级、中级和高级阶段各有不同的词语学习任务和目标。本书面向初级汉语学习者，以《汉语国际教育用音节汉字词汇等级划分》一书中的一级（即普及化等级）词语中的①、②、③级词语为范围，正文中共选相似词语404组，872个词语，其中，①级词语193个，②级词语339个，③级词语340个。正文前提供了成组词语的目录，正文后附录2提供了所收录的全部单个词语的音序索引。

各组词语包括"相似""区别"和"练习"三部分内容：首先简单列举各组词语的相似之处，然后着重指出各组词语在意思和用法方面的区别，并提供较丰富的用例以帮助理解和体会，最后安排一组填空练习，帮助巩固和运用。每页下方提供了该页练习的答案。

正文后附录1中提供了初级阶段词形和发音相似（含相同）的词语129组，共283个词语，对外国学生而言，这些也是汉语相似词语的重要组成部分，单独成组提出来比较，给出读音、词性、搭配，望能引起注意。

本书释义解说及例句用语简单，适合初级水平的汉语学习者使用，也适合初、中级的新汉语水平考试备考使用。广大对外汉语教师也可用本书作为教学参考。

方绪军

2012 年 11 月

While studying Chinese, students have to learn and use a lot of words and expressions, some of which have certain similarities in pronunciation, written form, meaning or usage, and can be called similar words and expressions (Note: they are not exactly synonyms or near-synonyms), e.g. , "不同—区别", "不好意思—对不起", "没关系—没什么—没事儿", "大部分—大多数", "不一会儿—一会儿", "点—小时", "遍—次—回", "不得不—只好", "更加—越来越", "还是—或者", "一边——一方面", "干吗—为什么", "吧—吗", "的—地—得", etc. The similarities between the words and expressions often cause difficulties for students to correctly understand and use them. Students need to know the distinctions between the meanings and usages of those words and expressions, while teachers need to spend quite a lot of time and energy answering the students' questions. Therefore, for both learning and teaching, it is necessary to gather some similar words and expressions in common use and point out their distinctions regarding meaning and usage.

Chinese learning can be divided into several stages, usually beginning with the most commonly used content. So is the learning of words and expressions. There are different tasks and objectives at the elementary, intermediate and advanced stages of word and expression learning. Oriented towards elementary-level learners, this book includes 404 groups of similar words and expressions, taken from Sublevels ① – ③ of Level 1 (Popularized Level) in *The Graded Chinese Syllables, Characters and Words for the Application of Teaching Chinese to the Speakers of Other Languages*. Of all the 872 words and expressions selected, 193 are from Sublevel ① , 339 from Sublevel ② , and 340 from Sublevel ③ . A list of headwords is provided before the main body of the book, and an index of all the words and expressions included is provided in alphabetical order in Appendix 2.

Each group of words or expressions are dealt with in three parts, namely "相似" (Similarities, listing the similarities between the words or expressions), "区别" (Distinctions, pointing out the differences between the meanings and usages of the words or expressions and providing abundant examples to facilitate understanding) and "练习" (Exercises, providing a group of blank-filling exercises to help students consolidate and use what they've learned). Answers to the exercises on each page are provided at the bottom of the page.

Appendix 1 lists 129 groups of words and expressions at the elementary stage, 283 in total, with similar (or same) forms or pronunciations. For international students, these are also an important component of similar Chinese words and expressions. They are compared in groups, with the pronunciations, word classes and collocations provided to draw students' attention.

With the illustrations and example sentences written in simple language, this book is fit for elementary-level Chinese language learners and can be also used to prepare for the elementary or intermediate New HSK test. Teachers of Chinese as a foreign language can use this book as a teaching reference.

Fang Xujun
November, 2012

1 每组词语条目标有序号，单独一行列出，后注拼音，拼音后的数字符号①、②、③表示该词语在《汉语国际教育用音节汉字词汇等级划分》一级词语中的分级，分别对应①级、②级和③级。如：

Each group of words and expressions are marked with serial numbers and listed in a single line. Each word or expression is directly followed by its *pinyin*. The number ①, ② or ③ indicates the sublevel of each word or expression at Level 1 in *The Graded Chinese Syllables, Characters and Words for the Application of Teaching Chinese to the Speakers of Other Languages*. For example,

遍 biàn ②	次 cì ①	回 huí ②

2 全书所收词语按第一个词语的首字拼音顺序排列，首字相同的词语，按第二个汉字的拼音顺序排列，依此类推。同组词语按首字拼音顺序排列。

The groups of the words and expressions in this book are put in alphabetical order according to the *pinyin* of the first character of the first word or expression in each group; the words and expressions with the same first character are put in order according to the *pinyin* of the second character, and so on and so forth. The words and expressions in the same group are put in order according to the *pinyin* of the first character.

3 对每组词语的说明分三部分：先简单指出词语之间的相似之处，然后具体说明词语意思或用法的区别并提供用例，最后是练习。三个部分开始时分别标明"〖相似〗""〖区别〗"和"〖练习〗"。

The illustration of each group of words and expressions consists of three parts: (1) pointing out the similarities between them; (2) specifically explaining the distinctions between their meanings or usages and providing examples; (3) exercises. The three parts are titled "〖相似〗" (Similarities), "〖区别〗" (Distinctions) and "〖练习〗" (Exercises) respectively.

4 "〖区别〗"部分里的（1）、（2）、（3）等序号表示相似词语之间区别的不同方面。

The serial numbers (1), (2), (3), etc. in the part of "〖区别〗" (Distinctions) indicate different aspects of the distinctions between the similar words and expressions.

❺ 用例之间用单竖线"｜"和双竖线"‖"隔开："｜"表示前后用例里含同一个所示例的词语；"‖"表示前后用例含不同示例的词语。例句中所示词语用下画线标示。如：

The examples are separated by "｜" or "‖". The former indicates that the examples before and after it deal with the same word or expression; the latter indicates that the examples before and after it deal with different words or expressions. The words or expressions being dealt with are underlined. For example,

我们<u>本来</u>不认识。｜这条路<u>本来</u>很窄，现在加宽了。‖我和他<u>原来</u>不在一个单位工作。｜这里<u>原来</u>是农田，现在建成公园了。

❻ 举例中语法上可以替换的词语之间用斜线"／"隔开。如，"绘画／艺术／音乐／文学才能"表示"绘画"等词语可以分别与"才能"组合，即"绘画才能""艺术才能""音乐才能"和"文学才能"。

In examples, the words or expressions that can be replaced with each other grammatically are separated by "/". For example, "绘画/艺术/音乐/文学才能" indicates that "绘画" and the other words can be collocated with "才能" respectively, forming "绘画才能", "艺术才能", "音乐才能" and "文学才能".

❼ 不正确的用法举例前边加"*"号。如："*帮忙帮忙"。

"*" is put before incorrect usages, e.g., "*帮忙帮忙".

❽ "〖练习〗"部分，有些句子可填入两个或两个以上词语的，答案用"／"隔开，如一个空儿里可以填入 A 或 B，答案用"A/B"表示；一个句子有两个或两个以上空儿的，答案之间加"，"，如应分别填入 A、B，答案用"A, B"表示。

In the part of "〖练习〗" (Exercises), some sentences can be completed with two or more alternative words or expressions and the alternatives are separated by "/". For example, if a blank can be filled in with A or B, then the answer will be "A/B". When there are two or more blanks in a sentence, the answers are separated by ",". For example, if the blanks can be filled in with A and B respectively, then the answers will be "A, B".

词 目
HEADWORDS

A

B

50.	彩色	cǎisè	颜色	yánsè			62
51.	参观	cānguān	访问	fǎngwèn			63
52.	参加	cānjiā	加入	jiārù			64
53.	曾经	céngjīng	已经	yǐjīng			65
54.	查	chá	找	zhǎo			67
55.	差不多	chàbuduō	相当	xiāngdāng			68
56.	产生	chǎnshēng	发生	fāshēng			69
57.	长处	chángchu	好处	hǎochu			70
58.	长期	chángqī	好久	hǎojiǔ			71
59.	常	cháng	常常	chángcháng	经常	jīngcháng	72
60.	场合	chǎnghé	场所	chǎngsuǒ			74
61.	朝	cháo	往	wǎng	向	xiàng	75
62.	车	chē	车辆	chēliàng			77
63.	称为	chēngwéi	叫做	jiàozuò			78
64.	成功	chénggōng	胜利	shènglì			79
65.	成果	chéngguǒ	成绩	chéngjì	成就	chéngjiù	80
66.	成立	chénglì	建立	jiànlì	设立	shèlì	82
67.	成熟	chéngshú	熟	shú			83
68.	成长	chéngzhǎng	生长	shēngzhǎng			84
69.	城	chéng	城市	chéngshì			85
70.	重复	chóngfù	重新	chóngxīn	反复	fǎnfù	86
71.	出发	chūfā	出门	chūmén			88
72.	初步	chūbù	初级	chūjí			89
73.	传播	chuánbō	推广	tuīguǎng			90
74.	创造	chuàngzào	创作	chuàngzuò	发明	fāmíng	91
75.	春节	Chūn Jié	新年	Xīnnián			92
76.	从	cóng	自从	zìcóng			93
77.	从前	cóngqián	以前	yǐqián			94
78.	错	cuò	错误	cuòwù			95

D

79. 答应	dāying	回答	huídá			*98*
80. 达到	dádào	到达	dàodá			*99*
81. 打开	dǎkāi	开	kāi			*100*
82. 打算	dǎsuàn	计划	jìhuà	准备	zhǔnbèi	*101*
83. 打听	dǎtīng	问	wèn			*103*
84. 大部分	dàbùfen	大多数	dàduōshù			*104*
85. 大概	dàgài	大约	dàyuē			*105*
86. 大众	dàzhòng	群众	qúnzhòng			*106*
87. 大自然	dàzìrán	自然	zìrán			*107*
88. 带	dài	领	lǐng			*108*
89. 带动	dàidòng	带领	dàilǐng			*109*
90. 但	dàn	但是	dànshì			*110*
91. 当时	dāngshí	那时 （那时候）	nàshí (nà shíhou)			*111*
92. 当中	dāngzhōng	其中	qízhōng			*112*
93. 到处	dàochù	各地	gèdì			*113*
94. 到底	dàodǐ	终于	zhōngyú			*114*
95. 道理	dàolǐ	理论	lǐlùn			*115*
96. 道路	dàolù	路	lù			*116*
97. 得到	dédào	取得	qǔdé			*117*
98. 得意	déyì	满意	mǎnyì	满足	mǎnzú	*119*
99. 的	de	地	de	得	de	*120*
100. 等待	děngdài	等到	děngdào			*122*
101. 地点	dìdiǎn	地方	dìfang			*123*
102. 点	diǎn	小时	xiǎoshí			*124*
103. 电影	diànyǐng	影片	yǐngpiàn			*126*
104. 调查	diàochá	考察	kǎochá			*127*
105. 东边	dōngbian	东部	dōngbù	东方	dōngfāng	*128*
106. 懂	dǒng	懂得	dǒngde			*129*

G

129. 改	gǎi	改变	gǎibiàn			158
130. 干净	gānjìng	卫生	wèishēng			159
131. 赶	gǎn	追	zhuī			160
132. 赶紧	gǎnjǐn	赶快	gǎnkuài	加快	jiākuài	162
133. 感到	gǎndào	觉得	juéde			163
134. 感觉	gǎnjué	感受	gǎnshòu			164
135. 感谢	gǎnxiè	谢谢	xièxie			165
136. 干	gàn	搞	gǎo			166
137. 干活儿	gàn huór	工作	gōngzuò	劳动	láodòng	167
138. 干吗	gànmá	为什么	wèi shénme			169
139. 刚才	gāngcái	刚刚	gānggāng			170
140. 高速	gāosù	快速	kuàisù			171
141. 高兴	gāoxìng	开心	kāixīn	快乐	kuàilè	172
142. 告诉	gàosu	通知	tōngzhī			174
143. 个性	gèxìng	性格	xìnggé			175
144. 各	gè	每	měi			176
145. 给	gěi	为	wèi			178
146. 根本	gēnběn	基本	jīběn	基础	jīchǔ	179
147. 跟	gēn	和	hé	与	yǔ	181
148. 更	gèng	还	hái			182
149. 更加	gèngjiā	越来越…	yuè lái yuè…			184
150. 工夫	gōngfu	功夫	gōngfu			185
151. 工资	gōngzī	收入	shōurù			186
152. 公布	gōngbù	宣布	xuānbù			187
153. 公路	gōnglù	马路	mǎlù			188
154. 公民	gōngmín	人民	rénmín			189
155. 功课	gōngkè	课程	kèchéng			190
156. 共同	gòngtóng	一起	yìqǐ			191
157. 够	gòu	足够	zúgòu			192

158. 姑娘	gūniang	小姐	xiǎojie			194
159. 故乡	gùxiāng	家乡	jiāxiāng			195
160. 顾客	gùkè	客人	kèren			196
161. 关	guān	合	hé			197
162. 关系	guānxì	联系	liánxì			198
163. 关心	guānxīn	关注	guānzhù			200
164. 观察	guānchá	观看	guānkàn			201
165. 观点	guāndiǎn	主张	zhǔzhāng			202
166. 观念	guānniàn	思想	sīxiǎng			203
167. 管	guǎn	管理	guǎnlǐ			204
168. 光	guāng	仅	jǐn	只	zhǐ	205
169. 规定	guīdìng	决定	juédìng			207
170. 国	guó	国家	guójiā			208
171. 果然	guǒrán	真的	zhēn de			209
172. 过	guo	了	le			210

H

173. 还是	háishi	或者	huòzhě			212
174. 孩子	háizi	小孩儿	xiǎoháir			213
175. 害怕	hàipà	可怕	kěpà	怕	pà	214
176. 喊	hǎn	叫	jiào			215
177. 汉语	Hànyǔ	华语	Huáyǔ	中文	Zhōngwén	216
178. 好多	hǎoduō	许多	xǔduō			217
179. 好看	hǎokàn	精彩	jīngcǎi	漂亮	piàoliang	218
180. 好玩儿	hǎowánr	有意思	yǒuyìsi			220
181. 好奇	hàoqí	奇怪	qíguài			221
182. 合适	héshì	适合	shìhé			222
183. 合作	hézuò	联合	liánhé			222
184. 很	hěn	挺	tǐng			223
185. 后	hòu	后边	hòubian	后面	hòumiàn	225

186. 后果	hòuguǒ	结果	jiéguǒ	效果	xiàoguǒ		227
187. 后来	hòulái	然后	ránhòu				228
188. 忽然	hūrán	突然	tūrán				229
189. 互相	hùxiāng	相互	xiānghù				230
190. 画儿	huàr	图	tú	图画	túhuà		231
191. 欢迎	huānyíng	迎接	yíngjiē				232
192. 会	huì	能	néng				233
193. 会	huì	会议	huìyì				235
194. 活动	huódòng	运动	yùndòng				236

J

195. 积极	jījí	主动	zhǔdòng				238
196. 急	jí	着急	zháojí				239
197. 集体	jítǐ	团体	tuántǐ				240
198. 继续	jìxù	连续	liánxù				241
199. 加工	jiāgōng	生产	shēngchǎn				242
200. 家	jiā	家庭	jiātíng				243
201. 假如	jiǎrú	如果	rúguǒ	要是	yàoshi		245
202. 价格	jiàgé	价钱	jiàqian	价值	jiàzhí		246
203. 假期	jiàqī	节假日	jiéjiàrì	节日	jiérì		248
204. 坚决	jiānjué	坚强	jiānqiáng				249
205. 简单	jiǎndān	容易	róngyì				250
206. 见	jiàn	见面	jiàn miàn				251
207. 见到	jiàndào	看到	kàndào	看见	kànjiàn		252
208. 建	jiàn	造	zào				254
209. 建成	jiànchéng	造成	zàochéng				255
210. 将近	jiāngjìn	接近	jiējìn				256
211. 讲	jiǎng	说	shuō	谈	tán		257
212. 讲话	jiǎng huà	说话	shuō huà	谈话	tán huà		258
213. 交	jiāo	交给	jiāogěi				260

214. 交流	jiāoliú	交往	jiāowǎng			261
215. 教练	jiàoliàn	教师	jiàoshī	老师	lǎoshī	262
216. 教室	jiàoshì	课堂	kètáng			263
217. 教学	jiàoxué	教育	jiàoyù			264
218. 接下来	jiēxiàlái	接着	jiēzhe			265
219. 节目	jiémù	项目	xiàngmù			267
220. 节约	jiéyuē	省	shěng			268
221. 结束	jiéshù	完成	wánchéng			269
222. 介绍	jièshào	说明	shuōmíng			270
223. 今后	jīnhòu	以后	yǐhòu			271
224. 紧急	jǐnjí	紧张	jǐnzhāng			272
225. 进口	jìnkǒu	入口	rùkǒu			274
226. 进去	jìnqu	进入	jìnrù			275
227. 进一步	jìnyíbù	深入	shēnrù			276
228. 近期	jìnqī	最近	zuìjìn			277
229. 经过	jīngguò	通过	tōngguò			278
230. 经历	jīnglì	经验	jīngyàn			280
231. 旧	jiù	老	lǎo			281
232. 就要	jiù yào	快要	kuàiyào			282
233. 举办	jǔbàn	举行	jǔxíng			283
234. 据说	jùshuō	听说	tīngshuō			284
235. 决心	juéxīn	信心	xìnxīn			285

K

236. 开展	kāizhǎn	展开	zhǎnkāi	287
237. 看法	kànfǎ	想法	xiǎngfǎ	288
238. 看来	kànlái	看上去	kàn shangqu	289
239. 考	kǎo	考试	kǎoshì	290
240. 靠	kào	依靠	yīkào	291
241. 可能	kěnéng	也许	yěxǔ	292

266. 名称	míngchēng	名字	míngzi			323
267. 明白	míngbai	明确	míngquè	清楚	qīngchu	324
268. 明显	míngxiǎn	显然	xiǎnrán			326
269. 目标	mùbiāo	目的	mùdì			327
270. 目前	mùqián	现在	xiànzài	眼前	yǎnqián	328

N

271. 哪里	nǎli	哪儿	nǎr			330
272. 那会儿	nà huìr	那时候	nà shíhou			331
273. 那里	nàlǐ	那儿	nàr			332
274. 那么	nàme	那样	nàyàng			333
275. 男人	nánrén	男子	nánzǐ			334
276. 南边	nánbian	南部	nánbù	南方	nánfāng	335
277. 难过	nánguò	难受	nánshòu			336
278. 脑子	nǎozi	头脑	tóunǎo			337
279. 内心	nèixīn	心里	xīnli	心中	xīnzhōng	338
280. 年代	niándài	时代	shídài	时期	shíqī	340
281. 年轻	niánqīng	青年	qīngnián			341
282. 努力	nǔlì	认真	rènzhēn			342
283. 女人	nǚrén	女士	nǚshì	女子	nǚzǐ	343
284. 暖和	nuǎnhuo	温暖	wēnnuǎn			345

P

285. 牌	pái	牌子	páizi	347
286. 判断	pànduàn	评价	píngjià	348
287. 配	pèi	配合	pèihé	349
288. 碰到	pèngdào	碰见	pèngjiàn	350
289. 批准	pīzhǔn	认可	rènkě	351
290. 平常	píngcháng	普通	pǔtōng	352
291. 平时	píngshí	日常	rìcháng	353

Q

292. 齐	qí	整齐	zhěngqí			355
293. 气候	qìhòu	天气	tiānqì			356
294. 气温	qìwēn	温度	wēndù			357
295. 前	qián	前边	qiánbian	前面	qiánmiàn	358
296. 前后	qiánhòu	左右	zuǒyòu			360
297. 强调	qiángdiào	重视	zhòngshì			361
298. 亲切	qīnqiè	热情	rèqíng	友好	yǒuhǎo	362
299. 亲自	qīnzì	自己	zìjǐ	自身	zìshēn	364
300. 请教	qǐngjiào	请问	qǐngwèn			365
301. 请求	qǐngqiú	要求	yāoqiú			366
302. 庆祝	qìngzhù	祝	zhù			367
303. 全部	quánbù	全面	quánmiàn	全体	quántǐ	368
304. 全球	quánqiú	世界	shìjiè			369
305. 缺	quē	缺少	quēshǎo	少	shǎo	371
306. 确定	quèdìng	确实	quèshí			372

R

307. 认识	rènshi	知道	zhīdào			374
308. 认为	rènwéi	以为	yǐwéi			375
309. 任务	rènwu	义务	yìwù	责任	zérèn	376
310. 日期	rìqī	日子	rìzi			378
311. 如何	rúhé	怎样	zěnyàng			379

S

312. 伤心	shāngxīn	痛苦	tòngkǔ			381
313. 商场	shāngchǎng	商店	shāngdiàn	市场	shìchǎng	382

T

342.	停	tíng	停止	tíngzhǐ			417
343.	通常	tōngcháng	往往	wǎngwǎng	一般	yìbān	418
344.	同样	tóngyàng	相同	xiāngtóng			419
345.	同意	tóngyì	愿意	yuànyì			420
346.	推动	tuīdòng	推进	tuījìn			421

W

347.	外文	wàiwén	外语	wàiyǔ			423
348.	完美	wánměi	完善	wánshàn			424
349.	完全	wánquán	完整	wánzhěng			425
350.	忘	wàng	忘记	wàngjì			426
351.	危机	wēijī	危险	wēixiǎn			427
352.	文化	wénhuà	文明	wénmíng	知识	zhīshi	428
353.	我	wǒ	咱	zán			430

X

354.	西边	xībian	西部	xībù	西方	xīfāng	432
355.	显得	xiǎnde	显示	xiǎnshì			433
356.	相信	xiāngxìn	信任	xìnrèn			434
357.	想	xiǎng	要	yào			435
358.	想到	xiǎngdào	想起	xiǎngqǐ			436
359.	消息	xiāoxi	新闻	xīnwén			437
360.	小心	xiǎoxīn	注意	zhùyì			438
361.	星期	xīngqī	周	zhōu			439
362.	行动	xíngdòng	行为	xíngwéi			440
363.	形式	xíngshì	样子	yàngzi			441
364.	休假	xiū jià	休息	xiūxi			443
365.	需求	xūqiú	需要	xūyào			444
366.	选	xuǎn	选举	xuǎnjǔ			445

367. 学	xué	学习	xuéxí	*446*

Y

368. 夜	yè	夜里	yèli	*448*
369. 一边	yìbiān	一方面	yì fāngmiàn	*449*
370. (一)点儿	(yì)diǎnr	一些	yìxiē	*450*
371. 一共	yígòng	一块儿	yíkuàir	*452*
372. 一下	yíxià	一下子	yíxiàzi	*453*
373. 一样	yíyàng	一致	yízhì	*454*
374. 以来	yǐlái	之后	zhīhòu	*455*
375. 以下	yǐxià	之下	zhīxià	*456*
376. 意见	yìjiàn	主意	zhǔyi	*457*
377. 意思	yìsi	意义	yìyì	*458*
378. 因为	yīnwèi	由于	yóuyú	*459*
379. 应当	yīngdāng	应该	yīnggāi	*460*
380. 影响	yǐngxiǎng	作用	zuòyòng	*461*
381. 优点	yōudiǎn	优势	yōushì	*463*
382. 有的	yǒude	有些	yǒuxiē	*464*
383. 有(一)点儿	yǒu(yì)diǎnr	有(一)些	yǒu(yì)xiē	*465*
384. 又	yòu	再	zài	*466*
385. 员工	yuángōng	职工	zhígōng	*468*

Z

386. 在	zài	正	zhèng	*469*
387. 怎么	zěnme	怎么样	zěnmeyàng	*470*
388. 增加	zēngjiā	增长	zēngzhǎng	*472*
389. 这么	zhème	这样	zhèyàng	*473*
390. 真实	zhēnshí	真正	zhēnzhèng	*474*
391. 争	zhēng	争取	zhēngqǔ	*475*

1 爱 ài ②   喜欢 xǐhuan ①

〖 相似 Similarities 〗

动词。觉得某人或某事物好，对某人或某事物有感情。

妈妈都很爱孩子。‖ 老人很喜欢孩子。

他爱说汉语。‖ 他很喜欢看电影。

我和同屋都很爱干净。‖ 她很喜欢安静。

〖 区别 Distinctions 〗

（1）"爱"表示的对某人或某个事物的感情比"喜欢"深。后边可以带"着"。可以说"爱国""爱国家""相爱""深深地爱着…"。

我们都很爱自己的国家。| 几年以前他俩相爱过，但后来分手了。| 李校长深深地爱着学校的一草一木。

用"喜欢"可以说"喜欢得很""喜欢得不得了"。

这种动画片儿孩子们喜欢得很。| 朋友送了她一件礼物，她喜欢得不得了。

（2）"爱"还可以是名词。可以说"对…的爱"。

父母对孩子的爱都是一样的。| 小李没感觉到小王对自己的爱。

（3）"爱"还可以表示容易发生某事（一般是不希望发生的）。用在动词性词语前。

他小时候爱生病，可现在是运动员。| 她很爱生气，你不要跟她开玩笑。

〖 练习 Exercises 〗

填空： A. 爱   B. 喜欢

（1）她的话表现了她对孩子的_____。

（2）他买的玩具，他儿子_____得不得了。

（3）老李以前　　　　着急，可是现在他常常说："慢慢来。"

2 爱好 àihào ②　　热爱 rè'ài ③

〖相似 Similarities〗

动词。喜欢。

　　他从小就*爱好*音乐。‖ 我们都十分*热爱*自己的祖国。

〖区别 Distinctions〗

（1）"爱好"常表示特别喜欢。对象可以是事物、活动，但不能是人。

　　很多留学生*爱好*中国书法。|世界上*爱好*和平的人是多数。|他年轻时*爱好*打乒乓球。

　　"热爱"的对象可以是事物、活动，也可以是人（一般是年纪较大或地位较高的人）。

　　她很*热爱*教师这一职业。|他年轻时很*热爱*体育运动。|李老师已经八十多岁了，她的学生们都很*热爱*她。

（2）用"爱好"可以说"爱好者"。

　　这些来看演出的大多是音乐*爱好者*。

　　用"热爱"可以说"热爱工作／生活／事业／祖国／故乡"。

　　我们*热爱*工作，也*热爱*生活。|只有*热爱*教育事业的人才能当好老师。|谁不*热爱*自己的祖国？|他在外地工作已经很多年了，但他仍然十分*热爱*自己的家乡。

（3）"爱好"还可以是名词，表示对事物很浓的兴趣。可以说"个人爱好""业余爱好"。

　　我们在一起工作，但我们有不同的个人*爱好*。|你有什么业余*爱好*？|我没有什么特别的*爱好*。

练习答案：　（1）A　　（2）B　　（3）A

填空： A.爱好　　B.热爱

（1）我不知道他有什么特别的＿＿＿＿＿＿。

（2）他不是画家，画画儿只是他的业余＿＿＿＿＿＿。

（3）老马什么时候都很开心，他是个＿＿＿＿＿＿生活的人。

3 安静 ānjìng ②　　静 jìng ②

【相似 Similarities】

形容词。周围没有声音。

夜深了，校园里非常安静。‖ 放假了，教学楼里特别静。

【区别 Distinctions】

（1）"安静"作谓语时，后边可以用"过""了"；作定语时，后边常用"的"（可以说"安静的夜晚／校园／日子／村庄／生活／环境"）；作状语时，后边常用"地"（可以说"安静地坐着／看着／等着""安静地看书"）。

这孩子在屋里屋外跑来跑去，一会儿也没安静过。｜这是一个安静的夜晚。｜老人退休以后，每天过着安静的生活。｜她安静地坐在沙发上看小说。｜公园里比大街上安静得多。

"静"不常单独作谓语、定语、状语。可以说"好（hào）静""静听""静坐""静养"。

她一直好静不好动，喜欢看书、听音乐，不太参加运动。｜大家在讨论时，他就在旁边静听。｜医生说他的病还需要安心静养一段时间。

（2）用"安静"还可以说"保持安静""请安静""安安静静"。

医院里要保持安静。｜请大家安静，现在开始上课！｜我们都出去吧，让他安安静静地休息一会儿。

练习答案： （1）A　　（2）A　　（3）B

（3）"静静的"可以作定语、谓语，"静静地"可以作状语。

> 山下有一条静静的小河。｜周围静静的，一点儿声音也没有。｜他静静地坐在那儿，好像睡着了。

（4）"静"还可以表示心里不乱。可以说"心静"。

> 心静了，才能把问题想明白。｜心不静，做事情就容易出错儿。

（5）"静"还可以是动词。可以说"静一静""静下心来""静不下心"。

> 请大家静一静，我给大家介绍一位新同学。｜这些问题要静下心来好好想想。

〖 练习 Exercises 〗

填空： A.安静　　B.静

（1）看表演的时候，请大家保持＿＿＿＿＿＿。

（2）他最近很忙，＿＿＿＿＿＿不下心来想这些问题。

（3）放假了，学生们都回家了，校园里十分＿＿＿＿＿＿。

4 安全 ānquán ①　　　平安 píng'ān ①

〖 相似 Similarities 〗

形容词。没有事故，没有危险。

> 这辆汽车已经安全行驶了五万公里。‖ 哥哥打电话说他已经平安到达北京了。

〖 区别 Distinctions 〗

（1）"安全"常形容（国家、社会、生命、财产、生产、交通等）没有危险。可以说"国家安全""公共安全""人身安全""财产安全""交通安全"。

> 保卫国家和领土安全是军人的责任。｜危害公共安全是一种犯罪行为。｜火山爆发时，附近的人们都退到了安全的地方。｜行人过马路要注意交通安全。｜那架飞机在机场安全降落了。

练习答案：（1）A　　（2）B　　（3）A

"平安"常形容（生活、旅行等）太平、顺利。可以说"一路平安""一生平安""平安电话""平平安安"。

妈妈在电话里说家里一切平安。｜战争结束了，人们终于过上了平安的日子。｜现在，她们母女已经平安到达北京了。｜祝你一路平安！｜好人一生平安。｜他一到上海，就给家里打了个平安电话。｜她只希望能平平安安地过日子。

（2）用"安全"还可以说"安全帽""安全岛""安全带""安全感""安全部"。

出入建筑工地时，一定要戴好安全帽。｜在高速公路上行驶，驾驶员要系好安全带。｜在战争时期，人们的生活没有安全感。

〖 练习 Exercises 〗

填空： A.安全 　 B.平安
（1）警察那么辛苦，就是为了保护人民的生命和财产_____。
（2）她总觉得跟父母在一起有_____感，什么危险也不会发生。
（3）他站在路边，对马上就要出发去外地的朋友们说："祝你们一路_____！"

5 安装 ānzhuāng ③ 　　 装 zhuāng ②

〖 相似 Similarities 〗

动词。把机器或零件等组合起来，使之能工作。

新买的空调全部安装好了。‖ 我们的办公室都装了空调。

〖 区别 Distinctions 〗

（1）"安装"通用于口语和书面语，"装"多用于口语。
（2）"安装"有时可以带定语，也可以在一些双音节词语前作定语。可以说"产品／机器／汽车／电脑安装""安装说明／方法／顺序""安装工作""安装人员"。

练习答案：（1）A 　（2）A 　（3）B

很多机器都有产品安装说明书。｜所有的设备都买回来了，<u>安装</u>工作明天开始。｜<u>安装</u>人员很快就把两台空调<u>安装</u>好了。

（3）"装"还可以表示把东西放进某处（如包、箱子、盒子、车上等）。

我的书都<u>装</u>在书包里。｜箱子里<u>装</u>了几件衣服。｜这车太小了，<u>装</u>不下这么多家具。

（4）"装"还可以表示做出假的动作、样子，或表演某人的样子。可以说"不懂装懂""假装"。

你要是不懂，可以问，不要<u>装</u>懂。｜妈妈进屋的时候，她假<u>装</u>睡着了。｜小王<u>装</u>王经理说话太像了。

〔 练习 Exercises 〕

填空：　A.安装　　B.装

（1）她把买的东西都_____在一个包里。

（2）他听见我们在叫他，可是他假_____没听见。

（3）老刘照着_____说明，很快就把机器_____起来了。

6　按 àn ③　　照 zhào ③

〔 相似 Similarities 〕

介词。引出行为活动或判断的根据、标准等。

<u>按</u>学校的规定，成绩不合格是不能毕业的。‖只要<u>照</u>公司的规定来办，就不会有问题。

<u>按</u>这样的速度，到下个星期我们恐怕做不完。‖<u>照</u>一个星期学两课的速度，我们再过一个月就能学完这本书了。

可以说"按理""照理""按／照（…）说／讲"。

<u>按</u>理，他不该那样说。‖他病了，<u>照</u>理我们应该去医院看看他。

练习答案：　（1）B　　（2）B　　（3）A，A／B

按说上课时间汽车是不允许开进校园的。‖照说，他在中国住了这么多年，应该会说汉语的。

按你说，这事该怎么办？‖照我讲，这事就算了，我们不要管了。

〖区别 Distinctions〗

（1）用"按"可以说"按年／月／日""按小时""按时""按期"等。

我们的工资是按月发的。｜钟点工的工资一般是按小时计算的。｜我们一定要按时完成任务。｜会议按期举行。

（2）"按"后边可以用"高矮""大小""强弱""厚薄（báo）""胖瘦""快慢""长短""男女"等。

按个子高矮排队｜按年龄大小分班｜按身体强弱分组｜按学习时间长短收费｜体育课上同学们按男女分成两组进行活动。

（3）"按"后边不是单音节词时，有时可说"按着"。

大家按着个子高低排成了前后两排。｜按着我的想法，这件事要一个星期才能做完。

（4）"照…"表示使行为活动符合某种标准、意见、规定、计划等。可以用"照着"。

他照（着）自己的身高，给弟弟买了一套衣服。｜你照着原样再写一遍就行了。｜我们照着老人指的路找到了一家小饭店。

（5）用"照"可以说"照章""照例""照常""照旧""照样""照这么说／看""照这样下去"。

我们只要照章办事就行了。｜春节的时候，我们家照例是要包饺子的。｜明天如果下雨，就照常上课，运动会推到下个星期举行。｜他天天出去玩儿，经常不上课，照这样下去怎么能学得好呢？

（6）"照…"还表示动作行为的方向。可以说"照直"。

沿着这条路照直走五分钟就到了。｜他照着朋友的肩膀（jiānbǎng）重重地拍了一下。

（7）"按"和"照"还都可以是动词，但意思不同。下边句子中，"按"是动词。

他伸手按了一下门铃。｜窗外吹来一阵风，他赶快按住桌上的纸。

下边句子中，"照"是动词。

太阳照着大地。｜咱们照张相吧。

〖 练习 Exercises 〗

填空： A.按 B.照
（1）我们公司＿＿＿＿月给职工发工资。
（2）你＿＿＿＿这条路往前走二百米就到了。
（3）我们要＿＿＿＿这些学生汉语水平的高低，把他们分到不同的班上。
（4）他＿＿＿＿着墙上的画儿自己画了一张，他画的差不多跟墙上的完全一样。

7 按照 ànzhào ③　　根据 gēnjù ③　　依据 yījù ③

〖 相似 Similarities 〗

按某种规定、标准做某事。

按照学校的规定，成绩不合格的同学不能毕业。‖根据学生汉语水平的高低，他们要分到不同的班上。‖法庭处理案件只能依据法律，而不能依据人情。

〖 区别 Distinctions 〗

（1）"按照"是介词，常表示按某种标准、原则、规定、法律、纪律、命令、指示、政策、计划、决定、想法、样子、风俗、习惯等去做具体的事情。

我们要按照新的标准来检验这些产品是否合格。｜比赛必须按照公平的原则来进行。｜一切工作都按照原计划执行。｜他们按照过去的样子重建了这个图书馆。｜他俩按照老家的风俗举行了婚礼。

练习答案： （1）A （2）B （3）A （4）B

"根据"也可以是介词，表示判断、决定等行为活动的基础、前提、原因等。

根据目前的情况，我们还不能判断结果会怎么样。 | 根据我们的调查，这件事跟他没有关系。 | 根据他的分析，情况似乎并不严重。 | 仅仅根据这些材料，我们还不能得出最后的结论。 | 出版社根据读者的要求又重印了这本书。

（2）"根据"还可以是动词。

发展经济要根据各地的实际情况，不能照搬其他地方的经验。 | 这次分班主要是根据学生汉语水平的高低。

"依据"也可以是动词，常表示按某种标准、规定、事实、愿望去做。

处理问题要依据事实，不能凭想象。 | 做一项决定不能只依据个人的主观愿望。

（3）"根据"还可以是名词。

说话要有根据，不能乱说。 | 你这样说有什么根据？

"依据"也可以是名词。可以说"法律／理论／科学／事实依据""可靠的依据""新的依据""作为依据"。

法院对这件事情的处理是有法律依据的。 | 他的观点缺乏科学依据，所以很难站住脚。

〖练习 Exercises〗

填空： A.按照　　B.根据　　C.依据
（1）我不知道你说这些话有什么_____。
（2）这次活动将_____原定的计划进行。
（3）只有_____事实才能得出可靠的结论。
（4）_____最新的调查，情况比我们想象的要好得多。
（5）建造大楼、大桥，都要严格_____设计图纸进行施工。
（6）通过调查得到的材料为我们研究问题提供了可靠的_____。

练习答案：（1）B/C　　（2）A　　（3）B/C　　（4）B　　（5）A　　（6）C

B

8 把握 bǎwò ③　　掌握 zhǎngwò ②

〖相似 Similarities〗

动词。了解。

> 看一篇文章要把握住中心思想。‖ 他已经掌握了这门实用技术。

"把握"和"掌握"都可以与"命运／方向／权力"搭配。

> 他们牢牢地把握／掌握着自己的命运。｜这些人把握／掌握着公司的发展方向。｜他把握／掌握着公司的财政大权。

〖区别 Distinctions〗

（1）"把握"的对象可以是本质、主题、中心思想。

> 分析问题要把握本质。｜一定要把握住这部作品的主题。｜读完一篇文章，要能把握文章的中心思想。

"掌握"的对象可以是知识、技术、理论、规律、语言。

> 大学生们都掌握了一些电脑知识和操作技术。｜我还没完全掌握这种理论。｜只要掌握了规律，做起来就不难了。｜要掌握一门外语，是需要花很多时间的。

（2）"把握"还可以表示抓住。对象可以是具体的（如方向盘、把手、笔），也可以是抽象的（如机会、时机）。

> 司机双手把握着方向盘。｜天太冷了，他的手连笔都把握不住了。｜这次机会我们必须把握住。

（3）"把握"可以与"感情"配合使用。

> 法官工作时必须把握住自己的感情。

（4）"把握"还可以是名词，表示成功的可靠性。可以说"有（没有）把握""很大把握"。

　　你有把握取得比赛的胜利吗?

（5）"掌握"还可以表示具有、管理。对象可以是权力、物资、资料、材料、信息、情报、情况、时间。可以说"把…掌握在…"。

　　经理掌握着公司的领导权。| 他掌握着工厂的生产物资。| 写论文必须掌握大量的资料。| 她掌握了不少重要的情报。| 你到底掌握了多少新情况? | 考试一共两个小时, 你掌握一下时间。| 他把公司的领导权牢牢掌握在自己的手中。

〖练习 Exercises〗

填空： A.把握　　B.掌握
（1）这个实验能否成功, 我们没有多大的_____。
（2）她仅仅用了两年的时间就基本_____了汉语。
（3）虽然你是总经理, 但也不能把所有的权力都_____在自己一个人手里。

9 吧 ba ①　　吗 ma ①

〖相似 Similarities〗

语气词。可以用在是非问句的后边。

　　你还不知道这件事吧? ‖ 你知道这件事吗?

〖区别 Distinctions〗

（1）是非问句后边用"吧", 表明问话人对问的问题已经有了初步的答案, 但不肯定, 句子有推测的意思, 句尾用降调。句子里可以用"大概""大约""可能""也许"等。

　　这段话大家都听懂了吧? | 明天上午我们大概能到北京吧? | 他到现在还没来, 可能不来了吧?

练习答案： （1）A　　（2）B　　（3）B

是非问句后用"吗"，表明问话人对问的问题没有答案，希望对方回答或问对方的意见，句尾用升调。

你知道今天有雨<u>吗</u>？ | 这里可以停车<u>吗</u>？ | 你明天去书店<u>吗</u>？

（2）"吧"可以用在要求别人做某事的句子后边。

把窗户打开<u>吧</u>！ | 咱们走<u>吧</u>！ | 你快点儿来<u>吧</u>！

（3）"吗"可以用在反问句后边。可以说"难道…吗"。

这件事你难道不知道<u>吗</u>？

（4）"吗"还可以用在话题的后边。

英语我会一点儿。法语<u>吗</u>，我就一点儿也不会了。

〖练习 Exercises〗

填空：　A. 吧　　B. 吗

（1）这么简单的事还用教_____？

（2）小刘对北京很了解，他大概去过北京_____？

（3）我不知道能不能跟他们一起去，所以我问他："明天我也想去，我能跟你们一起去_____？"

1０ 办法 bànfǎ ②　　方法 fāngfǎ ②　　方式 fāngshì ③

〖相似 Similarities〗

名词。对某事的做法。

我们要想办法来解决这些困难。‖ 我们总是想用简单的方法来解决问题。‖我们现在的工作方式需要改变。

〖区别 Distinctions〗

（1）"办法"和"方法"可以表示解决问题、处理事情的具体做法。

练习答案：（1）B　（2）A　（3）B

用"办法"可以说"有／没（有）办法""想／用办法""好／老办法""拿／对…没（有）办法"。

这些同学不是我们班的，他们在教室外面大声说话，我能有什么办法？｜我想不出什么好办法。｜老办法不一定能解决新问题。｜这孩子还不满一岁，他哭起来，谁都拿他没办法。

用"方法"可以说"思想／工作／学习／教学／创作／研究方法""科学方法"。

我们要不断地改进工作方法和学习方法。｜我们都很喜欢李老师的教学方法。｜他的想法是好的，可是他的方法不对。

"方式"可以表示解决问题和处理事情的做法的形式和特点。可以说"生产／生活／生存／思维／教育方式"。

现在我们的生产方式跟过去相比，已经有了很大的改变。｜东方人和西方人的生活方式很不相同。｜我们的思维方式可能不太一样。｜我们不能再用这种简单的方式来解决工作中的复杂问题了。

（2）"办法"可以与量词"个"配合使用。

这件事很急，大家赶紧想个办法吧。｜想了半天，也没一个好办法。

（3）"有办法"还可以表示某人办事很有能力。

老王这个人很有办法，好像什么事都难不住他。

（4）"方法"和"方式"可以连用，组成"方式方法"。

说话做事要注意方式方法。｜处理问题的方式方法很重要。

〖练习 Exercises〗

填空： A.办法　　B.方法　　C.方式
（1）学习态度和学习_____都很重要。
（2）我们不能总是用老_____来解决新问题。
（3）目前我们的工作是有些困难，我们会想_____解决的。
（4）现在的年轻人和我们这些老人的生活_____很不一样。

练习答案：（1）B　　（2）A　　（3）A　　（4）C

11　办理 bànlǐ ③　　处理 chǔlǐ ③

〖相似 Similarities〗

动词。安排事情，解决问题。

> 他正在办理出国手续。‖ 出国以前，他还有不少事情要处理。

〖区别 Distinctions〗

（1）"办理"常表示办具体的手续、业务、证件方面的事情。在口语中常用"办"。可以说"办理手续"（或"办手续"）。

> 上飞机以前，你带的这两个箱子要办理托运手续。 | 出国以前要办理护照和签证。 | 买房子的事很快就办理好了。

"处理"可以表示安排具体的事情、关系，解决具体的问题。可以说"处理问题"。

> 公司里的事情他处理得很好，可家里的事情他却处理不好。 | 跟同事一起工作，就要处理好跟他们的关系。 | 王主任帮助校长处理了不少很难解决的问题。

（2）"处理"还可以表示根据规定、要求、标准、纪律等安排事物或人，解决问题。可以说"正确 / 严肃处理"。

> 工厂的废水必须经过处理才能排出去。 | 我们已经按照出版社的要求，对书稿中的一些问题进行了处理。 | 所有不合格的产品都处理掉了。 | 超速驾驶要按照违反交通规则来处理。 | 学校对经常违反纪律的同学进行了严肃处理。

〖练习 Exercises〗

填空：　A.办理　　B.处理

（1）去图书馆借书，需要_____借书证。

（2）开一家新公司之前要_____各种各样的手续。

（3）那些不用的东西都可以_____掉，不要都堆在房间里。

（4）他在家里跟哥哥的关系都＿＿＿不好，在单位里怎么能＿＿＿好跟同事的关系呢？

12 帮忙 bāng máng ①　　　帮助 bāngzhù ①

【相似 Similarities】

动词。帮别人。

　　小李常来我们这儿帮忙。‖ 他经常帮助一些生活有困难的人。

【区别 Distinctions】

（1）"帮忙"表示为别人出力、办事。不带宾语。可以说"帮（一）个忙""帮一下忙""帮倒忙""帮…的（大）忙""帮不了忙"。

　　你能过来帮个忙吗？｜你快去帮一下忙！｜我真的是想帮他，可结果却帮了倒忙。｜上次他帮了我的大忙。｜这回多亏王先生帮了我们很大的忙。｜对不起，我帮不了你这个忙。｜非常感谢各位的帮忙。

　　"帮助"可以表示为人出力、办事，也可以表示为人出主意、想办法。可以带宾语、补语、定语。可以说"在…的帮助下""给…帮助""对…有帮助""对…的帮助""帮助不了"。

　　老李常常帮助生活有困难的同事。｜政府正在帮助落后地区发展经济。｜在朋友们的耐心帮助下，我终于克服了困难。｜你已经给了我们不少帮助了。｜这是对我们极大的帮助。｜做这么难的数学题，我可帮助不了你。

（2）"帮忙"可以重叠为"帮帮忙"（不说"＊帮忙帮忙"）。

　　在特别忙的时候，他们会请一些人来帮帮忙。

　　"帮助"可以重叠为"帮助帮助"。

　　妈妈要哥哥在学习和生活上多帮助帮助弟弟。

练习答案：　（1）A　　（2）A　　（3）B　　（4）B，B

（3）"帮助"还可以表示事物对某人有用。

　　　这本书可以帮助我们了解中国。 | 群众的意见对我们做好工作有很大帮助。

【 练习 Exercises 】

填空：　A. 帮忙　　B. 帮助
（1）服务员_____客人把行李搬到楼上去了。
（2）在我们生活困难的时候，他给过我们不少_____。
（3）周末的时候他的小店比较忙，我常常去他那儿_____。

13 保持 bǎochí ③　　坚持 jiānchí ②

【 相似 Similarities 】

动词。使不发生变化。

　　　我们两家公司一直保持着良好的合作关系。‖ 他仍然坚持着自己的看法，不肯改变。

【 区别 Distinctions 】

（1）"保持"常表示使事物或情况一直比较好，不发生变化，或没变化。宾语可以是名词（如"水平""状态""记录""优势""习惯""传统""原样""作风""风格""距离""速度""关系""形状""精力""水分"），也可以是形容词（如"卫生""清洁""整洁""安静""平静""冷静""清醒""一致"），还可以是动词性词语（如"来往""合作""联系""沉默""不变""不动"）。

　　　为了保持自己的运动水平，他每天都进行锻炼。 | 老王一直保持着以前的工作作风。 | 重修的博物馆仍然保持原来的风格。 | 水果包装一下，可以保持水分。 | 公共场合要保持清洁卫生。 | 遇到突然事故的时候，我们的头脑一定要保持清醒。 | 以后我们保持联系吧。 | 他不想再保持沉默了。

練习答案：　（1）B　　（2）B　　（3）A

（2）"坚持"常表示虽然有困难，但仍不改变。宾语可以是名词（如"观点""意见""看法""原则""立场""真理"），也可以是动词（如"学习""上课""工作""劳动""锻炼""训练""跑步"）。可以说"坚持住""坚持到底""坚持一下""坚持坚持"。

> 大家都说他错了，可是他仍然<u>坚持</u>自己的错误意见。｜他<u>坚持</u>要走，我也没有办法。｜他虽然身体不太好，但还是<u>坚持</u>来上班了。｜天气很热，大家仍在<u>坚持</u>训练。｜<u>坚持</u>到底，就是胜利。｜再<u>坚持坚持</u>，马上就到山顶了。

〖练习 Exercises〗

填空：　A.保持　　B.坚持

（1）阅览室和图书馆里必须_____安静。

（2）你再_____一下，我们马上就到家了。

（3）你知道这样做是不对的，为什么还要_____呢？

（4）在高速公路上开车，前后车辆之间要_____一定的安全距离。

14 保存 bǎocún ③　　保留 bǎoliú ③

〖相似 Similarities〗

动词。存着，留着。

> 南京还<u>保存</u>着不少二三百年前的古建筑。‖ 这所老屋里还<u>保留</u>着几十年前的家具。

〖区别 Distinctions〗

（1）"保存"可以表示保管、存放，使不丢失。对象一般是具体事物（如"古建筑""古迹""书籍""日记""文件""邮票""粮食""衣物"），有少数是抽象事物（如"实力""力量"）。

> 上海外滩的有些建筑是二十世纪初<u>保存</u>下来的。｜老人还<u>保存</u>着年轻时写的日记。｜今天写的文章都<u>保存</u>在电脑里了。｜他<u>保存</u>了不少珍贵的邮票。｜

练习答案：　（1）A　　（2）B　　（3）B　　（4）A

这次比赛不太重要，教练为了<u>保存</u>实力，没有派主力队员上场。

"保留"可以表示使留下来，不丢掉或不改变。对象可以是具体事物（如"座位""房间""树根""字画""信件""日记""古迹"），也可以是抽象事物（如"生活方式""意见""权利""资格""职务""传统""风格""形式"）。

你快来，你的座位还<u>保留</u>着呢。｜他说下星期到，宾馆为他<u>保留</u>了一个房间。｜树根要是不<u>保留</u>着，树就很难活了。｜我们不能把美国电影当成真实的美国生活，其实美国人也还<u>保留</u>着很多传统的生活方式。

（2）用"保存"可以说"把…保存好""保存起来"。

这些邮票都很珍贵，你要把它们<u>保存</u>好。｜我把那些文件都<u>保存</u>起来了。

（3）"毫无保留"常表示完全拿出来或说出来，"持保留态度/意见"表示不太同意别人的意见。

他这个人心直口快，说起话来毫无<u>保留</u>。｜我对这个决定持<u>保留</u>态度。

【 练习 Exercises 】

填空：　A.保存　　B.保留

（1）这些文件都很重要，要好好_____起来。

（2）王师傅毫无_____地把自己的技术都教给了小李。

（3）既然多数人都同意这个办法，我就不反对了，但我_____个人意见。

15 保险 bǎoxiǎn ③　　保证 bǎozhèng ③

【 相似 Similarities 】

（1）动词。某事一定能做到。

按照王教授的话去做，<u>保险</u>不会出错。‖他要是参加这次比赛，<u>保证</u>能取得好成绩。

练习答案：　（1）A　　（2）B　　（3）B

（2）名词。实现某事的条件。

市民一般都有医疗保险。‖ 这些钱是我们的研究能顺利进行的重要保证。

〖 区别 Distinctions 〗

（1）"保险"可以表示不会发生危险。可以说"保险箱""保险柜""保险丝""保险刀"。

（2）"保险"还可以表示一种商业活动项目。可以说"保险公司""保险业务""医疗 / 健康 / 失业保险""买保险"。

她在保险公司工作。| 公司为职工提供医疗保险。| 出国旅游的时候最好买一份保险。

（3）"保险"还可以是形容词，表示安全、可靠。

她认为把钱放在银行里是最保险的。| 那样做，很不保险。

（4）"保证"可以是向别人表示一定做到或实现。宾语主要是动词性的（如"保证来 / 完成 / 做好 / 不迟到"），也可以是形容词性的（如"保证安全 / 可靠 / 舒服 / 合适 / 好看"），还可以是名词性的（如"保证质量 / 数量 / 产量 / 时间"）。"保证"的后边也可以是小句。

我明天保证来。| 我们保证完成任务。| 我保证明天把书还给你。| 你们能保证按时到达吗？| 出租车必须保证乘客的安全。| 你放心，这台电脑的质量保证可靠。| 这件衣服你试试，保证合适。| 我们不仅要保证产量，而且要保证质量。| 我保证我说的每句话都是真的。

（5）用"保证"可以说"向…保证"。

孩子向妈妈保证下次不说假话了。| 我们要向顾客保证产品的质量。

（6）"保证"还可以表示一定，肯定。

明天保证不会下雨。| 你尝尝，这菜保证好吃。

〖 练习 Exercises 〗

填空： A.保险 B.保证
（1）我们一定要_____这批产品的质量。
（2）小东向老师_____，以后一定不再迟到。

19

（3）他才当了半年大夫，让他来做这么难的手术不太_____。

16 报道（报导）bàodào (bàodǎo) ③　　报到 bàodào ③

〖相似 Similarities〗

动词。报告某事。

> 报纸和电台都报道了这条新闻。‖ 这次运动会，电视台进行了大量的报导。‖ 新同学明天报到。

〖区别 Distinctions〗

（1）"报道"和"报导"表示通过报纸、杂志、广播、电视等把消息告诉大众。"报道"比"报导"常用。可以说"新闻报道／报导""发表报道／报导""专题报道／报导"。

> 新华社已经报道了这条震惊世界的消息。| 这条新闻报道得很及时。| 这次演出，电视台作了全面的报道。

"报到"表示向单位、学校、组织报告自己到了。

> 会议代表今天报到，明天正式开会。| 还有几位同学没来报到？| 报到时间推迟了一天。| 参加比赛的运动员要先来这儿报到。

（2）"报道"和"报导"还可以是名词。

> 那篇关于群众游行的报道／报导，我觉得不太真实。

（3）用"报到"可以说"报过到""报了到""报个到""报不了到"。

> 我已经报过到了。| 你等一下，我报个到就来。| 时间不早了，人还有这么多，我们今天恐怕报不了到了。

练习答案：（1）B　（2）B　（3）A

〖练习 Exercises〗

填空： A.报道／报导　　B.报到

（1）今天是开学的前一天，来_____的同学很多。

（2）关于这件事，报纸上已经发表了好几篇_____。

（3）一些重大的事件，电视台常常要进行专题_____。

17 北边 běibian ①　　北部 běibù ③　　北方 běifāng ③

〖相似 Similarities〗

名词。与南相对的地方。

图书馆在教学楼的北边。‖河北省位于中国的北部。‖冬天北方比南方冷。

〖区别 Distinctions〗

（1）"北边"可以表示朝北的一边。范围可大可小。与"南边"相对。

俄罗斯在中国的北边。｜运动场的北边是一块草地。｜学校的北边有一条小河。｜我们小区的南边和北边各有一道大门。

"北部"表示某个较大地区（如大洲、国家、省）范围内的朝北的地方。与"南部"相对。

芬兰和瑞典都位于欧洲北部。｜中国北部的雨水比南部少。｜河北省北部平原适合种植玉米。

"北方"可以表示朝北的方向，或某个较大地区范围内的朝北的地方。与"南方"相对。

从上海开往北方的火车很多。｜春天来了，飞往北方的鸟儿也多起来了。｜中国北方有些地方到了十一月就会下雪。

（2）在中国，人们习惯把长江以北的地区称为"北方"。可以说"北方人""北方菜""北方话"。

练习答案： （1）B　　（2）A　　（3）A

过年包饺子是许多北方人的<u>习惯</u>。｜我觉得中国的<u>北方</u>话比南方话好懂。｜她从小生活在<u>北方</u>，大学毕业后才来到了上海。

〖练习 Exercises〗

填空：　A.北边　　B.北部　　C.北方

（1）夏天_____和南方一样，都很热。

（2）他的家在广西，不太习惯吃_____菜。

（3）广东、广西位于中国南部，河北、内蒙位于中国_____。

（4）我住的小区_____有一个菜市场和一家大超市，买东西很方便。

18　被 bèi ②　　叫 jiào ①　　让 ràng ①

〖相似 Similarities〗

介词。它们后边的名词性词语表示发出动作行为的人或事物。

茶杯<u>被</u>他打碎了。‖我的书<u>叫</u>他借去了。‖水果<u>让</u>他们吃完了。

〖区别 Distinctions〗

（1）"被"多用于书面语，"叫"和"让"多用于口语。

他今年<u>被</u>教育局评为优秀教师。｜他<u>被</u>经理派到外地分公司工作了。｜王大夫<u>被</u>院长狠狠地批评了一顿。‖钢笔<u>叫</u>我用坏了。｜那些书<u>叫</u>他给卖了。｜桌上的纸<u>叫</u>风吹得满地都是。‖本子<u>让</u>他丢了。｜孩子<u>让</u>他吓哭了。｜白纸<u>让</u>他们用完了。

（2）"被"后边可以直接用动词性词语。

门<u>被</u>锁上了。｜鞋子<u>被</u>穿破了。｜老虎<u>被</u>关进了笼子。｜孩子<u>被</u>吓得直哭。

（3）下边句子中，"叫"是动词。

我们<u>叫</u>他老王。｜你走的时候<u>叫</u>我一下。｜我们<u>叫</u>辆车吧。｜公鸡已<u>叫</u>了三遍。

练习答案：（1）C　（2）C　（3）B　（4）A

下边句子中，"让"是动词。

对不起，请让一让。| 群众让开了一条道，让警察过去。| 这本书你要是喜欢，我就让给你了。| 让我好好想想吧。

（4）有时用"叫"或"让"的句子会有不同的意思。

电视机叫小王搬到自己房间去了。（"叫"是介词时，句子的意思是"电视机被小王搬到自己房间去了"；"叫"是动词时，句子的意思是"有人喊小王，让他把电视机搬到房间去了"）‖ 那块布让她做了件上衣。（"让"是介词时，句子的意思是"她用那块布做了一件上衣"；"让"是动词时，句子的意思是"有人请她用那块布做了一件上衣"）

〖练习 Exercises〗

填空：　A.被　　B.叫　　C.让
（1）我们_____不出这些花儿的名字。
（2）他把自己的座位_____给了站在旁边的老人。
（3）人们都_____她优美的歌声深深地吸引住了。
（4）昨天晚上他们在旁边的房间里又说又笑，闹到很晚，我_____吵得没法儿睡觉。

19 本来 běnlái ③　　原来 yuánlái ②

〖相似 Similarities〗

副词。以前。

我们本来不认识。| 这条路本来很窄，现在加宽了。‖ 我和他原来不在一个单位工作。| 这里原来是农田，现在建成公园了。

〖区别 Distinctions〗

（1）"本来"可以表示按道理应该这样。后边可以用"应""该""应该"。

练习答案：　（1）B　　（2）C　　（3）A　　（4）A

这些知识本来在中学就该学过了，你这个大学生怎么还说没学过？ | 这件事本来不该是这样的。

"原来"可以表示发现了以前不知道的情况。句子后边常用"啊"。常和"怪不得"配合使用。

你说的客人原来是他啊，我们早就认识了。 | 我以为你认识路呢，原来你也不知道怎么走啊。 | 原来，事情并不像我们想的那样简单。 | 你们原来是同学啊，怪不得你这么了解他呢。

（2）"本来么/嘛"可以单独使用（一般在句子前边），表示某种情况是当然的。

本来么，学习就不是一件很容易的事。 | 考试没考好也不能全怪孩子。本来嘛，这么小的孩子，哪能学得了那么难的内容呢？

（3）"本来"还可以是形容词，表示原有的、本质的。可以说"本来面目"。

这件衣服本来的颜色很好看。 | 人们都不知道他的本来身份。 | 这回我们看清了他的本来面目。

"原来"也可以是形容词，表示以前的。后边常加"的"。

现在看来，原来的想法很不现实。 | 他原来的那辆车卖给别人了。

〖练习 Exercises〗

填空： A.本来 B.原来
（1）你家还在_____的地方吗？
（2）作为学生，_____就应该把学习放在第一位。
（3）怪不得他的汉语说得这么好呢，____他小时候家在北京啊。

20 本领 běnlǐng ③ 才能 cáinéng ② 能力 nénglì ②

〖相似 Similarities〗

名词。人能做某事的条件。

练习答案：（1）B （2）A （3）B

从小学好本领，将来才能更好地工作。‖ 他很小的时候就表现出了数学才能。‖ 这种工作需要很强的写作能力。

〖 区别 Distinctions 〗

（1）"本领"常表示能做好某事的技术、方法。可以说"真本领""学本领""练本领""本领大""本领高强"。

> 不管做什么事情，都需要有点儿真本领。｜这个公司不大，但在这里可以学本领，所以我不想去大公司。｜年青时多学点儿知识，练好本领，将来会发展得更好。｜谁的本领大，谁就来当队长。

"才能"表示人能做某事的条件，这种条件常跟"聪明""智慧"有关（不一定是通过培养或训练得到的）。可以说"绘画／艺术／音乐／文学才能""表演／演讲／指挥／领导才能"。

> 王老师发现这孩子具有很好的绘画才能。｜他在中学时代就表现出了一定的领导才能。｜经理说，我们要为发挥员工的才能创造条件。｜他在指挥和组织方面很有才能。

"能力"可以表示人能做某事的条件或技能，这种条件或技能是可以通过培养或训练得到的。可以说"培养／训练／提高能力""语言／口语／阅读／写作／分析能力""工作能力"。

> 他的阅读能力比较强，口语能力比较弱。｜大家相信他有能力解决这些问题。｜通过实践，他分析问题和解决问题的能力得到了提高。

（2）"能力"还可以指生物生存或适应环境的情况，或机构、单位能办某事的条件。

> 有些野生动物的消化吸收能力很强。｜银行考虑他的公司没有偿还债务的能力，所以没借钱给他。｜采用了新技术以后，公司的生产能力也大大提高了。

〖 练习 Exercises 〗

填空： A.本领　　B.才能　　C.能力
（1）这些练武术的人个个_____都很高强。
（2）这种热带植物对环境的适应_____很差。
（3）音乐学校希望招收一些有音乐_____的孩子。

（4）由于引进了新的技术，我们厂的生产_____得到了提高。

21 比方 bǐfang ③　　比如 bǐrú ③

〖相似 Similarities〗

连词。表示举例。可以说"比方说""比如说"。

你想当翻译，只学语言还不够，其他方面的知识，比方历史、地理、政治、文化知识，也要十分丰富。‖ 这几年中国的城市发展很快，比如北京、上海、广州等城市，交通条件也大大改善了。

人不可能样样事情都能自己做，比方说，一个电脑工程师就不一定会修汽车。‖ 你问别人"你幸福吗？"，得到的回答往往是不一样的，比如说，有人说幸福，有人说不幸福，有人说不知道。

〖区别 Distinctions〗

（1）"比方"多用于口语，"比如"通用于口语和书面语。

（2）"比方"可以表示假设的情况。相当于"假如""如果"。

遇到那种危险的情况，比方是你，会怎么办呢？

（3）"比方"还可以是动词，表示用容易明白的事物来说明不容易明白的事物。相当于"比喻"。

这儿的天气一会儿晴，一会儿阴，人们就用小孩儿的脸来比方。

（4）"比方"还可以是名词。可以说"一个比方""打（个）比方"。

说黄河是母亲河，这是一个比方。| 我想打个比方来说明这个问题。

（5）"比如"只是连词，后边可以直接举例。在书面上，"比如"后边可以加冒号（：）。

中国的很多大河，比如长江、黄河、淮河等，都是从西向东流的。| 有些灾难是无法避免的，比如地震、台风和水灾等；有些灾难是人为的，比如：战争和环境污染。

练习答案：（1）A　（2）C　（3）B　（4）C

填空： A.比方 B.比如

（1）一些很难说明的道理，打个＿＿＿＿来说就可能很容易让人听懂。

（2）人们把那种表面上强大的敌人称作纸老虎，这是个＿＿＿＿。

（3）最近，我们发现一些干部身上存在着很不好的现象，＿＿＿＿：不注意学习，
不解决问题，整天忙着迎来送往。

22 比较 bǐjiào ② 相比 xiāngbǐ ③

【相似 Similarities】

动词。表示比一比，发现相同和不同。

> 你把现在写的汉字跟一年前写的比较一下，看看有没有进步。‖ 与两年前相
> 比，他现在的汉语水平进步多了。

【区别 Distinctions】

（1）"比较"可以表示两项或更多项之间比。可以带宾语。可以说"比较一下""比
较了半天""比较比较""比较起来"。

> 买东西不仅要比较价格，更要比较质量。｜两件衣服比较一下，就能看出哪
> 件更好了。｜他比较了半天也没看出这几张画中哪张是假的。｜东西好坏，
> 拿到一起比较比较就看出来了。｜国内的球队比较起来，还是广东队水平高些。

"相比"多表示两项之间比。一般不带宾语。可以说"和／与／跟／同…相
比""相比之下"。

> 与上海和北京的人口相比，这里的人口太少了。｜现在的生活跟五十年前相
> 比，方便和丰富多了。｜相比之下，在城市生活要比农村热闹得多。｜这两
> 个球队的实力不能相比，相差太多了：一个太好，一个太差。

（2）"比较文学""比较语言学""比较美学"等是学科的名称。

练习答案： （1）A （2）A （3）B

（3）"比较"还可以是副词，表示在一定程度上。

　　他的病好了以后，<u>比较</u>注意锻炼身体了。 ｜ 这家商店的东西质量好，价格也<u>比较</u>贵。

〖 练习 Exercises 〗

填空：　A.比较　　B.相比
（1）这件衣服虽然贵一些，但质量_____好。
（2）_____一下他们几位的汉语水平，还是大山说得好些。
（3）住在大城市里往往很吵，_____之下，住在农村要安静许多。

23　必然 bìrán ③　　　当然 dāngrán ①

〖 相似 Similarities 〗

形容词。一定。

　　这么简单的问题他<u>当然</u>能回答。 ‖ 生活中<u>必然</u>会有各种各样的困难。

〖 区别 Distinctions 〗

（1）"必然"可以表示根据规律、道理一定是某种情况，或某种情况是有规律的、自然的。可以说"必然规律／趋势""必然性""…是必然的""…的必然"。

　　学习不努力，<u>必然</u>不会考出好成绩。 ｜ 物质生活丰富了，人们<u>必然</u>要改善精神生活。 ｜ 一心想害人的人<u>必然</u>没有好下场。 ｜ 使用电脑的人将会越来越多，这是社会发展的<u>必然</u>趋势。 ｜ 自然规律都是有<u>必然性</u>的。 ｜ 管理混乱，产品质量差，公司最后关门是<u>必然</u>的。 ｜ 科学技术将来会更加发达，这是科技发展的<u>必然</u>。

　　"当然"表示应该是某种情况，没有疑问。有时可以用在句子前边，后边用逗号（，）与句子分开，还可以单独回答问题。

　　他是我朋友，我<u>当然</u>知道他叫什么名字。 ｜ "我能用一下你的词典吗？""当

练习答案：　（1）A　　（2）A　　（3）B

然可以。" ｜ 这次球赛我们队得了冠军。当然，我们也付出了很大的代价，有两名队员受了伤。 ｜ "她汉语说得真不错！""那当然了，她在中国已经生活了十年了。" ｜ "已经上课了吗？""当然。八点钟半上课，现在都八点四十了。"

（2）"想当然"表示凭主观想象，没有根据，认为大概是这样。"理所当然"表示按道理应该这样。

说话、做事都要有根据，不能想当然。 ｜ 他那样做是理所当然的。

〖练习 Exercises〗

填空： A.必然 　 B.当然

（1）人和动物一样，都是有生有死的，这是＿＿＿＿＿规律。

（2）"他的汉语说得真好！""那＿＿＿＿＿，他在北京工作了十年了。"

（3）我们在做工作计划的时候，一定要根据实际情况，不能想＿＿＿＿＿。

24 必须 bìxū ②　　必要 bìyào ③

〖相似 Similarities〗

表示一定要。

吃饭和住宿问题必须解决。‖ 学习外语，课本和词典是必要的。

〖区别 Distinctions〗

（1）"必须"是副词。作状语。主要用在动词性词语前边，有时也用在形容词和句子主语的前边。

你从上海坐火车去北京，必须经过南京。 ｜ 这些活儿今天必须干完。 ｜ 我们的工作态度必须认真。 ｜ 这件事别人去不行，必须老王亲自去才行。

（2）"必要"是形容词。可以作定语、谓语。可以说"很／十分必要""必要条件""必要的时候""必要的手段""必要的准备""必要性"。

练习答案： （1）A 　 （2）B 　 （3）B

多听多说对练习口语十分<u>必要</u>。│ 这是北京一个朋友的电话，<u>必要</u>的时候你可以找他。│ 出门旅行之前要做一些<u>必要</u>的准备。│ 以前，我没有认识到正确发音的重要性和<u>必要</u>性。

（3）"必要"还可以是名词。可以说"有必要""没（有）必要""这个必要""有什么必要"。

从你家走路到公司只要十分钟，有<u>必要</u>开车吗？│ 这么小就出国留学，我看没这个<u>必要</u>。

〖 练习 Exercises 〗

填空：　A.必须　　B.必要
（1）要学好外语，就_____多练习。
（2）你为这么一件小事生气，完全没有_____。
（3）住的地方不用很大，但_____干净、整洁。
（4）想当一名歌唱演员，唱歌好听是一个_____条件。

25 边 biān ②　　旁边 pángbiān ①

〖 相似 Similarities 〗

名词。靠近某物体的地方。

路<u>边</u>有一家小商店。‖ 道路<u>旁边</u>不能停车。

〖 区别 Distinctions 〗

（1）"边"常用在一些名词（多是单音节名词）后面。名词与"边"之间不能用"的"。可以说"河/江/湖/海边""路边""身边""马路边""边上"。

有几个人坐在河<u>边</u>休息。│ 夏天在湖<u>边</u>散步的人很多。│ 路<u>边</u>停了许多自行车。│ 老人年纪大了，<u>身边</u>应该有人照顾。│ 汽车不能停在马路<u>边</u>上。

练习答案：（1）A　（2）B　（3）A　（4）B

"旁边"使用较自由。可以带定语，定语后面可以用"的"，也可以作定语。可以说"学校（的）旁边""操场（的）旁边""旁边的位置／房间／教室"。

客人都坐中间，我们在旁边。｜他们在操场表演武术，很多人在旁边看。｜我的座位旁边还有一个空位，你过来吧。｜我们学校旁边有好几家小商店。｜照片上站在我旁边的是王老师。

（2）"边"可以用在一些单音节词后面，表示方位。

上边｜下边｜左边｜右边｜前边｜后边｜里边｜外边｜东边｜南边｜西边｜北边｜这边｜那边｜哪边

（3）"边"还可以表示物体的边沿部分，也可以指组成三角形、四边形等图形的线段。

这张纸边上有点儿破了，换一张吧。｜三角形有三条边。

（4）"桌边"可以指桌子的边沿，也可以指靠近桌子的地方。

杯子不要放在桌边，放到中间吧。（桌子的边沿）｜吃完早饭，他习惯坐在桌边看一会儿报纸。（靠近桌子的地方）

〖练习 Exercises〗

填空：　A. 边　　B. 旁边
（1）队员们在打球的时候，教练就站在_____看。
（2）每年夏天都有很多人来这里的海_____游泳。
（3）他们要在这个教室上课，你们去_____的教室自习吧。

26 变 biàn ②　　变化 biànhuà ③

〖相似 Similarities〗

动词。人或事物跟原来不同。

好几年没见，大家都变了。‖这几年我们的城市变化很大。

练习答案：　（1）B　　（2）A　　（3）B

〖 区别 Distinctions 〗

（1）"变"有时可以带宾语。可以说"变样""变味""变色""变成""变为""变……为……""变得……"。

> 我们学校这几年大**变样**了。｜这件衣服才穿了几次就**变**了颜色了。｜那时的小城镇现在**变成**了大城市。｜经过几年的改造，这块土地现在已经**变**荒山为良田了。｜形势**变得**很快。

"变化"一般不带宾语。可以说"有变化""起变化""发生／引起变化""很大／巨大／明显／重大／惊人（的）变化""思想／社会／事情／情况／天气／气候／环境／季节（的）变化"。

> 计划要是有什么**变化**，请你马上告诉我。｜这些年来，世界发生了巨大的**变化**。｜情况突然起了很大**变化**。｜季节的**变化**会引起天气和环境的**变化**。

（2）可以说"一点儿也／都没变"，也可以说"一点儿也／都没变化"。可以说"一点儿变化也／都没有"，但不说"＊一点儿变也／都没有"。

> 十年过去了，故乡的山山水水一点儿都没**变**／**变化**。‖学校食堂每天饭菜都一样，一点儿**变化**也没有，我们去外边吃吧。

（3）"变"还表示表演魔术（móshù）等。可以说"把……变成……"。

> 他会**变**戏法。｜魔术师**变**出了一朵花。｜他把一束鲜花**变成**了一只鸽子（gēzi）。

〖 练习 Exercises 〗

填空：　A.变　　B.变化
（1）这菜已经＿＿＿＿味儿了，不能吃了。
（2）只有不断努力，才能使理想＿＿＿＿为现实。
（3）看到家乡的惊人＿＿＿＿，老人有点儿不相信自己的眼睛。
（4）引起气候＿＿＿＿的原因是多方面的，有自然的原因，也有人为的原因。

练习答案：　（1）A　　（2）A　　（3）B　　（4）B

27 变成 biànchéng ②　　形成 xíngchéng ③

〖 相似 Similarities 〗

动词。经过变化，成了某种样子。

> 以前的那家小商店现在变成大超市了。‖ 学习历史可以知道一些国家是怎么形成的。

〖 区别 Distinctions 〗

（1）"变成"表示人或事物改变了原来的状态或性质，成了某种样子。常带宾语。可以说"把…变成…""使…变成…"。

> 水到了零度以下就会变成冰。 | 过去这里的一条土路，现在变成了一条又宽又直的水泥路。 | 经过十多年的努力，他们终于把理想变成了现实。 | 这些年的国外生活好像使他变成了另外一个人。

（2）"形成"表示事物经过一定的发展变化过程，成了某种样子。可以带宾语，也可以不带。可以说"形成风格／特点／习惯／风气／思想／决议／计划／制度""性格的形成"。

> 她写的几本小说已经形成了自己的风格。 | 教育孩子形成良好的生活和学习习惯十分重要。 | 我们的每一项计划的形成都经过了充分的讨论。 | 一个人性格的形成跟他的生活环境和生活经历有很大关系。

〖 练习 Exercises 〗

填空：　A.变成　　B.形成
（1）几年没见，这孩子已经_____大人了。
（2）要不了几年，这片小树苗就会_____一大片树林。
（3）经过三十多年的发展，他们的产品已经_____了自己的特点。

练习答案：　（1）A　　（2）A　　（3）B

28 变为 biànwéi ③　　成为 chéngwéi ②

〖相似 Similarities〗

动词。变成。要带宾语。

> 她从小就希望当一名老师，今天她的愿望终于变为现实了。‖上中学的时候他很希望成为一名医生。

〖区别 Distinctions〗

（1）"变为"常表示经过变化，成了某人或某事物。可以说"由…变为…""从…变为…""把/将…变为…"。

> 二十年来，他们公司已经由一家冰箱厂变为生产各种家用电器的大公司了。|因为热爱文学，余华离开了医院，从一名医生变为作家。|只有不断努力，才有可能把理想变为现实。

（2）"成为"可以表示经过变化、发展、成长、进步，成了某人或事物。可以说"成为习惯""发展成为…""建设成为…"。

> 比赛得了冠军以后，他成为新闻人物了。|几十年前的事情都已经成为历史了，他不想再提了。|每天晚饭后出去散散步，已经成为他的生活习惯。|他们希望把这里建设成为环境优美的生活区。

〖练习 Exercises〗

填空：　A. 变为　　B. 成为

（1）她很喜欢看小说和写作，她希望将来能_____一名作家。

（2）这座海边小城现在已经发展_____一座现代化的大城市了。

（3）他在这儿工作了十年，已经由一名普通职工_____公司的经理了。

练习答案：（1）B　（2）B　（3）A

29 遍 biàn ②　　次 cì ①　　回 huí ②

〖 相似 Similarities 〗

量词。表示行为活动的量的单位。

> 这首歌我听过很多遍了。‖ 北京我去过好几次。‖ 西安我一回也没去过。

〖 区别 Distinctions 〗

（1）"遍"和"次"通用于口语和书面语，"回"多用于口语。

（2）"遍"常表示听、说（讲）、读、写、看、做、数（shǔ）等从开始到结束的过程的量。

> 请你把刚才说的话再说一遍，行吗？ | 这篇课文我已经读过五遍了。 | 课文里的每个生词我都写了三遍。 | 我把刚才的动作再做一遍，请大家注意看。

"次"和"回"可以表示行为活动进行的量（但不一定是从开始到结束的整个过程）。可以说"上／下次""上／下回"。

> 这电影我看过三次，但每次都没看完。 | 这个问题我们已经讨论过很多次了。 | 上次已经说过了，这次就不说了。‖ 有一回，我在来学校的路上碰到过他。 | 这事儿我已经问他好几回了。 | 每回问他，他都说要想想，下回不问了。

（3）"一遍遍"和"一次次"常作状语。可以说"一遍又一遍""一次又一次"。

> 他一遍遍地抄写生词，写得很认真。 | 生词我念了一遍又一遍，还是记不住。‖ 他一次次跌倒，又一次次爬了起来。 | 这个问题讨论了一次又一次，还是没有结果。

"回回"常作状语。

> 我回回去他家，他回回都不在家。

（4）"次"可以与表示可能重复出现的事物的名词（如"会议""机会""事故""战争"）配合使用。

> 参加这次会议的有二百多位代表。 | 这是一次难得的好机会。 | 去年这个厂发生了一次重大事故。 | 二十世纪世界上发生了两次大规模战争。

（5）"次"可以作为列车的量词。可以说"车次"。

　　290次列车还没有到达上海。｜坐火车去可以坐T14次。

（6）"两次""三次""多次"等可以在动词性词语前边作状语。

　　我两次请他吃饭，他都说没时间。｜我多次给他打电话，都没找到他。｜他多次帮助我们，使我们很感动。

（7）用"回"可以说"一回事""两回事""怎么回事""这么/那么回事"。

　　你们俩说的不是一回事。｜这到底是怎么回事?

〖 练习 Exercises 〗

填空：　A.遍　　B.次　　C.回

（1）我们俩说的是两＿＿＿＿＿事。

（2）你知道288＿＿＿＿＿列车是从哪儿开到哪儿的吗?

（3）老师让我们下课以后把这些生词每个抄写五＿＿＿＿＿。

（4）我多＿＿＿＿＿去书店，可是一直没买到李老师说的那本书。

30　表达 biǎodá ③　　表示 biǎoshì ②

〖 相似 Similarities 〗

动词。用语言、文字等表现意思、思想感情等。

　　她的文章表达了她热爱家乡的感情。‖我们不仅要知道一个生词表示什么意思，还要了解它的用法。

〖 区别 Distinctions 〗

（1）"表达"一般是用语言、音乐、艺术作品、目光或行为动作等来显示意思、思想感情等。宾语是名词性的。

　　阿里现在已经能用汉语来表达自己的意思了。｜《背影》表达了作者对父亲

练习答案：（1）C　（2）B　（3）A　（4）B

的深厚感情。 | 她的目光表达了她的复杂心情。 | 有时候我们很难用语言把自己的思想感情完全表达出来。

"表示"可以是用语言、符号、表情或行为活动等来显示意思、思想感情或态度等。宾语可以是名词性的，也可以是动词或形容词性的，还可以是小句。

大家表示了要做好这项工作的决心。 | 门上的记号表示他今天有事不在家。 | 路口的红灯表示禁止通行，绿灯表示允许通行。 | 他没有表示同意，也没有表示反对。 | 微笑表示友好和热情。 | 他没来就表示他不喜欢这种活动。 | 他的话已经表示了他对这件事的态度。

（2）用"表达"可以说"语言表达""口头／书面表达""表达手段／方式／技巧""表达能力"。

有些人很会说话，很善于语言表达。 | 说和写是两种不同的表达手段。 | 写作文可以提高书面表达能力。

用"表示"可以说"表示感谢／祝贺／关心／赞成／同意／欢迎／同情／反对""表示歉意／谢意／决心""对／向…表示…"。

她对大家的关心表示感谢。 | 这次你取得了这么好的成绩，我们向你表示祝贺。 | 我们对各位的到来表示热烈的欢迎。

（3）"表示"还可以是名词，指显示思想感情的话语、表情、事物或行为等。

大家帮了他那么多，可他一点儿表示都没有。 | 跟别人握手是一种友好的表示。

〖 练习 Exercises 〗

填空： A.表达　　B.表示
（1）点头_____同意，摇头_____不同意。
（2）她坐在一边不说话就_____她不开心。
（3）使用语言主要包括理解和_____两个方面。
（4）口语课主要是为了训练学生的口头_____能力。

练习答案： （1）B,B　　（2）B　　（3）A　　（4）A

31 表明 biǎomíng ③　　声明 shēngmíng ③

〖 相似 Similarities 〗

动词。对别人说明自己的观点、立场或某种情况。

　　他清楚地表明了自己的观点。‖ 外交部发言人再次声明了中国政府的立场。

〖 区别 Distinctions 〗

（1）"表明"可以用于一般场合或正式场合；"声明"多用于正式、严肃场合。

（2）"表明"可以是用语言、文字、表情或动作行为向别人表示自己的立场、观点、看法、决心、愿望、意向、态度、感情等。

　　大家都表明了自己的立场。| 两国领导人都表明了要积极改善两国关系的态度。| 他今天来这儿是为了向大家表明他是支持这项活动的。

　　"声明"多是用语言、文字公开说明自己的观点、立场或某种情况。

　　中国政府一再声明，反对任何形式的侵略战争。| 我方已多次声明过我们的立场。| 在博客（bókè，blog）上，她声明：那事跟她毫无关系。

（3）"表明"可以表示事物、现象本身显示或证明某种情况。

　　城市面貌的巨大变化表明这几年的经济发展速度很快。| 他点头了，就表明他同意这么做了。

　　"表明"前边可以用"充分""清楚地""大胆地""积极地""明确地"。

　　这些情况充分表明了我们的决定是对的。| 他清清楚楚地向大家表明了自己的看法。| 小伙子大胆地表明了自己对姑娘的爱情。

（4）"声明"可以是名词，可以与量词"份"配合使用。

　　经过几天的谈判，两国政府代表团发表了联合声明。| 联合国发表了一份声明。| 墙上贴着一份声明。

〖 练习 Exercises 〗

填空：　A.表明　　B.声明

（1）我想再_____一次，我是不会参加这种活动的。

（2）对这件事情，我们每个人都要明确地_____自己的态度。

（3）我们在农村看到的情况_____：不少农民的生活还很困难。

32 表现 biǎoxiàn ③　　体现 tǐxiàn ③

〖 相似 Similarities 〗

动词。显示出来，让人看到或感觉到。可以说"表现/体现出"。

　　他的文章表现了他对大自然的热爱之情。‖ 他的行为体现了他乐于助人的精神。

〖 区别 Distinctions 〗

（1）"表现"表示话语、行为活动显示出思想、感情、态度、愿望、精神、能力、性格等，或事物本身显示事物的性质、方法、特点、风格、故事等。

　　《我的母亲》这篇文章表现了作者对母亲的深厚感情。｜她这样做表现了她的无私与热情。｜人的性格表现在自己的日常行为活动中。｜他的画表现了一种积极向上的人生态度。｜这段舞蹈表现的是一个动人的爱情故事。

　　"体现"表示通过具体的事物、手段或行为来显示思想、品德、作风、精神、愿望、原则、政策等。

　　人的行为体现了人的思想。｜建筑师的美学思想在这座大楼上得到了很好的体现。｜这件事体现了他的一贯作风。｜这位运动员的行为体现了高尚的体育精神。｜新政策体现了政府要大力发展教育的决心。

（2）"表现"还可以表示一个人做事给别人看，想让别人说他做得好。

　　上次我们表现得不好，这次我们要好好表现表现。｜他非常喜欢在别人面前表现自己。

（3）"表现"还可以指文艺作品或文艺创作中把某种思想、观念、主题等表示出来。可以说"表现手法""艺术表现""表现力"。

　　练习答案：　（1）B　　（2）A　　（3）A

这个舞蹈表现了她对自由的渴望。｜这部小说运用的是现实主义的表现手法。｜他的电影艺术表现力很强。

（4）"表现"还可以是名词，表示话语、行为动作或事物显示出来的情况。

比赛结束后，教练说他对队员们的表现很满意。｜公司根据他最近的良好表现，决定给他加工资。

〔 练习 Exercises 〕

填空：　A.表现　　B.体现
（1）要了解一个人，最好是看他的平时_____。
（2）法律_____的是大多数人的愿望和要求。
（3）在这次事故中，小李和小王都_____得很勇敢。

33 表演 biǎoyǎn ②　　演出 yǎnchū ③

〔 相似 Similarities 〕

动词。演节目给人们看。

刚才马先生给我们表演了一个精彩的节目。‖上个星期，他去外地演出了。

〔 区别 Distinctions 〕

（1）"表演"可以在剧场、舞台等正式场合进行，也可以在一般的地方进行。可以说"表演歌曲/舞蹈/相声""表演艺术""表演艺术家""表演唱"。

我们欢迎小王给我们表演一个节目吧。｜他很高兴，在车上就给我们表演了一段京剧。｜小李的节目是表演唱，她一边唱，一边跳，很有意思。

"演出"多在剧场、舞台等正式场合或在临时准备的地方进行。一般是提前安排好的。可以说"慰问（wèiwèn）演出""访问演出""演出团"。

这三位男高音歌唱家在北京演出过。｜这次演出的时间、地点早就定下来了。｜这台音乐会在上海连续演出了三场。

练习答案：　（1）A　　（2）B　　（3）A

（2）"表演"的对象可以是一个节目，也可以是一个节目中的片段（如几句唱词、一个动作）。

他只表演了那段京剧中的几句唱。｜他表演猴子的动作很有趣。｜她看了师傅的表演，很快就学会了。

"演出"的对象一般是完整的、设计好的一个或一场节目。

这个节目我们已经演出过好几次了。｜学校的小电影院有时也演出歌舞节目。

（3）"表演"后边可以带"起来""下去""起""上""一下"等，可以说"表演得…"。

这种舞蹈表演起来很好看。｜他一高兴就表演起了他小时候喜欢唱的歌曲。｜大家都想看，你就表演一下吧。｜他们表演得十分精彩。

（4）"表演"也可以表示进行体操、滑冰、球赛等体育活动。可以说"表演赛"。

她们两位表演的体操受到了观众的热烈欢迎。｜这几位年青运动员的表演都很成功。

〖 练习 Exercises 〗

填空： A.表演　　B.演出
（1）我没想到他们_____得那么精彩。
（2）巴西队连进三个球，这场足球赛成了巴西队的_____赛。
（3）每年春节期间，这个艺术团都要到边远的农村地区去进行慰问_____。

34 别 bié ①　　不要 búyào ②　　不用 búyòng ②

〖 相似 Similarities 〗

副词。表示让别人不做某事或不必是某种状态。用在动词性或形容词性词语前边。

这事儿很重要，你别忘了。‖请不要在这里抽烟。‖家里还有不少米，你不用再买了。

练习答案： （1）A　　（2）A　　（3）B

你别太累了，早点儿休息吧。‖ 你慢慢准备吧，不要太着急。‖ 你不用这么客气。

〖 区别 Distinctions 〗

（1）"别"多用于口语，"不要"和"不用"通用于口语和书面语。

（2）用"别"可以说"快别（这么）+ 动词 / 形容词"。

"你帮了我这么大忙，我真不知道怎么感谢你才好。""你快别这么说！能帮你点儿忙，我很高兴。" |"来，来，请坐！请喝茶！""你快别这么客气，都是老同学。"

（3）"别提多…""别提有多…""别提了"常表示某种程度高。

得知这个好消息，她别提多高兴了。| 她知道自己没通过考试，别提有多伤心了。| 他的房间很小，光线又暗，乱的样子更别提了。

（4）"不要"和"不用"可以表示不必要、不必。

房间不要很大，只要干净就行。| 现在买东西，有时我们不要去商店，只要打个电话就可以了。‖ 你不用跟他说了，他都知道了。| 这孩子很聪明，很多事不用教，他就会做了。

"不用（了）"可以单独作为答话。

"我送送你吧。""不用了，我家不远。" | "要我帮忙吗？""不用，我一会儿就干完了。"

（5）"不要"可以用在表示比较正式活动的动词（如"进行""实行""认为""建立""加强""批准""决定"）前边。

遇到问题应该想办法解决，不要进行这种没有意义的讨论。| 你不要认为你的想法就一定是对的。| 老板说，在他回来以前，我们不要作出最后的决定。

（6）"不要"前边还可以用"一定""坚决""绝对""决""切"等。

你一定不要重复过去犯过的错误。| 凡是违犯法律的事，我们就坚决不要去做。| 时间很宝贵，我们决不要白白地浪费光阴。| 我们的队员能力确实比较强，但我们切不要以为对手的实力都很弱。

（7）"不用"在口语里有时说成"甭（béng）"。

你不用（甭）客气。｜这事儿你不用（甭）管了，我们会做好的。

注意，下边句子中的"不要"和"不用"是"不"与动词"要"和"用"连用。

"你还要米饭吗？""不要了，我饱了。"｜我不要咖啡，我要一杯茶。‖你怎么总是用铅笔而不用钢笔呢？｜因为长时间不用，有些机器已经发动不了了。

〖 **练习 Exercises** 〗

填空： A.别　　B.不要　　C.不用

（1）"都快_____站着了，请坐，请坐！"

（2）我们要抓住机会而_____轻易丧失机会。

（3）那些机器放在屋里长时间_____，现在已经不能用了。

（4）得到了这么好的工作机会，她的心情_____提有多高兴了！

（5）"我找几个人来帮帮你吧。""_____了，谢谢。我快做完了。"

（6）_____以为有钱就能解决一切问题，其实有些事用钱是解决不了的。

35 别的 biéde ①　　另外 lìngwài ②　　其他 qítā ②

〖 **相似 Similarities** 〗

代词。指一定范围以外的人或事物。

这些生词我只认识这么四五个，别的都不认识。‖他住在这个小区，我住在另外一个小区。‖这些人当中我只认识后边的两位，其他人我都不认识。

〖 **区别 Distinctions** 〗

（1）"别的"作定语时，表示某个范围以外的人或事物；不作定语时，一般指事物。"别的"后边不用数量词语。

这次旅行，我们班有五个同学去西安，别的同学都去北京。｜我只知道这些，别的情况我就不知道了。｜工作的事都谈完了，咱们谈点儿别的吧。

练习答案： （1）A　（2）B　（3）C　（4）A　（5）C　（6）A/B

"另外"可以用在一些数量词语前边。在名词前作定语时，后边常用"的"。可以说"另外那…"。

我看的不是这本书，是另外一本书。｜一场比赛结束，除了赢、输或者打平之外，没有另外的结果。｜这些苹果我们一个人吃一个，另外那几个留给小李他们。

"其他"可以用在表示多数的数量词语前（不说"＊其他一个"）。作定语时，后边可以不用"的"。

这三十多个生词我们只学过十几个，其他十几个都没学过。｜我们班除了他一个人不知道这件事，其他同学都知道了。｜我想说的，你已经说了，我没有其他意见了。

（2）"别的"和"其他"可以用在一些单音节名词前。

你还有别的事吗？｜我只看过这本书，别的书都没看过。‖今天主要讨论价格的事，其他事下次再谈。｜你先看这本书，其他书以后再看。

可以说"其他人"，一般不说"＊别的人"（常说"别人"）。

我们不知道其他人对这个问题有什么看法。

（3）"另外"还可以是副词，在动词性词语前边作状语。可以说"另外还／再／又…"。

他今天另外有事，来不了了。｜除了现在住的房子，他另外还有两套房子。｜今天不早了，我们另外再找时间谈吧。｜我们每个人都吃了一个面包，他另外又加了一个鸡蛋。

（4）"另外"还可以是连词，表示补充某种情况。

你不要忘了明天出发的时间，另外，你走的时候，叫一下小王。

〖 练习 Exercises 〗

填空： A.别的 B.另外 C.其他

（1）我只要一杯茶，_____都不要了。

（2）他每个月除了一点儿工资以外，没有_____的收入。

（3）这只是我个人的看法，你再听听_____人的意见吧。

（4）我没买汽车主要是汽车对我来说不是必需的，_____，油钱也太贵。

（5）这次旅行他们除了去上海、广州之外，还要去_____地方。

36 别人 biéren ①   人家 rénjia ③

〖 **相似 Similarities** 〗

代词。指某（些）人以外的人。

> 这些事情我们自己能做，不用麻烦别人。‖ 你把电视的声音开得小点儿，不要影响人家休息。

〖 **区别 Distinctions** 〗

（1）"别人"可以是特别指出的某（些）人以外的人。

> "这次去北京的除了你和小江以外，还有别人吗？""没别人了，就我们两个人。" | 这事除了你们几个不知道，别人都知道的。

（2）"人家"可以指前边提到的某（些）人。

> 老王自己有车，人家不用挤公共汽车了。 | 去不去让她自己决定，你不要为难人家。 | 这自行车是小李的，我马上要还给人家。

（3）"人家"有时指说话人自己（多为女性用语，表示对人不满意）。

> 你还不过来帮个忙？人家累死了！ | 你是很忙，可是人家又上班又要照顾孩子，也没闲（xián）着啊。

（4）"人家"还可以用在所指的人前边。

> 你真应该向人家老李学习学习，一下班就回家做饭。 | 他看人家小刘买了辆车，他也想买车了。

注意，"别人"读 biérén 时，是名词，指另外的人。"人家"读 rénjiā 时表示某

练习答案：（1）A/C　（2）B/C　（3）C　（4）B　（5）A/C

人的家，可以说"山里人家""大户人家""普通人家"。

> 那天晚会上来的都是我们班同学，没有别人。‖ 这些山里人家的孩子，学习都很努力。 | 对我们这些普通人家来说，买房子是件大事。

〖 练习 Exercises 〗

填空： A. 别人　　 B. 人家

（1）这事儿还要问问＿＿＿＿小李同意不同意呢。

（2）你们班参加比赛的除了你们几个，还有＿＿＿＿吗？

（3）王东下星期要考试，＿＿＿＿正复习呢，你别叫他了。

37 并且 bìngqiě ②　　 而且 érqiě ②

〖 相似 Similarities 〗

连词。连接并列的动词性词语或分句。

> 他这么说了，并且也这么做了。‖ 她很喜欢唱歌，而且唱得很好听。

〖 区别 Distinctions 〗

（1）"并且"可以连接并列的动词。

> 昨天的会议讨论并且通过了这个计划。 | 过去的那些好的工作作风应该保持并且坚持下去。 | 家人终于理解并且支持她去非洲工作了。

（2）"而且"常与"不但""不仅""不单""不只""不光"等配合使用。

> 我们不但要学好汉语，而且要了解中国文化。 | 外边不仅下着大雨，而且还刮起了大风。 | 她不单会说汉语，而且会说日语和法语。

练习答案： （1）B　　 （2）A　　 （3）B

〖练习 Exercises〗

填空：　A.并且　B.而且

（1）大会讨论＿＿＿＿通过了这项决定。

（2）我希望＿＿＿＿相信大家的汉语会越来越好。

（3）那篇文章不只是太长了，＿＿＿＿有些内容也不真实。

38　不 bù ①　　没 méi ①　　没有 méiyǒu ①

〖相似 Similarities〗

副词。表示否定。

今天是星期六，我们不上课。‖ 昨天他没去学校。‖ 今天他又没有来。

〖区别 Distinctions〗

（1）"不"可以用于否定现在或将来的动作、行为或状态，也可以用于否定经常的、习惯的、规定的行为或状态。

你先吃吧，我现在不想吃。| 明年他就不在这儿工作了。| 他经常不吃早饭就来上课。| 他不常喝酒和打牌。| 公共场合不许抽烟。

"没"或"没有"用于否定动作、行为或状态已经发生。

昨天他病了，没（有）来上课。| 咱们好久没（有）见面了。| 上次南京的会你怎么没（有）去？| 我们这时候去，图书馆可能还没（有）开门。

（2）有些不表示动作的动词（如"是""姓""像""如""比""值""认识""知道""等于""属于""值得""认得"），它们前边可以用"不"。

他不姓李，他姓王。| 这件衣服不如那件好看。| 我从来不认识这个人。| 买一双鞋花这么多钱，实在不值得。

（3）"不"可以用在助动词前边。

不可 | 不能 | 不会 | 不要 | 不愿 | 不肯 | 不敢 | 不该 | 不可以 | 不能够 | 不

练习答案：（1）A　（2）A　（3）B

愿意 | 不乐意 | 不应该 | 不应当 | 不可能

"没""没有"只能用在"能""敢""能够"等少数几个助动词前边，而且助动词后边一般要用动词性词语。

没能跟上 | 没敢说 | 没能够解决问题

（4）表示性质的形容词前边可以用"不"。

不高 / 矮 | 不大 / 小 | 不远 / 近 | 不薄 / 厚 | 不笨 | 不好听 | 不漂亮 | 不正确 | 不年轻 | 不重要 | 不方便 | 不聪明

表示状态的形容词前边可以用"没"或"没有"。

衣服还没干（gān），得（děi）再晒晒。 | 饭没熟，要等一会儿才能吃。

（5）"不"可以用在动词和补语之间。

看不懂 | 说不好 | 跑不快 | 买不到 | 听不清楚 | 洗不干净 | 站不起来 | 讨论不起来 | 参加不上 | 区别不开 | 完成不了（liǎo）

（6）"不"可以与一些动词和形容词形成正反问句。

你认识不认识王力老师？ | 这本书好看不好看？

"没"可以与一些动词形成正反问句。

你来中国以前学没学过汉语？

"没有"用在句子后边可以形成正反问句。

你以前学过汉语没有？

（7）"没"和"没有"的用法基本相同，在口语里多用"没"。"有"前边可以用"没"，不用"不"。

表示动作行为结果的动词性词语的否定形式，用"没"或"没有"。

我没（有）看见你的词典。 | 她没（有）把话说明白。 | 她没（有）把衣服洗干净。 | 这几个字他没（有）写清楚。 | "你看到我的自行车了吗？""没有。"

（8）"没"和"没有"可以是动词，宾语可以是名词性词语、数量词语，也可以不带宾语。

今天下午我没（有）时间。 | 包里没（有）什么东西。 | 她没（有）三十岁

吧。｜我的钢笔怎么<u>没有</u>了？｜屋里一个人也<u>没有</u>。

〖练习 Exercises〗

填空：　A.不　　B.没　　C.没有

（1）我看这个问题并_____重要。

（2）别人都有了，怎么我_____？

（3）你昨天下午找_____找到你的自行车？

（4）这段课文昨天晚上我听了三遍还_____听懂，今天早上又听了两遍还是
　　听_____懂。

39　不必 búbì ③　　　不一定 bùyídìng ②

〖相似 Similarities〗

表示不需要做某事，或可以不做某事。

　　这么一件小事，<u>不必</u>去麻烦别人了。‖ 这么多练习，你们<u>不一定</u>都要做。

〖区别 Distinctions〗

（1）"不必"可以表示某事或某种情况没有必要，不用做某事。可以说"大可不必"。

　　那边的人已经够了，咱们<u>不必</u>去了。｜你安心养病吧，单位里的事我们已经
　　安排好了，你<u>不必</u>着急。｜"我开车送你回家吧。""<u>不必</u>了，我家很近，走路
　　要不了十分钟。"｜有人说要再讨论一次，我看<u>不必</u>了。｜我觉得他那样做<u>大
　　可不必</u>。

（2）"不一定"作谓语时，可以表示不能确定。

　　他每天上下班的时间<u>不一定</u>，有时候早，有时候晚。｜他们什么时候能到，
　　还<u>不一定</u>。｜老李同意不同意，也<u>不一定</u>。

　　"不一定"作状语时，可以表示可能不是某种情况。

练习答案：　（1）A　　（2）C　　（3）B　　（4）B/C，A

书上的话<u>不一定</u>都对。 | 这种衣服她<u>不一定</u>喜欢。 | 他<u>不一定</u>知道这件事。 | 刮风了，但<u>不一定</u>会下雨。

〖 练习 Exercises 〗

填空： A.不必 B.不一定
（1）今天会不会下雨，恐怕＿＿＿＿。
（2）来的都是自己人，你＿＿＿＿那么客气。
（3）这事你自己真的能做，＿＿＿＿请人帮忙了吗?
（4）专家的话＿＿＿＿都是对的，他们有时候也会说错话。

40 不得不 bùdébù ②　　只好 zhǐhǎo ③

〖 相似 Similarities 〗

必须，没有别的更好的选择。用在动词或形容词性词语前。

老房子要倒了，他<u>不得不</u>搬家。 ‖ 他们不太会汉语，<u>只好</u>找一名翻译。
说得太快了，他听不懂，所以我<u>不得不</u>慢一点儿。 ‖ 时间很紧，所以我<u>只好</u>快一点儿。

〖 区别 Distinctions 〗

（1）"不得不"表示唯一的选择（没有别的选择）。语气比"只好"重。

雾太大，飞机<u>不得不</u>停飞。 | 在大量的事实面前，他<u>不得不</u>承认自己错了。 | 那天的雨下得太大了，我们<u>不得不</u>中断比赛。

"只好"表示在某种不好的情况下，不太愿意地作出某种选择。可以说"只好＋不…"。

家里没什么好吃的，中午我们<u>只好</u>吃方便面了。 | 自己不会做，<u>只好</u>请别人帮忙。 | 他小时候家里比较困难，小学上了四年就<u>只好</u>退学了。 | 没有钱，<u>只好</u>不买。 | 他不让我去，我<u>只好</u>不去。

练习答案： （1）B （2）A （3）A （4）B

（2）"不得不"可以说"使／让…不得不…"。

　　经济困难，<u>使</u>他<u>不得不</u>改变原来的计划。｜目前的情况<u>让</u>我们<u>不得不</u>重新考虑当初的决定。

（3）"只好"有时可以用在主语的前边。

　　这事儿要是大家都不管，那<u>只好</u>我来管了。｜别人去都不行，那就<u>只好</u>你去了。

〖 练习 Exercises 〗

填空： A.不得不　　B.只好

（1）这些实际困难使我们_____改变原来的计划。

（2）这项工作两三个人做不了，_____大家一起做。

（3）为了按时完成任务，他们_____不分白天黑夜地干。

41 不断 búduàn ②　　持续 chíxù ③

〖 相似 Similarities 〗

表示某种行为状态一直在发生或存在。可以说"持续不断"。

　　在我们的工作中，会<u>不断</u>地出现一些新问题。‖ 这段时间一些地方<u>持续</u>降雨已经造成了水灾。‖ 长时间<u>持续不断</u>高温无雨，一些河流已经断流。

〖 区别 Distinctions 〗

（1）"不断"可以表示保持某种状态，表示渐渐地发展变化。作状语，后边可以用"地"，也可以不用。

　　希望你<u>不断</u>地取得进步。｜这些年轻人的运动水平会<u>不断</u>提高。｜我们的力量一定会<u>不断</u>增强。

　　"持续"可以表示某种活动状态保持不变。后边可以用表示一段时间的词语。可以说"持续很久""持续下去""持续到…"。

　　会议已经<u>持续</u>开了三个小时，还没结束。｜这种混乱的情况不会<u>持续</u>多久

练习答案：（1）A　（2）B　（3）B

的。｜这种状态已经持续很久了，不能再持续下去了。｜这次活动要持续到下月十号才结束。

（2）"不断"还可以表示一个接一个、一次又一次。可以说"行人不断""车流不断"。

老问题解决了，新问题又会不断出现。｜他走了很远了，还不断地回头往后看。｜这条街上一天到晚行人不断，非常热闹。

〖练习 Exercises〗

填空：　A.不断　　B.持续

（1）这条路一天到晚车流_____。

（2）昨天的晚会一直_____到晚上十点才结束。

（3）这场大雨已经_____下了一天了，还没停。

（4）只要你多练习，你的汉语水平一定会_____提高的。

42 不对 bú duì ②　　不行 bù xíng ②

〖相似 Similarities〗

表示某种情况不好。

你动手打人，这就不对了。‖这事儿很重要，你不去不行。

〖区别 Distinctions〗

（1）"不对"常表示不正确，是错误的。

"一个月有四个星期，一年12个月，共有48个星期，对吗？""不对，一年52个星期。"｜车上一共有35人，你怎么说是34人？你数得不对。｜他那样做很不对。｜你看看，有什么不对的地方，请告诉我。

"不行"常表示不可以做某事。

"明天早上八点出发，行吗？""不行，八点太晚了。七点半吧。"｜人不吃饭

练习答案：　（1）A　　（2）B　　（3）B　　（4）A

是<u>不行</u>的。｜在中国工作，你只会说英语<u>不行</u>。

（2）"不对"还可以表示不正常。可以说"脸色不对""情况不对"。

他今天怎么了？我看他的脸色<u>不对</u>。｜他一看情况<u>不对</u>，就赶快跑了。

（3）"不行"还可以表示不符合做某事的要求或标准。

我的口语<u>不行</u>，不能当翻译。｜他喝酒<u>不行</u>，一喝就脸红。｜年纪大了，听力和视力都<u>不行</u>了，身体也<u>不行</u>了。

（4）在"形容词＋得＋不行"里，"不行"表示程度深。

连续工作了十几个小时，大家都累得<u>不行</u>。｜这几天我忙得<u>不行</u>，哪有时间看电影？

（5）"不行了"可以表示死了或快要死了。

鱼离开了水，一会儿就<u>不行了</u>。｜看着小狗<u>不行了</u>，他很难过。

〖 练习 Exercises 〗

填空：　A. 不对　　B. 不行

（1）你说得很对，但写得_____。

（2）他看情况_____，就不说话了。

（3）要学好外语，不多练习是_____的。

（4）上学时没好好学习，工作了，他感到做什么都_____。

43 不管 bùguǎn ②　　不论 búlùn ③　　无论 wúlùn ③

〖 相似 Similarities 〗

连词。表示在任何情况下，结果都是一样的。可以与"是否""能否""与否"配合使用。

<u>不管</u>明天天气怎么样，我们都要准时出发。<u>不论</u>谁来当领导，都会遇到这些

练习答案：　（1）A　　（2）A　　（3）B　　（4）B

问题。‖‖无论遇到什么困难，我们都不能停止前进。

<u>不管</u>是外国人还是中国人，来到我们的宾馆，都是客人。‖<u>不论</u>在城里还是在农村，不工作、不劳动都不会有收获。‖<u>无论</u>大事还是小事，他都要自己做。

〖 区别 Distinctions 〗

（1）"不论"通用于口语和书面语，"不管"多用于口语，"无论"多用于书面语。

<u>不管</u>天晴还是下雨，他每天总是六点半起床。｜<u>不管</u>你去不去，反正我们去。
<u>不论</u>别人怎么说，他都听不进去。｜<u>不论</u>成功与否，我们都要去做。
<u>无论</u>走到哪里，我总忘不了故乡的山山水水。｜<u>无论</u>发生什么情况，你都要保持冷静。

（2）"不管"后边可以用"A不A的"。

他<u>不管</u>夏天不夏天的，总是穿得很整齐。｜他<u>不管</u>上班不上班的，每天总是按时起床。

用"无论"可以说"无论如何"。

<u>无论</u>如何，我们都要做好这项工作。｜<u>无论</u>如何，你都得帮我们这个忙。

注意，下边句子中的"不管"表示不顾。

他<u>不管</u>父母的反对，跟她结了婚。｜只管一个人快乐，而<u>不管</u>是不是影响了别人，这是不对的。

下边句子中的"不论"是两个词，表示不按照。

这里的鸡蛋论"斤"卖，<u>不论</u>"个"。｜留学生的这次活动只按班级，<u>不论</u>国别，分成三个组。

〖 练习 Exercises 〗

填空： A.不管 　 B.不论 　 C.无论

（1）他只关心自己的工作，家里的事他几乎＿＿＿＿。
（2）这些苹果都差不多大，论"个"卖，＿＿＿＿"斤"。
（3）我＿＿＿＿他领导不领导的，做得不对当然要批评。

（4）上次我们已经错过一次机会了，这次我们_____如何也不能再错过了。

44 不过 búguò ③　　可是 kěshì ①

〖**相似 Similarities**〗

连词。表示转折关系。

他的汉语说得很流利，<u>不过</u>发音还有点儿问题。‖ 他听力不行，<u>可是</u>他的口语很好。

〖**区别 Distinctions**〗

（1）"不过"多用于口语；"可是"通用于口语和书面语。

（2）"不过"表示转折的程度较轻，前边说明的情况是主要的，后边对前边稍微作点儿补充说明。

我是一定会去的，<u>不过</u>要晚几分钟到。｜我知道他住哪儿，<u>不过</u>我记不清他住的是几号楼了。｜他这个人很有能力，<u>不过</u>缺少点儿耐心。｜我可以跟你们去打球，<u>不过</u>我只能打半个小时。

"可是"表示转折的程度比"不过"<u>重些</u>。"可是"有时用在主语<u>后边</u>。

我们的学习时间是有限的，<u>可是</u>，要学习的知识却是无限的。｜她不太漂亮，<u>可是</u>非常聪明能干。｜他虽然学习汉语才两年，<u>可是</u>现在已经能看懂中文报纸了。｜大夫告诉他，葡萄酒可以少喝一点儿，烟<u>可是</u>一点儿也不能抽了。

（3）下边句子中的"不过"是副词。可以说"不过如此""只不过…"。

他<u>不过</u>学了一年汉语，能当汉语老师吗？｜好多人都说这儿很漂亮，来这儿一看，也<u>不过如此</u>。｜他<u>只不过</u>是随便问问，并不一定真的关心。

注意，下边句子中的"不过"是"不"与动词"过"连用。

要是你能来，那就再好不过了。｜躲过了今天，躲不过明天。

练习答案：（1）A　（2）B　（3）A　（4）C

下边句中的"可是"是"可"与"是"连用，意思是确实是。

我可是把情况都说清楚了。｜这可是太好了。｜他可是个大好人。

〖 练习 Exercises 〗

填空：　A.不过　　B.可是

（1）刚才我只_____是随便说说，不一定对。

（2）饭我还能吃一点儿，酒_____不能再喝了。

（3）这_____个难得的好机会，我们怎么能错过呢？

45 不好意思 bù hǎoyìsi ②　　对不起 duìbuqǐ ①

〖 相似 Similarities 〗

因为自己的言语、行为、情况对别人有不好的影响，可以对别人说"不好意思"或"对不起"。它们前边可以用"很""真""太""真的""实在"等。

　　不好意思，我刚才说错了。‖ 对不起，我不应该对你说那样的话。
　　我又迟到了，真不好意思。‖ 今天晚上我不能参加你的生日晚会，实在对不起。

〖 区别 Distinctions 〗

（1）"不好意思"多用于日常口语，"对不起"可以用于日常口语和正式场合。

（2）对别人说抱歉的话，"不好意思"主要是向别人表示自己觉得自己的言语、行为、情况不合适。常单独使用，或作谓语。不能带宾语。

　　不好意思，我来晚了。｜我写错了，不好意思。｜这么晚还给你打电话，实在不好意思。

　　"对不起"主要是向别人表示自己不合适的言语、行为、情况给别人造成了不好的影响。可以单独使用，也可以带宾语。

　　对不起，我把你的自行车用坏了。｜我帮不了你这个忙，真对不起。｜上次

练习答案：　（1）A　　（2）B　　（3）B

把她的词典弄丢了，这让我觉得很对不起她。

（3）"不好意思"可以表示在别人面前，因担心自己言语或行为不合适而紧张、不安。可以说"不太好意思""不大好意思""不怎么好意思""别不好意思"。

不好意思，这点儿小礼物，表示我们的一点儿心意，请收下。｜你这么客气，我真不好意思。｜在那么多人面前大声说话，她好像不太好意思。｜刚开始演讲，他是有点儿不怎么好意思，过了一会儿就很自然了。

（4）"不好意思"还可以作状语。

有什么话，别不好意思说。｜别人都说他不对，他不好意思地低下了头。

〖 练习 Exercises 〗

填空： A.不好意思 B.对不起
（1）你别_____，有什么话，你就说吧。
（2）上课的时候她有很多问题，但她_____问老师。
（3）妈妈每天辛苦工作供（gōng）我上学，我要是不好好学习，就太_____她了。

46 不同 bùtóng ②　　区别 qūbié ③

〖 相似 Similarities 〗

（1）名词。不一样的情况。

"二"和"两"的用法有些不同。‖"不"和"没"的用法有很大区别。

（2）可以说"不同于…""区别于…"。

抗生素（kàngshēngsù）不同于一般药品，是不能随便买卖的。‖语言能力是人区别于动物的重要标志。

〖 区别 Distinctions 〗

（1）"不同"可以是形容词，与"相同"相对。可以作谓语、定语。可以说"发音/

练习答案：（1）A　（2）A　（3）B

用法／颜色／样子／价格／季节／气候／习惯／性格／名字不同""不同时间／地方／国家／民族／学校／家庭／方式／方法／颜色／风格／用法／情况／问题"。

"不"在"不去"和"不来"中的发音不同。｜在北方，季节不同，景色也不同。｜不同的民族，人们的生活习惯也可能不同。｜对这些不同的问题，应该采取不同的解决方法。

"与／跟／和…不同"可以作谓语。

城里人的生活习惯与农村人的生活习惯不同。｜看小说和看电影不同，她爱看小说，我爱看电影。

（2）"区别"是名词时，可以说"区别很大／不大""区别太大了"。

上海话和广东话的发音区别很大。｜"学者"和"学习者"的区别太大了。

（3）"区别"可以是动词。可以说"区别开""区别清楚""把…区别开（来）"。

事情太多的时候，要区别哪些是重要的，哪些是次要的。｜怎样才能把这两个词的意思和用法区别开呢？

〖 练习 Exercises 〗

填空：　A.不同　　B.区别
（1）正确的与错误的要_____开来。
（2）这两个词的用法有一点儿_____。
（3）你能_____开这两个汉字的发音吗？
（4）这两件衣服样子差不多，但价格_____。

47 不一会儿 bùyíhuìr ③　　一会儿 yíhuìr ①

〖 相似 Similarities 〗

很短的一段时间。

他出去不一会儿就回来了。‖ 时间还早，我们等一会儿再走吧。

练习答案：（1）B　（2）A/B　（3）B　（4）A

〖区别 Distinctions〗

（1）"不一会儿"表示不长的一点点时间。一般用在叙述已经发生的事情的句子里。常作状语，有时作补语。可以说"不大一会儿"。

孙海跑得飞快，<u>不一会儿</u>就超过了李晓。｜他关了电视打算看看书，可是<u>不一会儿</u>，他又把电视打开了。｜他进了电影院，看了<u>不一会儿</u>就出来了，他说这电影不好看。｜他出去<u>不大一会儿</u>，主任就打电话来找他了。

"一会儿"常表示很短的时间。可以用在叙述已经发生的事情的句子，也可以用在叙述没发生的事情或要别人做某事的句子里。可以作状语、补语、定语。

我们刚等了<u>一会儿</u>，汽车就来了。｜他<u>一会儿</u>就来，咱们再等等吧。｜你太累了，去休息<u>一会儿</u>吧。｜大家再复习<u>一会儿</u>，我们马上听写生词。｜<u>一会儿</u>的工夫，她就把饭菜做好了。

（2）用"一会儿"还可以说"一会儿…，一会儿…"。

天气不知是怎么了，<u>一会儿</u>晴，<u>一会儿</u>又阴了。｜你<u>一会儿</u>说去，<u>一会儿</u>又说不去，你到底去不去？

〖练习 Exercises〗

填空： A.不一会儿　　B.一会儿
（1）星期天早上我想多睡_____。
（2）他太饿了，_____就吃完了两碗米饭。
（3）今天有位朋友从四川来上海，_____我要去车站接他。

练习答案： （1）B　　（2）A/B　　（3）B

C

48 才 cái ①　　刚 gāng ①

〖 相似 Similarities 〗

副词。表示事情不久前发生或状态不久前形成。

他是昨天才来的，让他先了解一下这儿的情况吧。‖ 这些生词是昨天刚学的，我当然还记得。

我感冒好几天了，今天才好了一点儿。‖ 天气刚凉快了两天，又热起来了。

〖 区别 Distinctions 〗

（1）"才"可以表示事情实现或发生得晚、慢或不容易。

我们等了半个多小时汽车才来。｜火车开了六个小时才到南京。｜我跑了六七家书店才买到了这本书。

（2）"才"用在数量词语或带数量的动词性词语前，表示数量少。

这孩子今年才十二岁。｜他的身高才一米六。｜那时候我的工资才九百多块钱。｜他才来一年就当上经理了。

"刚"用在数量词语、动词性词语或形容词性词语的前边，表示正好或接近某种情况。

我们来上海刚一个月。｜我的体重刚六十五公斤。｜那个空位刚能坐得下两个人。｜他的身高刚达到规定的要求。｜我穿 41 号鞋刚合适。

（3）"才"可以与"只有""因为""为了""幸亏"等配合使用，表示在某种条件、原因下的结果。

只有多说、多看、多写才能学好汉语。｜因为家庭生活困难，他才放弃了继续学习的机会。｜幸亏你借雨伞给我，我才没被雨淋湿。

"刚"可以与"就""又"配合使用，表示前后两个动作行为紧接着发生，有时"刚"后边用"一"。

他刚到上海就被人家请去作报告了。｜他刚躺下又爬了起来。｜我刚一出门就遇上他了。

（4）"才"还可以表示强调、确认的语气，句子后边常用"呢""哩（li）"。

你也去看看吧，那部电影才好看呢！｜我才不管他同意不同意呢，反正我要去。｜今天的生活还算苦吗？爸爸年青时候的生活才苦哩！

〖 **练习 Exercises** 〗

填空： A. 才　　B. 刚
（1）他要到下个星期_____有空儿。
（2）你来了正好，我_____要去找你。
（3）为了照顾孩子，她_____没去国外。
（4）他的话_____说完，会场就响起了热烈的掌声。

49 采取 cǎiqǔ ③　　采用 cǎiyòng ③

〖 **相似 Similarities** 〗

动词。认为合适并选用。

政府对国内的经济问题采取了一些积极的政策。‖ 这个食品加工厂一直采用传统的技术和方法生产食品。

〖 **区别 Distinctions** 〗

（1）"采取"表示认为合适并施行。对象可以是办法、手法、手段、方式、原则、路线、方针、步骤（bùzhòu）、政策、态度、立场、行动。

我们过去采取的管理办法有一些问题。｜由于采取了错误的管理方式，他们的公司很快就关门了。｜对待工作，我们不能采取不负责任的态度。｜关于这件事，我们已经讨论了很多次，现在应该采取行动了。

练习答案：（1）A　（2）B　（3）A　（4）B

（2）"采用"表示认为合适并利用或使用。对象可以是方法、技术、经验、标准等，也可以是工具、材料、物品、稿件等。

我们厂最近采用了这项最新的技术。 | 学校下学期要采用新的收费标准。 | 这座大楼采用了许多最新式的建筑材料。 | 他的文章被一家专业杂志采用了。

〖 练习 Exercises 〗

填空： A.采取 　 B.采用

（1）大夫认为他的病可以_____中药来进行治疗。

（2）这家工厂全部_____现代化的生产技术和管理方法。

（3）环境污染问题已经很严重了，我们应该尽快_____行动来保护环境。

50 彩色 cǎisè ③ 　 颜色 yánsè ②

〖 相似 Similarities 〗

名词。白色、黄色、红色、黑色等。

他先用铅笔把花儿的样子画好，然后又把它涂（tú）成彩色。‖ 这件衣服的颜色很好看。

〖 区别 Distinctions 〗

（1）"彩色"表示有白、黄、红、黑等多种色，与"黑白"相对。常作定语，一般不带定语。可以说"彩色照片／电影／电视／图片／花纹／铅笔／羽毛"。

很早以前电影是黑白的，现在的电影一般都是彩色的。 | 书上有很多彩色图片。 | 孔雀身上的彩色羽毛非常好看。

"颜色"常表示白、黄、红、黑等某一种或几种色。可以带定语，不常作定语。可以说"一种／多种颜色""别的颜色""不同的颜色""什么颜色""深／浅颜色""白／黄／红／绿／红／黑颜色"。

练习答案：（1）B　（2）B　（3）A

"请问，这种衬衫还有别的颜色吗？""只有黄的和绿的两种颜色的了。" | 这件颜色深了，我喜欢颜色浅一点儿的。 | 红颜色的都卖完了，现在只有黄颜色的了。

（2）"彩色的"可以作主语、宾语。"彩色"单独不常做主语、宾语。

黑白电影不太好看，彩色的好看。（主语）| 我的打印机只能打印黑白的，他的能打印彩色的。（宾语）

"颜色"可以作主语、宾语。

这几件衣服，颜色都挺好看的。（主语）|
在电脑上打字，可以随便改变颜色。（宾语）

〖 练习 Exercises 〗

填空： A. 彩色　　B. 颜色

（1）这张画儿是用_____铅笔画的。

（2）这件衣服的样子不错，但_____太深了。

（3）我们课本上的许多图片都是_____的，很好看。

51 参观 cānguān ②　　访问 fǎngwèn ③

〖 相似 Similarities 〗

动词。到某地去看。可以说"参观访问"。

明天我们要去参观上海博物馆。‖ 杨教授去年访问过北京大学。‖ 去年来我们公司参观访问的有两千多人。

〖 区别 Distinctions 〗

（1）"参观"主要表示去某地看看，了解情况。对象一般是地方。

我们很欢迎外国朋友来我们公司参观。 | 明天上午我们参观博物馆，晚上看

练习答案：（1）A　　（2）B　　（3）A

杂技表演。 | 我们也去那儿<u>参观</u><u>参观</u>吧。 | 最近<u>参观</u>鲁迅故居的人很多。

"访问"主要表示去某地看看，访问时常与某人或一些人交流，了解情况。对象可以是国家、地区、单位、学校、家庭、网站、网页等。可以说"友好访问"。

这位新总统经常出国<u>访问</u>。 | 国家主席下个月要<u>访问</u>欧洲。 | 上次我们去美国<u>访问</u>过这所学校。 | 最近<u>访问</u>我们学院网页的人很多。

（2）"访问"的对象还可以是人。

我们多次<u>访问</u>过这位著名作家。 | 新县长<u>访问</u>了很多工人和农民，了解了他们的生活情况。

〖 练习 Exercises 〗

填空： A.参观 B.访问

（1）中小学校经常组织学生_____博物馆。

（2）中国国家主席下个月要对这两个非洲国家进行友好_____。

（3）今天下午我们_____了动物园，看到了很多有意思的动物。

52 参加 cānjiā ② 加入 jiārù ②

〖 相似 Similarities 〗

动词。成为某个组织、团体的成员。

他没<u>参加</u>过任何政治组织。‖ 很多国家都<u>加入</u>了世界卫生组织。

〖 区别 Distinctions 〗

（1）"参加"可以表示成为某个团体、组织的成员，并和其他成员一起活动。可以说"参加参加"。

她很想<u>参加</u>这个体育代表团。 | 他早就<u>参加</u>到这个研究小组里去了。 | 这种讨论会咱们以后要多<u>参加</u><u>参加</u>。

练习答案： （1）A （2）B （3）A

"加入"可以表示成为某个组织、人群的成员。

他已经加入了本市的艺术家协会。 | 很多市民也加入到游行队伍里来了。 | 世界上的很多国家都加入了世界贸易组织（WTO）。

（2）"参加"可以表示与别人一起从事某种活动。可以说"参加工作／劳动／讨论／演出／比赛／运动／会议"。

这个球队不能参加本次比赛。 | 他十八岁就参加工作了。 | 一共有50多位代表参加了这次会议。

（3）"参加"还可以表示提出（意见）。

对这件事，我不想参加什么意见。 | 这是大家的事，希望每个人都参加意见。

（4）"加入"还可以表示加上，加进去。

他们给动物的食物里加入了一些营养成分。 | 做菜的时候需要加入一些油和盐。

〖练习 Exercises〗

填空： A.参加　　B.加入
（1）职工可以申请_____本公司的工会组织。
（2）这次运动会我们一共_____了十几个项目。
（3）来自不同国家的二百多位学者_____了这次讨论会。

53 曾经 céngjīng ②　　已经 yǐjīng ②

〖相似 Similarities〗

副词。表示行为活动在以前发生。

五年前，我曾经学过三个月汉语。‖ 我已经学了两年汉语了。

〖区别 Distinctions〗

（1）带"曾经"的句子，表示从前（离现在比较远）有过某种经历，这种经历没持

练习答案：（1）B　（2）A　（3）A

续到现在。常与"过"配合使用。

我们曾经在同一个公司里工作过。｜他们曾经想过开一家商店。｜我们学校这里过去曾经是一片农田。

带"已经"的句子，可以表示在说话前发生了某种情况，这种情况现在可能结束了，也可能还在继续。常和"了"配合使用。

我已经给他打电话了。｜这件事已经结束了。｜图书馆的门已经开了。（现在还开着）

（2）带"曾经"的句子，前边可以用表示离现在比较远（不是最近）的时间词语。

三年前，我们在上海曾经见过一面。｜我小时候曾经想过要当飞行员，现在看来是不可能的了。

"已经"的前边可以用表示离现在很近的或包括现在的时间词语。

这事儿我刚才已经告诉他了。｜我们这个月已经开了三次会了。

（3）带"已经"的句子，也可以表示经过变化，现在是某种情况。可以用在表示数量的词语前边。

不早了，已经十一点半了，睡觉吧。｜今年他已经二十岁了。

（4）用"已经"可以说"已经不…""已经没（有）…"。

雨已经不下了，咱们走吧。｜我已经没力气了，咱们在这儿休息一会儿吧。

〖练习 Exercises〗

填空：　A. 曾经　　B. 已经
（1）我这个星期_____用了八百块钱了。
（2）她_____有点儿不高兴了，你别再跟她开玩笑了。
（3）你_____不是小孩子了，自己的事情应该自己做。
（4）他以前在学校工作，还_____当过一所中学的校长。
（5）读大学的时候，我_____学过半年法语，可是现在都忘了。

练习答案：　（1）B　　（2）B　　（3）B　　（4）A　　（5）A

54 查 chá ②　　找 zhǎo ①

〖 **相似 Similarities** 〗

动词。为了看到某人或事物，在某处看、问等。可以说"查找"。

> 你查一下，看看明天下午有没有到西安的火车。‖ 他为了找房子花了不少时间。‖ 同一类的书都放在一起，很容易查找。

〖 **区别 Distinctions** 〗

（1）"查"可以表示为了发现某人、事物或问题而看看、问问、想想。可以说"查字典 / 词典""查清楚"。

> 作业做完了，我又查了一遍。| 学外语经常要查词典。| 这起事故的原因，一定要好好查查。| 警察查了半个月了，还没查出结果。| 这件事情发生的经过，已经查清楚了。

"找"可以表示为了要见到或得到某人或物而努力。可以说"找人""找朋友""找对象""找工作""找机会"。

> "请问，你找谁？""我找王老师。" | 她忘了把飞机票放哪儿了，找了半天也没找到。| 你还很年青，找对象可以再晚两年。| 现在的大学生很多，找工作不太容易。| 这次没时间了，以后咱们找机会再谈吧。

（2）"查"还可以表示了解实际情况，或看看某人或事物是否符合规定、标准，是否有问题。可以说"查户口""查电表 / 水表""查卫生""查账目""查身体"。

> 刚才他们俩是来查户口的。| 宿舍管理人员常到学生宿舍查卫生。| 他们查了公司的账目，发现了一些问题。| 身体要是不舒服，就应该到医院查查。

（3）"找"还可以表示为了解决问题去见某人或与某人谈话。

> 你的感冒很重，应该上医院找大夫。| 上午有人打电话找你。| 他没有会议室的钥匙，你找他也没用。

（4）"找"还可以表示卖东西的人把多出的钱退给买东西的人。

> （卖书的人说：）这本书十六块，我收你二十块，找你四块。|（卖报纸的人说：）对不起，一百块钱买一张报纸，我找不开。

〖练习 Exercises 〗

填空： A.查 B.找

（1）房间的电灯坏了，我明天去＿＿＿＿＿电工。

（2）遇到不认识的汉字，＿＿＿＿＿一下字典就知道了。

（3）他已经三十多岁了，还没＿＿＿＿＿对象，妈妈很着急。

（4）我＿＿＿＿＿过列车时刻表了，明天下午两点和五点有火车到西安。

55 差不多 chàbuduō ①　　　相当 xiāngdāng ③

〖相似 Similarities 〗

表示两个或两个以上人或事物的情况接近。可以说"与／跟…差不多／相当"。

他们俩的汉语水平差不多。‖ 这两台电视机的价格相当，随便你买哪一台。

北京的人口跟上海差不多。‖ 他的年龄跟我的弟弟相当。

〖区别 Distinctions 〗

（1）"差不多"表示很接近某种情况时，可以作状语。可以用在动词性词语、形容词性词语、数量词语或主谓短语的前边。

这学期的时间差不多过去了一半。| 我们俩差不多一样高。| 这鞋差不多大了一个号。| 他来中国差不多三年了。| 我们班差不多每个人都有这本书。| 差不多所有的人都知道这件事了。

"相当"表示很接近某种情况时，不能作状语。可以说"相当于…"。

这个国家的面积相当于法国那么大，可人口却少得多。| 那时候的一百块钱相当于现在的五百块钱。

（2）"差不多"还可以作定语、补语。作定语时，后边常带"的"，表示一般的；作补语时，表示挺好，不错。

他现在差不多的中文报纸都能看得懂了。（一般的）| 他以为自己的英语已学

练习答案：（1）B　（2）A　（3）B　（4）A

得差不多了。（不错）

（3）"相当"作状语时，表示程度高。可以说"相当好／贵／忙／累""相当好看／漂亮／便宜／满意"。

这些产品的质量都相当好。｜这几天我们相当忙，你过两天再来吧。｜教练对他今天的表现相当满意。

〖练习 Exercises〗

填空： A.差不多　　B.相当
（1）这些汉字我_____都认识。
（2）参加这次会议的代表_____有四百人。
（3）市中心的房价都_____高，我买不起。
（4）在这家酒店住一天的费用_____于我一个月的工资。

56 产生 chǎnshēng ③　　发生 fāshēng ③

〖相似 Similarities〗

动词。出现新事物或新情况。

你知道汉字是什么时候产生的吗？　‖　我们的生活时时刻刻都在发生变化。

〖区别 Distinctions〗

（1）"产生"表示在已有事物的基础上出现新事物。对象可以是抽象事物（如意见、理论、思想、情绪、怀疑、影响、后果），也可以是具体事物（如作品、文字、货币）。

为了避免在职工中产生不满情绪，我们有必要向大家说明这件事的真实情况。｜我对这件事产生了一些怀疑。｜货币的产生为人们交换商品提供了方便。｜汉字在几千年前就产生了。

练习答案：（1）A　（2）A　（3）B　（4）B

"发生"表示出现了原来没有的事物。对象可以是情况、事件、事故、关系、费用，也可以是变化、运动、战争、争论、冲突、争吵。

> 我们都没想到会发生这种情况。｜这件事发生得太突然了。｜路口发生了一起交通事故。｜在房屋买卖过程中发生的费用由买卖双方共同承担。｜二十世纪后十年上海发生了巨大变化。｜过去两国在这个地区经常发生冲突。

（2）"产生"的对象还可以是人。

> 这次每个班要产生一名代表参加学生会。｜这次会议将由工会会员选举产生新的工会领导。

"发生"的对象不能是人。

〖练习 Exercises〗

填空：　A.产生　　B.发生

（1）新的科学家将会在这些年轻人中_____。

（2）这件事在我们学校_____了很大的影响。

（3）这里很平静，好像什么事情也没_____过。

（4）三十多年来，中国人的生活_____了巨大变化。

57　长处 chángchu ②　　　好处 hǎochu ③

〖相似 Similarities〗

名词。人或事物好的方面。

> 这些队员都有自己的长处。‖ 锻炼身体好处很多。

〖区别 Distinctions〗

（1）"长处"多表示人或事物的优点，比其他人或事物好的方面。与"短处"相对。可以说"发挥长处"。

练习答案：（1）A　（2）A　（3）B　（4）B

他这人有很多毛病，但也有不少长处，我们要发挥他的长处。｜每个人都有自己的长处和短处，与人相处，应该多看别人的长处。｜在国际交往中，我们要多学习外国的长处。

"好处"常表示对人或事物有利的方面。与"坏处"相对。可以说"对…有／没有好处"。

有人说，每天喝点儿葡萄酒对身体健康有好处。｜多与中国人说话对提高汉语口语水平很有好处。｜那样做对大家都没什么好处。

（2）"好处"还可以表示得到的好的事物。可以说"得到好处""捞（lāo）好处""给…好处"。

在这件事情上，他们都得到了好处。｜当领导的不能光为自己捞好处。｜你这么支持他，他给了你多少好处？

【练习 Exercises】

填空：　A. 长处　　B. 好处
（1）在工作中相互合作对大家都有_____。
（2）我们不能只看他的不足，更要看到他的_____。
（3）生活中多交一些朋友，只有_____，没有坏处。

58　长期 chángqī ②　　好久 hǎojiǔ ②

【相似 Similarities】

名词。很长时间。

经过长期努力，我们终于取得了成功。‖我好久没看到他了，不知道他现在怎么样。

【区别 Distinctions】

（1）"长期"表示较长的时期（一年或多年），与"短期"相对。常作定语、状语。

练习答案：　（1）B　　（2）A　　（3）B

可以说"长期任务""长期学习／研究／治疗／服用"。

> 这是一项长期、复杂的任务。｜我们学校有长期留学生，也有短期留学生。｜李教授长期从事生物学研究。｜这种药对治疗心脏病有些帮助，但不能长期服用。

"好久"表示较长一段时间（可以是几天、几个月，也可以是几小时、几分钟）。"好久"一般不作定语。可以说"好久不…""好久没…""动词＋了＋好久"。

> 小时候学过钢琴，但好久不弹，手都生了。｜我好久没写信了。｜好久不（没）见了，你还好吗？｜我好久没看过这么好看的电影了。｜我们讨论了好久，才决定下来。

（2）用"长期"可以说"长期以来""长期计划／项目／存款／贷款（dàikuǎn）"。

> 长期以来，我们一直重视与世界各国发展和平友好关系。｜我们既要有长期计划，也要有短期打算。

（3）用"好久"可以说"好久好久"。

> 他考虑了好久好久，终于想出了一个办法。

〖 练习 Exercises 〗

填空： A.长期 B.好久

（1）他想了＿＿＿＿也没想出什么好办法。
（2）我已经＿＿＿＿没去电影院看电影了。
（3）我们希望与更多的公司建立＿＿＿＿合作关系。

59 常 cháng ① 常常 chángcháng ① 经常 jīngcháng ②

〖 相似 Similarities 〗

副词。表示动作行为或状态多次发生、出现。

> 周末他常出去玩儿。‖我常常给妈妈打电话。‖我们经常在一起讨论问题。

练习答案： （1）B （2）B （3）A

【区别 Distinctions】

（1）"常"可以用在动词性词语的前边，有时也用在形容词性词语前边。一般不用在否定形式前边。前边可以用"不"。

> 下午他常到图书馆看书。｜我们常上他那儿聊天儿。｜现在我不常写信。（＊现在我常不写信。）｜那些大商店我们不常去。｜那些字现在不常用。｜这些好书总是常看常新。

"常常"语意比"常"重一些，多用在动词性词语的前边，可以用在否定形式"不…"前边。

> 他常常去资料室看杂志。｜她常常一个人去逛街。｜他是我们班同学，但他常常不来上课。｜他去那家饭店吃饭为什么常常不付钱？

（2）"常"和"经常"可以用于要求或希望别人做某事。

> 你父母年纪大了，你要常回家看看。｜你们常来玩儿吧。‖ 以后我们要经常组织这样的活动。｜希望你经常来我们这儿看看。

（3）"常常"前边用"不"时，一般说成"不常"。

> 周末我们常常看电影。（否定的说法：周末我们不常看电影。）

"经常"前边可以用"不"。

> 我们俩不经常见面。｜他有时也看电影，但不经常看。

（4）在单音节动词前多用"常"。

> 常见｜常用｜常说｜常看｜常喝｜常来常往｜知足常乐

（5）"常"还可以表示长久的、不变的。

> 松树四季常青，对环境的适应能力很强。｜他是中国在联合国的常驻代表。

（6）用"常"可以说"常客""常人""常规""常识""常任""常事"。

> 他是这家饭馆的常客。｜这些事只要按照常规去做就行了。｜在市区，人多车多，堵车是常事。

（7）"经常"还可以是形容词。可以作定语。可以说"经常性""经常化"。

> 小孩儿学走路，摔倒是经常的事。｜检查食品卫生应该作为一项经常性的工

作。 | 每两个星期举行一次测验，这已经经常化了。

练习 Exercises

填空： A.常　　B.常常　　C.经常

（1）他是这家公司在中国的_____任代表。

（2）检查生产是否安全是一项_____性的工作。

（3）很多家长_____不相信孩子能做好他们自己的事情。

（4）虽然字典里有五万多个汉字，但其中大部分都是不_____用的。

60 场合 chǎnghé ③　　场所 chǎngsuǒ ③

相似 Similarities

名词。活动的地方。可以说"公共场合／场所"。

> 人们在社交场合都很注意自己的举止行为。‖ 在学校、医院、车站、饭店等公共场所都不许吸烟。

区别 Distinctions

（1）"场合"可以表示一定的时间和地点、有人群活动的环境。可以说"社交／外交／公开场合""严肃的场合""（词语的）使用场合"。

> 他在任何场合都穿得很整齐。 | 他不习惯在公众场合发表演讲。 | 在这么严肃的场合不要随便开玩笑。 | 有些词语只能在特定的场合使用，不能随便用。

（2）"场所"常表示可以进行某种活动的具体地方。可以说"娱乐／活动／休息／办公场所"。

> 他很少去那些娱乐场所。 | 假期里学校为在校学生特别安排了几处活动场所。 | 会议室旁边的房间临时作为代表们的休息场所。 | 有些车站为旅客提供吸烟的场所。

练习答案： （1）A　　（2）C　　（3）B/C　　（4）A/C

〔练习 Exercises〕

填空： A.场合 B.场所

（1）教室是进行教学活动的_____。

（2）在那么严肃的_____开这种玩笑很不合适。

（3）我们不仅要知道一个词的意思，还要了解这个词的使用_____。

61 朝 cháo ③ 往 wǎng ② 向 xiàng ①

〔相似 Similarities〕

后边可以用表示方位、处所的词语，表示动作行为的方向。

（1）介词。

> 他在树林里迷了路，小镇在南边，他却朝北走。‖人往高处走，水往低处流。‖汽车向远方开去。

（2）动词。

> 我的宿舍朝南。‖出门以后，我往东，他往西，我不知道他去哪儿了。‖主任让他做什么，他就做什么；主任让他向东，他决不会向西。

〔区别 Distinctions〕

（1）"朝"和"向"后边可以用表示方位、处所的词语，也可以用表示事物或人的词语。"朝"多用于口语。

> 山太高了，我们在山上都不敢朝下看。｜小船朝湖中的小岛划去。｜小狗朝他直叫。｜他朝我们点了点头。‖立正！向右看齐！｜火车向西北方向开去。｜远处游船上的人们在向我们招手呢。｜警察向逃犯开了一枪。

"向"后边用指人的词语时，还可以表示动作行为的对象。

> 我们都要向你学习。｜这个问题我要向同学们说明一下。｜我想向老师请假。

练习答案： （1）B （2）A （3）A

"往"后边可以用表示方位、处所的词语，一般不用表示事物或人的词语。

爬山的时候不要<u>往</u>山下看。｜前边<u>往</u>左拐，就到邮局了。｜请问，去博物馆<u>往</u>哪个方向走？｜他一直在<u>往</u>窗外看。｜遇到困难，他总是<u>往</u>好里想，很少<u>往</u>坏处想。

（2）"朝着"和"向着"基本相同，它们后边一般不用单个的单音节词。

她<u>朝着</u>汽车开去的方向站了很久。‖事情正<u>向着</u>好的方向发展。

（3）"往…"和"向…"可以用在一些单音节动词后边。"朝…"不能用在动词后边。
"往…"可以用在"派""送""调""开""寄""汇""发""运""带""拉""销（xiāo）"的后边，表示行为动作的终点。

这列火车是<u>开往</u>北京的。｜这些煤要<u>运往</u>全国各地。｜我们厂生产的产品将<u>销往</u>世界各地。

"向…"可以用在"走""伸""踢""指""扑""洒""刺""射""投""引""推""倒（dǎo）""投""趋""偏"的后边，表示行为动作的方向。

我们的球队一直希望冲出亚洲，<u>走向</u>世界。｜他的目光从前一排转<u>向</u>后一排。｜大家都把目光投<u>向</u>了小李。

（4）"朝"作为动词，表示对着。

我们学校的大门<u>朝</u>东。｜她背（bèi）<u>朝着</u>大家，看不清楚她是哭还是笑。

"往"作为动词，表示去或去某个方向。可以说"人来人往""来来往往""一个往南，一个往北"。

咱们俩一个<u>往</u>南，一个<u>往</u>北，不同路。

"向"作为动词，表示动作方向。

伸出双手，手背<u>向</u>上。｜不能再<u>向</u>左了，要<u>向</u>右一点儿。

"向"还可以表示支持或偏向某一方。一般用"向着"。

法官应该公正，不能<u>向着</u>某一方。｜每次妹妹和我争吵时，妈妈总是<u>向着</u>妹妹。

〔练习 Exercises〕

填空： A.朝 B.往 C.向

（1）我有一个问题想 _____ 你请教。

（2）大街上人来人 _____ ，很热闹。

（3）大学毕业以后他被派 _____ 美国留学两年。

（4）他们学校大门 _____ 南，我们学校大门 _____ 东。

（5）为了让产品能够早日走 _____ 世界，工程师们不分日夜地工作着。

62 车 chē ① 车辆 chēliàng ③

〔相似 Similarities〕

名词。指有轮子的交通工具。

> 路上的车很多，你要注意安全。‖ 广场上停着各种各样的车辆。

〔区别 Distinctions〕

（1）"车"可以表示一辆或多辆。可以与量词"辆"配合使用。可以说"一辆车""这／那（辆）车""停车""叫车""等车""开车""坐车""上／下车""汽车""火车""卡车""电车""马车""自行车""公／私车""班车""校车""车站"。

> 我们公司刚买了辆新车。｜在市中心停车很困难。｜上下班的时候很多人在路边等车。｜车来了，快上车吧。｜她刚刚学会开车。

（2）"车辆"表示多辆车或一些车。常与双音节词语一起用。可以说"车辆管理／保养／维修／买卖""来往／过往车辆""驾驶车辆""社会车辆""本地／外地车辆""大型／小型车辆"。

> 城市里的车辆很多，车辆管理工作很重要。｜这条马路上一天到晚各种车辆来往不断。｜这里停的都是本校职工的车辆，社会车辆不让停。｜他们公司专门生产这种小型车辆。

练习答案：（1）C （2）B （3）B （4）A，A （5）C

〖练习 Exercises〗

填空：　A.车　　B.车辆

（1）你看这辆_____怎么样？

（2）你在这儿等一下，我去叫_____。

（3）这房子靠近马路，过往_____太吵了，一点儿也不安静。

63 称为 chēngwéi ③　　叫做 jiàozuò ②

〖相似 Similarities〗

动词。某人或事物叫什么。可以说"把…称为／叫做…""…被（…）称为／叫做…"。

> 我们把"山""水""人""动物"等表示人或事物的词称为名词。‖ 人们把在外国学习的学生叫做留学生。
>
> 杭州风景优美，被称为人间天堂。‖ 在城里打工的农民被叫做农民工。

〖区别 Distinctions〗

（1）"称为"多用于书面语，"叫做"通用于口语和书面语。

（2）"称为"可以表示某人或事物像是什么（不一定是真的名称），或表示人们给某人或事物某种特别的名称。

> 许多人喜欢到香港购物，他们把香港称为"购物天堂"。| 除了摄影外，他还发表过诗歌、小说，办过画展，被同事们称为"才子"。| 他有一副好嗓子，民歌、美声、通俗歌曲都唱得好，被称为"三项全能"。

"叫做"可以表示某事物叫什么名称（最初的或真的名称）。

> 中央大学建于1915年，原名叫做南京高等师范。| 老舍写过一部叫做《四世同堂》的小说。| 那天导游带我们来到一个叫做"豫园"的地方，这里还保留着很多古老的建筑。

练习答案：　（1）A　　（2）A　　（3）B

（3）"叫做"还可以用来引用一种说法说明道理。

孔子有句名言，叫做"己所不欲，勿施于人"，意思是自己不想要的或不喜欢的东西，不要让别人要或喜欢。｜中国有句俗话，叫做"十年树木，百年树人"，这说明教育的重要性。

〖 练习 Exercises 〗

填空： A.称为　 B.叫做
（1）巴金写过一部很有名的小说，名字_____《家》。
（2）他十几岁时就发表了一些诗歌、小说，被_____神童。
（3）孔子有句话，_____"温故而知新"，说明学习时复习很重要。

64 成功 chénggōng ②　　胜利 shènglì ②

〖 相似 Similarities 〗

动词。做某事得到满意的结果。

我们的试验终于成功了。‖ 经过九十分钟的苦战，我们队取得了最后的胜利。

〖 区别 Distinctions 〗

（1）"成功"多表示在事业、试验、实验、科学研究、经营、演出等方面得到满意的结果。可以说"成功人士""成功经验""成功的电影／演出""圆满成功"。

只有不断努力，才有可能取得成功。｜光下决心，不动手去做，怎么会成功呢？｜这项试验的成功，使大家增强了信心。｜参加这次会议的都是近几年商业界的一些成功人士。

"胜利"多表示在战争、战斗、斗争、竞争、竞赛、比赛、建设等活动中得到好的结果。

只有勇敢战斗，才能取得胜利。｜人民一定会胜利的。｜他在最近的一次选

练习答案：（1）B　（2）A　（3）B

举中获得了<u>胜利</u>。｜这几年，我们在工业、农业、商业、教育等各行各业取得了全面<u>胜利</u>。

（2）"成功"可以作形容词，前边可以用"很""非常"等。

这次大会开得很<u>成功</u>。｜总理这次访问欧洲四国非常<u>成功</u>。

〖 练习 Exercises 〗

填空：　A.成功　　B.胜利
（1）大家为这次演出的圆满＿＿＿＿感到十分兴奋。
（2）战争结束了，正义（zhèngyì）的一方取得了＿＿＿＿。
（3）学习别人的＿＿＿＿经验，对做好我们自己的工作很有帮助。

65 成果 chéngguǒ ③　　成绩 chéngjì ②　　成就 chéngjiù ③

〖 相似 Similarities 〗

名词。在工作、事业等方面的收获。

李教授的科学研究取得了很多重要的<u>成果</u>。‖ 芳子和山田的学习<u>成绩</u>都很不错。‖ 她在艺术表演方面取得了很大<u>成就</u>。

〖 区别 Distinctions 〗

（1）"成果"和"成就"多用于书面语；"成绩"通用于口语和书面语。
（2）"成果"表示在工作、劳动、学习、研究、事业等方面取得的好结果。可以说"丰硕（fēngshuò）/丰富/重要成果""劳动/研究/科研成果"。

他领导的研究所在水稻研究领域取得了丰硕的<u>成果</u>。｜小说是作家的劳动<u>成果</u>。｜学校规定，没有科研<u>成果</u>就不能当教授。｜他今年取得了两项新<u>成果</u>。

"成绩"表示工作、学习、体育运动、事业等方面的收获。"成绩"的高低可以用数量、等级来表示，也可以用"优异/优秀/优良/良好/好/及格/不及格"

练习答案：（1）A　（2）B　（3）A

等来表示。可以说"学习 / 功课 / 各科 / 考试 / 比赛成绩""取得 / 公布 / 发扬 / 提高成绩""成绩下降""成绩显著""成绩（报告）单"。

这些年轻人都希望在工作中取得好成绩。｜期中考试的成绩已经公布出来了。｜你跑100米的成绩是多少？｜这次比赛他的成绩不太理想。

"成就"表示在建设、发展、学术、科技、文化、艺术等方面取得的重大收获（这个收获往往是对社会有积极意义的）。可以说"突出 / 杰出 / 巨大 / 重大 / 伟大 / 光辉成就"。

父母都希望子女将来会有成就。｜他是生物学研究方面很有成就的一位专家。｜文艺复兴时期，欧洲在科学、文化、艺术等方面都取得了无比光辉的成就。

（3）"成果"可以与"多""少"配合使用，有时也与"大""小"配合使用。

他这几年的研究成果很多。｜十多年来，这个研究室已经取得大大小小的成果一百多项。

"成绩"和"成就"可以与"大""小"配合使用，一般不与"多""少"配合。

他虽然刚参加工作，但已经取得了很大的成绩。｜我们都在一起工作，但成绩却有大有小。‖最近几年我们的城市建设取得了很大成就。｜在物理学研究方面，他们几位都有不小的成就。

【练习 Exercises】

填空：　A.成果　　B.成绩　　C.成就
（1）北京的故宫反映了中国古代建筑的光辉_____。
（2）这篇论文是王教授研究中国古代历史的一项重要_____。
（3）他期中考试_____不太好，但期末考试的_____却很优秀。
（4）在这两次运动会上，他都以优异的_____夺得了一千五百米跑的冠军。

练习答案：　（1）C　　（2）A　　（3）B,B　　（4）B

66 成立 chénglì ③　　建立 jiànlì ③　　设立 shèlì ③

〖 相似 Similarities 〗

动词。使某个组织、机构等形成（从无到有）。

他们打算成立一家医药公司。‖ 卫生部门准备在这儿建立一所儿童医院。‖ 他们在世界上很多国家和地区设立了分公司。

〖 区别 Distinctions 〗

（1）"成立"可以表示某个组织、机构、政府等形成。不常带宾语。"成立"一般不与"把"配合使用。

这个国家是六十年前成立的。| 这个研究所成立于 1995 年。| 十年前这个公司还没正式成立。

"建立"可以表示使某个组织、设施等形成。可以带宾语，可以用在"把"字句里。可以说"建立在…""建立起来"。

很多公司都建立了工会组织。| 我们不能把这种化学工厂建立在市中心。| 儿童乐园就建立在公园旁边。| 这个工业基地是最近几年建立起来的。

"设立"可以表示使机构、单位等形成。可以带宾语。可以说"设立在…"。

那几年很多城市都设立了开发区。| 公司决定设立一个新产品研发中心。| 这个研究中心就设立在北京。

（2）"成立"还可以表示观点、理论等是有根据的。这时，不能带宾语。

他的观点如果是成立的，那么你的观点就错了。| 这种说法缺乏根据，难以成立。| 事实证明，他的那种理论是根本不成立的。

（3）"建立"还可以表示使友谊、幸福、感情、关系、制度等事物产生、形成。可以带宾语。

他们俩在工作中建立了深厚的友谊。| 这两个国家在六十年前就建立了友好关系。| 我们不能把自己的幸福建立在别人的痛苦之上。| 工厂的各项制度都已经建立起来了。

（4）"设立"还可以表示开始有某个职位、项目、奖项、基金等。

　　这个博物馆只设立了馆长的职位，没有设立副馆长。 | 这个工程计划中设立了很多具体项目。 | 在贝尔塔的影响下，诺贝尔同意设立和平奖。

〖 练习 Exercises 〗

填空： A.成立　　B.建立　　C.设立

（1）这所大学_____了一个校长和四个副校长职位。

（2）这篇文章的基本观点是_____的，但材料不够丰富。

（3）离市区较远的一个新的工业基地已经_____起来了。

（4）我们在一起学习的时间不长，但彼此之间已经_____了深厚的友谊。

67 成熟 chéngshú ③　　　熟 shú ②

〖 相似 Similarities 〗

形容词。植物的果实等完全长成了。

　　水稻、小麦成熟的时候，农民都忙着收获。‖ 树上的苹果已经熟了，可以摘了。

〖 区别 Distinctions 〗

（1）"成熟"多用于书面语，"熟"多用于口语。

（2）"成熟"可以表示条件、思想、意见等达到很好的程度。

　　现在各方面的条件都成熟了，我们可以开办一家公司。 | 我只有一个大概的想法，还很不成熟。 | 刚开始的时候，我们的计划很不具体，后来通过实践，才渐渐成熟起来。

（3）"成熟"还可以表示孩子完全长成大人了，或人变得很有经验。

　　他虽然才十几岁，但思想成熟得像个大人一样。 | 经过两年的实际锻炼，他们现在比当初成熟多了。

练习答案：　（1）C　　（2）A　　（3）B　　（4）B

（4）"熟"可以表示食物加热到可以吃、喝的程度。与"生"相对。可以说"半生不熟""熟透了"。

> 饭已经熟了，可以吃了。｜饭刚做了一半儿就停电了，锅里的米饭还是半生不熟的。｜牛肉煮了这么长时间，肯定熟透了。

（5）"熟"还可以表示知道、了解得很清楚，或掌握、运用得很好。

> 他在上海生活了十多年，很多地方他都很熟。｜我只见过他一面，跟他不熟。｜课文我已经背熟了。｜用电脑打字她很熟。｜这些词语都很常用，一定要记熟。

（6）"熟睡"表示睡得很香，"熟读"表示读得很流利。

> 夜里十一点的时候，孩子已经熟睡了。｜学过的课文，老师都要求我们熟读。

〖 练习 Exercises 〗

填空：　A.成熟　　B.熟
（1）这个计划还很不_____，需要再讨论讨论。
（2）我虽然去过几次北京，但北京的很多地方我还不_____。
（3）二十多岁的人，身体虽然_____了，但思想大多还不够_____。

68 成长 chéngzhǎng ③　　　生长 shēngzhǎng ③

〖 相似 Similarities 〗

动词。发育、长大。

> 年轻人正在不断地成长。‖ 这里的土地非常适合果树生长。

〖 区别 Distinctions 〗

（1）"成长"可以表示人、动物、植物等逐渐发育成熟。一般不带宾语。可以说"成长起来""健康／快乐成长"。

练习答案：　（1）A　　（2）B　　（3）A, A

孩子们一天天地**成长**起来了。 | 在他们的精心护理下，小熊猫健康地**成长**着。 | 没有足够的养分，幼苗的**成长**就很慢。

"生长"可以表示植物发育、长大。有时可以带宾语。可以说"生长良好"。

庄稼的**生长**少不了水分和肥料。 | 田里的水稻**生长**良好。 | 山上**生长**着许多名贵的药材。（带宾语）

（2）"成长"还可以表示组织、队伍等逐渐发展成熟。可以说"成长壮大"。

我们的公司会不断地**成长壮大**的。 | 这支年轻的研究队伍在一天天地**成长**。

（3）"生长"有时也表示人发育、长大。这时不带宾语。

她**生长**在大城市，对农村的生活一点儿也不了解。

〖**练习 Exercises**〗

填空： A.成长　　B.生长

（1）林子里_____着许许多多不知名的野花。

（2）刚刚栽下的这些果树很快就能_____起来。

（3）他_____在北京，大学毕业后才去了广州。

69 城 chéng ③　　城市 chéngshì ②

〖**相似 Similarities**〗

名词。人口、房屋集中，商业、交通方便的地方。

城里有很多大学。‖ 上海和北京都是大**城市**。

〖**区别 Distinctions**〗

（1）"城"可以用在一些地名的后边（如"北京城""南京城""广州城"）。可以说"城乡"。

北京**城**里有很多古老的建筑。 | 他们公司一直在进行**城乡**贸易活动。

练习答案： （1）B　　（2）A　　（3）B

85

（2）"城"前边可以用单音节形容词、方位词或名词（中间不用"的"）。

古城 | 旧城 | 新城 | 东城 | 西城 | 山城 | 春城

"城市"前边常用双音节形容词或名词（中间常用"的"）。

古老的城市 | 热闹的城市 | 干净的城市 | 发达的城市 | 西部的城市 | 中国的城市

（3）"城"可以用在一些单音节动词后边（如"进城""出城""入城"）。

星期天我们常进城去玩儿。 | 他们早上八点就出城了。

"城市"可以用在一些双音节的动词后边。

他很小的时候就随父母从农村来到城市生活了。 | 很多人不愿意离开城市到农村工作。

（4）"城"前边可以用"小"（即"小城"），一般不用"大"；"城市"前边"大""小"都可以用（即"大城市""小城市"）。

（5）用"城"还可以说"长城""城楼""商城""城门""城区"。

〖 练习 Exercises 〗

填空： A.城 B.城市
（1）西安是一座古老的_____。
（2）中国现在_____乡差别还很大。
（3）南京_____里还保留着许多明朝的建筑。
（4）广州是中国东南沿海地区的一座大_____。

70 重复 chóngfù ③　　重新 chóngxīn ②　　反复 fǎnfù ③

〖 相似 Similarities 〗

再次做某事。

在今天的会上他把昨天说过的话又重复了一遍。‖ 现在情况变了，这件事情

练习答案： （1）B （2）A （3）A （4）B

我还需要<u>重新</u>考虑一下。‖ 这个问题我们已经<u>反复</u>讨论了多次，大家的看法是一致的。

〖 区别 Distinctions 〗

（1）"重复"是动词，表示每次做相同的动作或事情，或出现了同样的东西。可以用在"把"字句里。

因为有些同学还不太懂，所以老师又<u>重复</u>讲了一遍。 | 你不要老是<u>重复</u>那么几句话。 | 他说话很简短，很少说<u>重复</u>的话。 | 我忘了以前已经买过这本书，昨天又买了一本，回家后才发现<u>重复</u>了。| 你能不能把刚才说的话再<u>重复</u>一遍？

"反复"可以是动词，表示一次又一次发生某事或出现某事物。一般不带宾语，也不用在"把"字句里。

他的病情一会儿好，一会儿坏，已经<u>反复</u>了多次。 | 改正错误的过程中，很容易出现<u>反复</u>。

（2）"重新"是副词，用在动词性词语的前边，表示某种动作行为再进行一次，前后两次可能有些不同。

这篇报告还需要<u>重新</u>修改。 | 对这个问题，我们要<u>重新</u>考虑一下。 | 出版社打算请作者把这本书修改一下以后<u>重新</u>出版。 | 几年过后，我又<u>重新</u>读了一遍这本书，仍然觉得很亲切。 | 听了朋友的介绍，他又<u>重新</u>打量了一下这个人。

（3）"反复"也可以是副词，表示多次，一次又一次（每次不一定照原样，可能有些改变）。可以说"反反复复"。

经过<u>反复</u>考虑，他决定来中国学习汉语。 | 我们已经<u>反复</u>讨论过这件事情。 | 这个问题我已经向领导<u>反复</u>提了几次。 | 这些话我已经<u>反反复复</u>说过多次了。

〖 练习 Exercises 〗

填空： A.重复　　 B.重新　　 C.反复
（1）这件事我已经＿＿＿＿考虑了很长时间。
（2）你的意思我们都明白了，你不用再＿＿＿＿了。
（3）已经打好的文章没保存，他只好＿＿＿＿再打一遍。

（4）不了解前人的研究成果，就很容易_____前人的研究工作。

71 出发 chūfā ②　　出门 chūmén ③

〖相似 Similarities 〗

动词。离开住处，去别的地方。

> 明天早上八点，我们准时**出发**。‖ 他早上七点就**出门**了，晚上十点多钟才回到家。

〖区别 Distinctions 〗

（1）"出发"可以表示离开某处（不一定是房屋），到别的地方去。"出发！"可以用作口令。

> 他带着十几个战士已经**出发**了。｜ 他和大家握手告别之后，就独自**出发**了。｜ 队长向早已准备好的队员们喊了一声："**出发**！"

"出门"可以表示从家里或某处房屋出去，到别的地方。

> 我刚才给他打电话，他家人说他已经**出门**了。｜ 我刚**出门**，就碰到老王，他刚从外地回来。｜ 他跟屋里的人打了声招呼，就**出门**走了。

（2）"出发"还可以表示思考问题或处理问题时从某方面开始。可以说"出发点""从…出发"。

> 提高教学质量是学校一切工作的**出发点**。｜ 我们发展经济，不能仅从眼前利益**出发**，要注意保护自然环境。

（3）"出门"还可以表示离开家到外地。可以说"出门在外"。

> 退休以后，他就很少**出门**了。｜ 你一个人**出门**在外不容易，要多交些朋友。

练习答案：　（1）C　　（2）A　　（3）B　　（4）A

〖 练习 Exercises 〗

填空： A. 出发　　B. 出门

（1）她每次_____上街都穿得整整齐齐。

（2）这几辆车明天早上六点准时从车队_____。

（3）我们不管做什么事情，都要从实际_____，不能凭空想象。

72 初步 chūbù ③　　　初级 chūjí ②

〖 相似 Similarities 〗

形容词。基本的，刚开始的。

> 关于这件事，目前我们只有一个初步意见。‖ 刚学汉语的时候，我们用的是初级汉语教材。

〖 区别 Distinctions 〗

（1）"初步"可以表示开始阶段的，或还不完善的。可以做定语（如"初步计划""初步意见／想法／印象"），也可以做状语（如"初步研究／了解／同意""初步接触"）。

> 我们刚刚制订了一份初步计划。｜我对这里的初步印象不错。｜经过初步研究，我们认为你的意见是对的。｜在这里工作了三个多月，我初步了解了这里的情况。｜领导初步同意了这个计划，还没有最后批准。

（2）"初级"可以表示最低阶段的或水平不高的。可以作定语（如"初级水平／阶段／程度／产品""初级班"），一般不作状语。

> 我在中级班，我朋友在初级班。｜他虽然学了两年汉语，但他的汉语水平还是初级程度。｜在学习汉语的初级阶段，学好基础语法很重要。｜他学学停停，水平一直停留在初级。

练习答案： （1）B　　（2）A　　（3）A

【练习 Exercises 】

填空：　A. 初步　　B. 初级

（1）读了这本书，我_____了解了中国的古代文化。

（2）我们_____讨论了你的意见，大家的看法基本一致。

（3）他们的生产技术很简单，只能加工生产一些_____产品。

73 传播 chuánbō ③　　　推广 tuīguǎng ③

【相似 Similarities 】

动词。使更多的人了解。可以说"传播推广"。

> 这个消息很快就传播到了世界各地。‖ 中国在全国范围内推广普通话。‖ 他们的先进经验很快就被传播推广开了。

【区别 Distinctions 】

（1）"传播"常表示使更多的人知道。可以说"信息 / 新闻传播""传播知识 / 文化 / 消息 / 理论 / 真理""传播友谊"。

> 有了电脑网络以后，信息传播就变得十分方便了。| 老师不仅要向学生传播知识，而且要教会学生怎样做人。| 1929 年，梅兰芳首先把京剧传播到美国。| 这个武术团已经访问了二十多个国家，在访问过程中，他们既表演了武术，也传播了友谊。

（2）"推广"常表示使更多的人了解并使用。可以说"技术推广""推广产品""推广经验""推广（管理 / 生产 / 研究）方法""推广语言 / 文字""值得推广"。

> 他在公司里负责新技术的推广工作。| 这次活动的目的主要是推广新产品。| 好的管理经验和生产方法应该大力推广开来。| 几十年来，大、中、小学都在努力推广普通话和简化汉字。

练习答案：　（1）A　　（2）A　　（3）B

〖练习 Exercises〗

填空：　A.传播　　B.推广

（1）这种先进的管理方法值得我们大力_____。

（2）新产品很受年轻人的欢迎，_____工作十分顺利。

（3）现在世界上有什么新闻，很快就会在网络上_____开了。

74 创造 chuàngzào ③　　　创作 chuàngzuò ③　　　发明 fāmíng ③

〖相似 Similarities〗

动词。做出或完成以前没有的事物。可以说"发明创造"。

技术人员创造了不少新的产品。‖作家巴金一生创作了许多很有影响的小说。‖爱迪生首先发明了电灯。‖我们学校一直鼓励大学生从事发明创造活动。

〖区别 Distinctions〗

（1）"创造"的对象可以是世界、历史、文化、文字、财富、幸福、未来、理论、成绩、奇迹、纪录、条件、环境等。可以说"创造性""创造力"。

历史是千千万万普通人创造的。｜科学家们团结合作，终于创造出了一颗人造卫星。｜今天天气太热，运动员们没能创造出好成绩。｜这次比赛中，他创造了一项新的世界纪录。｜学校为新教师创造了很好的工作条件。

（2）"创作"的对象主要是文学、艺术作品。可以说"文艺／文学／艺术／电影／小说／诗歌／音乐创作"。

在过去的几百年里，艺术家们创作出了许多优秀的文学艺术作品。｜我们希望有更多的作家来从事儿童文学创作。｜他正在向人们介绍这幅画的创作经过。｜他打算创作一部反映城市青年生活的小说。

（3）"发明"表示最先研究并制造出以前没有的事物。对象可以是具体的（如电灯、电话、火药、仪器、指南针），也可以是抽象的（如技术、方法）。可以说"发明

练习答案：　（1）B　　（2）B　　（3）A

家""发明人""发明专利"。

> 这种仪器是一位青年工程师发明的。｜印刷术的发明使知识的流传更加方便了。｜我们班有两位同学的小发明在这次科技节上得了奖。｜中国人很早就发明了造纸技术。｜中国古代有四大发明。

〖 练习 Exercises 〗

填空：　A. 创造　　B. 创作　　C. 发明
（1）著名作家老舍一生_____了许多有名的文学作品。
（2）我们公司为青年技术人员_____了很好的工作环境。
（3）指南针的_____为航海事业的发展提供了便利条件。
（4）千百年来，世界上的许多民族都_____出了辉煌（huīhuáng）的文化。

75 春节 Chūn Jié ②　　新年 Xīnnián ①

〖 相似 Similarities 〗

名词。新的一年开始的时候。可以说"春节／新年晚会""春节／新年快乐""欢度春节／新年"。

> 很多电视台在春节期间都要举办春节晚会。‖ 今年的新年晚会节目很丰富。‖ 春节期间，到处都有很浓的新年气氛。

〖 区别 Distinctions 〗

（1）"春节"是中国的传统节日，是农历正月（zhēngyuè）初一，也指正月初一和以后的几天。

> 在中国，春节是一年中最重要的节日。｜在中国过春节很有意思。｜春节期间，孩子们要向长辈拜年。｜过完春节，天气就渐渐暖和了。

（2）"新年"常指公历一月一日（也说"元旦"），也指一月一日和以后的几天。

> 今天已经12月26号了，新年就要到了。｜新年的头三天，不少公司都放假。｜

练习答案：　（1）B　　（2）A　　（3）C　　（4）A

每年元旦，他们都要举办新年音乐会。

填空：　A.春节　　B.新年

（1）你看，家家户户都在欢度_____。

（2）对中国人来说，_____是一个十分重要的传统节日。

（3）很多国家在元旦期间都要举办_____音乐会，演奏欢快的乐曲。

76 从 cóng ①　　自从 zìcóng ③

【相似 Similarities】

介词。表示时间起点。

从下学期开始，我们就要在新教室上课了。‖ 自从来上海以后，我一直没有他的消息。

【区别 Distinctions】

（1）"从"后边的时间可以是过去，也可以是现在或将来。后边可以用具体的时间（如：七点、十一点三刻、下午六点二十分、三号、星期一）。

我们每天早上从八点半开始上课。｜我们从十点到十点二十休息。｜这场电影从晚上七点一直要放到十一点。｜我们从下星期一开始上课。

"自从"表示的时间起点一般是过去。后边常用动词性词语或小句，一般不用表示具体钟点或日期的词语。可以说"自从…以后""自从…以来""自从…起"。

自从上班的那一天起，我就一直在这个公司。｜自从发生了那件事以后，我就再也没见过他。｜自从来了技术员，我们的产品质量就有了保证。｜自从家里买了电脑，他几乎每天都要上网玩儿游戏。｜自从他们家搬进来，这楼里就没安静过。

练习答案：　（1）A/B　　（2）A　　（3）B

（2）"从"还可以表示处所、范围等的起点，可以表示依据等。可以说"从…上（面）""从…里（面）""从…方面""从…角度"。

> 她从包里拿出一支笔。 | 我们从语言实践中学到了很多有意思的话。 | 那篇文章从好几个方面分析了这个问题。 | 我们现在要从新的角度来看这个问题。

（3）下边句子中的"从"是副词，表示"从来"。

> 这种事我们从没听说过。 | 他从不随便跟人开玩笑。

〖 练习 Exercises 〗

填空： A. 从　　　B. 自从

（1）他_____书架上拿下来一本词典。

（2）_____走路的脚步声，我就能听出是你来了。

（3）我们公司_____去年三月以来，销售情况一直很好。

（4）_____当上了经理，他就很少有时间关心家里的事了。

---

77 从前 cóngqián ③　　　以前 yǐqián ①

〖 相似 Similarities 〗

名词。过去的时候。

> 这个地方从前是一片农田。 | 她一直很怀念从前的快乐生活。‖ 他们俩以前就认识。 | 这里以前的情况，他一点儿也不了解。

〖 区别 Distinctions 〗

（1）"从前"只表示过去的时候（离现在比较远）。可以单独用，不能带定语。

> 从前这里是个渔村，如今已经成了一座大城市。 | 从前有座山，山里有个庙，庙里有个老和尚在讲故事。 | 现在人们的生活比从前方便多了。 | 他们俩的关系还跟从前一样，非常密切。

练习答案： （1）A　　（2）A　　（3）A/B　　（4）B

"以前"可以指过去的时候（离现在可远可近）。"以前"不带定语时，指过去的时候。

以前我没来过这儿。｜他以前是中学老师。｜我们以前一起工作过。｜以前的事我记得不太清楚了。

"以前"带定语时，指比某一时间或时期早的时候，或在某段时间前的时间。

春节以前我在上海。｜回国以前我想给朋友们买点儿礼物。｜秦朝以前，世界上还没有造纸技术。｜我们要在今年元旦以前完成这项工作。｜他三个月以前就回国了。

（2）讲故事开始时常用"从前"，后边可以用逗号","。

从前，这里住着一户人家，家里有一位老爷爷和一个孩子，老爷爷每天教这个孩子读书、画画儿。……

（3）用"以前"可以说"很久／不久／老早以前"。

很久很久以前，这里还是一片海洋。｜这件事就发生在不久以前。｜这是老早以前的事了，我怎么记得清？

〖 练习 Exercises 〗

填空： A.从前　　B.以前
（1）他说的这些都是很早_____的事情了。
（2）我来中国_____给你打过电话，可是没打通。
（3）_____，有一个很有钱的人，他要去南方，可是他却把马车向北赶。

78 错 cuò ①　　错误 cuòwù ②

〖 相似 Similarities 〗

（1）形容词。不对，不正确。

他的信里有几个字写错了。‖他不知道这样写是错误的。

练习答案：　（1）B　（2）B　（3）A

（2）名词。不正确的事物或情况。可以说"犯错""犯错误"。

这不是你的错。‖ 有错误要及时改正。

区别 Distinctions

（1）"错"多用于口语，"错误"通用于口语和书面语。

（2）作为形容词，"错"与"对"相对。可以说"错了""没错""错不了""一…就错""错在…"。"不错"的"错"是差、坏的意思，"不错"意思是还行，挺好。

这道题错了。| 他说的话没错。| 走这条路错不了，我以前走过这儿。| 他刚开始学习写汉字的时候总是一写就错，现在好多了。| 他不知道自己错在哪儿。| 那篇文章不错。

"错"可以用在动词后边作补语，也可以直接在动词性词语前边作状语。

他的包拿错了。| 我看错了一个字。| 他错把别人的箱子当成自己的了。| 你错怪他了。

"错"可以用在一些单音节字、词前边，形成名词性词语。

错字 | 错词 | 错句 | 错处 | 错觉

作为形容词，"错误"与"正确"相对。可以作定语、状语。作状语时后边要用"地"。可以说"非常 / 极其错误"。

我要把作业里错误的地方改过来。| 他们错误地估计了对方的力量。| 这种不负责任的行为是极其错误的。

（3）作为名词，"错"常带儿化，说成"错儿"，可以用在一些单音节动词后作宾语（如"出错""知错""认错""赔错""改错"）。

说话的时候，一紧张就容易出错。| 他只要知错就改，还是好孩子。| 他已经认错了，你就原谅他吧。| 他勇于改错，很值得我们学习。

作为名词，"错误"常与一些双音节词语一起用。可以说"发现 / 指出 / 改正错误""思想 / 认识 / 行为错误"。

发现了错误要及时改正。| 大家指出了他的错误。| 他的思想错误造成了行为错误。

（4）"错"还可以是动词，表示安排时间或开车时互相让开，使不冲突、不碰上。

这两次活动的时间要错开，不能放在同一天下午。| 明天我没时间，往后错一天吧。| 这条路太窄了，错车很困难。

"错过"表示失去，没赶上。

这次机会我们可不要错过。| 他从街上回到学校已经很晚了，错过了吃晚饭的时间。

〖 练习 Exercises 〗

填空： A.错　　B.错误
（1）昨天在饭馆我拿_____了一把雨伞。
（2）我认为他放弃上大学的机会是非常_____的。
（3）他们_____地认为自己所做的一切都是正确的。
（4）几次试验都没有成功，我不知道什么地方出_____了。

练习答案：（1）A　　（2）B　　（3）B　　（4）A

D

79 答应 dāying ②　　回答 huídá ①

〖相似 Similarities〗

动词。对别人提出问题的回应。

> 她星期天想跟朋友一起出去玩儿，妈妈答应了。‖ 上课的时候，老师问问题，我们回答。

〖区别 Distinctions〗

（1）"答应"可以表示同意别人的要求，也可以表示同意或允许别人做某事。后边可以带动词性词语作宾语。可以说"答应要求""答应下来"。

> 对方已经答应我们的要求了。| 爸爸答应给他买一辆自行车。| 他已经答应帮助我们了。| 我们跟他说了这件事，他很快就答应下来了。

"回答"可以表示给出问题的答案，也可以表示对某种要求给出意见。可以说"回答对了 / 错了""回答（不）上来""回答不了"。

> 他听完问题，马上就能回答。| 他回答的话不多，但回答得很对。| 这个问题太难了，孩子们回答不了。| 你能回答我一个问题吗? | 他们已经知道了我们的要求，很快就会回答我们。

（2）"答应"还可以表示对别人叫自己或对别人跟自己打招呼的回答。

> 我在门外叫了半天，他也没答应，他恐怕不在屋里。| 我一敲门，她就答应了。| 那人叫我"阿姨"，我没答应。

〖练习 Exercises〗

填空：　A.答应　　B.回答

（1）我们在外边叫了你半天，你怎么老不＿＿＿＿？

（2）他们的＿＿＿＿很明确，就是不同意我们的要求。

（3）他只有先做完作业，妈妈才＿＿＿＿他出去玩儿一会儿。

（4）这个问题我今天＿＿＿＿不了，明天一定＿＿＿＿你们。

80 达到 dádào ②　　到达 dàodá ②

〖 相似 Similarities 〗

动词。到某一预定点。可以带宾语。

> 我们的产品质量已经达到了国家规定的标准。‖ 他们提前半个小时到达了集合地点。

〖 区别 Distinctions 〗

（1）"达到"的宾语多表示抽象的事物或数量。可以与"水平""目的""目标""要求""阶段""程度""标准"等配合使用。

> 这项技术已经达到了世界领先水平。 | 这次活动没有达到预期的目标。 | 产品不达到质量要求就不能出厂。 | 我们学校的在校学生今年已经达到了两万人。

"到达"的宾语一般表示具体的地点（不能是抽象的事物或数量）。

> 代表团今天下午到达广州。 | 火车明天上午就能到达西安。 | 飞机到达上海的时间是后天下午。

（2）"达得到""达不到"分别表示"能够达到""不能达到"。"到达"中间不能加"得"或"不"。

> 通过努力，这个目标应该是达得到的。 | 不经过长期刻苦的训练，是达不到那么高的运动水平的。

（3）"到达"后边加"不了"，表示不能到达。"达到"后边不能加"不了"。

> 他们明天到达不了北京。（"到达不了"也可以说"到不了"）

练习答案： （1）A　 （2）B　 （3）A　 （4）B，B

〖练习 Exercises〗

填空：　A.达到　　B.到达

（1）参观这次展览的市民_____了三万多人。

（2）本次列车二十点十分发车，明天早上八点_____北京。

（3）经过大家的共同努力，我们这次的各项活动都_____了目标。

81　打开 dǎkāi ①　　开 kāi ①

〖相似 Similarities〗

动词。与"关"相对。对象可以是门窗、电脑、电视、收音机等。

> 进屋以后打开窗户，可以看见不远处的海滩和大海。‖ 屋里这么热，你怎么不开窗户啊？

〖区别 Distinctions〗

（1）"打开"的对象还可以是书本、邮件、盒子、市场等。可以说"把…打开""打不开"。

> 老师让我们打开课本，先读一遍课文。 | 她每天早上到办公室都要先打开邮箱，看看客户和朋友的邮件。 | 我把外边的包装纸打开，看到里边是一个好看的盒子。 | 这锁可能坏了，打不开。

> "开门""开灯"比较常用。"开"还经常用在一些动词后边。可以说"张/推/翻/拉/撞（zhuàng）/解/松开""把…开开"。

> 星期六，银行九点半才开门。 | 大夫说："你张开嘴，说'啊——'。" | 他推开门，轻轻地走进来坐到自己的位子上。 | 爸爸回来了，他赶快翻开书，开始做作业。 | 屋里太暗了，把灯开开吧。

（2）用"开"还可以说"开花""开口""开车""开枪""开会""开发票""开公司/商店/医院"。

练习答案：（1）A　　（2）B　　（3）A

春天的时候，这些树都开花了，很好看。｜他想说，但又不好意思开口。｜这是给公司买的东西，要开一张发票。｜我希望将来能开一家公司。

"开路"可以表示修建道路，也可以表示出发。

他们的工作主要是建桥开路，比较辛苦。（修建道路）｜时间不早了，咱们开路吧。（出发）

〖 练习 Exercises 〗

填空：　A.打开　　B.开

（1）你只有这么一点儿钱，怎么能_____商店？

（2）我早上过来的时候，图书馆还没_____门。

（3）他们公司发展很快，这两年已经_____了海外市场。

（4）大家都在外边等着呢，你快过来把门_____，让大家进去吧。

82 打算 dǎsuàn ②　　计划 jìhuà ②　　准备 zhǔnbèi ②

〖 相似 Similarities 〗

（1）动词。事先想好做什么、怎么做等。

　　暑假他打算去旅行。‖我们学校明年计划招生一千人。‖他准备买一辆新车。

（2）名词。事先对做某事的想法。

　　你谈谈你的打算吧。‖这个计划太简单了。‖主任让我代表公司去开会，可我一点儿准备都没有。

〖 区别 Distinctions 〗

（1）"打算"多用于口语，"计划"多用于书面语，"准备"通用于口语和书面语。

（2）"打算"主要表示事先的想法（不一定有具体安排）。

　　暑假她打算去旅行。｜下星期不上课，你有什么打算？

练习答案：（1）B　　（2）B　　（3）A　　（4）A

"计划"主要表示事先设计（一般已经作了具体安排）。

暑假她计划去旅行。 | 国家制定了今后五年的经济发展计划。

"准备"主要表示事先有目的地安排某事。

他在准备明天的考试。 | 明天的会议，我们已经准备好了。

（3）"打算"和"准备"带宾语时，前边可以加"不""没"。

听说他不打算参加这次活动了。‖ 我不准备去旅游。
我本来就没打算要辞职。‖ 我没准备买那些东西。

（4）"计划"作为名词时，可以指个人、集体、单位、国家等用书面的形式事先定下的行动内容。可以说"一份计划""制订／修改／公布计划""生产／工作／学习／教学计划""计划经济""计划生育""计划性"。

李主任已经收到了五份工作计划。 | 我们学校今年新的招生计划还没有公布。 | 各位老师的教学计划都要交给办公室。 | 中国实行计划生育政策。 | 我们开展每一项工作都要有计划性。

"有计划地"可以作状语。

我们必须有计划地开发、利用这些自然资源。

（5）"准备"作为动词，可以带名词性词语作宾语。可以带补语，可以说"准备得…"。

因为周末要请客，所以她提前准备了不少水果和点心。 | 比赛以前他准备得很充分。

"准备"作为名词，可以说"做准备""进行准备""思想／精神／心理准备"。

我们已经做好了充分的准备。 | 对于这种事，他早有思想准备了。

【练习 Exercises】

填空： A.打算　　B.计划　　C.准备
（1）这个周末你有什么_____？
（2）要是没有心理_____，她是受不了这种打击的。
（3）马上就要考试了，最近我们不_____上新课了。

（4）在正式开展工作之前，我们要先制订一份_____。

（5）情况变了，原来的_____就需要进行适当的修改。

83 打听 dǎtīng ③　　问 wèn ①

〖相似 Similarities〗

动词。向别人了解情况。

他在打听哪儿可以买到便宜的东西。‖ 同学们在问哪一天考试。

〖区别 Distinctions〗

（1）"打听"常用于口语，"问"通用于口语和书面语。

（2）"打听"多表示了解跟对方没有直接关系的情况。想了解的可以是消息、结果、情况、事情等。可以说"多方打听""向…打听"。

他这两天在打听电脑的价格。| 对不起，我想打听一下：去动物园怎么走？| 她从商店里打听到有些商品要降价的消息，就赶快告诉了朋友们。| 他多次向我们打听过这件事。

"问"可以表示了解跟对方有关或者无关的情况。想问的常常是问题，也可以是结果、情况、事情等。可以用指人的名词、代词作宾语。可以说"把…问住了""被…问住了"。

他连着问了好几个问题。| 她问运动会哪一天举行。| 你问我，我问谁呀？| 这件事我问过他好几回了。| 这个问题把他问住了，他想了半天也没答上来。

（3）"问"可以带双宾语，可以说"问某人某事／某问题"。

我想问 你 几个问题。（"你"和"几个问题"是宾语）| 他问 我 今天几号。（"我"和"今天几号"是宾语）

（4）"问"还表示关心、问候。

胡先生虽然是酒店的经理，却很少问酒店的经营情况。（关心）| 请代我向你

练习答案：　（1）A　　（2）C　　（3）A/C　　（4）B　　（5）B

的父母问好。（问候）

【练习 Exercises】

填空：　A.打听　　B.问

（1）老师刚提了一个问题就把他_____住了。

（2）他工作很忙，很少有时间_____孩子学习的事。

（3）经多方_____，我才知道他已经离开上海去广州了。

84 大部分 dà bùfen ②　　大多数 dà duōshù ②

【相似 Similarities】

超过一半。可以说"绝大部分""绝大多数"。

我们公司里（绝）大部分职工是外地人。‖ 这次旅游，（绝）大多数同学想上北京。

【区别 Distinctions】

（1）"大部分"可以用于人和可数的事物，也可以用于不可数的事物。可以说"大部分时间／精力""大部分食物／食品／饮料""大部分地方／地区／土地""大部分收入／工资／资金""一大部分"。

上班的时候，我大部分时间在办公室。| 这个超市的大部分食品都是本地生产的。| 这段时间全国大部分地区都比较热。| 她把一个月的大部分工资都用来买衣服了。

（2）"大多数"一般用于人或可数的事物。

大多数同学都希望能去西安旅行。| 中国与世界上的大多数国家建立了外交关系。| 这些汉字大多数都是我们学过的。| 我们学校有七百多名留学生，其中大多数来自亚洲国家。

练习答案：（1）B　　（2）B　　（3）A

填空：　A.大部分　　B.大多数

（1）有这种想法的不是少数人，而是_____。

（2）这篇文章我还没看完，不过已经看了_____了。

（3）课文后边的这些词语，一_____是我们已经学过的。

85 大概 dàgài ②　　　大约 dàyuē ②

〖相似 Similarities〗

副词。表示差不多的情况。

> 他大概不太了解情况。‖ 我们大约等了半个小时，他才来。

〖区别 Distinctions〗

（1）"大概"表示对数量或事情的推测。可以用在数量词语、动词性词语、形容词性词语或主谓短语的前边。

> 他回来的时候大概五六点钟。| 他大概已经知道这个消息了。| 他吃得那么香，那菜大概很好吃。 | 大概他还不知道，不然他不会不来。

"大约"多表示对数量的推测。常用在带数量词语的名词性词语或动词性词语前边。

> 他的年纪大约在 40 岁上下。 | 从我家骑自行车到学校大约需要十分钟。 | 比赛大约在四点半左右结束。

（2）"大概"还可以是形容词，可以作定语。可以说"大概（的）印象／意思／内容／情况"。

> 我对这件事现在只有个大概的印象了。 | 你把这次活动的大概情况介绍一下吧。

（3）用"大概"还可以说"动词＋个＋大概"。

> 具体内容我记得不太清楚了，现在只记得个大概。 | 这本书我没仔细看，只

练习答案：　（1）B　　（2）A　　（3）A

看了个大概。

〖练习 Exercises〗

填空： A.大概　　B.大约

（1）东西这么贵，_____质量不错吧。

（2）这本小说我只是看了个_____，没仔细看。

（3）这几部电影长短差不多，都是_____两个小时。

86 大众 dàzhòng ③　　群众 qúnzhòng ③

〖相似 Similarities〗

名词。许多普通人。

政府领导应该关心人民**大众**的生活。‖ 政府必须充分考虑人民**群众**的要求和愿望。

〖区别 Distinctions〗

（1）"大众"多用于书面语，"群众"通用于口语和书面语。

（2）"大众"一般指许多普通人（不能指个人）。可以说"**大众食品**""**大众消费**""**大众化**"。

文艺是为人民**大众**服务的。 | 这份杂志是面向社会**大众**的，读者很多。 | 这些面向**大众**的读物很受欢迎。 | 这里卖的都是些**大众食品**。 | 出国旅游过去只是少数人的事情，现在越来越**大众化**了。

"群众"可以指许多普通人，也可以指个人。可以说"**各界群众**""**广大/部分/少数群众**""**群众性**"。

参加这次活动的有**各界群众**十几万人。 | 为**广大群众**服务是政府的一项重要任务。 | **部分群众**不了解这项政策。 | 中国的很多地方戏剧早期都是**群众性**的艺术形式。

练习答案： （1）A　（2）A　（3）B

（3）"群众"还可以表示普通人的身份。与"领导"或"干部"相对。

> 政府领导的一言一行，*群众*都看在眼里。｜你是干部，我是*群众*，我们俩不一样。

〖 练习 Exercises 〗

填空： A.大众　　 B.群众

（1）广大_____十分欢迎这项新政策。

（2）参加这次义务植树劳动的有干部，也有_____。

（3）刚开始有电脑的时候，电脑价格很贵，现在已经_____化了。

87 大自然 dàzìrán ③　　　自然 zìrán ③

〖 相似 Similarities 〗

名词。指地球上的山、地、水、花、草、树木等形成的环境。

> 我们对*大自然*的了解还很不够。‖ 孩子们要学习文化知识，也要了解*自然*。

〖 区别 Distinctions 〗

（1）"大自然"常单独作主语、宾语。作定语时，后边常用"的"。

> *大自然*为人类提供了生存的条件。｜人类应该保护*大自然*，而不能破坏*大自然*。｜生物有生有死，这是*大自然*的规律。｜在很多风景区，我们能感受到*大自然*的美丽与神奇。

"自然"常作宾语、定语。在双音节名词前作定语时，可以不用"的"。可以说"自然风景／风光／条件／环境／规律""自然灾害""自然科学""自然界"。

> 千百年来，人类一直在认识*自然*。｜他一直很热爱*自然*，热爱生活。｜黄山的*自然*风景很美。｜人不可能改变*自然*规律。｜物理学、生物学都是*自然*科学。

（2）"自然"还可以是形容词，表示当然的、不是人为的，不局促，不呆板。

练习答案： （1）B　 （2）B　 （3）A

她是在北京长大的，自然会说北京话。| 不下水练习，自然学不会游泳。| 这里远离工业区，山清水秀，空气自然也很新鲜。| 她第二次唱这首歌就自然多了。

练习 Exercises

填空：　A. 大自然　　B. 自然

（1）父母疼爱孩子，这是很_____的事。

（2）这个地区_____条件不太好，经济发展也比较慢。

（3）学校组织春游，为学生们提供了一次亲近_____的机会。

88 带 dài ②　　领 lǐng ③

相似 Similarities

动词。让别人跟着行动。可以说"带头""领头""带领"。

她带孩子去公园了。‖ 你领他们去办公室吧。‖ 这次由孙教练带领大家到北京参加比赛。

区别 Distinctions

（1）"带"可以表示让别人跟着去某处，也可以表示让别人跟着做某事或教别人做某事。有"照顾"的意思。

你这回去广州，带小王一起去吧。| 他刚开始打球时，是王教练带他，现在是王教练和孙教练一起带了。| 上课的时候，李老师常带我们读生词和课文。| 她很会带孩子。| 丽丽是奶奶带大的。

"领"常表示让别人跟着去某处，也可以表示先做或在前边做某事，别人跟着做。可以说"领读""领唱""领跑"。

图书馆不远，我领你去吧。| 她领着客人来到主任的办公室。| 他负责把来开会的代表领进会议室。| 老师先领读了两遍生词，然后让我们自己读。

练习答案：　（1）B　　（2）B　　（3）A/B

（2）"带"还可以表示随身有某事物，或含有。

要下雨了，你带把雨伞吧。｜马上要回国了，我想给朋友带点儿礼物。｜她的脸上总带着微笑。｜他说普通话带有一点儿上海话的口音。

（3）"领"可以表示拿属于自己的东西。可以说"领工资""领材料／资料""领书"。

主任让大家到办公室领办公用品。｜开会前，代表们都领到了一份会议资料。｜这个星期五领新书，下星期一开始上课。

〖 练习 Exercises 〗

填空： A.带　　B.领
（1）她在餐厅里负责把客人＿＿＿＿到订好的座位上。
（2）这次去西安，两天就回来了，不用＿＿＿＿那么多衣服。
（3）老李很有经验，很多年轻人刚来工厂的时候，他都＿＿＿＿过。

89 带动 dàidòng ③　　带领 dàilǐng ③

〖 相似 Similarities 〗

动词。带别人做某事。

他希望能带动更多的人学习汉语，了解中国。‖ 五年前他带领十几名职工从北京来到了上海，开了家分公司。

〖 区别 Distinctions 〗

（1）"X 带动 Y"可以表示 X 使 Y 动，或 X 影响了 Y（Y 做某事或发生变化）。X 和 Y 可以是人，也可以是事物。可以说"带动起来""带动作用"。

火车头开起来，后边的车厢就被带动起来。｜上海的发展带动了附近城市和农村的经济发展。｜这些明星人物的行为对社会风气的形成和变化有带动作用。｜在他的带动下，他的一些同事和朋友也开始学汉语了。

练习答案：（1）B　（2）A　（3）A

（2）"X 带领 Y"常表示 X 领着或领导 Y 做某事或去某处。X 和 Y 一般是人。

> 王老师带领全班同学参观了市博物馆。｜曹操带领着战败的军队逃回北方。｜这条路是去年冬天村长带领五十多位村民花了一个月的时间修起来的。｜在王教练的带领下，我们队已经连续取得了三场胜利。

〖 练习 Exercises 〗

填空： A.带动 B.带领

（1）她_____着大家唱了两首歌。

（2）昨天下午，导游_____我们参观了故宫。

（3）旅游业的发展，也_____了宾馆、饭店等行业的发展。

90 但 dàn ② 但是 dànshì ①

〖 相似 Similarities 〗

连词。表示转折关系。可以说"虽然…，但／但是…"。

> 他在中国住了两三年，但他不会说汉语。‖ 他是学了两年汉语，但是要他当翻译还有一定的困难。

〖 区别 Distinctions 〗

（1）"但"表示转折时，一般也可以用"但是"。

> 他工资虽不高，但（是）工作却很积极。｜尽管他们没有很多钱，但（是）他们生活得很幸福。｜这东西质量好是好，但（是）价钱太贵了。

"但是"连接分句、句子或段落时，后边可以停顿，书面上，"但是"后边可以用逗号"，"。

> 这部电影的导演很有名，演员也很优秀，专家们认为这是一部好电影。但是，上映以后，观众们却说这电影很平常。

练习答案： （1）B （2）B （3）A

（2）"但"还可以是副词，相当于"只""仅"。可以说"但愿…""但求…"。

　　这次考试我没时间复习，但愿明天考试不难。｜我们不求发财，但求平安。

〖 练习 Exercises 〗

填空：　A.但　　B.但是

（1）_____愿明天是个好天，上山能看到日出。

（2）饭菜可以多吃一点儿，_____酒不能多喝。

（3）尽管我们目前还有不少困难，_____，只要我们团结一心，就能克服这些困难。

91　当时 dāngshí ③　　那时（那时候）nàshí（nà shíhou）②

〖 相似 Similarities 〗

表示某个时候。

　　李医生是二十多年前来非洲的，当时来非洲的中国人不太多。‖爷爷十七岁到北京上大学，那时，能上大学的人很少。

〖 区别 Distinctions 〗

（1）"当时"是名词，表示发生某事的时候（事情已经发生）。时间离现在可远可近。

　　长城开始修建于两千多年前，当时累死了很多人。｜这本书是一百多年前出版的，当时产生了很大的影响。｜我昨天在书店看到了这本书，可当时我带的钱不够，就没买。｜我刚才看见他滑倒了，当时我马上上前扶起了他。

（2）"那时"（也可以说"那时候"）是代词，表示离说话时间较远的时候（过去或将来）。可以指一段时间（时间可长可短）。可以说"到那时"。

　　虽然汉朝就发明了造纸技术，但那时的技术没有今天这么先进。｜他三十多年前去过中国，那时他刚大学毕业。｜再过几年，这些队员会更加成熟，到那时，我们的球队会更强。

练习答案：（1）A　　（2）A/B　　（3）B

〖练习 Exercises〗

填空：　A. 当时　　B. 那时（那时候）

（1）我刚才在门口看到小李，我_____向他招手，可他没看见。

（2）我很怀念那几年在农村的生活，_____，生活很简单，也很快乐。

（3）二十年以后我们都四十多岁了，到_____，我们会变成什么样子呢？

92　当中 dāngzhōng ③　　其中 qízhōng ②

〖相似 Similarities〗

名词。里面。

> 我们班有十五位同学，当中有六位日本同学。‖ 北京有很多大学，其中北京大学和清华大学是最有名的。

〖区别 Distinctions〗

（1）"当中"可以指某些人、事物、地方或一段时间中。前边可以用名词性词语作定语。可以说"工人／人群／我们当中""课文当中""这些衣服当中""三年当中"。

> 这些游客当中，没有一个不会说汉语的。| 作者在这篇文章当中多次提到他在上海的学习生活。| 在北京学习的四年当中，他游览了许多名胜古迹。

"其中"可以指某些人、事物、地方或一段时间范围内。相当于"那／这里边"。前边不能用定语。

> 这张照片上的人，我只认识其中的三位。| 发现这些问题时，我并不了解其中的原因。| 中国有很多有名的大学，但你说的这所大学并不在其中。| 一年有十二个月，其中有七个月是三十一天。

（2）"当中"还可以指中间的位置。

> 桌子摆在房间当中。| 当中的位子是留给江老师的。

练习答案：　（1）A　　（2）B　　（3）B

填空： A.当中 B.其中

（1）坐在_____的这位是不是校长？

（2）我看了参加会议的代表名单，你那位姓白的朋友也在_____。

（3）他们今天要过来六个人，这些人_____有一个去年三月来过我们公司。

93 到处 dàochù ② 各地 gèdì ②

〖相似 Similarities〗

全部地方。

> 在北京、上海这样的大城市里，街上到处都是汽车和行人。‖春节期间，全国各地的交通都比较紧张。

〖区别 Distinctions〗

（1）"到处"是副词，表示一处一处的很多地方（范围可大可小）。

> 这里山青水秀的，到处都很美。│假期里来这里旅游的人很多，街上和景区里到处都是游客。│干旱季节，到处缺水。│他的屋里到处都是书。│这儿蚊子很多，咬得我身上到处都痒（yǎng）。

"各地"是名词，表示各个地方（范围一般比较大）。可以说"世界／全国／祖国／农村各地""各地群众／人民""各地情况""各地方言""去／到各地"。

> 这些年来，他已经在世界各地参加了九十多场比赛。│几十年过去了，农村各地都发生了很大变化。│各地群众对房屋价格太高都很有意见。│汉语有很多方言，各地方言之间都有差别。

（2）"到处"还可以表示到很多地方。后边常用表示行动的动词。

> 他在到处打听房子的价格。│我们刚才到处找你，你怎么躲在这里？│你不要到处跑了，就在这儿休息一会儿吧。

练习答案： （1）A （2）B （3）A

〖 练习 Exercises 〗

填空：　A.到处　　B.各地

（1）这篇文章_____都是语法错误，要好好改改。

（2）退休以后，我希望能到西部_____走走、看看。

（3）很多电视台都有预报世界_____天气情况的节目。

（4）这里的饭馆都差不多，咱们不要_____找了，就在这儿吃点儿吧。

94 到底 dàodǐ ③　　终于 zhōngyú ②

〖 相似 Similarities 〗

副词。表示经过一定的过程以后有了某种结果。

他想了好久，到底还是同意了对方提出的条件。‖ 这次考试没通过，他终于明白了"不努力学习，就不会有好成绩"的道理。

〖 区别 Distinctions 〗

（1）"到底"表示经过一定的过程，最后有了某种结果（这种结果可能是人们希望的，也可能是人们不希望的）。

经历了这么多事以后，她到底明白过来这一切是怎么回事了。｜经过三个多小时的手术，病人到底还是抢救过来了。｜大家劝了他很久，他到底也没答应帮忙。

"终于"常表示经过较长的或较难的过程才有最后的结果（这种结果多是人们希望的）。前边有时用"才"。

我想了好久，终于想出了一个办法。｜这个难题终于解决了。｜经过多年的治疗，他终于恢复了健康。｜经过反复试验，他们终于取得了成功。｜直到警察来了，他俩才终于停止了打斗。

"终于"可以用在句子之间，后边有时用逗号"，"。

练习答案：　（1）A　　（2）B　　（3）B　　（4）A

村长带头上山种树，村民们苦干了三个多月。终于，一万多棵树苗栽上了荒山。

（2）"到底"可以用于问句，表示追问。相当于"究竟"。

你到底去不去？ | 明天的飞机到底几点起飞？

（3）"到底"还可以用来强调原因。相当于"毕竟"。

他到底是电脑专家，一看就知道我的电脑哪儿有问题了。 | 孩子到底还小，难免会做错一些事。 | 她到底有经验，很快就把问题解决了。 | 北京到底是北京，人们关心的事情就是跟别的地方不一样。

（4）下边两句中"到底"是动词，表示到最后或到终点。

我会把这件事负责到底的。 | 你坐43路公共汽车坐到底就到我们学校了。

〖 练习 Exercises 〗

填空： A.到底　　B.终于
（1）假期里，你_____是回国还是去旅游？
（2）他每天坚持锻炼，_____，他的身体好起来了。
（3）他们_____是年轻人，打了一天的球也不觉得累。
（4）直到最近，我才_____明白他为什么要离开上海。

95 道理 dàolǐ ②　　理论 lǐlùn ③

〖 相似 Similarities 〗

名词。人对事物的认识。

经过实际工作，我们明白了很多道理。‖在学校里，我们学到了不少理论知识。

〖 区别 Distinctions 〗

（1）"道理"可以表示事物存在、发生的理由，也可以表示关于事物的规律。可以说"（很）有/没道理""说/讲/问/想/批评得有道理""（不）讲道理""摆事实，

练习答案： （1）A　（2）B　（3）A　（4）B

讲道理"。

> 季节的变化是有道理的。｜她那样说完全没道理。｜只要你批评得有道理，我们是欢迎的。｜跟老王一起工作，我们学到了很多做人的道理。｜她不是一个不讲道理的人。｜你要向别人说明你的观点，就应该摆事实，讲道理。

"理论"常表示人对于事物的抽象认识或知识。与"实践"相对。可以说"理论知识""理论根据／依据""理论问题""基础理论""政治／经济／军事／科学／文学／教育理论""理论水平""理论家"。

> 你那样说有什么理论根据？｜他开始提出这个理论问题时，很多人都不理解。｜在大学里学习基础理论十分重要。｜刘老师是研究教育理论和实践的。｜他的理论水平很高，但实践能力比较差。

（2）"空道理""大道理"常指一般人都了解的、没有实际内容的话。

> 我们不需要那些空道理，我们需要的是具体的做法。

〖 练习 Exercises 〗

填空： A.道理 B.理论
（1）借别人的钱要还，这是一个简单的_____。
（2）他看了不少书，学到了丰富的_____知识。
（3）跟小学生们讲这些大_____是没用的，他们听不懂。

96 道路 dàolù ② 路 lù ①

〖 相似 Similarities 〗

名词。（1）人或车马行走的地方。可以跟量词"条"配合使用。

> 新修的这两条道路都很宽。‖ 我们可以从这条小路步行上山。

（2）（生活、工作等的）经历或过程。

> 在生活的道路上我们总会遇到一些困难的。‖ 在人生的路上遇到一些问题是

练习答案： （1）A （2）B （3）A

正常的。

（1）"道路"多用于书面语，"路"通用于口语和书面语。

（2）"道路"可以和一些双音节词语一起用。可以说"道路建设／养护""修建道路""发展／前进（的）道路""社会主义道路""正确／错误道路"。

> 政府很重视城市道路的建设和养护工作。｜这是一条正确的发展道路。｜他们在错误的道路上越走越远。

> 用"路"可以说"大／小路""近／远路""水／陆／山路""几步／几十里路""一路（上）""半路（上）""路上"。

> 条条大路通罗马。｜从上海到武汉可以走陆路，也可以走水路。｜从办公室到教室只有几步路，很近。｜他每天上班要开车走几十里路。｜大家一路上有说有笑，非常开心。｜他们的车堵在半路上了，要等一会儿才能到。｜我在回家的路上遇到了一位老朋友。

（3）"路"还可以是公共汽车、电车的量词，如"43 路公共汽车""331 路公交车""17 路电车"。

〖练习 Exercises〗

填空： A.道路　　B.路

（1）从上海到南京，一_____上我们谈了很多问题。

（2）每个国家都有权选择适合自己国家国情的发展_____。

（3）我上中学的时候，每天早上从家里到学校要走四五里_____。

97 得到 dédào ①　　取得 qǔdé ②

〖相似 Similarities〗

动词。有某种结果。

练习答案：（1）B　　（2）A　　（3）B

只有好好努力，才能<u>得到</u>好成绩。‖祝你们在今后的工作中<u>取得</u>更大的成绩！

〖 区别 Distinctions 〗

（1）"得到"可以表示有了某事物（但不一定经过努力）。可以说"得到奖品／礼物／好处／机会""得到回答／加强／休息／锻炼""得到安静"。

前三名运动员都可以<u>得到</u>奖品。｜他们几个人做这件事都<u>得到</u>了不少好处。｜这种机会不是每个人都能<u>得到</u>的。｜他提了两个问题，但都没有<u>得到</u>回答。｜教练希望这些年青队员能在比赛中<u>得到</u>锻炼。

"取得"一般表示经过努力，然后有某种希望的结果。常带宾语。可以说"取得胜利／进步／联系／同意／原谅／谅解""取得（重大）成就"。

我们只有团结一心才能<u>取得</u>胜利。｜这些年，我们在各方面都<u>取得</u>了一定的进步。｜我不知道那么做会让她很生气，我希望能<u>取得</u>她的原谅。｜这些成绩是在大家的共同努力下<u>取得</u>的。

（2）"得到"有时后边可以不带宾语。

他忙了半天什么也没<u>得到</u>。｜他想要的差不多都<u>得到</u>了。

"得到"中间可以加"不"。

不努力的人，可能最后什么也<u>得不到</u>。

〖 练习 Exercises 〗

填空： A. 得到 　　B. 取得

（1）他想要的东西，一样也没_____。

（2）到了北京，你要尽快跟他_____联系。

（3）他向经理提了涨工资的要求，_____的回答是"不同意"。

练习答案：（1）A　（2）B　（3）A

98 得意 déyì ③　　满意 mǎnyì ②　　满足 mǎnzú ③

〖 相似 Similarities 〗

符合希望、心意。

> 他是李教授最<u>得意</u>的学生。‖ 他对自己现在的工作很<u>满意</u>。‖ 我要是能住这样的房子就<u>满足</u>了。

〖 区别 Distinctions 〗

（1）"得意"是形容词，可以表示非常符合希望，很喜欢，很高兴。不带宾语。可以说"得意门生"。

> 这本小说是他最<u>得意</u>的。 | 王老师当了三十多年老师，他的<u>得意</u>门生也不少。 | 大家都在说她儿子长跑得了第一名，她很<u>得意</u>。

"满意"是动词，表示符合希望。有时可以带宾语。可以说"让…满意""对…很满意"。

> 不管你钱多钱少，在这里你都能买到让你<u>满意</u>的东西。 | 经理对这些新职员的工作很<u>满意</u>。 | 这些年轻人的服务态度使客人们非常<u>满意</u>。 | 她很<u>满意</u>这里的生活环境。

"满足"是动词，表示感到足够了，或使某种要求、条件得到实现。常带宾语。可以说"满足供应"。

> 我们不能<u>满足</u>已经取得的一点儿成绩。 | <u>满足</u>现状就很难再有进步了。 | 公司答应<u>满足</u>对方提出的条件。 | 春节期间，各种食品都能<u>满足</u>供应。

（2）"得意"还可以表示骄傲自满的样子。可以说"得意忘形""得意洋洋""不要太得意了""得意得太早了""一副得意的样子"。

> 虽然我们取得了一点儿成绩，但千万不能<u>得意忘形</u>。 | 看到他那副<u>得意</u>的样子，大家都觉得很可笑。

（3）用"满足"还可以说"满足于…""以…为满足"。

> 他理想远大，从不<u>满足</u>于已有的成绩。 | 他们是不会以这点儿好处为<u>满足</u>的，他们还希望得到更多的利益。

〖 练习 Exercises 〗

填空： A.得意　　B.满意　　C.满足

（1）为了＿＿＿＿客户需要，公司决定提高产量。

（2）公司领导对这些新职工的工作态度十分＿＿＿＿。

（3）你放心吧，你需要多少，我们一定＿＿＿＿供应。

（4）五场比赛我们才赢了两场，我们不要＿＿＿＿得太早了。

99 的 de ①　　　地 de ①　　　得 de ①

〖 相似 Similarities 〗

助词。可以用在一些动词或形容词后边。

高兴<u>的</u>样子 ‖ 高兴<u>地</u>说 ‖ 高兴<u>得</u>流出了眼泪

快乐<u>的</u>笑声 ‖ 快乐<u>地</u>答应了 ‖ 快乐<u>得</u>像孩子一样

〖 区别 Distinctions 〗

（1）"的" 常用在定语和中心语之间，定语可以是名词性的、动词性的或形容词性的，中心语一般是名词性的。"定语＋的＋中心语"是名词性的。

老板<u>的</u>汽车 | 北方<u>的</u>天气 | 三月<u>的</u>春风 | 我们公司<u>的</u>产品　（定语是名词性的）

讨论<u>的</u>问题 | 打电话<u>的</u>时候 | 拍照片<u>的</u>好地方 | 学习汉语<u>的</u>方法

（定语是动词性的）

很好<u>的</u>人 | 聪明<u>的</u>孩子 | 特别美丽<u>的</u>风景 | 非常好听<u>的</u>音乐

（定语是形容词性的）

"地" 常用在状语和中心语之间，状语可以是形容词性的、动词性的或副词性的，中心语一般是动词性的或形容词性的。"状语＋地＋中心语"多是动词性的。

认真<u>地</u>准备 | 愉快<u>地</u>接受了 | 安静<u>地</u>休息一会儿 | 仔细<u>地</u>看一遍

（状语是形容词性的）

练习答案： （1）C　　（2）B　　（3）C　　（4）A

有计划地安排下星期的工作 | 同意地点点头 | 很害怕地退了一步

（状语是动词性的）

渐渐地好了 | 不断地提高水平 | 胡乱地写了一篇作文　（状语是副词性的）

"得"常用在中心语和补语之间，中心语可以是动词性的或形容词性的，补语可以是形容词性的、动词性的或小句，也可以是"很"。补语常表示状态、结果或可能。"中心语＋得＋补语"一般是动词性的或形容词性的。

跑得很快 | 打扫得非常干净 | 看得很清楚 | 胖得很可爱　（补语是形容词性的）
高兴得跳了起来 | 激动得流出了眼泪 | 忙得没时间休息 | 急得睡不着觉

（补语是动词性的）

跑得满头大汗 | 累得老王直不起腰来 | 雨下得人们都没了精神。（补语是小句）
走得到 | 买得到 | 看得完 | 做得完 | 拿得了（liǎo）
贵得很 | 好得很 | 生气得很 | 紧张得很

（2）用"的"可以说"…的"（"的"字短语，相当于一个名词，指事物或人）。

我们的 | 图书馆的 | 新买的 | 借的 | 甜的 | 红色的 | 二十多岁的 | 新来的

"的"还可以用在说明过去发生的事情的句子里。可以说"是…的"。

你是哪天来的？ | 是谁开的门？ | 我（是）八点多钟给他打的电话。 | "这东西（是）在哪儿买的？""在学校门口的小商店买的。"

（3）单音节形容词重叠形式做状语，后边用"地"。

好好地想想 | 慢慢地走过去 | 轻轻地敲门 | 大大地前进了一步 | 快快地跑回去

（4）有些"形容词＋de＋动词"里，"de"可能是"地"或"的"。"形容词＋地＋动词"是动词性的，"形容词＋的＋动词"是名词性的。

我们认真地研究过这个问题。 | 他说要科学地分析这种情况。（动词性）
经过认真的研究，我们找到了解决问题的办法。 | 他说要对这种情况进行科学的分析。（名词性）

（5）在"说de很对""讲de很有道理""唱de很好听"中，"de"可能是"的"或"得"（结构不同），不能用"地"。

"说的很对""讲的很有道理""唱的很好听"中，"说的""讲的""唱的"是主语（意思分别是"说的话""讲的话""唱的歌"），"很对""很有道理""很好听"是谓语。

"说得很对""讲得很有道理""唱得很好听"中,"很对""很有道理""很好听"是补语,表示结果。

〖 练习 Exercises 〗

填空: A.的　　B.地　　C.得

(1) 她把房间打扫_____干干净净。

(2) 他激动_____不知道说什么才好。

(3) 我们正在有计划_____进行研究工作。

(4) 我们已经对这些情况进行了仔细_____分析。

(5) 经过三年多_____认真学习,他终于掌握了这些技术。

(6) 新建的这所小学,很好_____解决了附近孩子上学难的问题。

100 等待 děngdài ③　　等到 děngdào ③

〖 相似 Similarities 〗

动词。等。

他正在办公室等待从四川来的客人。‖ 等到客人们都来了,已经是下午一点了。

〖 区别 Distinctions 〗

(1)"等待"多用于书面语,"等到"通用于口语和书面语。

(2)"等待"表示等某人的到来,或等某事的发生。对象可以是人或具体的事物,也可以是抽象的事物(如机会、机遇、结果、胜利的时刻)。可以说"等待不得""消极 / 耐心等待""等待某人做某事""等待某人的是…"。

这件事情很紧急,千万等待不得。| 前边停着很多车,我们只好耐心等待。| 我们应该想想办法,不能再等待了。| 这段时间我们做了一些工作,但仍有不少问题等待我们去解决。| 如果我们不总结这次失败的教训,那等待我们的将是更严重的失败。

练习答案: (1)C　(2)C　(3)B　(4)A　(5)A　(6)B

"等到"可以表示等一段时间后得到某种结果。可以说"等得到""等不到"。

老人很希望能<u>等到</u>胜利的那一天。 | 没<u>等到</u>地点的菜上齐,我们都吃饱了。 | 他等了很长的时间,可是<u>等到</u>的结果让他很失望。 | 我一直在等他的消息,可是等了一天也没<u>等到</u>。 | 都快十一点了,今天恐怕是<u>等不到</u>他的电话了。

(3)"等到"还常表示到某个时候。后边常用表示时间的词语。可以说"等到…时""等到…以后"。

平时工作忙,只有<u>等到</u>周末,他才有时间回家看父母。 | 他本来想退休后出去旅游,可是<u>等到</u>退休以后,身体却不行了。 | 他到现在还不来,我们要<u>等到</u>什么时候啊?

〖 练习 Exercises 〗

填空: A.等待 B.等到

(1)_____我们去看他时,他已经回北京了。

(2)我们应该积极地寻找机会,不能只是在这里_____。

(3)他学习一点儿也不努力,毕业以后_____他的只能是找不到工作。

101 地点 dìdiǎn ① 地方 dìfang ①

〖 相似 Similarities 〗

名词。某个处所。

今天下午开会的<u>地点</u>在216教室。‖ 我们这次去的<u>地方</u>有山有水,风景很美。

〖 区别 Distinctions 〗

(1)"地点"多指进行某种行为活动的场所、位置。范围较小。可以说"开会/集合/等车/活动/发生地点"。

这次讨论会的时间和<u>地点</u>还没定下来。 | 他们不知道明天早上的集合<u>地点</u>在哪儿。 | 今晚的活动地点改在一楼的那间大教室了。

练习答案: (1)B (2)A (3)A

"地方"指某个地区、某处（不一定要在这里进行某种行为活动）。范围可大可小。

他去的地方都是一些经济不太发达的地区。 | 你说的这三四个地方我都没去过。 | 屋里没椅子，连坐的地方也没有。

（2）"地点"可以指事物所在的某个位置。

这房子不大，但地点不错，离市区很近。 | 新体育场的地点已经选好了，马上就要动工了。

"地方"可以指某处的环境。

新疆是个好地方。 | 他们看这儿地方不错，就在这儿开了一个公司。

（3）"地方"还可以指某个方面、部分。

你看我有什么地方做得不对？（方面） | 这本书有些地方很有意思。（部分）

注意，"地方"念 dìfāng 时，可以指行政上的中央以外的地区，也可以指当地。

中央的决定，地方必须执行。（中央以外的地区） | 国家有国家的法律，地方有地方的法规。（中央以外的地区） | 我们去农村的时候，受到了地方群众的热烈欢迎。（当地）

〖 练习 Exercises 〗

填空： A.地点　 B.地方
（1）这回去北京，你到过哪些_____？
（2）他的话有正确的_____，也有错误的_____。
（3）今天下午我们要讨论决定这次会议举行的时间和_____。

102 点 diǎn ①　 小时 xiǎoshí ①

〖 相似 Similarities 〗

时间单位。

练习答案： （1）B　 （2）B,B　 （3）A

我们早上八点半上班。‖ 坐飞机从上海到北京要一个多小时。

（1）"点"是量词，表示某个整点时间。数量和"点"之间不能用"个"（如"八点二十分""十点零五分""十一点一刻""十二点整"）。问什么时间，可以问"几点"（但不能问"*多少点"）。

都九点了，他怎么还没来？ | 你是几点到的？ | 现在几点了？

"小时"是名词，是表示多长时间的单位，一小时是六十分钟。数量和"小时"之间可以用"个"（如"一（个）小时零五分""三个半小时""十几个小时""二十多个小时"）。问多长时间，可以问"几（个）小时""多少（个）小时"。

上午我们要上三个多小时的课。 | 我们每天要工作八九个小时。 | 坐火车从南京到上海要几（个）小时？ | 乘飞机从香港到南非要多少（个）小时？

（2）表示多长时间的"…小时（…分）"可以在动词后边作补语。

早上从家里到公司开车开了一小时二十分。（补语） | 她俩在商场逛两小时也不觉得累，可平时走路走二十分钟就说累了。（补语）

表示某个时间的"…点（…分）"不能在动词后边作补语。

填空： A. 点　　B. 小时
（1）我们等了一_____了，可他还没来。
（2）他说他要到一_____多才能过来，现在才十二_____半。
（3）我花了三个多_____，直到十一_____多才把这些作业做完。

练习答案：（1）B　　（2）A，A　　（3）B，A

103 电影 diànyǐng ②　　　影片 yǐngpiàn ③

〖相似 Similarities〗

名词。可以说"一部电影／影片""观看电影／影片""外国电影／影片""获奖电影／影片"。

> 这两部电影都很有意思。‖ 她不太喜欢看外国影片。

〖区别 Distinctions〗

（1）"电影"通用于口语和书面语，"影片"多用于书面语。

（2）用"电影"可以说"看／放电影""电影院""电影票""演／拍电影""电影演员／明星／导演""电影艺术""电影节""电影界""电影制片厂"。

> 上大学的时候，我们经常上电影院看电影。| 很多年轻人都想当电影演员。| 他拍的电影在很多电影节上得过奖。

> 用"影片"可以说"故事影片""纪录影片""最佳影片奖"。

> 他拍的大多是故事影片。| 爷爷很喜欢看电视里播放的那些新闻纪录影片。| 这次电影节上不仅有最佳男、女演员奖，还有最佳导演和最佳影片奖。

（3）"影片"还可以指用来放电影的片子。

> 这盘影片坏了，不能放了。| 他去拿影片了，大家等一会儿。

〖练习 Exercises〗

填空： A.电影　　B.影片

（1）她非常热爱 ＿＿＿ 艺术。

（2）六十多年前能拍出这么好的彩色故事＿＿＿＿＿，真了不起。

（3）他昨天送了我们几张 ＿＿＿＿ 票，是后天的，我们一起去看吧。

练习答案：（1）A　　（2）B　　（3）A

104 调查 diàochá ③ 　　考察 kǎochá ③

〖 相似 Similarities 〗

动词。到某地了解情况。

　　事故发生的原因已经**调查**清楚了。‖ 很多科学家在南极**考察**那里的气候状况。

〖 区别 Distinctions 〗

（1）"调查"常表示到某地去了解事情发生的具体情况（如原因、经过等）。

　　有关部门正在**调查**这件事是怎么发生的。| 这些人的犯罪事实已经完全**调查**清楚了。| 经过一个多月的**调查**，他们查清了火灾发生的真正原因。

　　"考察"常表示到某地去了解一般的情况（如某地的生产情况、某单位的工作情况、人们的生活情况等）。

　　商务部部长上个星期来我们厂**考察**了近期的生产情况。| 欢迎市长来我们学校进行**考察**。| 经过半个月的实地**考察**，我们对当地农民的生活情况有了更多的了解。

（2）"调查"和"考察"的对象都可以是人。但"调查某人"，可能是因为某人存在某方面的问题。

　　有人说他偷了东西，警察正在**调查**他。| 公安机关正在对他们进行**调查**。

　　"调查"有时也表示向某人了解情况。

　　关于这个问题，我们已经**调查**了不少人，了解到了一些情况。

　　"考察某人"可能是看看某人在工作等方面的表现是否符合要求。

　　公司领导正在**考察**他，准备让他出国学习。| 上级部门对他进行了一个多月的**考察**，决定让他负责这项工作。

（3）"考察"还可以表示通过观察某种现象或情况，发现问题、规律。

　　经过**考察**，他们发现这里不适合建造高楼。| 他仔细**考察**了这些词语的用法。

〖 练习 Exercises 〗

填空：　A.调查　　B.考察

（1）我们要对产品的质量问题进行深入＿＿＿＿＿。

（2）为了查清事故发生的原因，他们已经＿＿＿＿＿了二十多人。

（3）市长经常到各区、县＿＿＿＿＿工厂和农村的生产情况以及群众的生活情况。

105 东边 dōngbian ①　　东部 dōngbù ③　　东方 dōngfāng ③

〖 相似 Similarities 〗

名词。靠东的位置、地方。

> 我们学校在火车站的东边。‖ 中国、韩国和日本都在亚洲的东部。‖ 太阳每天都会从东方升起。

〖 区别 Distinctions 〗

（1）"东边"（也说"东面"），指靠东的一边。

> 学校东边新修了一条马路，又宽又直。| 火车站东边的那些房子都是新建的。| 商店在东边，邮局在西边，从商店走到邮局要十分钟。

（2）"东部"指一块地方上靠东的部分。可以说"中国／美国／法国东部""亚洲／非洲／欧洲东部""东部地区"。

> 上海是中国东部的一个沿海城市。| 最近几年东部地区的经济发展速度比较快。| 一条马路穿过我们学校，学校被分成了东部和西部两块。

（3）"东方"常指天空、世界上靠东的一方。可以说"东方人""东方国家""东方文化／文明""东方哲学"。

> 东方红，太阳升，中国出了个毛泽东。（歌词）| 东方人和西方人的生活方式和思维方式都不太一样。| 中国是东方的一个文明古国。

练习答案：　（1）A　　（2）A　　（3）B

填空： A.东边　　B.东部　　C.东方
（1）纽约和华盛顿两大城市都位于美国＿＿＿＿＿＿。
（2）百货大楼的＿＿＿＿＿是体育馆，西边是一所大学。
（3）杭州和苏州都是中国＿＿＿＿＿很有名的旅游城市。
（4）他虽然是个地道的意大利人，但他却对＿＿＿＿＿文化有着很浓的兴趣。

106 懂 dǒng ②　　懂得 dǒngde ③

〖相似 Similarities〗

动词。知道、了解。

> 我现在懂你的意思了。‖ 我终于懂得了这个道理。

〖区别 Distinctions〗

（1）"懂"通用于口语和书面语，"懂得"多用于书面语。
（2）"懂"表示知道或了解事理、语言等。可以说"懂事""懂行（dǒng háng）""懂规矩／礼貌""不懂装懂""似懂非懂""难／易懂""懂汉语／英语"。

> 这孩子很懂礼貌。｜你说的这些道理我们都懂。｜这篇课文太难了，我一点儿也不懂。｜他不懂你的话是什么意思。｜他只懂点儿英语，别的外语都不懂。

> "懂得"表示知道或了解意义、道理等。一般要带宾语，不作补语。

> 很多人以为自己懂得了人生的意义。｜经过这件事，他懂得了一个道理。｜我慢慢懂得了他说的那句话的意思。｜我深深地懂得：不努力，就不会有进步。

（3）"懂"可以作补语。可以说"看／听／读／弄／搞懂"。

> 这句话的意思我没看懂。｜这篇文章不难，我们都看得懂。｜他说的我一句都听不懂。｜今天学习的内容你都搞懂了吗？

练习答案：　（1）B　　（2）A　　（3）B　　（4）C

注意，下边句中的"懂得…"是"懂＋得＋补语"。

我一直觉得他懂得很多，好像什么事情他都知道。｜做饭的事情，他懂得比我多。

〖 练习 Exercises 〗

填空：　A．懂　　B．懂得

（1）这些中文故事都不很难，我们都能看_____。

（2）过了这些年，他开始_____应该做一个什么样的人了。

（3）王教授不仅_____英语和法语，他还_____一点儿日语。

107　动作 dòngzuò ③　　　行为 xíngwéi ③

〖 相似 Similarities 〗

名词。活动、行动。可以说"动作行为""行为动作"。

他游泳的动作很标准。‖ 父母对孩子的行为有很大影响。‖ 很多动词是表示人的动作行为的。‖ 从一个人的行为动作往往能看出他的性格。

〖 区别 Distinctions 〗

（1）"动作"主要表示身体或身体某个部分（如手、脚、腿、脸等）的活动。可以说"舞蹈动作""发球／接球（的）动作""高难动作""简单的动作""做动作""小动作"。

说话的时候不停地打手势是他的习惯动作。｜用手指头指着别人，这个动作很不礼貌。｜她的舞蹈动作十分优美。｜为了做这个高难动作，她练习了一遍又一遍。｜这孩子上课的时候喜欢做小动作。

"行为"主要表示反映人的思想、意识、道德的活动或行动。可以说"英雄／高尚（gāoshàng）／正义／模范行为""不良行为""非法／违法／犯罪行为""行为准则／习惯／能力"。

练习答案：　（1）A　　（2）B　　（3）A，A

这种舍己救人的英雄行为值得我们学习。| 他乐于助人的模范行为受到了大家的称赞。| 那些人的犯罪行为都已经调查清楚了。| 每一个正常的人都要对自己的行为负责。| 他父亲九十多岁了，现在住在医院里，基本失去了行为能力。

（2）"动作"有时也表示实际行动。可以说"大（的）动作"。

听说最近他们有一些动作。| 我们要是不采取大的动作，就很难改变目前的困难局面。

〖练习 Exercises〗

填空： A. 动作　　B. 行为
（1）孩子从小就应该养成正确的_____习惯。
（2）我不明白他刚才做的那个_____是什么意思。
（3）刚开始学舞蹈的时候，老师只教一些简单的_____。

108 都 dōu ①　　　全 quán ①

〖相似 Similarities〗

副词。表示对所有情况的概括，没有例外。可以说"全都"。

我们都不认识他。| 她一个人把三个房间都打扫干净了。‖ 我们全不知道这件事。| 他一个人把三个面包全吃完了。‖ 这些电影我们全都看过了。

〖区别 Distinctions〗

（1）"都"概括所有的个体。它概括的对象是多数，不能是单数。可以说"每…都…"。

他们都走了。| 这些字我们都认识。| 我们每个人都有这本书。| 这课的每个生词我都写了两遍。

练习答案：　（1）B　　（2）A　　（3）A

"全"主要表示在某个范围内没有例外，表示完全、全部。与"部分"相对。它概括的对象可以是多数，也可以是单数。可以说"全新""全对 / 错""全明白""全白 / 红 / 黑"。

> 我的作业全做完了。| 他说的话我全忘了。| 这件事全靠你的帮忙。| 这道题全错了。| 她正专心工作，全没注意有人进来了。| 晚上七点的时候，天全黑了。

（2）"都"可以用在表示任何个体的疑问代词（如"哪儿""谁""什么"）后边，这时"都"轻读。

> 我哪儿都不想去，只想在家好好休息休息。| 谁都不会同意这么干的。| 他虽然没出门，可是外边发生了什么事他都知道。

"都"可以用在带疑问代词的动词短语、名词短语前边，这时"都"轻读。

> 你都去过哪些地方？| 你都把谁请来了？| 都哪些人在会上发言了？

（3）"都"还可以表示"甚至"。有时与"连"配合使用，这时"都"轻读。

> 这个字，老师都不认识，我怎么会认识？| 这个问题连孩子都能回答。| 弟弟都起床了，可哥哥还躺着不动。| 他借的书看都没看，就还给图书馆了。| 小狗躺在地上，动都不动。| 她连早饭都没吃就上班去了。

（4）"都"在"都…了"里，可以表示"已经"，这时"都"轻读。

> 都九点了，你怎么还不起床？| 你都二十多岁了，应该学会独立生活了。| 主任都走了，我们也下班吧。

（5）"都是"可以用在主语前，强调主语表示的人或事物有责任或有问题。

> 都是你把孩子吓哭的。| 怎么都是他不对？你就没错吗？

（6）"全"还可以是形容词。

> 图书馆里的各种词典很全。| 我的那套邮票缺了一张，不全，你的全吗？

〖 练习 Exercises 〗

填空： A. 都　　B. 全

（1）我们教室的桌子是＿＿＿＿新的。

（2）你告诉我你＿＿＿＿看到了什么。

（3）她坐在那儿，一句话_____不说。

（4）你知道_____世界有多少个国家吗？

（5）这段时间忙得我_____不知道每天是星期几了。

109 读 dú ②　　念 niàn ②

〚 **相似 Similarities** 〛

动词。照着文字发出声音；上学。

老师让我们读课文。‖ 大家一起念了一遍生词。

弟弟正在读高中。‖ 他是在北京念的大学。

〚 **区别 Distinctions** 〛

（1）"读"通用于口语和书面语，"念"多用于口语。

（2）用"读"可以说"读音""早读""晨读"。

"了"字有两个读音。｜我们上学的时候，早上有三四十分钟的早读。

（3）"读"还可以表示只看文字或图表，不发出声音来。可以说"读者""读物""读报""读图""读表""阅读""可读性"。

多年来他养成了中午休息时在办公室读报的习惯。｜学习地理的人不会读图怎么行？｜这些短文的可读性很强。

（4）"念"还可以表示心里想。可以说"念旧""怀念""想念""思念"。

他这个人很念旧，总是想着过去的那些事儿。｜在外地工作久了，很想念家人。

（5）"念"还可以表示说出准备好的话（一般不单独用）。可以说"念白""念经"。

京剧表演中不都是唱，有时也有念白。

练习答案：（1）B　　（2）A　　（3）A　　（4）B　　（5）A

〔练习 Exercises〕

填空：　A. 读　　B. 念

（1）他先是唱了一段，接着又_____了几句白，很有意思。

（2）他_____了这份报告和图表，基本了解了公司今年的发展情况。

（3）最近这段时间我没看书也没_____报，根本就不知道外边发生了什么事。

110 对 duì ①　　对于 duìyú ③　　关于 guānyú ②

〔相似 Similarities〕

介词。引出动作行为或情况涉及的事物。

> 大家对这件事都很有信心。‖ 他的意见对于解决问题起了很重要的作用。‖
> 他是学习中医的，关于中药的作用，他知道得很多。

〔区别 Distinctions〕

（1）"对"通用于口语和书面语，"对于"和"关于"多用于书面语。

（2）用"对"和"对于"可以说"对…来说""对于…来说"。

> 对我来说，骑自行车上班很方便。‖ 对于学了四年汉语的留学生来说，看中文报纸应该没什么问题。

（3）"对…"可以用在助动词（如"会""应该""能"）后边。

> 他们会对这个问题做出解释的。｜我们都不是小孩子了，应该对自己的行为负责。

（4）"对"可以引出行为、态度的对象。常与"了解""关心""熟悉""陌生（mò-shēng）""热情""满意""冷淡""有/没意见""感兴趣"等配合使用。

> 我对他非常了解。｜他对这种事情不怎么关心。｜我对这一带很熟悉。｜经理对他的工作很不满意。｜职工对老板很有意见。｜大家对这个问题都很感兴趣。

练习答案：　（1）B　　（2）A　　（3）A

（5）"对"可以引出行为、动作的方向。相当于"朝""向"。

他对我点了点头。 | 他从来没对别人发过火。 | 我对他说过这件事。

（6）"对于"一般表示动作行为或情况涉及的人或事物。

多听多说对于学好外语是相当重要的。 | 对于我们目前面临的困难，领导们正在想办法解决。

（7）"关于…"可以用在谈话的开始，引出话题。

关于中国的长城，有很多传说故事。 | 关于英雄，不同时代、不同民族的人会有不同的理解。

（8）"关于…的"可以作定语，也可以作"是""有"等的宾语。

这些报告内容很丰富，有关于经济的，也有关于文化的，还有关于历史的。 | 这是一些关于经济发展的问题。 | 关于语言重要性的问题，我们都知道。

（9）"关于…"可以作文章、著作的标题。

《关于中国的两三件事》和《关于太炎先生二三事》是鲁迅先生写的两篇文章。

（10）下边句中的"对"是动词，表示面向或针对。

学校大门对着马路。 | 这两家商店的门在马路两边正对着。 | 今天下午的比赛是上海队对北京队。 | 今天我们的讨论只对事，不对人。

〖练习 Exercises〗

填空： A.对　　B.对于　　C.关于

（1）大家_____新来同学都很热情。

（2）我们每个人都应该_____自己的行为负责。

（3）这样的问题_____我们来说还是第一次遇到。

（4）这本书是_____中国民间风俗文化的，很有意思。

（5）我们在一起工作十来年了，所以_____他的情况，我了解一些。

练习答案：（1）A　　（2）A　　（3）A/B　　（4）C　　（5）C

111 对 duì ①　　双 shuāng ②

【 相似 Similarities 】

量词。用于两个相关的人或事物（如"耳朵""翅膀（chìbǎng）""儿女"）。可以说"成双成对""成双结对"。

这个房间里住着一对日本夫妇。‖ 他们俩有一双儿女，生活很幸福。

【 区别 Distinctions 】

（1）"对"常用于夫妻、夫妇、恋人、男女、傻瓜（shǎguā）、草包（没有能力的人）、金鱼、小鸟、耳环、枕头、蜡烛（làzhú）、矛盾等。

这对老夫妇已经在这儿住了好长时间了。| 音乐一响，有几对男女就开始跳起舞来。| 台下一乱，他们俩就不知道怎么办了，站在台上，像一对大傻瓜。| 树枝上立着一对小鸟，发出很好听的叫声。| 商品的质量和价格是一对矛盾。

"双"与"单"相对，常用于手、脚、鞋、袜子、眼睛、肩膀（jiānbǎng）、筷子等。可以说"双手／脚／眼／肩／臂（bì）""双号""双方""双向""双人舞""双胞胎""双人间""双边关系"。

天太冷了，孩子的一双手冻得冰凉。| 她的一双眼睛长得很好看。| 他天天锻炼，现在双臂很有力。| 谈判以后，双方签定了一份合同。| 人与人之间的沟通和了解应该是双向的。

（2）"对方"指跟自己比赛、谈判、斗争的另一方；"双方"指有着某种关系的这一方和另一方。

"对号"指查对相同的号码（如"对号入座"）；"双号"指"二""四""六""八"之类的号码。

"对手"指跟自己比赛、谈判、斗争的人；"双手"指两只手。

"对眼"表示看后感到满意，或指眼睛内斜视；"双眼"指两只眼睛。

〖 练习 Exercises 〗

填空： A. 对　　B. 双

（1）她的_____眼含着泪水，跟我们讲了这件往事。

（2）谈判_____方都要在合同上签字，这份合同才算有效。

（3）鱼缸（yúgāng）里养着一_____红色的金鱼，游来游去的，很好看。

112 对方 duìfāng ③　　对手 duìshǒu ③

〖 相似 Similarities 〗

名词。有某种关系的另一方。

他上个月结婚了，对方是一个小学老师。‖ 我们的下一场比赛，对手是大连队。

〖 区别 Distinctions 〗

（1）在双方参加的某种活动（如谈话、通信、婚姻、恋爱、合作、服务、买卖）中，一方是另一方的"对方"。

刚才我接了一个电话，可能是打错了，对方说要订一束鲜花。 | 写信的时候，称呼和问候对方要适当。 | 你对对方一点儿都不了解，怎么跟人家合作？ | 每天有很多人来她这里查看资料，她都很认真地服务，使对方满意而去。

在双方或多方参加的争输赢的活动（如竞争、比赛、谈判、竞选、斗争、战斗、战争）中，一方是另一方的"对手"。可以说"老／新对手"。

在汽车生产方面，我们的竞争对手都很强大。 | 不管是什么比赛，我们都不能小看对手。 | 我们希望成为世界各国的伙伴，而不希望成为别国的对手。 | 这次我们又遇到了老对手。

（2）"遇到对手"可以表示遇到能力、水平、技术等方面很强的对手。"不是对手"常表示能力、水平、技术等方面比对手差得多。

（足球比赛）明天是德国队对巴西队，他们算是遇到对手了。 | 跟日本、德国

练习答案： （1）B　 （2）B　 （3）A

比汽车生产，很多国家都不是<u>对手</u>。

（3）"对手戏"表示合作表演、演出。

在电影《梅兰芳》中，梅兰芳和孟小冬演过几场<u>对手戏</u>。

〖 练习 Exercises 〗

填空： A.对方 B.对手

（1）这次我们与_____的合作很成功。

（2）打电话的时候，我们要先知道_____是谁。

（3）打了多年的国际比赛，她俩成了好朋友，但在比赛中，彼此又是_____。

113 对面 duìmiàn ② 面对 miànduì ③

〖 相似 Similarities 〗

（在）面前。

上次在去西安的火车上，我<u>对面</u>坐着一位大学老师，她跟我讲了很多关于西安的故事。‖ <u>面对</u>着那么多人，他紧张得不知说什么才好。

〖 区别 Distinctions 〗

（1）"对面"是名词，表示在前边的跟某人或某物相对的地方。可以说"正对面""斜对面"。

那次老王请大家吃饭，我正好坐在老王的<u>对面</u>。| <u>对面</u>过来了几个人，我们问问路吧。| 车站就在超市的<u>正对面</u>，很容易找。| 我和刘老师都住在三楼，他家在我家的<u>斜对面</u>。

"面对"是动词，表示在面前正对着。可以说"面对学生 / 老师 / 父母""面对困难""面对成绩"。

她第一次当老师，在教室里<u>面对</u>那么多学生，她有点儿紧张。| 你站起来，

练习答案： （1）A （2）A （3）B

面对镜子照照，看看你脸上有什么。｜面对着已经取得的成绩，我们一点儿也不能骄傲。｜他们俩互相面对着，谁也没说话。

（2）"对面"有时可以作状语，相当于"面对面""当面"。用于口语。

这事儿你最好跟他当面说说。

（3）"面对…"还可以表示对着某人或事物积极行动。可以用在"要""应该""敢于""敢"等后边。

我们的工作应该面对现实。｜我们要敢于面对困难。

〖练习 Exercises〗

填空： A.对面　　B.面对
（1）＿＿＿＿困难，我们要想办法去解决。
（2）我们小区＿＿＿＿最近新开了一家超市。
（3）她从小就胆小，＿＿＿＿生人就说不出话来了。

114 多 duō ②　　多么 duōme ②

〖相似 Similarities〗

副词。表示程度高。

你看这花儿多好看啊！‖ 住了一段时间医院再回到家里，他感到家中的生活是多么美好啊！

能用"多么"的地方，一般也能用"多"。

这么短的时间，能取得这么大的成绩，多么／多不容易啊！

〖区别 Distinctions〗

（1）"多"可以用在一些形容词前，形成问句。

你家离学校多远？｜这楼有多高？｜你妹妹多大了？｜你知道长江有多长吗？

练习答案：（1）B　　（2）A　　（3）B

（2）用"多"可以说"多…也／都…"。

工作多忙，我们也要吃饭、休息。｜他数学学得很好，多难的题目他都能做得出来。

（3）用"多"还可以说"没＋多＋形容词""没＋动词＋多＋形容词"。

这水没多深，不会游泳下去也没关系。｜她出去没多大一会儿，又回来了。｜我们出门没走多远，就下雨了。

〖 练习 Exercises 〗

填空：　A.多　　B.多么
（1）周围_____吵，他也能静下心来读书。
（2）我们等了没_____大一会儿，他就到了。
（3）我_____希望能像大山那样地道地说汉语啊！

115 多少 duōshao ①　　　几 jǐ ①

〖 相似 Similarities 〗

疑问代词。用来问数量，或表示不定的数量。

你们班有多少人？　‖　今天来了几个人？
这句话我们不知听了多少遍了。　‖　这首歌我都听过几遍了。

〖 区别 Distinctions 〗

（1）"多少"，问数量可多可少。

"上海有多少人口？""两千多万。"｜"你买了多少苹果？""四斤多。"

"几"，问数量一般在"一"到"十"之间。但问钟点、日期、楼层，超过十点、十号、十楼时，也可以问"几点""几号""几楼"，一般不用"多少"。

"这本书几块钱？""八块五。"｜"这孩子几岁了？""九岁。"｜"现在几点

练习答案：　（1）A　　（2）A　　（3）A／B

了？""十二点半了。" | "今天几号？""二十六号。"

（2）"多少"可以用在名词的前边，也可以单独作宾语。

"这本书多少钱？""十五块八。" | 你能说多少就说多少吧。 | 啤酒一顿你能喝多少？

"几"一般要带上量词才能用在名词前边或作宾语，一般不单独作宾语。

"这种水果几块钱一斤？""两块钱一斤。" | "你要买几斤？""三斤。"

（3）"第几"可以问数字顺序。

这次比赛你们得了第几名？

"好几"表示比"十"小的较多的数。

他去北京已经好几天了。 | 你都二十好几的人了，怎么做事还是像小孩子一样？

"几"还可以用在一些整数的前后，表示大约的数。

一辆公共汽车可以坐好几十人。 | 我不记得这事发生在一九三几年了。

注意，"多少"念 duōshǎo 时，是副词，表示或多或少。

他英语多少还能说两句，法语一句也不会。 | 三月了，天气多少比冬天暖和一点儿了。 | 你不用说很多，多少说两句就行了。

〖 练习 Exercises 〗

填空：　A.多少　　B.几
（1）那本词典三十_____块钱。
（2）左边数第_____辆车是你的？
（3）他一次能喝两瓶啤酒，你能喝_____？
（4）这次你们班有_____同学参加运动会？

练习答案：　（1）B　　（2）B　　（3）A　　（4）A

E

116 二 èr ①　　两 liǎng ①

〖相似 Similarities〗

数词。

> 二／两人 | 二／两位 | 二／两斤 | 二／两尺 | 二／两分 | 二／两百 | 二／两千 | 二／两万

〖区别 Distinctions〗

下边几种情况用"二"，不用"两"：

（1）表示数的顺序。

> 第二 | 二姐 | 二叔 | 二月 | 二班 | 二年级

（2）与"十"组合。

> 十二 | 二十二 | 八十二

（3）与重量单位"两"组合。

> 二两 | 三斤二两

（4）单个数字连说。

> 二一二房间 | 一、二、三！（发令） | 一点二二（小数） | 一九二二年

下边几种情况用"两"，不用"二"：

（1）与个体量词、动量词和时间量词组合。

> 两个人 | 两本书 | 两间房子 | 两棵树 | 两件衣服 | 两辆汽车 | 两块钱
> 两次 | 两回 | 两趟 | 两遍 | 两下子
> 两年 | 两天 | 两周 | 两岁 | 两夜 | 两点（钟）

（2）与"公尺""公斤""英寸""海里""平方米""吨"等组合。

> 两公尺 | 两公斤 | 两海里 | 两平方米 | 两吨

（3）表示不定的数量。

那些东西要等两天才能拿到。（"两天"可能是"几天"）｜我想跟你说两句话。（"两句话"可能是"说几句话"）｜今晚我们喝两杯（酒）。（"喝两杯"相当于"喝几杯"）

（4）与"一"或"三"连用，表示大约数量。

一两天｜一两年｜两三次｜两三本

（5）用在某些名词前边。

两国｜两家｜两省｜两队｜两兄弟｜两姐妹｜两夫妻

〖练习 Exercises〗

填空： A.二　　B.两
（1）他女儿今年才_____岁。
（2）他这回是第_____次去日本访问了。
（3）我们_____国的友谊已经有一千多年的历史了。
（4）那次我们去法国旅游，还学会了一_____句法语。
（5）我有_____个姐姐，大姐已经工作了，_____姐刚大学毕业。

练习答案：（1）B　　（2）A　　（3）B　　（4）B　　（5）B,A

F

117 发现 fāxiàn ②　　找到 zhǎodào ①

【相似 Similarities】

动词。看到了某人或事物。

> 我一进教室，发现了两位不认识的同学，后来才知道她俩是新来的。‖ 这次来开会的人很多，我找了很长时间才找到他。

【区别 Distinctions】

（1）"发现"可以表示看到或知道了某种情况或事物。宾语可以是名词性的，也可以是小句。

> 检查以后，他发现了不少问题。｜ 我发现班上来了位新同学。｜ 我发现这篇文章有几个字写错了。｜ 过去我一直没发现他有这么多的毛病。

"找到"可以表示找某人或事物，并看到了某人或事物，或有了某事物。宾语是名词性的。可以说"找得到""找不到"。

> 我先给他打了个电话，很容易就找到他了。｜ 面对困难，我们要赶快找到解决困难的办法。｜ 他们目前还没有找到事情发生的原因。｜ 我知道能找到这么好的工作很难。｜ 你找不到钥匙，我们只好在外边等了。

（2）"发现"可以表示看到或知道了以前不知道的事物、情况或规律。可以说"发现不了"。

> 多年以前人们就发现这个地区有石油。｜ 哥伦布在十五世纪末发现了美洲大陆。｜ 牛顿发现了万有引力。｜ 科学家发现了这颗行星的运行规律。｜ 观察如果不仔细、不认真，再明显的问题也发现不了。

（3）"发现"还可以是名词。

> 这一重大发现在全世界引起了广泛的关注。｜ 科学史上的许多发现都对推动人类社会的进步起过重要的作用。

（4）用"找到"可以说"找到＋某人／事物＋动词性词语"，表示找到某人或事物去做某事。

> 他昨天找到我了解这件事发生的经过。｜我们刚到这儿，还没有找到地方住。｜她还没有找到出版社出版她的新书。

〖 练习 Exercises 〗

填空：　A.发现　　B.找到

（1）我_____他这几天有点儿不高兴。

（2）他经过长期的观察，_____了熊猫活动的规律。

（3）我照着他给我的地址，很容易就_____那家书店了。

118 发展 fāzhǎn ②　　进步 jìnbù ②

〖 相似 Similarities 〗

动词。变得比以前好。

> 这个地区的经济最近两年发展很快。‖ 你的汉语水平最近进步很大。

〖 区别 Distinctions 〗

（1）"发展"可以表示事物从无到有、从小到大、从简单到复杂、从低级到高级的变化。可以带宾语。可以说"发展教育／经济／农业／生产""发展友好关系""大力发展""发展成…""发展速度"。

> 工会今年发展了不少新会员。｜要大力发展农村地区教育。｜这个原来只有十几个人的小公司，现在发展成有两三千人的大公司了。｜这一地区的旅游业发展得很快。｜科学技术的发展速度让人吃惊。

"进步"表示人在学习、工作等方面变得比原来好，或社会、国家、事业变得比原来好。可以说"学习／社会／科技进步""进步很大""进步不小／不大"。

练习答案：　（1）A　　（2）A　　（3）B

祝大家生活愉快，学习<u>进步</u>！｜虽然社会上有不少问题，但我们也应该看到社会在不断<u>进步</u>。｜没有朋友的帮助，我是不可能取得这么大的<u>进步</u>的。｜他总是觉得自己<u>进步</u>不大。

（2）"发展"还可以表示某人开始从事某方面工作并取得成绩。

他大学毕业后去广州<u>发展</u>了。｜他们现在都<u>发展</u>得不错。｜很多年轻人都想在大城市里寻找<u>发展</u>的机会。

（3）"进步"还可以是形容词，形容思想、意见、观点、主张、行为等能适应社会前进的方向。与"落后"相对。可以说"<u>进步</u>思想／观点／主张／人士／青年／团体／组织"。

年轻人比较容易接受<u>进步</u>思想。｜他很早就加入了这个<u>进步</u>组织。

〖 练习 Exercises 〗

填空：　A.发展　　B.进步

（1）他虽然很努力，但_____一直不很大。

（2）在过去这一年里，我们在学习上都取得了不小的_____。

（3）我们不仅要_____农业和工商业，而且要大力_____旅游业。

119　饭 fàn ①　　米饭 mǐfàn ②

〖 相似 Similarities 〗

名词。用米做的食物。

我已经吃过一碗<u>饭</u>了，饱了。‖ 我今天要吃<u>米饭</u>，不想吃面条。

〖 区别 Distinctions 〗

（1）"饭"还可以指每天在一定时间吃的食物（如早饭、午饭、晚饭）。可以说"一顿饭""饭前／后""买／卖饭""饭钱""吃饭时间"。

练习答案：（1）B　　（2）B　　（3）A,A

他们一顿饭吃了三个多小时。| 今天早上我起晚了，没吃早饭就来上课了。| 大夫说这种药要饭后吃。| 我现在一个月的饭钱大概要一千多块。

"米饭"指用米做的干饭。用"米饭"的地方，一般也可以用"饭"。

南方人习惯吃米饭。| 他中午要吃两碗米饭。| 这种米做的米饭很香。| 今天的米饭有点儿生。

（2）"做饭"可以表示做米饭，也可以表示做早饭、午饭或晚饭等。

你去做菜，我来做饭。| 妈妈每天一下班就要回家做饭。

"吃饭"可以表示吃米饭，也可以表示吃早饭、午饭或晚饭等，还可以表示请客时一些人在一起吃喝。

他只吃面条，不吃饭。| 他忙得连吃饭的时间都没有了。| 明天晚上我请大家吃饭。

（3）用"饭"还可以说"干饭""稀饭"。

〖 练习 Exercises 〗

填空： A.饭　　B.米饭
（1）虽然工作很忙，但_____还是要吃的。
（2）他不太舒服，只喝了点儿汤，没吃_____。
（3）在餐厅吃_____的时候大声说笑，很不文明。

120 饭店 fàndiàn ①　　酒店 jiǔdiàn ①

〖 相似 Similarities 〗

名词。提供住宿和吃饭的地方。"…（大）饭店"和"…（大）酒店"可以用作宾馆的名称（如"和平饭店""中国大饭店""半岛酒店""长富宫大酒店"）。可以说"住饭店／酒店"。

练习答案：　（1）A　　（2）A/B　　（3）A

北京的中国大饭店是一家比较有名的五星级饭店。‖ 香港的半岛酒店是一家六星级酒店。

【 区别 Distinctions 】

（1）"饭店"也可以是只提供吃饭的地方。

上大学的时候，我们经常在学校门口的那家饭店吃饭。 | 这些饭店的饭菜不贵，味道也不错。 | 他请我们去路边的一家小饭店吃了顿饭。

（2）"酒店"也可以是卖酒或提供喝酒吃饭的地方。

超市旁边有一家专门卖酒的酒店。 | 每到周末，来这儿的人很多，这几家酒店就热闹起来了。 | 那时候，下班后我们经常去那家小酒店喝酒聊天儿。

【 练习 Exercises 】

填空： A.饭店　　 B.酒店

（1）这条街上有好几家 _____ ，周末很多人上这儿喝酒聊天儿。

（2）我们只要有地方住就可以了，没必要住那么高级的 _____ 。

（3）那天中午我们三个人在路边的一家小 _____ 一人吃了一碗面条。

121 防止 fángzhǐ ③　　 预防 yùfáng ③

【 相似 Similarities 】

动词。想办法使不好的事情不发生。

路上车多人多，开车时要小心，防止发生交通事故。‖ 春天的时候，天气有时冷有时热，要注意预防感冒。

【 区别 Distinctions 】

（1）"防止"可以表示使不好的事情、情况不发生或不继续发展。

练习答案： （1）B　　 （2）A/B　　 （3）A

为了防止污染河流，工厂必须对要排出的水进行处理。│做数学题必须非常仔细，这样才能防止出错。│汽车要经常检查，防止开车时发生意外。

（2）"预防"表示事先用一定的办法，使疾病、灾害等不发生或减轻受害的程度。可以说"预防工作""及早预防""预防针"。

听说这种药可以预防感冒。│每年夏天都有一些地方会发生洪水灾害，我们要提前做好预防工作。│这段时间，不少家长带孩子来医院打预防针。

〖 练习 Exercises 〗

填空： A.防止 B.预防

（1）城市交通要加强管理，_____发生交通事故。
（2）在感冒高发季节，有不少人去医院打_____针。
（3）这种保健品在一定程度上可以_____某些疾病的发生，但并不能有效治疗疾病。

122 房间 fángjiān ①　房屋 fángwū ③　房子 fángzi ①　屋子 wūzi ③

〖 相似 Similarities 〗

名词。人住的地方。

他家有两个房间，一个房间大，一个房间小。‖过去这里是一块荒地，现在盖起了一大片房屋。‖在大城市里买房子需要很多钱。‖外边很冷，屋子里边却很暖和。

〖 区别 Distinctions 〗

（1）"房间""房子"通用于口语和书面语，"房屋"多用于书面语，"屋子"多用于口语。
（2）"房间"是一间一间分开的。可以跟量词"个"配合使用。可以说"安排房间""单人／双人房间""朝东（南、西、北）的房间""空房间"。

练习答案：（1）A （2）B （3）B

这个房间比较大，可以住两个人。｜客人的房间已经安排好了。｜我们要一个单人房间和一个双人房间。｜今天一个空房间也没有了，所有的房间都住满了。

"房屋"是人住的地方的总称。可以跟量词"座"配合使用。可以说"建造房屋""老式／新式房屋""房屋买卖／出租／中介"。

新城区建起了一座座漂亮的房屋。｜这次强烈地震使很多房屋遭到了破坏。｜这条街上还保留着不少老式房屋。｜他最近很关心房屋买卖方面的信息。

"房子"可以指人住的地方，也可以指工厂、学校、医院里人们工作、学习、生活的地方。可以跟量词"间""套"配合使用。可以说"造房子""借房子""老／旧／新房子"。

他家有三间房子。｜他新买了一套房子。｜工厂里的这些房子都是三十多年前造的。｜学生越来越多，学校里的房子还差很多。｜医院里的房子也很紧张，许多要住院的病人只好等待。

"屋子"可以跟量词"间"配合使用。可以说"一屋子+名词""满屋子+名词"。"屋子里"也可以说"屋里"。

他们一家三口住在两间很小的屋子里。｜当了二十多年老师，他已经买了一屋子书了。｜几个人在屋里抽烟，弄得满屋子都是烟雾。

〖练习 Exercises〗

填空： A. 房间　　B. 房屋　　C. 房子　　D. 屋子

（1）房产公司是做_____买卖生意的。

（2）工作几年以后，他想买一套_____。

（3）里边坐了一_____人，好像是在开会。

（4）你给宾馆打个电话，我们订六个单人_____。

（5）这两天客人比较多，现在只有三楼朝北的还有个空_____，是双人间。

练习答案：（1）B　　（2）C　　（3）D　　（4）A　　（5）A

123 非常 fēicháng ①   十分 shífēn ③

〖 相似 Similarities 〗

副词。表示情况不平常、不一般。

客人对他们的服务非常满意。‖ 要想学好外语，多多练习是十分必要的。

〖 区别 Distinctions 〗

（1）"非常"通用于口语和书面语，"十分"多用于书面语。

（2）"非常"可以用在单音节或双音节形容词、一些动词前边。

他的汉语说得非常好。| 现在这里的生活已经非常方便了。| 我非常理解他为什么要那样说。| 我非常希望有机会去哈尔滨。

"十分"多用在双音节形容词或一些动词前边。一些单音节形容词（如"美""丑""贵""好""对""忙""快""慢""富""重""轻""厚""大""小"）前边一般不用"十分"。

她说的故事十分感人。| 他的思想负担十分沉重。| 每次来这里都给你添麻烦，我们十分过意不去。| 我们公司历来十分重视产品的质量。

（3）用"非常"可以说"非常＋之／的＋形容词"。有时还可以说"非常非常…"。

在信息社会里，信息传播的速度非常之快。| 七八月的时候，这儿的天气是非常的热。| 我非常非常同意你的意见。

（4）"非常"还可以是形容词，表示与平常不同的、不一般的。作定语。可以说"非常时期／时刻／事件／举动"。

他们的任务就是要处理一些非常事件。| 对他这种非常的举动，大家都很吃惊。

〖 练习 Exercises 〗

填空：　A.非常　　B.十分

（1）这个问题_____复杂，三两句话说不清楚。

（2）在_____时期，总会发生一些不同寻常的事情。

（3）以前听别人说这儿的东西＿＿＿＿＿＿贵，我还不太相信，今天看了才知道是真的。

124 费 fèi ③   费用 fèiyong ③

〖相似 Similarities〗

名词。做某事需要的钱。可以说"生活费／费用""活动费／费用"。

　　城里人的<u>生活费</u>比较高。‖公司里人多，每个月的各种<u>费用</u>也很高。

〖区别 Distinctions〗

（1）"费"通用于口语和书面语，"费用"多用于书面语。

（2）"费"常表示日常生活、工作、学习等活动需要用的钱。常用在单音节词后，有时也用在一些双音节词后。可以说"水费""电费""网费""房费""路费""学费""电话费""煤气费""医药费""手续费"。

　　家里每个月的<u>水费</u>、<u>电费</u>要五百多块。｜这是这次去北京的<u>路费</u>，你拿好。｜到国外留学的<u>学费</u>很贵。｜办签证的时候需要交<u>手续费</u>。

　　"费用"常表示一些活动（特别是一些正式活动）需要用的钱。常与一些双音节词一起用。可以说"工作／办公／学习／研究／建设／活动费用""全部／部分费用""各种费用""一切费用""…的费用"。

　　我来中国学习的<u>费用</u>，一部分是父母给的，一部分是自己打工挣的。｜这次活动的全部<u>费用</u>加起来要超过 10 万元。｜新机场的建设和管理的<u>费用</u>很高。

（3）"费"还可以是动词，表示用得多。可以说"费油／电／水""费时间""费心""费力"。

　　这种车太<u>费</u>油了，咱们还是买省油的吧。｜在买房子的事情上，他<u>费</u>了很多时间。｜这件事让你<u>费</u>心了。

练习答案：（1）A/B　　（2）A　　（3）A

填空： A.费 B.费用

（1）这个月的电_____跟上个月差不多。

（2）他说话很快，发音又不太清楚，我听起来很_____力。

（3）他在这儿工作、生活的一切_____都是由公司提供的。

125 分 fēn ① 分钟 fēnzhōng ②

〖 相似 Similarities 〗

量词。六十秒的时间。

一分／分钟是六十秒。‖ 六十分钟／分是一个小时。

〖 区别 Distinctions 〗

（1）用"分"可以说"…点…分"，表示某个时间点。"一分一秒"表示很少的时间。

"现在几点？""八点二十五分。" | 我到的时候是九点差十分。 | 时间就这样一分一秒地过去了。

用"分钟"可以说"…小时…分钟"，表示一段时间（不表示某个时间点）。

我们已经等了二十多分钟了。 | 一节课四十五分钟。 | 从他家开车到上海要一小时二十分钟。

（2）前边的数词是"一"到"十"时，"分钟"中间可以用"多"。如"一分多钟""五分多钟"。

"十分多钟"和"十多分钟"都表示一段时间，但"十分多钟"是比"十分钟"多、比"十一分钟"少的一段时间，"十多分钟"一般是比"十一分钟"多的一段时间（如"十三分钟""十五分钟""十六分钟"）。

练习答案：（1）A （2）A （3）B

（3）"分"还可以是表示货币、成绩的单位。

> 这些东西一共是六十块零五分。｜虽然几分钱买不了什么东西，但买东西的时候少几分钱却不行。｜她的表演很不错，得了 9.6 分（满分是 10 分）。｜虽然这次考试不难，但想得到高分也不容易。

〖 练习 Exercises 〗

填空：　A.分　　B.分钟
（1）我到家的时间是九点零五_____。
（2）我们没等几_____，电影就开演了。
（3）从这儿到火车站，坐地铁大概要四十多_____。

126 否定 fǒudìng ③　　否认 fǒurèn ③

〖 相似 Similarities 〗

动词。认为某事或某种情况不真实或不存在。可以说"完全否定 / 否认"。

> 他说的虽然有些问题，但我们也不能完全否定他的意见。‖ 他否认了自己上次说过的话。

〖 区别 Distinctions 〗

（1）"否定"可以表示认为某事或某种情况是错误的、没价值的或不存在，不同意。与"肯定"相对。可以说"否定词""否定句""否定的回答 / 答复""持否定态度""全盘否定"。

> 汉语中的"不""没""无"等都是否定词。｜"他不去"和"他没去"都是否定句。｜我们不能否定古代文化的价值。｜他向主任提了个建议，可主任对他的建议持否定态度。｜他虽然有错儿，但他的工作成绩是不能否定的。

（2）"否认"表示不承认某事物是真实的或存在的，或不承认自己说过的话、做过

练习答案：　（1）A　　（2）B　　（3）B

的事。可以说"不可否认""一口否认"。

已经发生过的事情，是不可否认的。｜我不否认抽烟对身体没什么好处，可我不抽烟就很难受。｜你说的话大家都听到了，你怎么能否认呢？｜他一口否认这事儿是他干的。

〖练习 Exercises〗

填空： A. 否定　　B. 否认

（1）事实_____了他的错误意见。

（2）说过的话和做过的事情是不能_____的。

（3）没有水，人能生活吗？科学家的回答是_____的。

127 夫人 fūrén ③　　太太 tàitai ②

〖相似 Similarities〗

名词。已经结婚的女子。

大使先生和夫人都参加了今天的晚会。‖ 刘先生打算和太太出国旅行。

〖区别 Distinctions〗

（1）"夫人"多用于正式场合或外交场合，"太太"可以用于一般场合。

（2）"夫人"多用于重要人物或比较尊敬的人物。可以说"总统 / 总理 / 外长 / 部长 / 大使 / 校长夫人"。

总统先生和夫人一起出席了宴会。｜你要是不说，谁也不知道她就是校长夫人。

"太太"可以用于普通人。常在姓的后面加"太太"。

张太太和王太太是姐妹俩。｜你太太刚才打电话来找你，让你给她回个电话。｜这些太太们到一起总有说不完的话。

练习答案：（1）A　　（2）B　　（3）A

（3）"老夫人"指某人的老母亲，"尊夫人"指某人的妻子，"嫂夫人"指像哥哥一样的人（不是哥哥）的妻子。

> 老夫人的身体还好吧？ ｜请尊夫人一起参加吧。｜"这位是嫂夫人吧？您好！"

"老太太"可以指年纪大的妇女。

> 他看见一位老太太上车了，就把座位让给她了。 ｜王老太太非常关心孙子什么时候结婚。

〖 练习 Exercises 〗

填空： A. 夫人　　 B. 太太

（1）总统及总统_____十分高兴地观看了演出。

（2）李师傅很希望有时间陪_____和孩子出去玩儿玩儿。

（3）每天傍晚都有一些老_____、老先生在这儿跳舞，很有意思。

128 福 fú ③　　 幸福 xìngfú ②

〖 相似 Similarities 〗

名词。对生活很满意的感觉。

> 老人身体很好，儿孙们对她照顾得也好，大家都说她很有福。‖ 没有经历过困难的人很难理解生活的幸福。

〖 区别 Distinctions 〗

（1）"福"多用于口语，"幸福"多用于书面语。

（2）"福"常与一些单音节词一起用。春节的时候，人们在门上、墙上或窗户上贴一个红纸写的"福"字。可以说"有福""享福（xiǎngfú）""祝福""福气""多子多福"。

> 这门上的"福"字怎么是倒着的？ ｜天天有饭吃、有衣服穿就很好了，你不要生在福中不知福啊！ ｜退休以后我就享享福了，什么也不干了。 ｜孩子们都

练习答案： （1）A 　　（2）B 　　（3）B

长大了，你不用管他们了，儿孙自有儿孙福，有什么事情让他们自己决定吧。

"幸福"使用较自由，作主语、宾语，可以带定语。可以说"幸福感""幸福观"。

幸福是人们对生活的感觉。｜不同的人对幸福有不同的理解。｜在中国人家里过春节，特别能感受到家庭生活的幸福。｜不同的时代，人们的幸福观可能不同。

（3）"幸福"常是形容词，形容对生活很满意。可以说"很／非常／特别／多么幸福""幸福时刻""幸福的日子""幸福家庭／人家""生活幸福"。

生病的时候才感觉到，身体健康是多么幸福啊！｜政府希望人民群众都能过上幸福的日子。｜祝您身体健康，生活幸福！｜你幸福吗？

〖 练习 Exercises 〗

填空： A. 福 B. 幸福

（1）很多老人还有着多子多_____的思想。

（2）他多么希望让家人过上_____的生活啊！

（3）过年的时候，人们见面的时候总要说些祝_____的话。

（4）那段时间一个人在国外，不能感受家庭的_____，但跟朋友们在一起，也很快乐。

练习答案： （1）A （2）B （3）A （4）B

G

129 改 gǎi ②　　改变 gǎibiàn ②

〖相似 Similarities〗

动词。使人或事物跟原来不同。

过去的毛病他都改了。‖ 要想改变生活环境，我们就必须努力工作。

〖区别 Distinctions〗

（1）"改"多用于口语，"改变"通用于口语和书面语。

（2）"改"可以和一些单音节词一起用。可以说"改名""改写""改编""改建""改正""改造""改用""改做""改成""改为""修改""涂改"。

这家公司已经改名了。| 他把小说改写成剧本了。| 过去人们写文章用纸、笔，现在很多人改用电脑了。| 他们把办公室改成了教室。

"改变"可以和一些双音节词语一起用。可以说"改变形状／面貌／路线／环境／想法／观点／观念／立场／思想／局面／性质／态度／方式／关系／命运""彻底／完全改变""很大／重大改变"。

三年后，他们改变了村子的落后面貌。| 他们的汽车改变了行车路线。| 我们的意见没有改变。| 目前的这种局面很难改变。| 一个人要完全改变自己的性格是很难的。

（3）"改"还可以表示老师批看学生的作业、练习、考试卷等，或使文章等变得更好。可以说"改作业／作文／文章""改完""改过来"。

王老师在改作文。| 这篇文章得好好改改。| 昨天的作业还没改完。| 我只改了几个字。| 这篇文章我已经改过两遍了，可老师让我再改改。

〖练习 Exercises〗

填空：　A.改　　B.改变

（1）原来这儿是一家工厂，现在_____做超市了。

（2）她对顾客不够热情，经理要求她_____服务态度。

（3）你写完以后再好好看看，把写错的地方_____过来。

130 干净 gānjìng ①　　卫生 wèishēng ②

〖相似 Similarities〗

形容词。不脏。

　　房间里打扫了一下，现在干净多了。‖ 这个饭店不大，饭菜也做得很卫生。

〖区别 Distinctions〗

（1）"干净"可以表示环境、用的东西等不脏。可以作谓语、定语、补语。可以说"干净房间""干净衣服／被子""干净桌子／椅子""干净茶杯""洗／刷／擦干净""打扫／收拾干净""干干净净"。

　　家里的桌椅都很干净。| 楼上有一间干净房间，你先在这儿住两天吧。| 我回到家里，满头是汗，妈妈让我快去洗个澡，换上干净衣服。| 妈妈把家里打扫得干干净净。

　　"卫生"常表示不脏的，而且能防止疾病的或对健康有好处的。可以作谓语、定语，一般不作补语。可以说"卫生设备／设施""卫生条件""卫生习惯""卫生知识／常识"。

　　吃饭前洗洗手，比较卫生。| 长期生活在卫生条件差的地方，人很容易生病。| 孩子们从小就要养成良好的卫生习惯。

（2）"干净"还可以表示言语、行为、事物等文明，符合道德或法律。

　　跟人说话要干净，不能骂人。| 这人手脚不干净，偷人家东西，被警察抓起

练习答案：（1）A　　（2）B　　（3）A

来了。| 他把打工挣的钱交给妈妈，说："这些钱都是<u>干净</u>的，是我打工挣的。"

（3）"干净"还可以表示不拖拉，或不剩下、没剩下什么东西。

他说话做事都很<u>干净</u>，从来不拖拖拉拉的。| 把碗里的饭吃<u>干净</u>，别剩下。| 我们把桌上的菜吃得<u>干干净净</u>。

（4）"卫生"还可以是名词，表示卫生情况。可以说"讲／搞卫生""打扫卫生""公共卫生"。

女孩子更要养成讲<u>卫生</u>的习惯。| 住在这儿的学生要自己打扫房间和楼道的<u>卫生</u>。| 人人都要注意保持公共<u>卫生</u>。

"卫生间"指厕所。

（5）在"打扫干净"里，"干净"是补语，表示打扫的结果。

房间已经打扫<u>干净</u>了。

在"打扫卫生"里，"卫生"是宾语，表示打扫的目的。

周末我要在家里打扫<u>卫生</u>。

〖 练习 Exercises 〗

填空： A.干净   B.卫生

（1）妈妈把我的房间打扫得很_____。

（2）饭前要洗手，这是基本的_____常识。

（3）星期六我在家里打扫_____，哪儿也没去。

（4）这孩子，早上才换上的_____衣服，没到半天，又这么脏了。

131 赶 gǎn ③   追 zhuī ②

〖 相似 Similarities 〗

动词。加快速度跟上。可以说"追赶""你追我赶"。

练习答案：（1）A （2）B （3）B （4）A

咱们快点儿，后边的人已经赶上来了。‖ 警察很快就追上那个小偷了。‖ 我们的技术虽然有了一点儿进步，但还要继续追赶世界先进水平。‖ 大家的热情都很高，工作起来，你追我赶，谁也不肯落后。

〖 **区别 Distinctions** 〗

（1）"赶"可以表示在动物的后边使它们往某个方向走。可以说"赶牛 / 羊 / 鸡 / 鸭 / 鹅""赶马车""赶牲口""赶蚊子"。

　　他要把这些羊赶到山坡上去吃草。 | 房间里的蚊子要是不赶出去，晚上就不能睡觉。

　　"赶"的对象也可以是坏人（如敌人、强盗、侵略者）。

　　国王号召人们拿起武器，把敌人赶出城去。 | 那伙强盗（qiángdào）被他们赶跑了。

　　"追"可以表示为了抓住或跟上，在后边跑。

　　猎人的狗很快就追上了那只受伤的野兔。 | 他发现后边有人追上来了，所以跑得更快了。 | 汽车已经开走了，咱们追不上了。

（2）"赶"还可以表示为了不耽误某事，抓紧时间。可以说"赶时间""赶汽车 / 火车 / 飞机""赶任务""赶路""赶写（报告、文章）""赶到"。

　　我现在要赶火车去南京，不能跟你多谈了，回来以后再说吧。 | 时间不早了，你抓紧赶路吧。 | 他赶了三天，终于把一篇报告赶出来了。

（3）"赶"还可以表示遇到某种情况。可以说"赶上…"。

　　这种好机会不是每个人都能赶上的。 | 我去他家的时候，正赶上他家在吃晚饭。

（4）"追"可以表示找到某人，取回某人不该拿走的东西。

　　无论如何你也要找到他，把他拿错的行李追回来。

（5）"追"还可以表示想得到某人的爱。

　　小李曾经追过小王，但没追上。 | 人家不喜欢你，你追也没用。

〖 练习 Exercises 〗

填空： A.赶 B.追

（1）老田 _____ 了十几年马车，最近开始学开汽车了。

（2）这段时间我们要 _____ 任务，周末也很少有时间休息了。

（3）他把很多时间都用来 _____ 女朋友了，根本没好好学习。

（4）那份文件他不能拿走，你一定要找到他，把文件 _____ 回来。

132 赶紧 gǎnjǐn ② 赶快 gǎnkuài ② 加快 jiākuài ③

〖 相似 Similarities 〗

表示快点儿行动。

看到客人们来了，他赶紧迎上去，说："欢迎！欢迎！"‖ 不早了，你们赶快去吧，不然商店要关门了。‖ 农村经济发展了，教育也要加快发展。

〖 区别 Distinctions 〗

（1）"赶紧"多用于口语，"赶快""加快"通用于口语和书面语。

（2）"赶紧"和"赶快"是副词。

"赶紧"多表示抓紧时间行动，不等不停，不拖拉。

电话铃响了，他赶紧过去接电话。｜看到一位老太太上车了，她赶紧让座。｜他有心脏病，要赶紧上医院。｜见老人要倒了，小刘赶紧上去扶住了他。

"赶快"多表示抓紧时间，尽快行动。有时候独立使用，表示要求别人快一点儿行动。

我们得赶快把这些事干完。｜你赶快走吧，不然就赶不上车了。｜要散会了，大家有什么要求，赶快提出来吧。｜导游在叫他："赶快！赶快！车快开了，大家都在等着你呢！"｜赶快，电影快要开演了。

练习答案：（1）A （2）A （3）B （4）B

（3）"加快"是动词，表示使行动或变化比原来快。可以说"加快速度""加快脚步 /
步子""大大加快""无法加快""心跳 / 呼吸加快""加快一点儿 / 一些"。

> 大多数学生希望按照现在的速度上课，不希望马上加快速度。 | 开会的时间
> 快到了，他加快脚步，往会议室走去。 | 二十世纪八十年代以来，中国大大
> 加快了经济发展的速度。 | 人一紧张，心跳就会加快一些。

〖练习 Exercises〗

填空：　A.赶紧　　B.赶快　　C.加快
（1）我们要是不＿＿＿＿走，恐怕就来不及了。
（2）下雪以后，路上结冰，汽车的速度无法＿＿＿＿。
（3）他对着电话喊："＿＿＿＿！你再不过来我们就不等你了。"
（4）如果大家都懂了，我们就＿＿＿＿一点儿，到学期结束时学完这本书。

133 感到 gǎndào ②　　　觉得 juéde ①

〖相似 Similarities〗

动词。对人或事物感觉或认识。

> 回到家，我感到很温暖。‖ 他觉得这本书太难了。
> 我感到这件事并不那么简单。‖ 我觉得那样做不对。

〖区别 Distinctions〗

（1）"感到"多表示客观情况或条件使身体或心理产生某种感觉。

> 以前过春节的时候，能穿上一件新衣服，我们就感到很幸福了。 | 刚才你没
> 感到震动吗？ | 这件事使我们感到非常震惊。 | 他没感到自己有什么错儿。 |
> 她好像不太高兴，你感到了吗？

> "觉得"多表示对事物的看法或观点。多用于思想意识方面。

练习答案：（1）A/B　　（2）C　　（3）B　　（4）C

我<u>觉得</u>这东西太贵了。｜他玩儿了一天，可是一点儿也不<u>觉得</u>累。｜我<u>觉得</u>他不可能这么早就干完了。｜我<u>觉得</u>我们还是早点儿出发好。

（2）"感到"前面可以用"深深""应该""可以"等。

通过几年的学习，我深深<u>感到</u>，只有努力才能不断进步。｜你父母对你这么关心，你应该<u>感到</u>满足了。

（3）"你觉得呢？""你不觉得吗？"可以用于问别人的意见。

这天好像要下雨，<u>你觉得呢</u>？｜这个房间有点儿小，<u>你不觉得吗</u>？

〖 练习 Exercises 〗

填空： A.感到　　B.觉得

（1）看这天气，我＿＿＿今天不会下雨。

（2）你应该＿＿＿父母一直是关心、爱护你的。

（3）这可是件大事，我＿＿＿你应该先跟大家商量一下。

134 感觉 gǎnjué ②　　感受 gǎnshòu ③

〖 相似 Similarities 〗

（1）名词。对人或事物的印象、认识。

每次回到家乡，心里都有一种特别亲切的<u>感觉</u>。‖ 这次参观以后，我们都有很多<u>感受</u>。

（2）动词。对人或事物有某种印象、认识。

我<u>感觉</u>这件衣服太厚了。‖ 从大家的来信中，我<u>感受</u>到了朋友们对我的关心。

〖 区别 Distinctions 〗

（1）"感觉"一般表示通过眼睛、耳朵、手、脚、身体等接触人或事物，头脑得到某种印象、认识。可以说"感觉出""自我感觉""感觉器官""第一感觉"。

练习答案：（1）B　（2）A　（3）B

汽车在马路上行驶，我们在屋里都感觉到了震动。｜他早就感觉出了这件事的难度。｜他的自我感觉一直很好。｜眼睛和耳朵是两个重要的感觉器官。｜诚实可信是我对他的第一感觉。

（2）"感受"主要指心理上受到的某人或事物的影响。可以说"感受很深／最深""很有感受""感受感受"。

你第一次去国外有什么感受？｜对于这儿的生活，不同的人有不同的感受。｜这次我们去农村生活了一个多月，感受很深。｜这次我们去杭州，可以好好感受感受西湖的迷人风光。

（3）"感受"带宾语时，常说"感受过…""感受到…"。

他从小就生活在城市里，从来没感受过山村生活的自然、清新。｜在他家里，我们感受到了他母亲的热情与好客（hàokè）。

〖 练习 Exercises 〗

填空： A.感觉 B.感受
（1）听了老科学家的报告，我们_____很深。
（2）上了一天的班，晚上回家_____有点儿累。
（3）我一点儿也没_____出今天跟平时有什么不同。
（4）听了他讲的在国外学习的经历，我们深深_____到了他的辛苦。

135 感谢 gǎnxiè ②　　谢谢 xièxie ①

〖 相似 Similarities 〗

动词。因为得到别人的关心、帮助、礼物等，用语言或行动谢别人。

我在这里生活很好，非常感谢大家的关心。‖ 这次你帮了我们大忙，太谢谢你了！

练习答案：（1）B （2）A （3）A （4）B

〖 区别 Distinctions 〗

（1）"感谢"通用于口语和书面语，"谢谢"多用于口语。

（2）用"感谢"可以说"很／非常／十分／特别感谢""表示感谢""感谢的心情""感谢之情""感谢一下""感谢了…""感谢过…"。

> 您给我们的帮助，我们十分感谢！ ｜ 我们灾区群众对全国人民的支持表示衷心（zhōngxīn）感谢。 ｜ 在这里，我还想感谢一下办公室的李老师，她帮我解决了生活上的很多困难。 ｜ 她上台领奖时，感谢了很多人。

> "谢谢"常单独使用，作为对别人好意的语言、行动的应答。

> 我的发言完了，谢谢！ ｜ "这是您要的咖啡。""谢谢！" ｜ "你来得真巧，我们刚要吃晚饭，一起吃点儿吧。""不用了，谢谢！我吃过晚饭了。" ｜ 这个星期六我想请大家吃饭，谢谢大家这次帮了我这么大的忙。

〖 练习 Exercises 〗

填空：　A.感谢　　B.谢谢

（1）千言万语表达不了对您的＿＿＿＿＿之情。

（2）您对我们的关心和帮助，我们非常＿＿＿＿＿＿。

（3）"你忙了半天了，来休息一会儿吧。""＿＿＿＿＿＿！我不累。"

136 干 gàn ①　　搞 gǎo ③

〖 相似 Similarities 〗

动词。做某事。多用于口语。

> 这个工作我们都会干。 ｜ 这几天他干得不错。 ｜ 技术性的工作他干不了。 ‖ 他在工厂里搞过工会的工作。 ｜ 他们把业余生活搞得很不错。 ｜ 我们要把粮食产量搞上去。

练习答案：　（1）A　　（2）A　　（3）B

〖区别 Distinctions〗

（1）"干"多表示出体力做事，也表示做一般的工作。可以说"干活儿""干体力活儿""苦干"。

这些事，我们什么时候才能干完？ | 他在地里干了一天活儿，晚上觉得累得不行。 | 那些重活儿他干不来。 | 老王在工作上埋头（máitóu）苦干的精神，值得我们学习。

"搞"多表示用一定的方法做事。"搞某种活动或工作"常比"干某事"更需要用脑力。可以说"搞科学／技术／文学／数学／理论／发明／计划／创作／教学／设计／研究／编辑／翻译""搞计算机"。

搞文学的人和搞数学的人思考问题的方式不太一样。 | 大家都好好想想，这项工作该怎么搞？ | 为了写好这份报告，我昨天晚上搞得很晚才搞好。

（2）"干"还可以表示担任某种职务或从事某种职业。

他干过两年县长。 | 他俩都想干办公室主任。 | 他觉得干木工太累了。

（3）"搞"还可以表示举办、处理、得到、转移等。

我们学校每年秋天都要搞一次运动会。（举办） | 他和别人的关系总是搞不好。（处理）| 我只搞到了两张电影票。（得到）| 他们想马上把这些货搞出去。（转移）

〖练习 Exercises〗

填空： A. 干　　B. 搞

（1）下班以后，他还要_____一些家务活儿。
（2）我_____了个初步计划，你看看行不行。
（3）_____创作、_____科学研究都是脑力劳动。
（4）你在工作上光知道苦_____是不行的，还要讲究方法。

137 干活儿 gàn huór ②　　工作 gōngzuò ①　　劳动 láodòng ②

〖相似 Similarities〗

动词。从事脑力或体力方面的活动。

练习答案：　（1）A　　（2）B　　（3）B，B　　（4）A

在农村的那些年，我们天天在一起干活儿。‖我在这儿已经工作二十年了。‖他年青时去农村劳动过。

〖 **区别 Distinctions** 〗

（1）"干活儿"多用于口语，"工作""劳动"通用于口语和书面语。

（2）"干活儿"和"劳动"常表示做体力活儿。

"干活儿"中间可以分开。可以说"干重活儿""干农活儿""干半天活儿""干体力活儿""什么活儿都干过""干干活儿"。

他们吃完饭就到田里干活儿了。｜在这个村里，男人干重活儿，女人做家务。｜他刚干了半天活儿就说累死了。｜他虽然生长在农村，可是什么活儿都没干过。

用"劳动"可以说"体力劳动""田间劳动""义务劳动""劳动锻炼""劳动劳动"。

我还记得多年前在农村的劳动场面。｜他很多年没参加田间劳动了。｜今天下午我们要参加义务劳动。｜这些年轻人需要到农村去进行劳动锻炼。

"工作"常表示在工厂、公司、学校、政府等地方上班。可以说"设计工作""教学工作""宣传工作""文艺工作"。

现在的工作条件比以前好多了。｜欢迎你到我们公司来工作。｜她爸爸在大学从事教学和研究工作。｜她在中央电视台已经工作了二十多年。

（3）"干活儿"有时也表示做具体的工作。

这段时间比较忙，连周末都要干活儿。｜新来的几位技术员，干活儿都很认真。｜主任进来看大家都在干活儿，就没说什么。

（4）"工作"还可以表示机器设备在使用。

这种发动机可以连续工作很长时间。｜这台机器在工作的时候会发出很响的声音。

（5）"劳动"还可以表示各种创造物质或精神财富的活动（多是不具体的）。可以说"脑力劳动""劳动成果""劳动人民""劳动模范""劳动节"。

作家从事的是脑力劳动，搬运工人从事的是体力劳动。｜不劳动就不会有收获。｜他们的辛勤劳动取得了重大的成果。｜李师傅是全国劳动模范。｜五月一日是国际劳动节。

（6）"工作"还可以是名词，表示职业、任务。可以说"找工作"。

　　她一直没找到工作。（职业）｜我们的工作还没做完。（任务）｜他不想接受这项工作。（任务）

〖 练习 Exercises 〗

填空：A.干活儿　　B.工作　　C.劳动
（1）我的腰一_____就会疼。
（2）这幅画是画家一个月的_____成果。
（3）要是没有电，工厂里的机器就不能_____。
（4）上中学的时候，我们经常参加义务_____。
（5）她大学毕业了，目前还没找到合适的_____。

138 干吗 gànmá ②　　为什么 wèi shénme ①

〖 相似 Similarities 〗

问原因。

　　你干吗这么客气？　‖　他为什么没来？

〖 区别 Distinctions 〗

（1）"干吗"用于口语，"为什么"通用于口语和书面语。
（2）"干吗"常用来问做某事或不做某事的原因。可以用在动词性词语前边或句子后边，一般不用在主语前边。

　　你干吗买这么多面包？｜你不明白，干吗不问老师呢？｜你知道在哪儿，干吗不早说？｜这么多人都挤在这儿干吗？都回去吧！

　　"为什么"可以问做某事或不做某事的原因，也可以问某种情况、现象、性质、判断、道理等的原因。可以用在主语前边、谓语前边或句子后边。

　　为什么我们做一样的工作，公司给的工资却不一样？｜昨天你为什么没

　　练习答案：（1）A　（2）C　（3）B　（4）C　（5）B

来？｜为什么今年冬天这么冷？｜人家帮了你这么大的忙，你一声"谢谢"也不说，为什么？

（3）"干吗"有时相当于"做什么""干什么"。

你想干吗？（≈你想干什么？）｜他能干吗？（≈他能干什么？）

〖 练习 Exercises 〗

填空： A.干吗 　　 B.为什么

（1）昨天下午你在_____？

（2）_____这班飞机不能准时起飞？

（3）他告诉我这样说不对，可我不知道_____。

139 刚才 gāngcái ①　　　刚刚 gānggāng ①

〖 相似 Similarities 〗

很短的时间以前。

我刚才遇见老李了。‖ 他刚刚来过一个电话。
刚才很暗，现在亮一点儿了。‖ 她的心情刚刚好了一点儿。

〖 区别 Distinctions 〗

（1）"刚才"是名词，指说话前不久的时间。可以做主语、宾语、定语，还可以用在主语前边。

刚才是十一点，不是十二点。｜现在比刚才清楚一点儿了。｜刚才的事儿大家不要忘了。｜刚才那个高个子老师姓马。｜刚才你去哪儿了？

"刚刚"是副词，可以表示正好或接近某种情况。只作状语。"刚刚…就／又…"表示两件事紧接着发生。

十个苹果十个人，一人拿一个刚刚好。｜我刚刚下班你就打电话来了。｜他

练习答案： （1）A 　 （2）B 　 （3）B

刚刚回来又被老王叫去下棋了。

（2）"刚才"可以用在"不""没"的前边。

"你刚才不是听见了吗？怎么还要问？""我刚才没听明白他的意思。"

〖 练习 Exercises 〗

填空： A.刚才　　B.刚刚

（1）现在比＿＿＿＿暖和多了。

（2）这菜不咸不淡，＿＿＿＿好。

（3）这件事，我＿＿＿＿没敢告诉他。

（4）＿＿＿＿我给他打电话了，可他不在。

（5）他的声音很低，我们坐在中间＿＿＿＿能听见，坐在后边就听不见了。

140 高速 gāosù ③　　快速 kuàisù ③

〖 相似 Similarities 〗

形容词。速度快。可以说"高速/快速发展""高速/快速行驶"。

过去的二三十年是中国经济的高速发展时期。‖ 近十多年来，中国的铁路建设也进入了快速发展时期。

〖 区别 Distinctions 〗

（1）"高速"多表示运动速度非常快。比"快速"更快。可以说"高速公路/铁路""高速列车""高速运转（yùnzhuǎn）/转动（zhuàndòng）"。

上海到杭州、南京等地都有高速公路。| 北京到上海的高速铁路已经通车了。| 汽车在高速路上行驶，车轮高速转动着。

"快速"常形容行动或运动的速度快。可以说"快速前进/推进/上升/提高/提升/进入/退出/赶到/追赶/跳动"。

练习答案：（1）A　　（2）B　　（3）A　　（4）A　　（5）B

她把买回来的菜快速洗好、切好，很快就做好了三个菜。｜车子就要来了，我们要快速做好一切准备。｜他带着球快速前进，很快就到了对方半场。｜只有多练习，才能快速提高口语水平。

（2）通往机场的高速公路，习惯上称为"机场高速"。

市区车多，开不快，上了机场高速以后就快了。

〖 练习 Exercises 〗

填空： A.高速　　B.快速

（1）这条＿＿＿＿公路是二十年前修建的。

（2）这几天突然热了，气温＿＿＿＿上升。

（3）你把要用的文件放在电脑桌面上，这样一打开电脑就能＿＿＿＿进入。

141 高兴 gāoxìng ①　　开心 kāixīn ②　　快乐 kuàilè ②

〖 相似 Similarities 〗

形容词。对人或事物满意，心情好。

这次来中国，我们都很高兴。‖ 老朋友到一起，大家都很开心。‖ 晚会上，大家都感到很快乐。

〖 区别 Distinctions 〗

（1）"高兴"通用于口语和书面语，"开心"多用于口语，"快乐"多用于书面语。

（2）"高兴"的样子常表现在人们的话语或行为上。"高兴劲儿"表示很高兴时动作、表情、语言的样子。可以说"高兴得跳起来 / 唱起来""高高兴兴"。

认识你，我很高兴。｜他高兴地接受了我们的邀请。｜我们都玩儿得很高兴。｜她高兴得跳了起来。｜孩子们高高兴兴地去玩儿了。｜看他那高兴劲儿，大家都笑了。

练习答案：（1）A　　（2）B　　（3）B

"开心"常表示心里感到很满意，心情很好。"开心果"常指代让人开心的人。可以说"开心事""穷开心""开开心心"。

有什么开心事啊，你们笑得这么开心？ | 大家都在忙，你也去都忙吧，不要在这里穷开心了。 | 每天能开开心心地过日子多好啊！ | 只要有她在，大家就不停地说笑，她就是大家的开心果。

"快乐"常表示某时间、某事物让人心情好。可以说"快乐时光""快乐的日子""快乐的乐曲／歌声""祝生日／节日／新年／生活快乐""快快乐乐"。

他的心情从来没有像现在这么快乐过。 | 我永远不会忘记童年的快乐时光。 | 屋里充满了快乐的笑声。 | 晚会在快乐的乐曲声中结束了。 | 祝你生日快乐！ | 看着孩子们快快乐乐地唱啊、跳啊，她也感到很快乐。

（3）"高兴"和"开心"还可以是动词。

"高兴"作为动词，可以带宾语。可以说"高兴高兴"。

谁高兴去，谁就去，反正我不去。 | 她不高兴在家里做饭，我们去外边吃吧。 | 你快把好消息跟大家说说，让大家都高兴高兴。

"开心"作为动词，可以说"开心开心""开开心"。

你把那好消息跟大家说说吧，让大家也开心开心。 | 看场电影就是为了开开心，你不用那么激动吧！

（4）"开心"还可以表示为了自己开心而跟别人开玩笑。可以说"寻开心""拿…开心"。

我正忙着呢，你不要在我这儿寻开心，好不好？ | "听说你要买房子了？""你别拿我开心了。我的工资刚够一家人吃饭，哪有钱买房子啊？"

〖 练习 Exercises 〗

填空： A.高兴　　B.开心　　C.快乐

（1）她＿＿＿＿得说不出话来了。

（2）她这两天心情不太好，你不要拿她＿＿＿＿了。

（3）她＿＿＿＿怎么玩儿就让她怎么玩儿，你别管她。

（4）一遇到什么＿＿＿＿事儿，她总喜欢跟好朋友说说。

（5）节日期间，广播里、电视里常播放一些_____的乐曲。

142 告诉 gàosu ②　　通知 tōngzhī ②

〖相似 Similarities〗

动词。让别人知道某事。

> 你告诉她明天早点儿来。‖ 我已经通知他明天下午要开会了。

〖区别 Distinctions〗

（1）"告诉"多用于口语，"通知"多用于书面语和正式场合。

（2）"告诉别人的事"可以是已经发生的，也可以是还没发生的。

> 他告诉我今天没上课。（已经发生）| 我告诉他下个星期就要考试了。（还没发生）

"通知别人的事"一般是还没发生的，或要别人做某事。可以说"通知书""通知单"。

> 主任通知我们明天放假一天。 | 办公室通知各位老师从下星期一开始正式上课。 | 我已经收到录取通知书了。

（3）"告诉"带的两个宾语都可以是名词性的（前一个是指人的，后一个是指事物的），后一个宾语有时也可以是动词性词语或小句。

> 我要告诉你一个好消息。 | 他忘了告诉我们开会的地点。 | 他打电话来是要告诉你那本书的名字。 | 你告诉他快点儿来。（动词短语） | 我已经告诉他我明天不来了。（小句）

"通知"带的两个宾语，前一个常是指人的名词性词语，后一个常是动词性词语或小句。

> 物业公司通知居民下午四点到五点停水。（动词短语） | 上级通知我们代表团

练习答案：　（1）A　　（2）B　　（3）A　　（4）A/B　　（5）C

马上就到。（小句）

（4）"通知"后边可以带"到""起来""下去"。

这件事要通知到所有单位。 | 这些单位都很分散，通知起来很不方便。 | 我们要把这件事赶快通知下去。

（5）下边句中"通知"是名词。可以说"一张/份通知""入学通知""会议通知""出/贴通知"。

墙上贴了一张通知。 | 这份会议通知是办公室送来的。

〖 练习 Exercises 〗

填空： A.告诉　　 B.通知
（1）会议_____已经发出去了。
（2）你赶快把这个情况_____到各个班级。
（3）我把我的想法都_____了她，可她好像不感兴趣。

143 个性 gèxìng ③　　　性格 xìnggé ③

〖 相似 Similarities 〗

名词。人平常的心理特点。

他们几个人的个性各不相同。‖ 她性格很好，好像从来不生气。

〖 区别 Distinctions 〗

（1）"个性"多用于书面语，"性格"通用于口语和书面语。
（2）"个性"常表示一个人与其他人不同的心理特点。可以说"有个性""人物个性""独特个性""培养个性""个性突出/鲜明"。

小说《红楼梦》里的人物都很有个性。 | 我们应该让人的个性得到健康发展。 | 学校应该重视培养学生的个性。 | 在《三国演义》里，张飞的个性十

练习答案：　（1）B　　（2）B　　（3）A

分鲜明。

"性格"可以表示人比较稳定的心理特点。可以说"性格温和／活泼（huó-pō）""性格内向／外向"。

> 他性格温和，做什么事情好像从来不着急。 ｜ 她的性格很适合当老师。 ｜ 他们兄弟俩的性格差别很大，一个内向，一个外向。

（3）"个性"还可以表示事物特有的性质。与"共性"相对。可以说"个性化"。

> 事物之间有共性，也有个性。 ｜ 他的房间布置得很有个性。 ｜ 现在人们的度假方式越来越多样化和个性化。

【 练习 Exercises 】

填空： A.个性 　 B.性格
（1）这孩子_____活泼，大家都很喜欢他。
（2）很多电脑公司都能向客户提供_____化服务。
（3）那些有_____的发型、服装往往会受到年轻人的欢迎。

144 各 gè ②　　每 měi ②

【 相似 Similarities 】

代词。指全体中所有的个体。可以说"各／每人""各／每家""各／每班"。

> 到了宾馆，我们各人拿着自己的行李下了车。‖大家每人可以从箱子里拿一瓶水。

【 区别 Distinctions 】

（1）"各"指全体中一个一个的个体。对着一些人发言时，常用"各位…"（如"各位领导／老师／来宾／同学"）来称呼。

> 请大家各人拿各人的东西，不要拿错了。 ｜各位同学，你们好，欢迎你们来我们学校学习！

练习答案： （1）B 　 （2）A 　 （3）A

"每"指全体中的任何一个。常用"每⋯都⋯"。

面包不多，我们每人只能吃一个。 | 我们希望每一位同学都能通过这次考试。

（2）"各"可以用在许多名词的前边。

各国 | 各地 | 各省 | 各市 | 各厂 | 各车间 | 各单位 | 各乡村 | 各商店 | 各医院 | 各民族 | 各银行 | 各办公室

"每"只能用在较少的名词前边。

每人 | 每家 | 每村 | 每班

（3）"各"可以作状语，表示分别进行活动或属于某种状况。

两场比赛，双方各胜了一场。 | 他们俩的话各有各的道理。

"每"也可以作状语，表示同样的行为、状况再次发生。可以说"每每⋯"。

我每去一次长城，都有新的感受。 | 他们每到周末就去那儿唱歌、跳舞。 | 老板见了孔乙己，也每每开他的玩笑，引人发笑。

（4）"每"可以用在数量词语前边。

每（一）个人 | 每（一）个月 | 每三个星期 | 每四个小时 | 每六个同学 | 每八张桌子 | 每一步骤 | 每一事物 | 每十个人分为一组。

（5）"每"还可以用在一些表示时间单位的词前边。

每年 | 每月 | 每星期 | 每天 | 每小时 | 每分钟 | 每时每刻

（6）"每"可以用在"次""趟""回""遍""顿"等量词的前边。

我每次去操场都看到一些人在打球。 | 每回看到她，他都很开心。

〖练习 Exercises〗

填空： A.各　　B.每
（1）这种药_____过四个小时要吃一片。
（2）一共1000块钱，他们俩_____得500块。
（3）他_____天吃晚饭时都要喝一点儿葡萄酒。

（4）这个学校本地同学和外地同学＿＿＿＿＿＿占一半。

145 给 gěi ①　　　为 wèi ②

〖 相似 Similarities 〗

介词。引出动作行为的对象。

他们给国外来的代表当翻译。‖ 他为不少世界名人拍过照。

〖 区别 Distinctions 〗

（1）"给"作为介词，还可以引出事物或行为动作的接受者。可以用在一些动词（多是单音节的）后边。

她给妈妈打了个电话。| 他给孩子买了件玩具。| 他太累了，给他多休息一会儿。| 他把房子卖给一个姓王的人了。| 8 号队员把球传给了 10 号。

"给"还可以引出行为动作的受影响者、受害者。

我们给您添了不少麻烦，真对不起。| 你这样做是给我们出难题。

（2）"为"作为介词，后边的名词性词语可以是指人的，也可以是指事物的。可以说"为…服务"。

我们在商店工作，为顾客服务是我们的义务。| 他虽然年老了，但还要为孩子操心。| 王校长为李教授的书写了书名。

"为"还可以引出原因、目的，可以说"为…而…"。用来引出目的时，也可以说"为了"。

大家都为他取得的好成绩而感到高兴。| 他为有这样一个能干的儿子而感到骄傲。| 为 / 为了学好汉语，他常和中国朋友练习口语。

（3）下边句中的"给"是动词。

妈妈给他的钱不太多。| 我想买双运动鞋给孩子。

练习答案：（1）B　（2）A　（3）B　（4）A

（4）"给"还可以是助词，可以说"把…给+动词性词语""被／让／叫…给+动词性词语"。

我的自行车坏了，麻烦您<u>给</u>修修吧。｜她把饭菜都<u>给</u>端上来了。｜桌子上的纸让风<u>给</u>刮跑了。

〖 练习 Exercises 〗

填空：　A.给　　B.为

（1）孩子把杯子_____打破了一个。

（2）我一到北京，马上就_____你打电话。

（3）_____这么一点儿小事生气，真不值得。

（4）学校的各个部门都应_____教学工作服务。

146 根本 gēnběn ③ 、　基本 jīběn ③　　基础 jīchǔ ②

〖 相似 Similarities 〗

最重要的、必需的。

土地是农业的<u>根本</u>。‖上中学时，我们学过一些<u>基本</u>的数学知识。‖我们上学期学了汉语的<u>基础</u>语法。

〖 区别 Distinctions 〗

（1）"根本"和"基本"可以是形容词。

"根本"可以表示最重要的、起决定作用的。可以说"根本原因／办法／方法／条件／区别／性质／态度／规律／问题／矛盾"。

他们这次比赛失败的<u>根本</u>原因是队员的技术太差。｜这样做不是解决问题的<u>根本</u>办法。｜人和动物的<u>根本</u>区别是什么？｜宪法（xiànfǎ）是国家的<u>根本</u>大法。

"基本"可以表示必要的、不可缺少的。可以说"基本内容／原则／条件／知识／规律／观点／能力／材料／教材／词语""基本要求""基本工资"。

练习答案：　（1）A　　（2）A　　（3）B　　（4）B

请你把这篇文章的基本内容介绍一下。 | 他已经具备了担任这项工作的基本条件。 | 我同意他的基本观点。 | 这本书是我们的基本教材。 | 他刚刚上班，基本工资并不高。

（2）"根本"和"基础"可以是名词。

"根本"可以指某事物中可决定某事物的最重要的部分。可以说"从根本上"。

大力发展教育是国家发展的根本之一。 | 只有抓住问题的根本，才能很好地解决问题。 | 这些年来，我们已经从根本上解决了公司的管理问题。

"基础"作为名词，原来指建筑物的底部，现在多指事物发展的根基或起点。可以说"打基础""基础设施／科学／教育／阶段""物质／经济／工业基础""文化／汉语基础""基础扎实／牢固""基础好／差""在…的基础上"。

高楼的基础必须牢固。 | 这几年的努力为今后的发展打下了很好的基础。 | 小学和中学都属于基础教育。 | 没有一定的文化基础怎么能当作家呢？ | 我们希望今年的产量在去年的基础上有所提高。

（3）"根本"还可以是副词，表示完全、彻底。

这两个人的性格根本不同。 | 有些问题还没有得到根本解决。

（4）"根本"还可以表示始终、从来（后边常用否定形式）。

我们根本就没同意他那样做。（始终） | 我以前根本没见过这个人。（从来）

（5）"基本"还可以表示大部分、差不多。作状语。可以说"基本解决／掌握／了解／同意""基本相同／正确""基本上"。

经过几年的努力，他基本掌握了汉语。 | 那些技术难题已经基本解决了。 | 这篇文章的观点基本正确。 | 我基本上同意他的意见。

〖 练习 Exercises 〗

填空： A. 根本　　B. 基本　　C. 基础
（1）水和土地是发展农业的_____。
（2）大家都认为他的意见_____上是对的。
（3）第三十课_____学完了，后边还有一点儿练习没做。
（4）我们公司现在的_____问题不是缺钱，而是缺人才。

（5）这个地区以前的工业_____很好，这些年有些落后了。

（6）我们希望在相互了解的_____上，继续发展友好合作关系。

147 跟 gēn ①　　和 hé ①　　与 yǔ ③

〖 相似 Similarities 〗

（1）连词。连接并列的名词性词语。

书跟本子都放在包里了。‖ 上海和北京都是大城市。‖ 每一课都有生词、课文与练习。

（2）介词。引出共同参加动作行为的一方或比较的对象。

他一直跟父母住在一起。‖ 我很想和他谈谈这些问题。‖ 我上次与他讨论过这个问题。

跟去年相比，今年的情况要好一些。‖ 和他们相比，我们还有不小的差距。‖ 这边的条件与那边差不多。

〖 区别 Distinctions 〗

（1）"跟""和"通用于口语和书面语，"与"多用于书面语。

（2）"跟"作为连词，常连接名词性词语。

我跟他是同乡。| 他的屋子里到处都是书跟杂志。

"和"作为连词，可以连接名词性词语（连接三项以上时，常在最后一项前用"和"），有时也可以连接一些双音节的动词或形容词。

来中国以后，我已经去过上海、广州和西安等城市。| 经过深入调查和了解，事情已经搞清楚了。| 听到儿子获奖的消息，老人感到非常高兴和自豪（zìháo）。

"与"作为连词，可以连接名词性词语，也可以连接动词性词语或形容词性词语。

练习答案：（1）A　（2）B　（3）B　（4）A　（5）C　（6）C

参加这次活动的都是一些进步的科学家与艺术家。 | 他来与不来都不重要。 | 这些在他看来都非常有趣与可爱。

（3）"跟"作为介词，可以引出动作的对象。相当于"对""向"。

我跟他说过这件事。（对） | 我想跟你借一本书。（向） | 我跟你打听一个人。（向）

注意，下边句子中，"跟"是动词。

这孩子一直是跟着妈妈的。 | 你慢一点儿，后边的人跟不上了。

〚 练习 Exercises 〛

填空： A.跟　　B.和　　C.与

（1）你看过《战争_____和平》这部小说吗？
（2）北京、天津、上海_____广州都是很大的城市。
（3）我知道办公室在哪儿，你_____我走吧，我带你去。
（4）对不起，我想_____您打听一下：去上海博物馆怎么走？

148 更 gèng ①　　还 hái ①

〚 相似 Similarities 〛

副词。在表示比较的句子中，放在形容词前边，表示程度高。

昨天29℃，今天32℃，今天比昨天更热。‖ 新建的楼比这楼还高。
北京的人口很多，上海的人口更多。‖ 他的力气很大，他弟弟的力气还要大些。

〚 区别 Distinctions 〛

（1）"更"可以用在单独一个形容词前，表示比较。

这里山美，水美，人更美。 | 运动员们追求的目标是：更高、更快、更强。 | 明天会更好。

练习答案：　（1）C　　（2）B　　（3）A　　（4）A

（2）"更＋形容词"可以作定语、状语。

　　我找不到一个<u>更</u>准确的词来表达我的意思。（定语）| 这是一项<u>更</u>难的任务。（定语）| 为了<u>更</u>快地提高自己的汉语水平，他决定到中国来学习。（状语）

　　"比…还＋形容词"可以作定语。

　　这种<u>比黄金还</u>贵的东西，很少有人买得起。（定语）| 这真是<u>比登天还</u>难的事情。（定语）

（3）"更＋不／没…"表示程度高。

　　听了他的解释，我<u>更不</u>明白了。| 中国学生都很难写出这么好的文章，一个外国学生能写出这样的文章就<u>更不</u>容易了。| 李奶奶没坐过火车，<u>更没</u>坐过飞机。

　　"还（是）＋不／没…"表示情况没有变化。

　　听了半天，我<u>还是不</u>明白。| 下个星期他的伤要是<u>还不</u>好，他就不能参加比赛了。| 这本书他看了一个月<u>还没</u>看完。

（4）"更"用在一些动词性词语前边，表示程度高。

　　他的话很让人感动，他的行为<u>更</u>让人感动。| 这回我<u>更</u>要谢谢你了。| 我很喜欢打球，<u>更</u>喜欢游泳。

　　"还"用在动词性词语前，可以表示范围、数量增大。可以说"除了…，还…"。

　　屋里除了桌子、椅子、书架，<u>还</u>有沙发。| 下班后，她要做家务，<u>还</u>要照顾孩子。| 我去过北京、西安，也去过南京、苏州，<u>还</u>去过广州。

（5）"还"可以表示情况没有变化。

　　他没下班，可能<u>还</u>在办公室。| 我听了三遍，<u>还没</u>听懂。| 老先生已经八十多岁了，身体<u>还</u>那么好。

（6）"还"还可以用在形容词或动词性词语前，表示勉强、不太理想。可以说"还可以""还行""还好""还不错"。

　　这次考得<u>还</u>可以。| 她做的菜味道<u>还</u>好。| 他们虽然没有很多钱，但日子<u>还</u>过得去。

〖练习 Exercises〗

填空：　A.更　　B.还

（1）这东西的质量_____可以。

（2）这些客人走了，_____会有新的客人进来。

（3）来到中国以后，我能_____直接地了解中国人的生活了。

（4）在一起的时候他都帮不了你，现在离得这么远，他就_____帮不了你了。

149 更加 gèngjiā ③　　越来越… yuè lái yuè… ②

〖相似 Similarities〗

表示程度增强。

　　我们都希望人类的未来更加美好。‖ 经过调查，事实越来越清楚了。

〖区别 Distinctions〗

（1）"更加"后边一般用双音节形容词。

　　现代科学技术使人们的生活变得比以前更加丰富了。| 这个大导演新拍的这部电影更加好看。| 采用他提出的这种方法会更加麻烦。

　　"越来越…"后边的形容词可以是双音节的，也可以是单音节的。

　　你的口语越来越流利了。| 世界经济和科技发展很快，国际交往也越来越广泛。| 这些年来中国学习的外国留学生越来越多了。| 大城市的房屋价格越来越贵。

（2）"更加"可以用在两个人或两种事物进行比较的句子（包括"比"字句）中。

　　学习知识不容易，而运用知识就更加不容易。| 与上一次相比，这次讨论的内容更加丰富。| 他虽然是外国人，但他比有些中国人更加了解中国历史。

　　"越来越…"一般不用在表示比较的句子里。

　　练习答案：　（1）B　　（2）B　　（3）A　　（4）A

填空：　A.更加　　B.越来越…

（1）这儿离马路很远，夜晚比白天_____安静。

（2）现在每课的生词_____多，课文也_____长。

（3）与过去相比，现在我们对这个问题的认识_____清楚了。

150 工夫 gōngfu ③　　功夫 gōngfu ③

〖相似 Similarities〗

名词。做某事用的时间、精力。可以说"下工夫/功夫"。

我们中午吃饭和休息只有一个小时，没工夫自己做饭。‖他在写汉字方面下了很大功夫。

〖区别 Distinctions〗

（1）"工夫"多表示做某事用的时间，有时也表示做某事花的精力。可以说"一会儿工夫""片刻工夫""两天／一年工夫""没（过）多少工夫""工夫不大""费工夫"。

他很会做菜，一会儿工夫晚饭就做好了。｜我准备用三年工夫来学汉语。｜雨下得很大，不过没过多少工夫就停了。｜她说要去买衣服，可是工夫不大又回来了，原来她忘了带钱包。

"功夫"常表示做某事花的精力，或在某方面的本领、技能。可以说"功夫不负有心人""真功夫""功夫深""功夫过硬"。

功夫不负有心人，你只要继续努力，一定能学好汉语。｜他在书法和绘画方面的功夫很深。｜他很小就开始学习戏剧，剧团团长看他功夫过硬，就收下了他。

（2）"功夫"还常表示中国武术。可以说"中国功夫""一身功夫""会功夫""练功夫""表演功夫""少林功夫"。

这些非洲学生很希望能学习中国功夫。｜他从小就学习武术，到了十几岁的时候已经练成了一身功夫。｜很多外国人喜欢看少林功夫表演。

练习答案：　（1）A　　（2）B，B　　（3）A

〖 练习 Exercises 〗

填空： A.工夫　　B.功夫

（1）为了写这个报告，我花了整整两天 _____ 。

（2）一名好的翻译使用两种语言都要有真 _____ 。

（3）一些外国学生以为每个中国老师都会 _____ 。

151 工资 gōngzī ②　　收入 shōurù ②

〖 相似 Similarities 〗

名词。工作得到的钱。可以说"高工资／收入""低工资／收入"。

他今年大学毕业，刚找到工作，工资还不高。‖ 在这个公司工作，职工的收入比较高。

〖 区别 Distinctions 〗

（1）"工资"常指做某种固定工作的人（如工人、教师、医生、公务员）得到的钱，有时也指做某种临时工作得到的钱。可以说"发／发放工资""拿／领工资""工资标准""工资级别""加一级工资""工资单""工资卡"。

我们公司每月十号发工资。| 他每个月的工资只有1600块。| 老王的工资卡交给了太太，他根本不知道自己每月领多少工资。| 不同地区教师的工资标准不完全一样。| 在城里打工的农民工工资都不是很高。

"收入"可以表示个人、集体或国家做某（些）活动（如工作、劳动、做买卖）得到的钱。与"支出"相对。可以说"经济／财政收入""公司／单位收入""农业／渔业／旅游（业）收入""国民／居民／农民收入""家庭收入"。

这几年，城市居民的经济收入增加了不少。| 农村发展了旅游业以后，农民在农业收入之外，又得到了一些旅游收入。| 国家经济发展了，国民收入也增加了。| 他父母都是老师，家庭收入还可以。

练习答案：（1）A　　（2）B　　（3）B

（2）"收入"还可以是动词，表示收进来或收进去。

这本书里<u>收入</u>了不少很有名的文章。｜这张光盘<u>收入</u>的是她的最新歌曲。

〖练习 Exercises〗

填空：　A.工资　　B.收入

（1）公司决定今年给他加一级_____。

（2）自从儿子找到了工作，老王的家庭_____也增加了。

（3）他每个月只拿2000块钱的_____，怎么能在上海买房子呢?

152 公布 gōngbù ③　　宣布 xuānbù ③

〖相似 Similarities〗

动词。让人们知道。

市政府<u>公布</u>了城市道路建设的五年计划。‖校长在大会上<u>宣布</u>了得奖同学的名单。

〖区别 Distinctions〗

（1）"公布"常表示有关部门或机构正式地用语言、文字等让人们知道。宾语是名词性的。对象多是法规、办法、计划、账目、事实等。可以说"公布出来"。

国家<u>公布</u>了一项新的法律。｜学校向同学们<u>公布</u>了这次考试的报名办法。｜在全体职工大会上，主任向大家<u>公布</u>了下半年的经费使用情况。｜大家正在等待评委会<u>公布</u>比赛的结果。

（2）"宣布"常表示负责某项工作的人用口头的方式来告诉人们。宾语可以是名词性词语，也可以是动词性词语或小句。对象常是规定、纪律、决定、消息等。可以说"大声／高声宣布"。

校长在全校大会上<u>宣布</u>了几条新的纪律。｜总经理今天要<u>宣布</u>关于建设分公司的决定。｜大家都在等着<u>宣布</u>选举的结果。｜他已经<u>宣布</u>不参加这次比赛了。｜新总统向全国人民<u>宣布</u>新政府今天成立。

练习答案：　（1）A　　（2）B　　（3）A

填空：　A.公布　　B.宣布

（1）公司新领导的名单已经在网上＿＿＿＿＿出来了。

（2）市长大声说："我＿＿＿＿＿运动会现在开始！"

（3）他已经决定不参加比赛了，但还没有＿＿＿＿＿。

153 公路 gōnglù ②　　马路 mǎlù ①

〖 相似 Similarities 〗

名词。汽车行驶的路。

从我的家乡到北京新修了一条公路。‖ 从市区到新火车站的马路又宽又直。

〖 区别 Distinctions 〗

（1）"公路"通用于口语和书面语，"马路"多用于口语。

（2）"公路"一般指市区以外的供各种车辆行驶的路。可以说"高速公路""高等级公路""盘山公路""沪宁公路（上海到南京的公路）""公路运输""公路建设""公路网"。

这几年新修了不少高等级公路。 | 在盘山公路上开车要特别小心。 | 要发展农村经济，就必须把公路建设工作搞好。

"马路"一般指市区内外的供各种车辆行驶的路。可以说"大 / 小马路""过马路""乱穿马路""马路市场"。

一些新修的大马路又宽又平，但路边很少看到树。 | 在城里骑自行车，过马路的时候一定要小心。 | 现在行人乱穿马路的现象比以前少多了。

〖 练习 Exercises 〗

填空：　A.公路　　B.马路

（1）骑自行车和摩托车不能上高速＿＿＿＿＿。

练习答案：（1）A　（2）B　（3）B

（2）这张地图很好，许多小_____都能找到。

（3）这儿的商店多，来往车辆也多，过_____时一定要小心。

154 公民 gōngmín ③　　人民 rénmín ②

〖 相似 Similarities 〗

名词。普通的社会成员。可以说"中国公民／人民"。

> 根据法律，年满十八周岁的公民有参加选举的权利。‖ 经过多年的努力，我国人民的生活条件得到了很大的改善。

〖 区别 Distinctions 〗

（1）"公民"指某个国家的人，他具有这个国家的国籍。可以指群体，也可以指个人。可以说"普通公民""合法／守法公民""一个公民""公民权利／义务"。

> 作为中国公民，他必须遵守中国的法律。｜一个外国人要是加入了中国籍，他就成了中国公民了。｜这些犯了严重罪行的人失去了公民的权利。

（2）"人民"指社会的基本成员，包括工人、农民、教师、服务员、商人、学生等。指全体，不能指个人。可以说"全世界人民""亚洲人民""人民群众""人民政府""人民法院""人民警察""人民团体""人民币"。

> 中国人民是热爱和平的。｜我们两国人民之间的友好交往从一千多年前就开始了。｜国家的政策受到了人民群众的欢迎。｜他的一生为人民作出了巨大的贡献。

〖 练习 Exercises 〗

填空：　A.公民　　B.人民

（1）全世界_____都不希望发生战争。

（2）山本虽然在美国工作，但他是日本_____。

练习答案：　（1）A　　（1）B　　（3）B

（3）我们都希望两国 ＿＿＿＿＿ 的友谊继续保持下去。

155 功课 gōngkè ③　　课程 kèchéng ③

〖相似 Similarities〗

名词。学校给学生安排的课。可以和量词"门"配合使用。

她在学校里每门**功课**成绩都很好。‖ 我们这学期要上三门**课程**。

〖区别 Distinctions〗

（1）"功课"可以指学生在学校里学习的各门课。

上小学的时候，他的**功课**成绩并不很好。｜马上要考试了，你该复习复习**功课**了。｜要求门门**功课**都考 100 分，这不太可能。

"课程"常指学校给学生安排的、由老师教的课。可以说"**课程**设计／计划／体系／改革""必修／选修／专业／基础**课程**""开设**课程**""中小学／大学**课程**""**课程**表"。

我们上大学期间要学习十几门**课程**，而且大部分都是必修课。｜学期开始以前，每位老师都要准备好一个学期的**课程**计划。｜不同国家中小学的**课程**体系很不相同。

（2）"功课"还可以指学生的作业，或需要锻炼的项目、学习的内容或要做的事情。可以说"做功课"。

孩子放学回家，还要做一些**功课**。｜到实际生活中去感受生活是演员必做的**功课**，是表演成功的基础。

练习答案：　（1）B　　（2）A　　（3）B

〖 练习 Exercises 〗

填空： A.功课　　B.课程

（1）妈妈让他先做完_____再出去玩儿。

（2）他不仅_____学得好，而且篮球也打得不错。

（3）我们上大学时，学校给我们开过一些教育学、心理学之类的_____。

156 共同 gòngtóng ③　　一起 yìqǐ ①

〖 相似 Similarities 〗

副词。表示两个以上的人为了相同的目的或在相同的地方做某事。

只要我们共同努力，这些困难是可以解决的。‖ 校长和五百多名师生一起观看了昨天晚上的演出。

〖 区别 Distinctions 〗

（1）"共同"后边可以用动词或形容词，常表示抽象的行为、变化。可以说"共同努力／奋斗／前进／面对／关心／发展／提高""共同繁荣／富裕"。

二十多年来，经过他和同事们的共同奋斗，公司的发展越来越好。｜ 如何解决贫困人口的生活困难，这是很多国家政府共同关心的问题。｜ 只有互相支持，加强合作，才能实现不同地区的共同繁荣和共同富裕。

"一起"后边常用动词性词语，表示在相同的地方或一块儿进行某种动作行为活动。可以说"一起去／上／说／吃／看／学""一起工作／学习／记住／生活／散步／解决／回家"。

你跟他一起去吧。｜ 我们已经一起工作了十多年。｜ 学习汉字的时候，应该把发音和字形一起记住。｜ 我们一起来解决这些问题吧。

（2）"共同"还可以是形容词，表示一样的、相同的。可以说"共同理想／目标／愿望""共同的家园""共同的事业""…是共同的""共同点""共同性"。

实现地区和平是我们的共同愿望和目标。｜ 地球是我们共同的家园。｜ 中国

练习答案： （1）A　　（2）A　　（3）B

和印度在历史、文化和经济发展水平等方面有许多<u>共同</u>点。

（3）"一起"还可以是名词，表示相同的地方。可以说"在一起""到一起"。

他们经常在<u>一起</u>讨论问题。 | 这张照片是他和他的家人在<u>一起</u>。 | 下个星期找个时间，大家到<u>一起</u>好好讨论一下这事儿吧。

〖 练习 Exercises 〗

填空： A.共同　　 B.一起

（1）昨天晚上我和几个朋友在_____，哪儿也没去。

（2）双方都希望今后能加强合作，实现_____发展。

（3）孙经理和刘主任_____去医院看望了受伤的工人。

（4）这些人为了_____的事业，从世界各地走到了_____。

157 够 gòu ②　　 足够 zúgòu ③

〖 相似 Similarities 〗

动词。达到了需要的数量、标准、程度等。可以带动词性词语或小句作宾语。

买一辆自行车，300块钱就<u>够</u>了。‖他从家里骑自行车上班，二十分钟<u>足够</u>了。这些米<u>够</u>（我们）吃两个月了。‖2000块钱<u>足够</u>（我）用一个月了。

〖 区别 Distinctions 〗

（1）"够"可以表示刚达到需要的数量、标准、程度等。可以说"刚／刚刚／刚好够""勉强够""差不多够了""不很够"。

四个人四个苹果，一人一个，刚好<u>够</u>。 | 我的工资勉强<u>够</u>吃饭，没钱去旅游。

"足够"可以表示充分达到或超过了需要的数量、标准、程度等。前边不用表示程度的词。

只有四个人，你做了这么多菜，<u>足够</u>了，吃不完。 | 你的汉语这么好，我看

练习答案： （1）B　　 （2）A　　 （3）B　　 （4）A，B

当汉语老师足够了。

（2）用"够"还可以说"够不够""不够""不一定够"。

"你一个月生活费 1000 块钱，够不够？""不够，1500 块差不多。"｜今天客人比较多，饭菜不一定够，再多做一点儿吧。

（3）"够"可以带名词性词语（多是双音节）作宾语。可以说"够条件／标准／资格／水平""够朋友"。

你已经大学毕业了，来我们这儿工作够条件了。｜这个工作有身高和年龄的要求，他的身高够标准了，但年龄大了两岁。｜当汉语老师，我现在还不够水平。｜小李真够朋友，这次请他来帮忙，他马上就来了。

（4）"够"可以用在一些动词或形容词前，作状语。

我的钱够用了，你不用给我了。｜这个房间比较大，够放两张圆桌。｜你的口语够好的了，比我好多了。｜今天真够热的！

（5）"够"可以用在一些动词后，作补语。

天天吃一样的饭菜，大家都吃够了。｜他睡了十个小时还说没睡够。｜我太喜欢这歌儿了，好像永远听不够。

（6）用"够"还可以说"吃个够""喝个够""玩个够""睡个够"。

南方的水果很多，你去那儿可以吃个够。｜明天休息，不用那么早起床，可以睡个够。

（7）"足够"可以用在名词前，作定语。常加"的"。可以说"足够的水""足够的钱""足够的阳光""足够的理由""足够的准备"。

种花种菜需要有足够的水和阳光。｜我有足够的理由说明这样做是对的。

〖练习 Exercises〗

填空：　A. 够　　B. 足够

（1）这两天我们可真_____忙的。

（2）做公司的经理，只有李刚一个人_____条件。

（3）这所学校学费很贵，你想上，就要有_____的钱。

（4）今天的作业，一个半小时差不多＿＿＿＿＿了，用不了两个小时。

158 姑娘 gūniang ②　　　小姐 xiǎojie ①

〖相似 Similarities〗

名词。年青女子。

女子排球队的姑娘们个子都很高。‖ 刚才有位小姐来办公室找你。

〖区别 Distinctions〗

（1）年纪大的或年老的人可以称呼年青女子"姑娘"。

"姑娘，我问一下，43路车站在哪儿？"（一位老人问路）|"姑娘，我买点儿白菜。"（一位老大娘买菜时说）

在餐厅、宾馆、商店、车站、机场等公共场合可以称呼年青的女服务人员"小姐"。

"小姐，我忘带钥匙了，能不能帮我开一下门？"（在宾馆）|"小姐，这件衣服我可以试试吗？"（在商店）

（2）"姑娘"也可以指没有结婚的女子。可以说"小姑娘""大姑娘"。

几年没见，村里的几个小姑娘都长成大姑娘了。| 村里有个姑娘叫小芳，又聪明，又能干。

（3）"姑娘"还可以指女儿。

这对老夫妻有一双儿女，姑娘结婚以后，他们就跟儿子一起生活。

（4）"小姐"在过去用来称呼有较高地位的人家的女儿。可以说"大小姐""二小姐"等。

张老太太年青的时候是一个大户人家的小姐，还学过法语呢。| 他们家大小姐和二小姐常去看戏。

练习答案：（1）A　（2）A　（3）B　（4）A

填空： A.姑娘　　B.小姐
（1）昨天的晚会上那个十几岁的小_____唱得太好了。
（2）她看上去像个农村_____，实际上她生长在上海。
（3）大卫对餐厅的服务员说："_____，再来两瓶啤酒。"

159 故乡 gùxiāng ③　　家乡 jiāxiāng ②

〖相似 Similarities 〗

名词。人生长或家庭长期居住的地方。

作家鲁迅的故乡在浙江绍兴。‖ 这些年我的家乡发生了很大变化。

〖区别 Distinctions 〗

（1）"故乡"多用于书面语，"家乡"通用于口语和书面语。
（2）"故乡"可以指出生的地方，也可以指长期生活、工作过的地方。可以说"第二故乡"。

我离开故乡已经十多年了。| 在外地生活很长时间了，但我时常思念我的故乡。| 故乡的山山水水都让人感到无比亲切。| 上海是我的第二故乡。

"家乡"主要指家庭世代居住的地方。可以说"家乡饭 / 菜 / 话"。

他很小的时候就随父母离开家乡了。| 他对自己的家乡并不十分了解。| 我的家乡不是很美，但物产很丰富。| 老人一心想为家乡建设出点儿力。

（3）"故乡"还可以指动植物或某种事物原来所在的地方。

大熊猫的故乡在中国。| 这种白菜的故乡是中国，所以在这里，人们叫它"中国白菜"。

练习答案：　（1）A　　（2）A　　（3）B

〖 练习 Exercises 〗

填空：　A. 故乡　　B. 家乡

（1）中国东北小兴安岭是红松的_____。

（2）我大学毕业后一直在长春工作，长春是我的第二_____。

（3）他们一家虽然在上海住了二十多年了，但在家里他们仍然做_____菜，
　　说_____话。

160 顾客 gùkè ②　　客人 kèren ②

〖 相似 Similarities 〗

名词。接受服务的人。

　　服务员们对顾客都很热情。‖ 假期里住酒店的客人比平时多。

〖 区别 Distinctions 〗

（1）"顾客"一般指去商店买东西的人，或去其他服务场所接受服务的人。

　　我们希望能让每一位顾客满意。｜因为她的服务态度好，所以上她那儿买东
西的顾客也比较多。｜即使顾客很不讲理，你也不应该跟他吵架。｜做生意
不能只想着自己的利益，也要考虑顾客的利益。

　　"客人"可以指住宾馆、参加旅行团、去餐厅吃饭的人。

　　四五月份来杭州旅游的人很多，住我们宾馆的客人都是一个月前订的房间。｜
来我们这儿游览的客人有内地的，也有很多外国人。｜周末来餐厅吃饭的客
人比较多。

（2）"客人"常指访问某人、某地或接受邀请、招待的人。与"主人"相对。

　　许校长向客人们介绍了我们学校的情况。｜客人们都夸她做的菜好吃。

练习答案：　（1）A　　（2）A　　（3）B, B

填空： A.顾客　　B.客人

（1）这位美国大学的校长第一次在家里招待中国_____。

（2）昨天我家里来了两位外国_____，他们是我哥哥的朋友。

（3）_____在这家店里买了衣服，拿回家要是觉得不满意，一个月内可以退货。

161 关 guān ①　　合 hé ③

【相似 Similarities】

动词。与"开"相对。

出去的时候，请把门关上。‖ 请大家把书合上，我们来听写生词。

【区别 Distinctions】

（1）"关"的对象常是门、窗户、灯、水龙头、电视机、收音机、录音机、电脑等。

大门坏了，关不上了。| 你把房门关好了吗？| 外边的风很大，你把窗户关上吧。| 你怎么水龙头不关就走了呢？

"合"的对象常是书、本子、眼睛、嘴巴等。可以说"合上书／杂志／本子""合不上嘴"。

孩子写完作业，合上书和本子，就出去玩儿了。| 昨天晚上睡不着，一夜没合眼，现在真想睡觉。| 他高兴得嘴都合不上了。

（2）"关"可以表示使人或动物在里面，不让出来。

小偷被警察关在一间小屋子里。| 动物园里的老虎如果不关起来会很危险。

（3）"关"也可以表示企业、商店、饭馆停业。

工商管理部门关掉了这家违法的企业。| 那家饭馆开了半个月就关门了。

（4）"不关…的事""关…什么事"表示某事跟某人没有关系。

练习答案： （1）B （2）B （3）A

你为什么要打听他买不买汽车？他买不买汽车<u>关</u>你什么事？

（5）"关"可以和"闭（bì）"组成"关闭"。

小区的大门夜里十二点<u>关闭</u>。 | 因为大雾，今天上午机场<u>关闭</u>。

（6）"合"也与"分"相对。可以说"合唱""合写""合办""合编""合作"。

我们学校以前是由两个学校<u>合</u>起来的。 | 这本书是王先生和李先生<u>合写</u>的。

（7）"合"还可以表示符合。可以说"合情合理"。

今天的饭菜不<u>合</u>孩子们的口味，剩了很多。 | 你那样做正<u>合</u>对方的心意。 | 他们的要求<u>合情合理</u>。

〖 练习 Exercises 〗

填空： A.关 　 B.合

（1）你看他今天高兴得，嘴都_____不上了。

（2）李老师和王老师去年_____写了一本书。

（3）你走的时候，别忘了把门和窗户_____好。

（4）那个商店不守法，开门没几天就被工商局_____掉了。

162 关系 guānxi ②　 联系 liánxì ②

〖 相似 Similarities 〗

名词。人或事物之间相关或相连的情况。可以说"跟／和／与…有关系／联系""关系／联系密切"。

生活环境跟我们每个人都有<u>关系</u>。‖ 理论与实践有很紧密的<u>联系</u>。

〖 区别 Distinctions 〗

（1）用"关系"可以说"父子／母子／父女／母女／兄弟／姐妹／师生／朋友／同学／同事关系""上下级关系""两国关系""外交关系""民族关系""工作关系""搞

练习答案： （1）B 　 （2）B 　 （3）A 　 （4）A

关系""拉关系""关系好""关系紧张"。

> 他跟李老师既是师生关系，又是同事关系。｜目前两国关系很正常。｜正确处理民族关系，对保持社会稳定是很重要的。｜他这个人很喜欢跟领导拉关系。｜他们俩的关系一直很好。

用"联系"可以说"紧密联系""联系很紧"。

> 生活环境与身体健康有着十分紧密的联系。｜他的个人兴趣和工作联系很紧，有时人们分不清他是在工作还是在休息。

（2）"关系"还可以指对人或事物的影响。可以说"很有关系""有很大关系""没关系"。

> 植物生长跟自然环境很有关系。｜孩子的成长跟父母的教育有着很大的关系。｜"对不起，我把你的铅笔用坏了。""没关系，我还有一支。"

（3）"由于/因为…（的）关系"表示某事的原因。

> 由于天气的关系，运动会推迟到下星期举行。｜因为时间关系，今天我们就讨论到这儿吧。

（4）"联系"还可以指人与人之间通消息的情况。可以说"失去联系""建立/保持/加强联系"。

> 他去了国外，我们就失去了联系。｜两家公司都希望今后加强联系，扩大合作范围。

（5）"关系"可以是动词，常用"关系到…""关系着…"。

> 公司发展得好不好，关系到每个职工的利益。｜农业生产相当重要，它关系到所有人的吃饭问题。｜结婚是关系着你将来生活的大事，你要考虑清楚。

"联系"也可以是动词，可以直接带宾语，也可以用在"把"字句里。可以说"联系起来""联系上""联系好""联系在一起""互相联系""联系方式"。

> 这两件事情之间是有联系的，我们可以把它们联系起来考虑。｜我已经跟他们联系好了，他们马上就把东西送过来。｜很多事物之间是互相联系着的。｜我们之间最常用的联系方式就是打电话。

〖练习 Exercises 〗

填空： A. 关系　　　B. 联系

（1）理论和实践是紧密地＿＿＿＿＿在一起的。

（2）不知为什么，最近他们俩的＿＿＿＿＿有点儿紧张。

（3）我和他之间只是工作＿＿＿＿＿，私人之间没什么来往。

（4）毕业之后，我们虽然没见过面，但一直保持着＿＿＿＿＿。

163 关心 guānxīn ②　　　关注 guānzhù ③

〖相似 Similarities 〗

动词。注意、重视。

李老师对我们的学习和生活十分关心。‖ 全世界都在关注这个地区形势的发展。

〖区别 Distinctions 〗

（1）"关心"通用于口语和书面语，"关注"多用于书面语。

（2）"关心"可以表示注意、爱护某人，也可以表示重视或希望了解某事。可以说"对…很关心""互相关心""互不关心"。

校长非常关心这些来自山区的孩子。| 谢谢你的关心和帮助！| 我们班同学都很关心这次去哪儿玩儿。| 他很少关心生活用品的价格。| 他对这件事一直很关心。| 好朋友之间应该互相关心，互相帮助。| 我们要团结起来，不能互不关心。

"关注"常表示特别注意某人或事物。可以说"引起关注""受到关注""引人关注""广泛 / 高度 / 密切关注""社会关注"。

这件事引起了国际社会的广泛关注。| 主演了这部电影以后，她开始受到广大观众的关注。| 这起火灾事故受到了全社会的高度关注。| 电视上经常请一些专家讨论社会普遍关注的热点问题。

练习答案：（1）B　　（2）A　　（3）A　　（4）B

〖练习 Exercises〗

填空： A.关心 　 B.关注

（1）每年一次的高考很引人_____。

（2）考试以后，大家都很_____自己的成绩。

（3）他的研究成果受到了科学家们的广泛_____。

（4）只要我们互相_____、互相支持，我们的工作就一定能做好。

164 观察 guānchá ③ 　 观看 guānkàn ③

〖相似 Similarities〗

动词。注意地看。

> 为了画好熊猫（xióngmāo），他常去动物园观察熊猫的样子。‖ 昨晚我们观看了一场精彩的杂技表演。

〖区别 Distinctions〗

（1）"观察"常表示为了更好地了解、认识某人或事物，比较仔细地看。对象可以是人或事物。可以说"仔细／细心观察""注意观察""观察人物／事物""观察生活""住院观察""对…的观察""观察到…"。

> 经过长期的仔细观察，他发现了这些小动物的活动规律。｜作家和演员都十分注意观察生活，观察身边的人和事。｜从他的小说中可以看到，他对生活的观察很仔细。｜医生说他的病情还不清楚，需要住院观察。

（2）"观看"常表示比较注意地看。对象一般是表演、展览、影视、比赛等。可以说"观看表演／演出／电影／杂技／展览／比赛／游行"。

> 同学们要求再观看一次这部影片。｜外国朋友很有兴趣地观看了中国民间艺术展览。｜昨晚有三万多人在体育场观看了这场比赛。

练习答案： （1）B 　 （2）A 　 （3）B 　 （4）A

〖 练习 Exercises 〗

填空： A.观察　　B.观看

（1）有些微小的生物只有在放大镜下才能_____到。

（2）昨晚有一千多名观众在剧场_____了他们的精彩表演。

（3）经过一段时间的_____，经理决定让他当办公室主任。

165 观点 guāndiǎn ②　　主张 zhǔzhāng ③

〖 相似 Similarities 〗

名词。对事物的意见、看法。

　　这篇文章的观点很清楚。‖ 在会上，他提出了自己的主张。

〖 区别 Distinctions 〗

（1）"观点"常表示对事物或问题的看法、认识。可以说"经济观点""学术观点""群众观点""发展的观点""观点明确／鲜明／陈旧""从…观点看"。

　　李教授的学术观点得到了许多人的支持。｜他们两个人在这个问题上的观点是一致的。｜时代变了，旧的观点也需要改变。｜从心理学的观点看，好奇心是人们获取新知识的动力。

"主张"可以表示对做某事或解决某问题的意见。可以说"有主张""没（有）主张"。

　　对于这个问题，他们双方都坚持自己的主张，很难取得一致。｜我觉得他的主张是有道理的。｜他是个有主张的人。｜第一次遇到这样的麻烦，他们几个人都没了主张。

（2）"主张"还可以是动词，表示提出做某事或解决问题的意见。

　　我主张今天的事情今天做，不要拖到明天。｜大家都不主张这么办。｜我们一直主张和平解决国家之间的矛盾。

练习答案：（1）A　　（2）B　　（3）A

〖练习 Exercises〗

填空： A.观点　　B.主张

（1）他＿＿＿把那座楼改建成宾馆。

（2）对于怎么解决这个问题，他没什么＿＿＿。

（3）事物会不断地变化，我们要用发展的＿＿＿来看问题。

（4）时代变了，那些旧的经济＿＿＿已经不适应新形势的发展了。

166 观念 guānniàn ③　　思想 sīxiǎng ③

〖相似 Similarities〗

名词。人对事物的想法、认识。可以说"思想观念"。

社会发展了，人们的观念也会发生变化。‖ 人长大了，思想也会变得复杂起来。‖ 那些错误的思想观念必须彻底改变。

〖区别 Distinctions〗

（1）"观念"主要指人们对事物比较确定或习惯的认识、看法。可以说"老观念""生活/道德/民主/价值观念""就业观念"。

时代改变了，你的那些老观念也该改改了。| 年轻人的生活观念跟老一辈很不相同。| 现在人们的价值观念跟三十年前大不一样了。| 在新的社会条件下，我们必须转变就业观念。

"思想"可以指人对事物进行观察、思考、研究而得到的认识。可以说"哲学/政治/经济/军事/教育思想""思想内容""思想先进""思想深刻""（很）有思想""思想家"。

新的哲学思想正影响着这一代年轻人。| 从他的文章里可以看出他很有思想。| 语言可以用来表达人类无比丰富的思想。| 孔子是中国古代伟大的思想家，历史上有很多人研究过他的思想。

（2）"思想"还可以指人的想法、心理、精神等。可以说"思想简单/复杂""思想负担""思想集中"。

练习答案： （1）B　　（2）B　　（3）A　　（4）A

当时我的<u>思想</u>很复杂。（想法）｜他的<u>思想</u>负担很重。（心理、精神）｜考试的时候<u>思想</u>一定要集中。（精神）

（3）"思想"有时还可以是动词，表示想、考虑。

事后<u>思想</u>起来，我觉得自己也有错儿。

〖 练习 Exercises 〗

填空： A.观念 B.思想

（1）读文章要了解文章的_____内容。

（2）孔子的教育_____对后人的影响很大。

（3）不同时代人们的生活_____可能很不一样。

167 管 guǎn ② 管理 guǎnlǐ ②

〖 相似 Similarities 〗

动词。负责使某项工作、活动顺利进行。

校长要<u>管</u>好学校各方面的事情。‖ 他去年当了经理，开始<u>管理</u>这家公司。

〖 区别 Distinctions 〗

（1）"管"多用于口语，"管理"多用于书面语。

（2）"管"可以表示负责某项工作、活动，或照顾某人。可以说"管家／家务""管孩子／老人""管招生／教学""管产品质量"。

她既要上班，又要<u>管</u>家、<u>管</u>孩子，很辛苦。｜王老师是副校长，他主要<u>管</u>教学，他已经<u>管</u>了七八年了。｜李老师这学期开始<u>管</u>图书馆了。｜他在公司里主要<u>管</u>产品的质量。｜他要<u>管</u>的事情太多了，都<u>管</u>不过来了。

"管理"多表示按照一定的制度、规定，负责使某项工作、活动正常进行。可以说"懂管理""学管理""企业／商业／宾馆／学校／图书／教学管理""质量管理""经营管理""管理经验""管理能力"。

练习答案： （1）B （2）B （3）A

我只是普通的工程师，不懂管理，当不好经理。｜他在大学里学的是企业管理专业。｜他已经当了十几年经理了，有丰富的管理经验和很强的管理能力。

（3）"管"还可以表示向某人提供某物或某种条件。可以说"管吃／喝／住／饭"。

他刚找到工作，公司里管吃管喝，工资一个月2000块。｜这次去北京开会，他们管吃管住，但不管机票。

〖练习 Exercises〗

填空：　A.管　　B.管理

（1）父母现在年纪大了，我们不能不_____他们。

（2）昨天在公司开会，中午公司_____了一顿午饭。

（3）老李虽然没学过_____，但他现在是这家大公司的老板。

168 光 guāng ③　　仅 jǐn ③　　只 zhǐ ②

〖相似 Similarities〗

副词。表示范围小、数量少。

我光知道他是留学生，但不知道他是哪国人。‖他仅去过日本，没去过别的国家。‖她只会说英语，不会说汉语。

〖区别 Distinctions〗

（1）"光"多用于口语，"仅"多用于书面语，"只"通用于口语和书面语。

（2）"光"可以用在一些动词、形容词或名词前边。动词和形容词前的"光"也可以用"只"。

我们做什么事情不能光想着能得多少钱。｜这种人光会说不会做，我们不需要。｜这衣服不光好看，质量也好。｜这次运动会，光我们班就有八名同学报了名。

练习答案：　（1）A　　（2）A　　（3）B

用"仅"可以说"仅仅""仅存""仅有的""仅次于…""年仅…岁"。

这里的老房子大多不在了，仅存的两间也是破破烂烂的。 | 他把自己仅有的两块钱拿出来买了一块面包。 | 上海队仅次于大连队，位居第二。 | 这位著名演员去世的时候年仅46岁。

用"只"还可以说"只能""只得""只好""只顾""只管""只是""只有""只要""只不过"。

时间太紧，咱们只能吃点儿面条了。 | 他实在跑不动了，只得停下来歇会儿。 | 别人都不愿意去，他只好自己去。 | 我们不能只顾自己，不顾别人。 | 只要你真想学，就一定能学会。

（3）"只"还可以表示情况突然发生。可以说"只听见""只见""只觉得"。

正在这危险的时刻，只见他大步冲进火海，救出了孩子。 | 我站起来的时候，只觉得眼前一黑，差点儿摔倒。

（4）"光"还可以是形容词，表示平滑或某处没有东西。

这地上又光又滑，你小心点儿。 | 这么冷的天，你怎么光着脚啊？ | 你来晚了，饭菜都吃光了。

（5）"光"还可以是名词。可以说"灯光""太阳光"。

屋里的灯光很明亮。 | 不要在强烈的太阳光下看书。

注意，"只"念 zhī 时，是量词。

一只鞋 | 一只杯子 | 两只眼睛 | 一只手表 | 几只鸡

〖练习 Exercises〗

填空：　A. 光　　B. 仅　　C. 只

（1）她把自己口袋里_____有的一百块钱借给了我。

（2）他年_____二十八岁就当上了大学教授。

（3）他差点儿没通过考试，_____比及格线多了1分。

（4）这么多活儿，_____你们两个人干是不行的。

（5）你要练口语，_____看书是不够的，还要多跟别人练习说。

（6）我正在屋里看电视，_____听见外面一声巨响，我吓了一跳。

169 规定 guīdìng ②　　决定 juédìng ②

〖相似 Similarities〗

（1）动词。定下某事。

　　学校规定，中学生不许抽烟。‖ 这件事是经过大家讨论后决定的。

（2）名词。定下的内容。

　　学生应该遵守学校的规定。‖ 他对这项决定有意见。

〖区别 Distinctions〗

（1）"规定"常表示在数量、质量、标准、时间、方式、方法、行为等方面对人或事物有要求。可以说"法律／合同／制度规定""管理规定"。

　　不同国家法律规定的结婚年龄不完全一样。｜ 我们厂早就规定了不合格产品不允许出厂。｜ 宿舍管理处规定，宿舍楼十一点关灯。｜ 在合同上，双方把合作的方式明确地规定了下来。

　　"决定"常表示定下做某事的意见。可以说"做决定""决定不了""重大决定"。

　　学校决定今年十月举行一次运动会。｜ 领导决定讨论会下星期举行。｜ 既然已经做出了决定，大家就要照着执行。｜ 这个问题怎么解决，我们决定不了。｜ 这么重大的决定是经过反复讨论以后才做出的。

（2）"决定"作为动词，还表示某事物是另一事物存在的条件。

　　人的思想意识决定着人的行为。｜ 家庭的经济情况不能决定家庭生活是否幸福。

练习答案：　（1）B　　（2）B　　（3）C　　（4）A　　（5）A/C　　（6）C

〖 练习 Exercises 〗

填空：　A.规定　　B.决定

（1）我们已经_____假期里去云南旅行。

（2）这么重要的事情，我一个人_____不了。

（3）学校有_____：教学楼门口不许停放汽车。

170　国 guó ①　　　国家 guójiā ①

〖 相似 Similarities 〗

名词。指中国、韩国、日本、法国、英国、美国等等。

　　国与国之间应保持合作与交流。‖ 国家与国家的地位是平等的。

〖 区别 Distinctions 〗

(1)"国" 常与一些单音节词一起用。可以说"我／他国""贵国（不说'＊你国'）""本国""各国""哪国（不说'＊那／这国'）""两国""全国""富／穷国""强／弱国""大／小国""国内／外""国王""国旗""国歌""国民""国法""国土""国情""国有""出／回／归国""工业／农业国""联合国"。

　　我国希望能和世界各国发展友好关系。| 我们厂的产品在全国各地都能买到。| 他们生产的汽车在国内外都很有名。| 不管是大国、小国，强国、弱国，穷国、富国，国际地位都是平等的。

　　"国家"常与一些双音节或多音节词语一起用。可以说"我们／你们／他们国家""这个／这些国家""很多国家""不同国家""强大／富裕／贫穷／弱小的国家""发达／落后国家""西方／东方国家""亚洲／欧洲／美洲／非洲国家""发展中国家""国家主席／领导人""国家政策""国家机关""国家利益"。

　　我们都希望自己的国家富强起来。| 我不知道世界上到底有多少个国家。| 在一些落后国家，人们的生活还很贫穷。| 中国是世界上最大的发展中国家。

　　练习答案：（1）B　　（2）B　　（3）A

（2）"国家级"指在某个国家范围内水平和等级最高的。如"国家级自然保护区""国家级旅游风景区""国家级报刊"。

"国家队"指各种国家级运动队。如"国家足球队""国家篮球队""国家体操队""国家跳水队"。

〖 练习 Exercises 〗

填空：　A.国　　B.国家

（1）中国和印度都是人口大_____。

（2）她到过很多_____，但没来过中国。

（3）大学毕业后，他很希望能出_____留学。

（4）这里自然环境优美，是_____级自然保护区。

171 果然 guǒrán ③　　真的 zhēn de ①

〖 相似 Similarities 〗

表示某种情况是真实的。

> 昨天天气预报说今天有雨，今天果然下了一天雨。‖ 我看得出来，他是真的喜欢学中文。

〖 区别 Distinctions 〗

（1）"果然"是副词，表示实际情况跟人们说的或想的是一样的。可以说"果然如此"。

> 来上海之前就听说这儿夏天很热，这次到了这里，感到果然像人们说的那样。 | 网上都在说这电影好看，我昨天也看了一次，果然不错。 | 事先我们就觉得这事没那么简单，后来果然如此，我们遇到了不少麻烦。

（2）"真的"是形容词性的，表示某事物、某种情况是真实的，不是假的。可以作状语、定语，也可以单独使用。可以说"…是真的"。

> 我真的不希望发生这种不愉快的事情。 | 你要是真的不想去，就算了。 | 这

练习答案：　（1）A　　（2）B　　（3）A　　（4）B

几张都是<u>真的</u>名画。| 我是不知道，<u>真的</u>，不是不告诉你。| 我相信他跟我说的这些都是<u>真的</u>。

〖 练习 Exercises 〗

填空：　A.果然　　B.真的

（1）他已经喝了很多酒，_____是醉了，不能再喝了。

（2）天津的"狗不理"包子很有名，这次来天津，我们也尝了尝，_____不错。

（3）没来中国之前就听说这儿很多人骑自行车，这次来了一看，_____如此。

172　过 guo ①　　　了 le ①

〖 相似 Similarities 〗

助词。常用在动词或形容词后，表示动作行为或状态已经完成或结束。

去年我去<u>过</u>云南。‖ 上星期他去<u>了</u>一趟广州。

我们吃<u>过</u>饭再讨论这个问题。‖ 我们吃<u>了</u>晚饭就去看演出。

我已经看<u>过</u>这部电影。‖ 我已经买到<u>了</u>那本词典。

这种产品以前在市场上热<u>过</u>一阵子。‖ 在那些困难的日子里，他们苦<u>了</u>自己，也苦<u>了</u>孩子。

〖 区别 Distinctions 〗

（1）"过"用在动词后表示过去的事情，这种事情是已有的经历。

三年前我学<u>过</u>一点儿法语，可是现在一句也不会说了。| 你在天津住<u>过</u>那么多年，你对那儿一定很了解吧？

"了"用在动词后表示某种事情已经完成或实现。

他学<u>了</u>一点儿英语，现在都用上了。| 我在上海住<u>了</u>十多年，我对这儿比较了解。

练习答案：　（1）B　　（2）A/B　　（3）A

（2）"过"用在动词或形容词后，句子叙述的事情与现在不相连。

他在北京住过半年，我一点儿也不知道。（他后来离开北京了）| 她唱的歌五六年前红过一阵子。（后来不红了）

"了"用在动词或形容词后，句子叙述的事情与现在可能相连。

他在北京住了半年，我一点儿也不知道。（他可能一直没离开北京）| 刘欢唱歌二十年前就红了。（可能一直红到现在）

（3）"过"可以与"从来""曾经""没（有）"等配合使用。

他从来没去过非洲。| 我曾经在书店里见过这本书。| 这些情况都是我们以前没遇到过的。| 主任说没说过明天几点开会？

（4）"了"可以用在单音节动词重叠形式中间。

这两件我都试了试，一件太肥了，一件太瘦了。| 他看了看，没买。

（5）用"了"可以说"动词+宾语+了""动词+补语+了"。

孙总去北京了。| 我已经跟他说清楚了。

（6）"了"可以用在一些名词性词语、数量词语的后边，表示事物、数量的变化。

已经春天了，怎么还这么冷？| 都十点了，他还没起床。

【 练习 Exercises 】

填空： A.过　　B.了
（1）这几年他老_____许多。
（2）他根本没说_____这样的话。
（3）他去青海_____，下个星期才回来。
（4）这些生词都是我们以前没学_____的。
（5）都二十岁_____，怎么还跟小孩子一样？
（6）他们俩关系一直很好，从来没红_____脸。

练习答案：　（1）B　　（2）A　　（3）B　　（4）A　　（5）B　　（6）A

H

173 还是 háishi ①　　或者 huòzhě ②

〖相似 Similarities〗

连词。表示选择。

你去，还是他去？　‖　你去或者他去都可以。

〖区别 Distinctions〗

（1）"还是"常用在选择问句中。

你的票是明天的还是后天的？　│这车是你买的还是借的？　│晚饭我们自己做还是去外边吃？　│打电话的是男的还是女的？

"或者"可以表示在两个或多个当中选择一个，也可以表示两个以上的选择都可以。

每个星期天他都要去看朋友或者出去玩儿。　│明天或者我去，或者你去，或者他去，反正我们要去一个人。　│"家里没水果了，你看买点儿什么？""香蕉、苹果或者西瓜都可以，你随便买吧。"

（2）"还是"也可以表示不确定的选择。

我不知道他家在广东还是在广西。　│你去还是不去，明天一定要告诉我。

（3）"还是"还可以表示比较几种情况，最后选择一种比较好的。

现在飞机票、火车票都有，我看你还是买飞机票吧，飞机快些。　│"你看，要不要带雨伞？""你还是带上吧，天气预报说下午有雨。"

〖练习 Exercises〗

填空：　A.还是　　B.或者

（1）他只想买一辆汽车，进口的_____国产的都可以。

（2）大学毕业后是找工作_____去国外留学，他还没决定。

（3）这两件衣服都不错，但这件有点儿瘦，我_____要那件吧。

（4）明天_____你来我这儿，_____我上你那儿，你看怎么安排？

（5）"去博物馆，坐地铁_____公共汽车都可以。""咱们_____坐地铁吧，地铁比较方便。"

174 孩子 háizi ①　　小孩儿 xiǎoháir ①

〖 相似 Similarities 〗

名词。刚出生的、几岁的或十几岁的人。可以说"小孩子"。

> 小学里一个班上有三四十个孩子。‖ 楼下有一群小孩儿在玩儿。‖ 小孩子们很喜欢听白老师讲故事。

〖 区别 Distinctions 〗

（1）"孩子"通用于口语和书面语，"小孩儿"多用于口语。

（2）"孩子"可以指儿子或女儿。

> 儿女年龄再大，在父母面前也是孩子。| 他们家里现在只有老两口儿，孩子们都在外地工作。| 父母总是希望孩子们能够健康快乐地成长。

"小孩儿"可以指一般的儿童、少年。与"大人"相对。

> 小孩儿都喜欢玩儿。| 妈妈对儿子说："你已经二十多岁了，不要还像小孩儿一样，总是喜欢玩儿。" | 有些书大人小孩儿都很喜欢看。

（3）"孩子"指儿童或青少年时，可以说"男孩子""女孩子"。

〖 练习 Exercises 〗

填空：　A.孩子　　B.小孩儿

（1）不管是大人还是_____，门票都是五块钱一张。

练习答案：（1）B　（2）A　（3）A　（4）B，B　（5）B，A

（2）父母应该教育_____从小养成良好的生活习惯。

（3）小学阶段，女_____往往比男_____学习成绩好。

175 害怕 hàipà ②　　可怕 kěpà ②　　怕 pà ①

〖相似 Similarities〗

感到有危险。

> 我一看到蛇就<u>害怕</u>。‖ 狮子的样子真<u>可怕</u>。‖ 那些小动物都很<u>怕</u>老虎。

〖区别 Distinctions〗

（1）"害怕"和"怕"是动词，表示遇到困难或危险时心里紧张。

> 她从小就<u>害怕</u>考试。| 孩子太小了，遇到什么危险也不感到<u>害怕</u>。| 看到狮子来了，小动物们都很<u>害怕</u>。‖ 晚上一个人走路，她有点儿<u>怕</u>。| 我真<u>怕</u>再发生那样的事。| 你别<u>怕</u>，小狗不会咬你的。

> "可怕"是形容词，形容某人或事物让人感到有危险、使人很紧张的样子。

> 那场<u>可怕</u>的台风刮倒了很多房屋和树木。| 昨晚我做的梦真是太<u>可怕</u>了。| 电影里的战争场面非常<u>可怕</u>。

（2）"害怕"和"可怕"前边可以用"十分"。

> 我一看到蛇，心里就十分<u>害怕</u>。‖ 那蛇的样子十分<u>可怕</u>。

（3）"怕"还可以表示担心，受不了。

> 学外语，你一定要多说，不要<u>怕</u>说错。| 这些小事虽然麻烦，但很重要，不能因为<u>怕</u>麻烦就不做了。| 他身体不好，<u>怕</u>吵，我们安静一点儿吧。| 我不太<u>怕</u>冷，但很<u>怕</u>热。

（4）"怕"还可以是副词，表示可能。

> 这么厚的书<u>怕</u>要三四十块钱吧。| 他<u>怕</u>是有急事，不然他不会不打招呼就走

练习答案：　（1）B　　（2）A　　（3）A，A

了。｜我们住那么贵的宾馆怕没必要吧。

〔练习 Exercises〕

填空： A.害怕　　B.可怕　　C.怕

（1）蛇的样子确实很_____。

（2）孩子去医院，都很_____打针。

（3）这么晚了，小王_____已经睡觉了。

（4）不打电话就去他家，我_____他不在家。

（5）多年以后，想起那次交通事故，心里仍然十分_____。

176 喊 hǎn ②　　叫 jiào ①

〔相似 Similarities〕

动词。嘴里发出较大的声音。可以说"喊叫""叫喊""大喊大叫""喊声""叫声"。

看台上好几万人都在喊："加油！加油！"‖他突然大叫了一声，把人们吓了一跳。‖明星一出场，观众们就激动地喊叫起来。‖她听到观众在大声叫喊她的名字。

〔区别 Distinctions〕

（1）"喊"常表示人嘴里发出很大的声音（说话、唱歌或没有特别意义的声音）。可以说"喊口号""喊救命""喊哑（yǎ）了嗓子"。

看比赛的时候有人带头喊口号。｜有什么话好好说，你喊什么！｜他们已经喊了半天了，嗓子都喊哑了。｜车子已经开走了，你怎么喊，它也不会停。

"叫"可以表示人或动物嘴里发出较大的声音。

他疼得受不了了，忍不住大叫起来。｜公鸡一叫，天就快要亮了。｜那种鸟叫起来，声音很好听。｜狗见到生人就会叫。

练习答案：　（1）B　　（2）A/C　　（3）C　　（4）C　　（5）A

（2）"叫"还可以表示招呼、称呼、指示、是、要（车／菜）、让。

小王在叫你呢，你没听见？（招呼）｜我们都叫他马主任。（称呼）｜老板叫他去接一位客人。（指示）｜你知道什么叫"标准间"？（是）｜时间不多了，咱们叫辆车吧。（要）｜我的自行车叫同屋借去了。（让）

〖 练习 Exercises 〗

填空： A.喊　　B.叫

（1）老孙养了一只鸟，那鸟的_____声很好听。

（2）你赶快打电话_____他来，我们再等他一会儿。

（3）他听到河边有人_____救命，就急忙跑了过去。

177 汉语 Hànyǔ ①　　华语 Huáyǔ ③　　中文 Zhōngwén ①

〖 相似 Similarities 〗

名词。中国人和其他国家、地区华人使用的一种语言。

很多外国人在孔子学院学习汉语。‖ 新加坡和马来西亚都有不少人讲华语。‖ 刚来中国时，他完全不懂中文。

〖 区别 Distinctions 〗

（1）在中国，大多数人说的语言叫"汉语"，包括口语和书面语。可以说"汉语普通话""汉语方言""古代／近代／现代汉语""汉语拼音""汉语规范化"。

大多数中国人都能听懂汉语普通话。｜上海话和广东话都是汉语方言。｜古代汉语和现代汉语的词语很不一样。｜他只认识汉语拼音，不认识汉字。｜汉语历史长，方言多，使用范围广，因此，汉语规范化工作很重要。

在中国大陆以外的一些国家和地区（如新加坡、马来西亚、印度尼西亚、加拿大），华人把汉语称为"华语"。

近年来，随着中国大陆经济的快速发展，加上香港、台湾地区的影响，华语

练习答案： （1）B　　（2）B　　（3）A

在一些东南亚国家已成为一种重要的语言。| 她在马来西亚的一家华语电视台做节目主持人。| 很多海外华人非常喜欢邓丽君唱的华语歌。

"中文"多指汉语的书面形式。可以说"中文打字""中文输入""（电脑）中文系统""中文软件""中文图书／杂志／报纸／期刊／报刊""中文名字"。

她只会写拼音，不会中文打字。| 我的电脑需要安装中文系统。| 图书馆里有很多中文图书和杂志。| 我们班每个同学都有一个中文名字。

（2）"汉语系""汉语专业"一般是大学里以汉语和汉语语言学为主要教学内容的系、专业。

"中文系""中文专业"一般是大学的"中国语言文学系""中国语言文学专业"的简称，教学内容包括汉语语言学和文学。

〖 练习 Exercises 〗

填空：　A. 汉语　　B. 华语　　C. 中文

（1）我们在学校里学的都是_____普通话。

（2）这台电脑没有_____系统，我只能打拼音。

（3）我们只学习现代_____，不学古代_____。

（4）她是上海一所大学的_____专业毕业的。

（5）她演的电视剧在马来西亚国家电视台的_____节目中播出以后，很受欢迎。

178 好多 hǎoduō ②　　许多 xǔduō ②

〖 相似 Similarities 〗

很多。可以说"好多好多""许多许多"。

这一课有点儿难，好多生词我都不认识。‖ 这学期我们学校又来了许多新同学。今后我们一定还会遇到好多好多问题。‖ 那天在会上，他讲了许多许多我们还不知道的事情。

练习答案：　（1）A　　（2）C　　（3）A, A　　（4）A／C　　（5）B

〚 区别 Distinctions 〛

（1）"好多"多用于口语，"许多"通用于口语和书面语。

（2）"好多"可以作谓语（多用于感叹句）。常说"…好多啊"。

今天来的人<u>好多</u>啊！｜课文里不认识的生词<u>好多</u>啊，我要慢慢看。｜你的要求<u>好多</u>啊，这事儿我做不了。

"许多"常作定语。可以说"好了许多""这 / 那 / 这么 / 那么许多""许许多多"。

她买衣服花了<u>许多</u>钱。跟前两天相比，今天好了<u>许多</u>。｜他说，当时也没想那<u>许多</u>，只想着救人要紧。｜在上海，我认识了<u>许许多多</u>普通的中国人，他们都很热情。

注意，下边句子中，"多"是"好"的补语，表示变好了很多。

你的文章这么改改，现在好多了。｜休息两天以后，他的身体好多了。

〚 练习 Exercises 〛

填空： A.好多 B.许多

（1）他的汉语比一年前好了_____。

（2）这篇文章毛病_____啊，要好好改改。

（3）现在没时间想这_____了，赶快决定吧。

179 好看 hǎokàn ① 精彩 jīngcǎi ② 漂亮 piàoliang ②

〚 相似 Similarities 〛

形容词。看着感到很好。

公园里的花儿都开了，真<u>好看</u>。‖昨天晚上的演出非常<u>精彩</u>。‖你穿着这身衣服，真<u>漂亮</u>。

〚 区别 Distinctions 〛

（1）"好看"可以形容看着觉得好。

练习答案： （1）B （2）A （3）B

奶奶拉着孙子女朋友的手说："这姑娘长得真好看。" ｜你的头发理一下，好看多了。 ｜这张画儿挂在客厅不太好看。

"漂亮"常形容看着觉得美。可以说"漂漂亮亮"。

她不仅人长得漂亮，而且也很聪明、能干。 ｜他画的山水、花草和树木都很漂亮。 ｜我们要把开晚会的地方布置得漂漂亮亮的。

"精彩"可以形容活动内容丰富，有意思、有水平。可以说"精彩人生""精彩片段／时刻"。

这本书叙述了几位表演艺术家的精彩人生。 ｜艺术使我们的生活变得更加精彩。 ｜杨先生今天的演讲真精彩。

（2）"好看"和"精彩"可以形容电影、表演、比赛、作品等有意思或有水平。

昨天晚上的电影真好看。 ｜下午的篮球比赛打得很好看。 ｜我不知道那小说有什么好看的，她都看了一天了。 ‖ 他们的表演非常精彩。 ｜巴西队和德国队的比赛一定很精彩。 ｜这本小说写现代城市青年的生活，十分精彩。

"漂亮"还可以形容事情做得好，让人感觉水平高。多用于口语。可以说"动词＋得＋漂亮"。

这场球我们打得很漂亮。 ｜这个句子翻译得很漂亮。

（3）"好看"还可以形容光彩、有面子。常用"不好看"。

这么容易的事情都做不好，我们大家脸上都不好看。 ｜不懂就问，这有什么不好看的呢？

（4）"漂亮话"指说得很好但没用的话。

我们不是看谁会说漂亮话，而是看干得怎么样。

〖 练习 Exercises 〗

填空： A. 好看　　B. 精彩　　C. 漂亮
（1）昨天的活儿你们干得很_____。
（2）这本书真_____，我都看了两遍了。
（3）请求别人帮助，这没什么不_____的。

（4）中场休息的时候，电视上播放了上半场的一些_____片段。

180 好玩儿 hǎowánr ① 有意思 yǒu yìsi ②

〖相似 Similarities〗

形容让人感到有兴趣。

> 他觉得打乒乓球很好玩儿。‖ 大家都觉得他这个人很有意思。

〖区别 Distinctions〗

（1）"好玩儿"可以形容能让人玩儿得高兴。可以说"不好玩儿""有什么好玩儿的"。

> 孩子们都喜欢这种好玩儿的游戏。｜小时候他只是觉得踢足球好玩儿，长大后他成了国家队的队员了。｜从前觉得很好玩儿的事情，现在看来一点儿也不好玩儿了。｜到动物园看鸡看鸭，有什么好玩儿的？

（2）"有意思"可以形容人或事物有意义，引人思考。可以说"没（有）意思""有什么意思"。

> 他的话很有意思，很值得我们思考。｜你觉得为了这么一点儿小事去生气，有意思吗？｜大家都说这样的活动很有意思，希望今后多组织一些。｜夫妻俩老是吵架，真没有意思。｜这种打打杀杀的电影有什么意思？

〖练习 Exercises〗

填空： A.好玩儿 B.有意思

（1）这种跑来跑去的比赛有什么_____的？
（2）朋友之间为了一点儿利益就争起来，你觉得_____吗？
（3）一些孩子们很喜欢玩儿的游戏，大人们可能觉得并不_____。

练习答案： 179.（1）C （2）A （3）A （4）B
180.（1）A （2）B （3）A

181 好奇 hàoqí ③　　奇怪 qíguài ②

【 相似 Similarities 】

形容词。因没遇到过或很少遇到而感到新鲜。

他刚来这儿的时候对很多事情都很好奇。‖ 南方的一些地区冬天一般是不下雪的，要是下了雪，就有点儿奇怪了。

【 区别 Distinctions 】

（1）"好奇"常表示因感到新鲜而产生兴趣。可以说"对…好奇""出于好奇""好奇心""好奇心理"。

刚到这儿的时候，她像孩子一样，对很多事情都很好奇。| 出于好奇，很多人都想进山洞看看里边有什么。| 人人都有一种好奇的心理。| 看见很多人都在围观，他也好奇地挤了进去。

（2）"奇怪"常表示感到某人或事物的情况跟平常的、一般的或所了解的不一样。可以说"奇怪的想法／现象／样子／事情""奇怪的动物／人""好（hǎo）奇怪""真奇怪"。

你怎么会有这种奇怪的想法呢？| 在动物园里我们看到了一些样子很奇怪的动物。| 他平时不用功，现在考试没考好，这没什么奇怪的。| 真奇怪，平时他总是提前二十分钟就到了，今天怎么迟到了呢？

【 练习 Exercises 】

填空：　A. 好奇　　B. 奇怪
（1）孩子的_____心很强。
（2）人们对一些新的东西往往都很_____。
（3）她本来说周末要跟我们一起去故宫的，怎么不去了呢？真_____！
（4）山田已经回国了，可小林却说在街上看到了他，你说_____不_____？

练习答案：　（1）A　　（2）A　　（3）B　　（4）B，B

182 合适 héshì ②　　适合 shìhé ②

〖 **相似 Similarities** 〗

符合某种情况或要求。

> 这件衣服你穿着很<u>合适</u>。‖ 这块地<u>适合</u>种花生。

〖 **区别 Distinctions** 〗

（1）"合适"是形容词，表示事物或行为是适当的，或正好符合某种情况或要求。可以作谓语、定语、宾语、补语。不能带宾语。

> 这件衣服不长不短，你穿正<u>合适</u>。｜ 学习外语需要一本<u>合适</u>的教材。｜ 我觉得那种方法可能更<u>合适</u>一些。｜ 那件衣服穿在她身上显得很<u>合适</u>。｜ 这次会议的时间和地点安排得不太<u>合适</u>。

（2）"适合"是动词，表示人或事物符合、适应某种情况或要求。能带宾语，不能作补语。

> 你做的菜很<u>适合</u>我们的口味。｜ 这种管理方法很<u>适合</u>我们公司。｜ 水稻<u>适合</u>在这个地方种植。｜ 这些书非常<u>适合</u>孩子们阅读。｜ 那种工作最<u>适合</u>年轻人去干。

〖 **练习 Exercises** 〗

填空：　A.合适　　B.适合

（1）这个词用得不太_____。

（2）过去的经验不太_____今天的情况了。

（3）我想跟他谈谈，但是一直没找到_____的时间。

183 合作 hézuò ③　　联合 liánhé ③

〖 **相似 Similarities** 〗

动词。一起做某事。

练习答案：（1）A　　（2）B　　（3）A

王先生和杨先生合作写了一本书。‖ 北京电视台和上海电视台联合举办了一台晚会。

〖 区别 Distinctions 〗

（1）"合作"常表示共同做某事。不带宾语。可以说"友好合作""互相合作""合作愉快""合作伙伴""合作得…"。

这几个小组之间在工作上既有分工，又有合作。｜两位领导人都希望继续加强两国的友好合作关系。｜通过这次合作，我们加深了对他们的了解。｜祝合作愉快！｜我们已经合作了很多年，一直合作得很好。

（2）"联合"常表示联系、结合在一起。可以带宾语。可以说"联合行动""联合起来""联合在一起""联合声明""联合政府""联合国"。

我们学校的学生会联合了另外五所大学的学生会，举办了一次运动会。｜我们两家公司联合起来，这对双方都有利。｜本市的几家出版社联合在一起，组成了一个出版集团。｜会谈结束后，两国政府发表了联合声明。

〖 练习 Exercises 〗

填空： A.合作　　B.联合
（1）这么多年来，我们一直_____得很愉快。
（2）各方只要_____起来，就能克服眼前的困难。
（3）我们在工作中既要分工明确，又要互相_____。

184 很 hěn ①　　挺 tǐng ②

〖 相似 Similarities 〗

副词。表示程度高。

他总是很认真。‖ 这儿的冬天挺冷的。
主任很关心这件事。‖ 我挺喜欢这个工作的。

练习答案： （1）A　　（2）B　　（3）A

〖 区别 Distinctions 〗

（1）"很"通用于口语和书面语，"挺"多用于口语。

（2）"很"可以用在形容词和一些表示心理活动的动词前边，还可以用在其他一些动词性词语前边。可以说"很不…""不很…"。

> 这儿的生活很方便。｜我很理解他的心情。｜这种事很可能发生。｜这东西很不便宜。（非常不）｜这样做很不聪明。｜大家不很理解这种做法。（不太）｜他很看了几本中文小说。（看得多）｜山本在上海很住了几年。（住的时间长）

"挺"主要用在一些口语常用的形容词和一些表示心理活动的动词前边。常用"挺…的""挺不…的"。

> 这本书挺有意思的。｜跟他一起工作我觉得挺开心的。｜他挺会办事的。｜大家都挺同情他的遭遇。｜她既要工作又要照顾孩子，挺不容易的。｜她虽然没说，但心里挺不乐意的。

（3）"很"可以作补语。可以说"形容词＋得＋很"。

> 这几天我忙得很。｜他家的房子大得很。

注意，下边句子中，"挺"是动词。

> 生病了不能挺着，要赶快去医院。｜他挺了一天，后来实在挺不住了，就去了医院。

〖 练习 Exercises 〗

填空： A.很　　B.挺

（1）外边冷得_____，你把大衣穿上吧。

（2）他刚来，对厂里的情况还不_____了解。

（3）今天他好像_____不高兴的，你看出来了吗?

练习答案：　（1）A　　（2）A　　（3）B

185 后 hòu ①　　后边 hòubian ①　　后面 hòumiàn ①

〖相似 Similarities〗

与"前"相对的方向、位置。"后边"和"后面"基本相同。

> 倒车的时候一定要看车后有没有人。‖ 图书馆后边有一个小花园。‖ 我不认识路，你开慢一点儿，我的车跟在后面吧。

〖区别 Distinctions〗

（1）"后"可以表示时间，可以用在一些表示时间的名词或数量词语后（如"早饭后""新年后""三天后""一年后"），也可以用在动词性词语或小句后（如"下班后""孩子长大后"）。

> 星期六早饭后我们去买东西。｜他新年后就要出国学习了。｜这次去西安，三天后才能回来。｜我下班后给你打电话吧。

"后边""后面"有时也可以表示时间，使用较自由。

> 这事儿还没做完，你看后边/后面该怎么办呢？｜我很早就走了，后边/后面发生了什么事情，我一点儿也不知道。

（2）"后"可以直接用在一些名词性词语前（"后"的后边不能用"的"）。

> 这两天白天和晚上都很热，直到后半夜才凉快一点儿。｜这次会议一共五天，后两天是小组讨论。

"后边""后面"也可以作定语（它们的后边一般要用"的"）。

> 前边的车停下了，后边/后面的车也只好停下来。｜后边/后面的事情你不用管了。｜等一下，车子后边/后面的门没关好。

（3）"后"可以直接用在一些单音节名词或其他名词性词语后（"后"的前边不能用"的"）。可以说"屋后""身后""门后""书后"。

> 几个孩子都在屋后玩儿呢。｜这孩子很胆小，总是跟在妈妈的身后。｜每一课的生词和课文后有几道练习题。

"后边""后面"也可以用在一些名词性词语后（它们的前边可以用"的"）。

这片房子（的）后边／后面是一座小山。｜这本书（的）后边／后面有练习答案。｜我的座位在老王（的）后边／后面。

（4）"后"常与"前"配合使用，组成一些习惯用语。可以说"房前屋后""一前一后""有前有后""前后"。

这儿环境不错，房前屋后都很干净。｜他们俩一前一后进了教室。｜为了写这本书，他前后用了五年时间。｜你这样前怕狼后怕虎的，能做好什么事情呢？

"后边""后面"能比较自由地作主语、宾语。

不用着急，后边／后面还有时间。｜后边／后面没人，我们坐后边／后面吧。｜还有几个人在后边／后面，我们再等一会儿。

（5）"最后"可以表示时间，也可以表示位置、次序。

他什么东西都想要，可是最后什么东西都没得到。（表示时间）｜这篇文章的最后两段很有意思。（表示位置、次序）

"最后边""最后面"表示位置、次序。

每次大家一起出去的时候，他总喜欢坐在最后边／最后面的位子。

〖 练习 Exercises 〗

填空：　A.后　　B.后边　　C.后面
（1）你不用着急，就在＿＿＿＿慢慢走吧。
（2）下课＿＿＿＿，有几个学生又问了一些问题。
（3）他发现＿＿＿＿的人追上来了，他跑得更快了。
（4）这是小区的＿＿＿＿门，只有上下班的时候才开。

练习答案：　（1）B/C　　（2）A　　（3）B/C　　（4）A

186 后果 hòuguǒ ③　　结果 jiéguǒ ②　　效果 xiàoguǒ ③

〖 **相似** Similarities 〗

名词。事物发展到后来的情况。

他的错误决定造成了十分严重的后果。‖ 坚持不正确的意见是不会有好结果的。‖ 我们采用了新技术以后，产生了很好的效果。

〖 **区别** Distinctions 〗

（1）"后果"多指事物后来不好的情况。可以说"严重后果"。

喝酒以后开车，后果可能会很严重。│如果没有你的帮助，这件事的后果是很难设想的。│你有没有想过在加油站抽烟的后果？│谁做了错事，谁就要对错事的后果负责。

"结果"指事物后来的情况（可能是好的，也可能是不好的）。可以说"比赛/考试/选举结果"。

这次考试的结果比上次好一些。│这样的结果是我们都没想到的。│我不知道这件事会有怎样的结果。│他的好成绩是他长期训练的结果。

"效果"常指为了解决问题和困难而采取某种办法后的情况。可以说"治疗/学习/教学效果""效果良好"。

这种药治感冒效果不错。│我们试过很多办法，都没什么效果。│王老师很重视教学效果。│我也用过那种方法，效果不是很好。

（2）"结果"还可以是连词，常用在后一分句主语的前边或后边。

他今天想当老师，明天想当演员，过两天又想当老板，结果，现在他当了一名出租车司机。│商店里的东西很多，可看来看去，我们结果什么也没买。

（3）"效果"还可以指艺术表演时安排设计的音响、场面、动作等给人的感觉。

新电影院的音响效果真好。│这部电影战斗场面的烟火效果让人感觉像真的一样。

注意，"结果"念 jiē guǒ 时，是动词，表示结出果实。

这些果树明年就能开花结果。

〖练习 Exercises〗

填空：　A.后果　　B.结果　　C.效果

（1）这两种药治疗感冒的_____都不错。

（2）这次考试的_____要到下个星期才公布。

（3）公司改革管理制度，取得了良好的_____。

（4）只重视发展经济，而忽视保护环境，_____是很严重的。

（5）虽然遇到了很多困难，但因为有朋友们的帮助，_____，他还是成功了。

187 后来 hòulái ②　　然后 ránhòu ①

〖相似 Similarities〗

在某个时间或某件事情后。

> 我两年前见过她一次，后来一直没有她的消息。‖ 我们先到香港，然后从香港乘飞机到南非。

〖区别 Distinctions〗

（1）"后来"是名词，指过去某一时间后的时间。可以作定语、状语、宾语。

> 我只知道这件事是怎么发生的，后来的情况我不太了解。| 这个问题后来是怎么解决的？| 她们刚来北京时不太习惯，后来就慢慢习惯了。| 我们刚开始做的时候遇到了不少困难，可到后来就做得很熟了。

（2）"然后"是副词，表示在某事以后（可以是过去或将来）。可以说"先／首先…，（再…，）然后…""先／首先…，然后再／又…"。

> 去医院看病要先挂号，再去看医生，然后取药。| 他们习惯先吃菜，然后再喝汤。| 上次旅游，我们先到了大连，然后又去了青岛。

注意，下边句中"后来"是"后"与动词"来"连用。

> 他们是先来的，我们是后来的。| 后来的客人要等一会儿才有座位。

练习答案：　（1）C　　（2）B　　（3）C　　（4）A　　（5）B

填空：　A.后来　　B.然后

（1）你先休息一会儿，＿＿＿＿我们再谈。

（2）我还是三年前收到过他的邮件，＿＿＿＿一直没有他的消息。

（3）他们俩吵架是＿＿＿＿的事情，刚开始的时候他们俩关系很好。

188 忽然 hūrán ②　　突然 tūrán ②

〖 相似 Similarities 〗

表示事情发生得很快而且没想到。

> 我们出门时还是晴天，可走到半路上，忽然下起雨来了。‖ 昨天晚上我刚看了一会儿电视，突然停电了。

〖 区别 Distinctions 〗

（1）"忽然"是副词，多表示很短的时间里发生了某种没想到的情况。作状语。

> 他本来已经同意了，可后来忽然改变了主意。｜想了半天，我忽然明白这是怎么一回事了。｜他们正在谈话，忽然，电话铃响了。｜他正在学经理昨天开会时说话的样子，忽然，经理推门进来了。

（2）"突然"是形容词，表示在极短的时间里，一下子发生了某种没想到的情况。可以作状语、谓语、定语、补语。可以说"突然的变化""突然事件""感到突然""突然＋一＋动词"。

> 路上车多，开车突然变道非常危险。｜这个变化太突然了。｜事情发生了突然的变化，我们都没想到。｜他们来得太突然了，我们一点儿准备也没有。｜发生了这样的事情，大家都感到很突然。｜他说着说着，脸色突然一变，好像生气了。

练习答案：　（1）B　　（2）A　　（3）A

〖 练习 Exercises 〗

填空：　A. 忽然　　B. 突然

（1）她说着说着，_____流下了眼泪。

（2）他这个时候来，大家都感到很_____。

（3）前边的汽车_____一转弯，差点儿碰上了后边的汽车。

（4）昨天晚上八点，我们正在开会，_____，大楼停电了，会场里什么也看不见了。

189　互相 hùxiāng ②　　相互 xiānghù ③

〖 相似 Similarities 〗

表示双方之间以相同的方式对待对方。

> 遇到困难的时候，朋友之间应该互相帮助。‖ 这些年他们俩一直相互支持，合作得很好。

〖 区别 Distinctions 〗

（1）"互相"通用于口语和书面语，"相互"多用于书面语。

（2）"互相"是副词，一般用在动词性词语前边。

> 同学之间应该互相学习，互相关心。| 双方互相原谅一点儿，矛盾就解决了。| 两个人住一个房间，互相有影响是难免的。| 高与低、强与弱、美与丑都是互相对立的。

> "相互"是形容词，多用在动词性词语前边，也可以用在一些名词（如"关系"）前边。可以说"相互间""…是相互的"。

> 人与人之间相互交流是十分必要的。| 大家在一起工作很长时间了，相互间都比较了解。| 两国领导人都希望两国之间的相互关系能得到进一步发展。| 朋友之间的感情是相互的。

练习答案：　（1）A/B　　（2）B　　（3）B　　（4）A/B

填空： A.互相 B.相互

（1）人与人之间的感情都是_____的。

（2）他把两家公司之间的_____关系说得很清楚。

（3）大家在一起只要_____学习，就能共同进步。

190 画儿 huàr ② 图 tú ③ 图画 túhuà ③

〖 相似 Similarities 〗

名词。有线条、色彩的形象。

> 墙上挂着一幅画儿。‖ 孩子们经常做看图说话的练习。‖ 这本书里有不少好看的图画。

〖 区别 Distinctions 〗

（1）"画"（单说时可说成"画儿"）常表示由线条、色彩等形成的人或事物的形象（常跟美术有关）。可以说"人物画""山水画""油画""国画""名画""古画""字画""画面""画家""画展"。

> 他对油画很感兴趣。 | 王老师的书房里挂着一幅名画。 | 古代的字画非常珍贵。 | 艺术系的师生经常举办画展。

"图"常表示用线条等表示的事物的形状。可以说"地图""插图""地形图""路线图""导游图""方位图""设计图""图形""图表""图纸"。

> 这本小说里有不少插图。 | 只要看一下地形图，就知道哪儿高哪儿低了。 | 门票上有公园的导游图。 | 他照着图纸把机器安装起来了。

"图画"常表示用线条、色彩画出的形象。小学里有"图画课"，画图画的本子是"图画本"。

> 墙上贴的那些图画都是孩子画的。 | 孩子们很喜欢上图画课。 | 孩子的图画

练习答案： （1）B （2）B （3）A/B

本上画了很多小鸟、大树、房屋和太阳的形象。

（2）"画"还可以是动词。可以说"画画儿"（前边的"画"是动词，后边的"画儿"是名词）。

他从小就很喜欢画画儿。 | 你画的是老虎还是猫？

（3）"图"也可以是动词，表示希望或希望得到。

做事情不能只图省事，马马虎虎。 | 你这样做，到底图什么？

〔 练习 Exercises 〕

填空： A.画儿 B.图 C.图画
（1）张大千的_____非常有名。
（2）大厅的一面墙上挂着一幅巨大的山水_____。
（3）在建造大楼时，工人们要严格按照设计_____来施工。
（4）上小学的时候，我们最喜欢的课就是_____课和音乐课。

191 欢迎 huānyíng ② 迎接 yíngjiē ③

〔 相似 Similarities 〕

动词。迎客人或新来的人。

市长亲自到机场欢迎来本市访问的外国客人。‖ 下午我们要去车站迎接两位从广州来的老师。

〔 区别 Distinctions 〕

（1）"欢迎"可以表示高兴地迎某人。可以说"欢迎仪式""欢迎宴会（yànhuì）""热烈欢迎"。

客人来了，大家都站在门口欢迎他们。 | 校长一见到来访的客人就上前跟客人握手，并热情地说："欢迎！欢迎！" | 在欢迎仪式上，主人和客人都发表了讲话。

练习答案： （1）A （2）A （3）B （4）C

"迎接"常表示去某处迎刚到的客人或新来的人。

他们是第一次来上海，咱们应该去机场迎接一下。 | 小李他们四个人负责迎接从各地来的代表。 | 卫先生说他可以从机场乘出租车来，不用迎接了。

（2）"欢迎"还可以表示很高兴地接受某人或某事。前边可以用"很""非常""十分"等。可以说"表示欢迎""受到欢迎""受欢迎""欢迎指导 / 参观 / 光临 / 参加"。

我们对新来的同事表示热烈的欢迎。 | 新厂长的发言受到了全厂职工的欢迎。 | 我们非常欢迎专家给我们的工作提出指导意见。

（3）"迎接"的对象还可以是事情、情况等。

他这么努力学习，是为了准备迎接下个月的 HSK 考试。 | 为了迎接春节的到来，人们都在购买过年用的物品。

〖练习 Exercises〗

填空： A. 欢迎　　 B. 迎接

（1）我们应该做好＿＿＿＿更大困难的准备。

（2）饭店里的服务员对刚进来的客人说："＿＿＿＿光临！"

（3）像他这样又懂管理又懂技术的年轻人，现在很受＿＿＿＿。

192 会 huì ①　　　能 néng ①

〖相似 Similarities〗

助动词。有可能，有能力。

天这么晚了，他还会来吗？ ‖ 雨下这么大，他能来吗？
他会说汉语。 ‖ 她能说英语、汉语和一点儿日语。

〖区别 Distinctions〗

（1）"会"在肯定句中表示"有可能"时，表示比较明确的判断，句后常用"的"。

练习答案：（1）B　　（2）A　　（3）A

233

可以说"可能（不）会"。

> 我想他今天会来的。｜只要你找他，他会帮你的。｜他在法国住过两年，可能会说一点儿法语。｜这么晚了，他可能不会来了。

（2）"会"表示"有能力"时，主要表示知道怎么做或已掌握某种技能、技巧。

> 她会做中国菜。｜他不会开车。｜你会不会骑自行车？｜李老师的孩子已经快两岁了，早就会走路了。｜你真会说话。

"能"常表示有做某事的能力，或恢复某种能力、功能。

> 她已经能用汉语跟别人谈话了。｜我相信你一定能把这件事做好。｜他能用左手写毛笔字。｜他的病还没好，这两天还不能下床走动。｜这些机器修一修，还能用。

（3）对"能+动词性词语+吗？""能不能+动词性词语？"的肯定回答，一般用"可以""行"或"不行"。

> "我能进去看看吗？""当然可以。"｜"明天你能不能早点儿来？""行，明天一定早点儿。"

对"会+动词性词语+吗？""会不会+动词性词语？"的肯定回答，一般用"会"或"不会"。

> "你会做中国菜吗？""当然会，我天天做。"｜"下午会不会下雨？""不会，天气预报说这几天都没雨。"

（4）"会"可以是一般动词，表示掌握某种技能。宾语可以是名词性词语，可以作补语。可以说"学会…"。

> 她不仅会英语，而且会日语。｜她很快就学会了怎么做牛排。

（5）"能"可以表示达到某种程度、速度、效率、水平等。

> 他一分钟能打一百个汉字。｜他一口气能喝下一瓶矿泉水。｜这种火车一小时能跑二百多公里。｜他学了一年汉语，就能看一般的中文报纸了。

（6）"能"还可以表示许可，相当于"可以"。

> 我能进去看看吗？｜你能帮我带一本词典吗？｜你能不能把窗户打开？

（7）"能"还可以是形容词，表示有才能。

这人能得很。｜他真是个能人。

〖 练习 Exercises 〗

填空：　A.会　　B.能

（1）情况可能_____发生一些变化。

（2）再等一会儿，他一定_____来的。

（3）他的伤已经恢复，现在_____参加比赛了。

（4）她才学了半年，就_____用简单的汉语跟别人谈话了。

（5）丁先生不仅_____英语、日语，而且还_____一点儿法语。

193 会 huì ③　　会议 huìyì ③

〖 相似 Similarities 〗

名词。一些人在一起讨论或听某人说话。

下个星期王院长要参加两个会。‖ 来自世界各国的二百多位大学校长出席了这次会议。

〖 区别 Distinctions 〗

（1）"会"多用于口语，"会议"多用于书面语和正式场合。

（2）"会"的规模可大可小。不直接作双音节动词的宾语，前边一般不直接用双音节形容词。可以说"开会""大／小／长／短会""例会""见面／招待／讨论／研讨／准备会""故事会"。

今天下午要开会。｜这次大会开得很好。｜运动员与记者的见面会已经结束了。｜杨老师没有出席这次学术讨论会。｜每星期我们要组织一次故事会。

"会议"的规模比较大，比较正式。可以说"举行／召开／参加会议""重要／紧急／临时会议""学术会议""国际会议""会议中心""会议室"。

练习答案：　（1）A　　（2）A　　（3）B　　（4）B　　（5）A，A

市政府下周将举行会议总结今年的工作。 | 现在应该召开紧急会议讨论解决问题的办法。 | 参加这个学术会议的代表有二百多人。 | 这个会议中心经常召开一些国际会议。

〖练习 Exercises〗

填空： A.会 B.会议

（1）这次大_____是在国家_____中心举行的。

（2）在这次讨论_____上，有十几位专家做了报告。

（3）来自全国各地的一百五十多位专家参加了这次学术_____。

194 活动 huódòng ① 运动 yùndòng ②

〖相似 Similarities〗

（1）动词。身体或身体的某部分动。

他上场比赛以前先活动了一下腿脚。‖ 每天早上他都要运动半个小时。

（2）名词。集体的行动。

很多市民都参加了这次植树活动。‖ 有些科学家不太关心政治运动。

〖区别 Distinctions〗

（1）"活动"可以表示为了放松，动一动身体。有时可以带宾语。可以说"活动手脚 / 腿脚 / 腰身""活动活动胳膊（gēbo）"。

坐的时间长了，要站起来活动活动。 | 他下午起床活动了一会儿，又回房间躺下了。 | 早上起来活动活动腿脚，对身体有好处。

"运动"可以表示为了锻炼身体去打球、跑步、游泳、做体操等，也可以表示有一定技巧的体育项目。可以说"体育 / 篮球 / 长跑 / 跳高 / 健身运动""运动员""运动场""运动量""运动鞋 / 衣 / 服""运动服装"。

练习答案：（1）A, B （2）A （3）B

要想身体好，就要多运动。| 长时间不运动，人也变懒了。| 他很喜欢运动，但没想过要当运动员。

（2）"活动"还可以表示学习、工作、生活中的集体行动。可以说"课余／业余活动""集体／小组活动""庆祝活动""活动能力"。

我们的课余活动时间不太多。| 我们学校的迎新年活动内容很丰富。| 他在大学读书时，就参加了各种社会活动。| 他的活动能力很强。

"运动"还可以表示规模较大的、时间较长的、很多人参加的政治性或社会性的行动。可以说"政治运动""学生／群众／工人／农民运动""新文化运动"。

五四运动是二十世纪中国历史上的一件大事。| 他们都是中国新文化运动时期的著名作家。| 土地改革运动使没有土地的农民得到了土地。

（3）"活动"还可以表示松动，不牢固。

奶奶说她的牙有点儿活动了。| 机器上有个零件活动了，得把它上紧。

（4）"运动"还可以表示物体位置的变化。

地球每时每刻都在运动。| 月亮绕（rào）着地球运动，地球又绕着太阳运动。

〖练习 Exercises〗

填空： A.活动　　B.运动
（1）学生的课外_____内容很丰富。
（2）成千上万的工人和学生参加了那次群众_____。
（3）我好久没上体育场_____了，人也越来越胖了。
（4）我们班明天下午有_____，我不能跟你们去逛街了。

练习答案： （1）A　（2）B　（3）B　（4）A

J

195 积极 jījí ③　　主动 zhǔdòng ③

〖 相似 Similarities 〗

形容词。自己要做某事，或热心做某事。可以说"积极主动"。

> 他积极参加了学生会组织的各种社会活动。‖ 小李主动要求去农村工作。

〖 区别 Distinctions 〗

（1）"积极"可以表示对某事热心，想办法要把事情做好。与"消极"相对。可以说"积极分子""态度积极""积极性"。

> 她是学校文艺活动的积极分子。| 她的工作态度总是很积极。| 在这场比赛上，他表现得很积极。| 职工的工作积极性被调动起来了。

"主动"可以表示行动很自觉，没有外力推动也会去做。与"被动"相对。可以说"主动性"。

> 他主动拿出半个月的工资来帮助老人。| 老马把自己拾到的钱包主动还给了失主。| 在这件事上他一直表现得很主动。| 在工作上如果缺乏主动性，就很难做得好。

（2）"积极"还可以表示事物好的方面，正面的。可以说"积极意义 / 作用 / 影响 / 因素""积极的方面"。

> 为发展两国友好合作关系，他们起到了很积极的作用。| 这件事虽然不太好，但也有它积极的方面。

（3）"主动"还可以表示不受外力影响、控制，比较自由。可以说"争取 / 取得 / 掌握主动""主动局面 / 地位""主动权"。

> 在工作中我们要争取主动。| 他们的技术和管理都很先进，在市场竞争中一直处于主动地位。

填空： A.积极 B.主动

（1）小丁见一位老人上来了，_____把座位让给了她。

（2）这件事情虽然没成功，但也有一定的_____意义。

（3）在比赛中，不管是进攻还是防守，都应该争取_____。

196 急 jí ② 着急 zháojí ②

〖相似 Similarities〗

动词。心里不安，想快些行动。

你别急，我们还有时间。‖ 遇到困难只是着急没用。

〖区别 Distinctions〗

（1）"急"可以用"坏""死"等作补语。可以用在"把"字句里。可以说"急坏了""急死了""性子急""急性子""急得…""急于…"。

火车就要开了，可他俩到现在还在来火车站的路上，真是急死人了。| 他这个人是个急性子，做什么事情都要快。| 考试以后，大家都急于知道考试的结果，这种心情是可以理解的。

"着急"有时可以带宾语。"着急地"可以作状语。可以说"十分着急""使＋某人＋着急""着过急"。

他只着急单位里的事，家里的事他从不操心。| 他放下电话，就着急地去找李经理报告情况。| 孩子上学的事使她很着急。| 不管发生什么事，他从来都没着过急。

（2）"急"还可以是形容词，可以表示事情发生得很快，也可以表示问题或情况严重，要马上解决。可以说"急事""急送""急需""紧急""加急"。

昨天的雨下得很急，市区的一些道路上都积了水。| 这件事情很急，必须马

练习答案： （1）B （2）A （3）B

上解决。| 他的伤比较严重，必须急送医院。| 灾区目前正急需粮食、衣物和药品。

〖 练习 Exercises 〗

填空： A.急 B.着急

（1）公司的困难使他十分_____。

（2）孩子病了，她_____得哭了起来。

（3）因为有几件_____事，我们这个周末只好加班。

197 集体 jítǐ ③　　团体 tuántǐ ③

〖 相似 Similarities 〗

名词。一些人在一起形成的组织。

中国乒乓球队是个光荣的集体。‖ 上个星期先后有十多个团体来这儿参观。

〖 区别 Distinctions 〗

（1）"集体"多是为了进行某种活动，一些人组织在一起形成的。可以说"班集体""光荣／温暖的集体""集体生活／行动／决定／研究／讨论""集体利益／荣誉／智慧""集体宿舍"。

我们班是个温暖的集体。| 上大学以后，我们开始了集体生活。| 这个计划是大家集体讨论以后决定的。| 我们要考虑个人利益，也要考虑集体利益。

"团体"常是为了某种共同的目的，一些人组织起来（一个团体里的一些人可以在一起，也可以不在一起）。可以说"社会／群众／学生团体""文艺／学术／旅游团体""团体表演／比赛／活动""团体项目"。

我们学校里有很多文艺团体。| 参加这次会议的有政府官员和一些社会团体的代表。| 昨天的晚会上既有个人表演，也有团体表演，都很精彩。

练习答案：（1）B　（2）A　（3）A

（2）一些人在一起拍的照片叫"集体照"或"集体相"。

大家都过来，我们拍张集体照吧。

〖练习 Exercises〗

填空：　A.集体　　B.团体

（1）在大学里我们住的是_____宿舍。

（2）他参加的_____比赛项目得了二等奖。

（3）有很多群众_____参加了这次庆祝活动。

（4）这份报告是几位科学家的_____研究成果。

198 继续 jìxù ②　　连续 liánxù ③

〖相似 Similarities〗

动词。某事接着进行，或某种情况接着发生。

这一课昨天没学完，今天我们继续学习。‖ 就在这个路口，去年连续发生了几起交通事故。

〖区别 Distinctions〗

（1）"继续"常表示某事没完，接着进行，或某种状态没有变化，一直保持。可以说"继续下去"。

这些事情今天干不完不要紧，明天可以继续。| 上半场已经结束，队员们休息十五分钟后，继续进行下半场比赛。| 这种管理混乱的状况再也不能继续下去了。

"连续"表示行为活动是连着发生的、不断的、不停的，或一次接一次。可以说"连续不断"。

这样的阴雨天气已经连续一个多月了。| 在电脑前连续工作一段时间后应该站起来活动一下。| 以前火车从上海到西安要连续行驶二十几个小时，现在

练习答案：　（1）A　　（2）B　　（3）B　　（4）A

快多了。

（2）"继续"可以直接用在动词前作状语。可以说"继续讲／说／谈／看／听／演／做／干""继续进行／保持／存在"。

这些活儿今天干不完了，明天继续干吧。｜有些问题已经解决，但也还有不少问题继续存在。

"连续"在动词性词语前作状语时，常用"连续＋动词＋数量词语"（如"连续表演一个小时""火车连续行驶一千多公里"）或"连续＋时间词语＋动词"（如"连续几天不上课""连续半个月住在外边"）。

这雨已经连续下了一个星期了。｜他已经连续三个星期周末没休息了。｜他已经连续好几天没来上课了，你知道他去哪儿了吗？

（3）"连续"还可以作定语，可以说"电视连续剧""连续的失败／失误""连续性"。

她很喜欢看韩国的电视连续剧。｜经历了连续的失败，他有些灰心了。｜这两部分内容是连续的。

〖 练习 Exercises 〗

填空： A.继续 B.连续

（1）对不起，打扰你们了，你们_____谈吧。

（2）大夫告诉他，回家后要好好休息，还要_____吃药。

（3）为了能按时完成任务，他已经_____四个星期周末没休息了。

（4）最近_____发生的几次生产事故，已经引起了有关部门的高度重视。

199 加工 jiāgōng ③　　生产 shēngchǎn ③

〖 相似 Similarities 〗

动词。做出产品。

很多服装商店请他的公司给加工服装。‖ 这种药品是西安的一家公司生产的。

练习答案：（1）A （2）A （3）B （4）B

〖区别 Distinctions〗

（1）"加工"可以表示把材料变成产品，或把没有做好的产品做好。可以说"加工厂""加加工""加工加工"。

这些大块的石头经过加工以后，就变成了建筑材料。 | 这里虽然出产钻石（zuànshí），但当地的加工技术并不高。 | 老王自己开了一家粮食加工厂，他弟弟开了一家木材加工厂。 | 这个柜子还没做好，还需要再加加工。

"生产"可以表示工业方面制造出某种产品，也可以表示农业方面出产某种农业产品。可以说"工业／农业生产""生产汽车／飞机／电脑／电视机／冰箱／洗衣机／药品""生产水稻／小麦／玉米／棉花／茶叶"。

世界上能生产汽车的国家不多，能生产飞机的国家更少。 | 我们办公室的电脑都是同一家公司生产的。 | 他们公司以前是生产洗衣机的，最近开始生产电脑和手机了。 | 这里只能生产玉米，不能生产水稻和小麦。

（2）"加工"还可以表示修改文章、文艺作品等，使它们变得比原来好。

你的文章写得不错，再加工加工，可以在报纸上发表。 | 她的小说已经写完了，目前正在加工修改。 | 电影拍好了，还要进行后期加工。

〖练习 Exercises〗

填空：　A.加工　　B.生产
（1）春天来了，农村的农业_____也比较忙了。
（2）很多国家不_____汽车，但路上的汽车并不少。
（3）这个地区养牛的农民多，牛肉_____技术也很发达。

200 家 jiā ①　　家庭 jiātíng ②

〖相似 Similarities〗

名词。"家"或"家庭"都是由父母、夫妻、子女或个人等组成的。

练习答案：　（1）B　　（2）B　　（3）A

他想有自己的家。‖ 每个人的家庭情况都不相同。

〖 区别 Distinctions 〗

（1）"家"通用于口语和书面语，"家庭"多用于书面语。

（2）"家"前边可以直接用指人的词语作定语。可以说"每家""一家""分家""人家""家家"。

　　你（们）家 | 老王家 | 李先生家 | 以前哥哥和我们是一家，他结婚以后，我们就分家了。| 北方过年的时候，家家都要吃饺子。

　　用"家庭"可以说"家庭成员""家庭妇女""家庭情况 / 收入 / 生活 / 教育 / 矛盾""干部 / 工人 / 教师 / 军人家庭""知识分子家庭"。

　　她妈妈是一位家庭妇女。| 他的家庭情况并不复杂。| 家庭教育对孩子的成长十分重要。| 她出生于一个干部家庭。

（3）"家"还可以指人们日常生活的住所。

　　下班以后我马上回家。| 他把单位当成了自己的家。| 昨天下午我不在家。

（4）"家"还可以指在某方面有成就的人。

　　教育家 | 科学家 | 数学家 | 小说家 | 文学家 | 艺术家

（5）"成家"单独用时表示结婚；在"成名成家"里，"成家"表示成了专家。

　　他虽然刚二十岁，但已经成家了。| 研究所的这些科学家，其中有不少很早就成名成家了。

（6）"家庭"还可以指像家庭一样的集体。可以说"社会大家庭""学校大家庭"。

　　这次事故后，很多不认识的人给了她很大的帮助，让她感受到了社会大家庭的温暖。

（7）"家"还可以是量词。

　　一家宾馆 | 两家医院 | 这家照相馆

填空： A.家　　B.家庭

（1）结婚以后，他们的 _____ 生活很幸福。

（2）农村过春节的时候，每 _____ 都要贴春联。

（3）到北京工作了一年以后，他把 _____ 也搬到了北京。

（4）他虽然出生于教师 _____ ，但小时候却没有机会上学。

201 假如 jiǎrú ③　　如果 rúguǒ ②　　要是 yàoshi ②

〖 相似 Similarities 〗

连词。表示某种条件。

> 假如明天下雨，我们就不去了。‖ 如果他不去，我也不去。‖ 要是老王能来，就好了。

〖 区别 Distinctions 〗

（1）"假如""如果"通用于口语和书面语，"要是"多用于口语。

（2）带"假如"的分句可以表示假想的某种情况、条件（一般是没发生的，或不是真实情况）。

> 假如没有太阳和水，人和动物就不能生存。 | 假如你是市长，你怎么处理这件事？ | 假如能让盲人（mángrén）看见光明，那该多好啊！ | 大部分人表示：假如捡到一个钱包，里边有钱，他们会主动交还失主。

带"如果"或"要是"的分句表示某种情况、条件（可以是没发生的，也可以是已经发生的，或是真实情况）。

> 如果我说错了，请你告诉我。 | 开车时，如果你前边是一辆校车的话，你是不能超车的。 | 这里的公共交通不太方便，如果你会开车，最好自己买辆车。‖ 你要是累了，就休息一会儿吧。 | 我要是有钱，就一定出国旅游。 | 你要是希望一年就把汉语学得很好，那是不大可能的。

练习答案： （1）B　 （2）A　 （3）A　 （4）B

（2）用"假如""如果"可以说"假如说…，…""如果说…，…"。

假如说你去 ATM 机上取 1000 块钱，可是 ATM 机却给了你 10000 块钱，你怎么办？‖ 如果说生活是一台戏，那我们每个人都是演员。

（3）用"假如""如果"可以说"假如不是…，…""如果不是…，…"。

这场比赛假如不是巴西队对德国队，恐怕就没这么多观众了。‖ 上个星期如果不是下大雨，我们就去旅游了。

用"要是"可以说"要不是…，…"。

今天要不是起床晚了，我就不会迟到了。

（4）下边句子中的"要是"相当于"如果是"，后边用名词性词语。

我要是你，也会这么做的。｜ 你要是北京人，就一定知道天安门和故宫。

〖 练习 Exercises 〗

填空：　A.假如　　B.如果　　C.要是

（1）你＿＿＿＿饿了，就先吃吧，不用等我了。

（2）我＿＿＿＿公司经理，一定请你来我们公司工作。

（3）＿＿＿＿你能选择父母，你希望生在什么样的家庭？

（4）＿＿＿＿不是自己亲眼看到的，我也不相信会发生那样的事情。

（5）＿＿＿＿说世界上的人都使用同一种语言，那我们就不用学外语了。

202　价格 jiàgé ②　　　价钱 jiàqian ③　　　价值 jiàzhí ③

〖 相似 Similarities 〗

名词。买东西花的钱。

电脑的价格最近又降了。‖ 这种手表价钱很贵。‖ 这台机器的价值约二十万元。

练习答案：（1）C　　（2）C　　（3）A　　（4）A/B　　（5）A/B

（1）"价格"多用于正式场合，常用"高""低""合理"来形容。可以说"商品价格""市场价格""出厂价格""批发／零售价格""价格合理"。

商品的零售价格一般要高于它的批发价格。｜他们公司出的价格太低，我们不能接受。｜最近一段时间石油价格很不稳定。｜商场决定降低部分商品的价格。

"价钱"多用于口语，可以用"贵""便宜"来形容。可以说"大价钱""出／花…价钱"。

这段时间大米和蔬菜的价钱都涨了。｜这双鞋价钱不贵。｜那幅画儿是他花大价钱买来的。

"价值"可以表示买卖某物品大概的价。可以说"价值连城"。

这套房子的价值大概在一百万元左右。｜那两幅画儿的总价值达到了五百多万元。｜这些古董（gǔdǒng），件件都是价值连城。

（2）"价值"还可以是动词，表示值多少钱。后边常用数量词。

他买了一块价值两万多块的手表。｜这套房子当时价值二百多万。

（3）"价值"常指事物具有的积极的作用。可以说"应用／使用／研究／保留价值""科学／历史／艺术／文学价值""价值很高""毫无价值"。

他的研究成果有很好的应用价值。｜这幅作品有很高的艺术价值。｜这些文物对研究古代人们的社会生活有极高的价值。｜这本书很有意思，但对科学研究毫无价值。

〖练习 Exercises〗

填空：　A.价格　　B.价钱　　C.价值
（1）这篇文章有很高的科学_____。
（2）新出土的这些文物有极高的研究_____。
（3）谁肯出大_____，我就把这些东西卖给谁。

（4）这台机器的出厂_____只有五万元，不算贵。

203 假期 jiàqī ③   节假日 jiéjiàrì ③   节日 jiérì ②

〖相似 Similarities〗

名词。像春节、国庆节期间的日子。

　　七天的假期很快就过去了。‖ 节假日的时候，有很多家长领孩子来公园玩儿。‖ 节日里，出门旅行的人很多。

〖区别 Distinctions〗

（1）"假期"常指放假或请假的日子。学校里的寒假、暑假都是假期。

　　夏天里，中小学一般有两个月的假期。｜假期里我们计划去旅行。｜我整个假期都在北京，没去外地。｜他们的工作很忙，很少有假期。

（2）"节假日"指节日和放假的日子。

　　他的工作很忙，这半年来，他没有星期天，也没有节假日。｜每到节假日，去杭州旅游的人都很多。｜他节假日里最喜欢睡懒觉。

（3）"节日"常指传统的或国家规定的纪念日、庆祝日。春节、端午节、中秋节、圣诞节、元旦、国庆节都是节日。节日的时候不一定都放假。

　　每个国家都有一些传统节日。｜教师节是教师的节日。｜春节期间，到处都可以感受到节日的气氛。

〖练习 Exercises〗

填空：　A.假期　　B.节假日　　C.节日
（1）六月一日是孩子们的_____。
（2）春节是中国最重要的传统_____。

练习答案：　（1）C　　（2）C　　（3）B　　（4）A

（3）一个多月的_____很快就过去了。

（4）每到_____的时候，不管是国庆节、春节，还是寒假、暑假，出门旅游的人都很多。

204 坚决 jiānjué ③　　坚强 jiānqiáng ③

【相似 Similarities】

形容词。决心大，不动摇。

> 他们的态度十分坚决。‖ 他们意志坚强，克服了很多困难。

【区别 Distinctions】

（1）"坚决"常表示下决心做某事，态度明确。可以说"坚决改正 / 支持 / 反对 / 打击 / 执行""态度坚决"。

> 犯了错误就要坚决改正。| 我坚决支持你们的意见。| 那种不负责任的工作作风，我们应当坚决反对。| 一切违法犯罪行为都将受到坚决的打击。

（2）"坚强"常表示很强而且有力，不轻易放弃，或不易被打败。可以说"坚强的信心 / 意志""坚强的集体 / 领导""性格坚强"。

> 她的生活很不幸，但她非常坚强。| 那么多的困难没有打败我们，反而使我们的集体变得更加坚强了。| 一个成功的企业往往有一班人的坚强领导。| 经历了几年艰苦的生活，他的性格也坚强起来了。

【练习 Exercises】

填空：　A. 坚决　　B. 坚强

（1）这个计划非常重要，我们必须_____执行。

（2）得知这个不幸的消息时，她表现得非常_____。

练习答案：　（1）C　　（2）C　　（3）A　　（4）B

（3）做事情应该认真负责，我们＿＿＿＿＿反对那种马马虎虎的工作作风。

205　简单 jiǎndān ②　　容易 róngyì ②

〖相似 Similarities〗

形容词。事情不难。

> 这些生词和课文都很简单，一点儿也不难。‖这些问题看起来很容易解决，实际上并不容易。

〖区别 Distinctions〗

（1）"简单"常表示事物或人不复杂。可以说"内容／故事简单""头脑／想法／思想简单""简单的问题"。

> 他的文章内容简单，却很有意思。│孩子的头脑往往比较简单，想问题没有那么复杂。│这么简单的问题，我们自己可以解决。│你说得太简单了。

"容易"常表示事情不难做，或问题不难解决。

> 这次考试他觉得很容易。│今天的作业比较容易。│这件事说起来容易，做起来难。│难的题目她都做对了，容易的题目却做错了。

（2）"简单"作状语时，动词后边常带有表示少量的词语（如"一点儿""一下"）。

> 我简单准备了一点儿吃的，你尝尝吧。│我向大家简单介绍一下我们公司的情况。│你就简单地说几句吧。

"（很）容易"和"不容易"作状语时，动词后边可以不用其他成分。

> 我觉得这个菜很容易做。│这句话的意思很容易理解。│那些技术问题都不容易解决。

（3）"不简单"常表示某人的能力或经历不一般，了不起。

> 这孩子才八岁，钢琴就弹得这么好，真不简单。│一百多人参加比赛，你得

练习答案：（1）A　（2）B　（3）A

了第四名，已经很不简单了。

（4）用"简单"还可以说"简简单单""简单化"。

他在电话里只是简简单单地介绍了一下他在西安的生活情况。｜日常生活要简单化，每天吃、穿都那么复杂，谁受得了？

（5）"容易"还可以表示发生某事或发生某种变化的可能性大。一般作状语。

酒后开车容易引起交通事故。｜小孩子生冷的东西吃多了容易生病。

〖 练习 Exercises 〗

填空： A.简单 B.容易

（1）小孩子的思想都比较_____。

（2）这几天忽冷忽热的，很_____得感冒。

（3）我向大家_____地介绍一下我们学校的情况。

（4）刚开始我以为日语很_____学，可是后来越学越难。

206 见 jiàn ① 见面 jiàn miàn ①

〖 相似 Similarities 〗

动词。看到某人。

上个月在北京我们见过一次。‖ 分别以后，我们一直没有再见面。

〖 区别 Distinctions 〗

（1）"见"可以表示人或动物看到某人或事物。可以带宾语。可以说"看（得/不）见""听（得/不）见""遇见""碰见""见（得/不）到""好久不见""好久没见"。

我没见过这个人。｜我在洛阳时见过这种古老的乐器。｜小狗一见生人就叫。｜黑板上的字太小，坐在后边就看不见了。｜他的声音很大，我们在门外都听得见。｜在这些热带小岛上是见不到下雪的情景的。｜好久不见，你好吗？

练习答案： （1）A （2）B （3）A （4）B

"见面"可以表示人们到一起，互相看到。不能带宾语。可以分开用，中间可以用"了""过"、数量词、指人词语等。可以说"跟／和…见面"。

大学毕业已经十多年了，这回我们是第一次见面。｜前几天我和他见过面。｜我们离得这么远，见一面都很不容易。｜他在上海的时候我跟他见过几次面。｜老人很想见你一面。

（2）用"见"可以说"见见""见一见"。

我很想见见你的那位朋友。｜他下周来上海，你可以见一见他。

用"见面"可以说"见见面"。

我很希望跟他见见面，好好谈谈。

〖练习 Exercises〗

填空：　A.见　　B.见面

（1）我刚才在门口_____到王主任了。

（2）这种水果我以前从来没_____过。

（3）二十年过去了，我们终于又_____了。

（4）在电话里说不清楚，我们_____再谈吧。

207. 见到 jiàndào ②　　看到 kàndào ①　　看见 kànjiàn ①

〖相似 Similarities〗

动词。看并且有印象。中间可以用"得／不"。

今天上午有王老师的课，我们能见到他。‖很长时间没看到田中了，他去哪儿了？‖你看见小李了吗？主任找他。

〖区别 Distinctions〗

（1）"见到"可以表示跟某人见了面，碰见、遇到某人或某事物。

练习答案：　（1）A　　（2）A　　（3）B　　（4）B

她很喜欢当老师，一见到孩子们，她就很开心。| 这些明星都很有名，很多人都想亲眼见到他们。| 这几年他在国外学习，我一直没见到过他。| 在博物馆里我第一次见到了《清明上河图》这幅有名的画儿。| 这是我见到过的最美的风景。

"看到"和"看见"可以表示看并且注意到。

王老师在黑板上写的字比较大，坐在后边的同学也能看到／看见。| 这儿不能停车，你没看到／看见这儿写着"禁止停车"吗？| 刚才我看到／看见有一辆吉普车朝这边开过来了。

（2）"看到"还可以表示读到或观看到。

老师们看到学生写的好文章，都很高兴。| 我很早就听说过这本小说，但直到最近才看到它。| 来中国以前，我很少看到中文电影。

（3）"看到"还可以表示发现某种情况或问题。

没有谁能清楚地看到一百年以后的事情。| 我们应当看到，这些问题如果不解决，后果会很严重。

注意，下边句中"看到…"的"到…"表示到某个时间或某个地方。

昨天的电影很长，我们从八点看到十一点多才看完。| 那本书我才看到一半，下个星期才能看完。

〖 练习 Exercises 〗

填空： A.见到 　 B.看到 　 C.看见
（1）我一直很想见见姚明，这次终于 _____ 了。
（2）这次在上海我们 _____ 了一场十分精彩的杂技表演。
（3）你说的这个问题，我们都 _____ 了，但还不知道怎么解决。
（4）从南京来上海的路上，我们经常 _____ 马路两边有一些很大的广告牌。

练习答案： （1）A 　 （2）B 　 （3）B 　 （4）B/C

208 建 jiàn ③ 　　造 zào ③

〖 相似 Similarities 〗

动词。做房屋、桥等。可以说"建造"。

我家附近又<u>建</u>了一座高楼。‖ 村里<u>造</u>了不少新房子。‖ 这座大桥是四十多年前<u>建造</u>的。

〖 区别 Distinctions 〗

（1）用"建"可以说"建于…"。

那座桥<u>建于</u>四百多年前的明朝。| 许多<u>建于</u>一百多年前的老房子被保存了下来。

（2）"建"还可以表示成立、建立。可以说"建国""建军""建都（jiàndū）""建校""建院""建交（建立外交关系）"。

2012 年是中华人民共和国<u>建国</u>63 周年。| 历史上的元朝、明朝和清朝都在北京<u>建都</u>。| 我们学校是 1954 年<u>建校</u>的。

（3）"造"可以表示做机器、工具等。可以说"制造""造汽车／飞机／船""造枪／炮""造钟表""造纸／笔"。

他们不仅能<u>造</u>汽车，而且能<u>造</u>飞机。| 瑞士<u>造</u>的钟表很有名。| 这种纸都是我们厂<u>造</u>的。

"造价"表示建造或制造所用的钱。

三十多年前这座楼的<u>造价</u>并不高。| 飞机的<u>造价</u>比汽车高得多。

（4）"造"还可以表示编假的东西。可以说"造假""造谣（zàoyáo）"。

他这人很老实，做事情不会<u>造假</u>。| 会计<u>造假</u>账是一种违法行为。| 我们都不知道这谣言（yáoyán）是谁<u>造</u>出来的。

〖 练习 Exercises 〗

填空：　A.建　　B.造

（1）你们国家是哪一年_____国的？

（2）一些沿海国家的_____船技术比较发达。

（3）这些＿＿＿＿于两百多年前的寺庙还都保存得很好。

209 建成 jiànchéng ③　　造成 zàochéng ③

〖 相似 Similarities 〗

动词。使事物形成。

> 北京的人民大会堂是 20 世纪 50 年代末建成的。‖ 目前这种困难的形势是因为以前不重视管理和质量造成的。

〖 区别 Distinctions 〗

（1）"建成"的对象常是建筑、工程、设施、小区等，也可以是体系、系统、队伍等。

> 明年我们的办公室要搬到那座新建成的大楼里。| 这项工程计划分三期进行，第一期工程已经建成。| 我们希望在近两年内公司能够建成一套良好的管理体系。| 李校长希望在学校里建成一支高质量的教师队伍。

（2）"造成"的对象常是困难、麻烦、影响、损失、浪费、伤害等。

> 今年的水灾给灾区农民的生活造成了很大困难。| 上半场对方的两名进攻队员给我们造成了不少麻烦。| 这次事件对我们两国关系造成了很坏的影响。| 这起事故造成的损失在十万元以上。

〖 练习 Exercises 〗

填空：　A.建成　　B.造成

（1）这座教学楼是五十多年前＿＿＿＿的。

（2）地震给灾区人民＿＿＿＿了巨大的损失和伤害。

（3）他们计划用五年时间在这里＿＿＿＿一个新的居民生活小区。

练习答案：　208.（1）A　　（2）B　　（3）A
　　　　　　209.（1）A　　（2）B　　（3）A

210 将近 jiāngjìn ③　　接近 jiējìn ③

〖 相似 Similarities 〗

表示离得近。

> 他身高一米七五，体重将近九十公斤，有点儿胖。‖ 他昨天有点儿发烧，今天体温已经接近正常了。

〖 区别 Distinctions 〗

（1）"将近"是副词，表示离某个数量很近。后边常用表示数量的词语。

> 为了写这本书，她花了将近三年的时间。｜这孩子才十岁，体重已将近一百斤了，太胖了。｜夏天他们常在将近40℃的高温下劳动，很辛苦。｜他们学校70%以上是女生，我们学校女生将近半数。

（2）"接近"可以是动词，表示距离、数量、关系或认识变近。可以带宾语。

> 小船已经接近小岛了。｜我们已经接近目标了。｜接近春节的时候，乘坐飞机、火车的人很多。｜这项工程已接近完工。｜她性格开朗，很容易接近。｜他们昨天提出的价格已经接近我们的条件了。

（3）"接近"还可以是形容词，表示风格、性质、水平、观点、颜色等相似，差别不大。前边可以用"很""非常""比较""越来越"。

> 那两座楼房的建筑风格很接近。｜这两支球队的实力非常接近，现在还很难说谁胜谁负。｜我们的想法其实很接近。｜双方的观点越来越接近了。

〖 练习 Exercises 〗

填空：　A.将近　　B.接近
（1）这两件衣服颜色很_____。
（2）他经常发火儿，大家都不敢_____他。
（3）老人虽然_____九十岁了，但身体还很好。
（4）经过_____一个月的治疗，他的身体恢复了健康。

　　练习答案：　（1）B　　（2）B　　（3）A　　（4）A

211 讲 jiǎng ②　　说 shuō ①　　谈 tán ②

【 相似 Similarities 】

动词。用语言表达。

他讲了几句话。‖ 他说了一件事。‖ 他谈了自己的想法。
你讲讲事情的经过吧。‖ 你说说你的看法吧。‖ 你谈谈你的意见吧。
你讲得很清楚。‖ 他说得很明白。‖ 他谈得很全面。

【 区别 Distinctions 】

（1）"讲"还可以表示在教学活动、书籍、文章中介绍知识，解释问题。

刘老师是专门讲高等数学的。｜ 王老师的化学课讲得很生动。｜ 这个问题我们还不太清楚，您能不能再讲讲？｜ 这本书是讲信息技术的。

（2）"讲"还可以表示讲究或认为某方面重要。可以说"讲文明／礼貌／卫生／信用／道德""讲道理""讲吃讲喝讲穿"。

与人相处要注意讲文明讲礼貌。｜ 做生意不能不讲信用。

（3）"讲"还可以表示从某方面看。

要是讲聪明，谁也比不上他，但是他根本不努力。｜ 在我去过的城市中，讲漂亮，大连一定算一个。

（4）"说"在口语中可以表示批评。

姐姐说了她几句，她就哭了。｜ 这是他的不对，我要狠狠地说说他。｜ 妈妈把哥哥说了一顿。｜ 你做错了事，别人还说不得你吗？

（5）"谈"还可以表示讨论、商量。

我一直想找你谈谈。｜ 我想和你谈谈这个问题。｜ 他们在谈生意。｜ 我们一直谈到夜里一点多钟。｜ 他们俩总是谈不到一块儿。

（6）用"讲"可以说"讲故事"。

小时候，我们很喜欢听奶奶讲故事。

"说书"是一种文艺形式。

爷爷每天都要听广播里的说书节目。

用"谈"可以说"谈恋爱""谈心"。

现在很多年轻人忙得连谈恋爱的时间都没有。 | 她跟妈妈谈心谈得很晚。

〖练习 Exercises〗

填空： A.讲 B.说 C.谈

（1）王老师_____课我们很爱听。

（2）丁老板经常跟客户_____生意。

（3）父母教育孩子从小就要_____礼貌。

（4）小李，我可要_____你了，这次确实是你做得不对。

（5）不管遇到什么问题，我们都不能不_____道理。

212 讲话 jiǎng huà ② 说话 shuō huà ① 谈话 tán huà ③

〖相似 Similarities〗

动词。用语言表达。

这孩子在人多的地方不敢讲话。‖ 你在想什么？怎么不说话？‖ 他们俩正在屋里谈话。

〖区别 Distinctions〗

（1）"讲话"和"说话"可以表示一般的使用口语的说的活动。

这孩子太小了，还不会讲话／说话呢。｜我一听讲话／说话的声音，就知道是他来了。｜有的人很会讲话／说话，有的人很不会讲话／说话。

（2）"为／替（tì）／帮…讲话／说话"可以表示帮别人说好话。

弟弟做错了事，爸爸总要为他讲话／说话。｜他的错误很严重，没有谁帮他讲话／说话。

练习答案： （1）A （2）C （3）A （4）B （5）A

（3）"讲话"和"说话"还可以表示对某人或某事有意见。

　　大家都在排队，你不排队，别人要讲话／说话的。｜他们要是知道了你这样做，一定会讲话／说话的。

（4）"讲话"还可以表示个人在会议、电视、广播上发言、演讲。可以说"发表讲话"。

　　今天开会，校长要讲话。｜每到新年的时候，一些国家领导人就要在电视上讲话。｜大家对他在会上的讲话很感兴趣。｜市长在会上发表了重要讲话。

（5）"讲话"还可以用作介绍一般知识性的书的名称，如《语法修辞讲话》、《汉语词汇学讲话》。

（6）"谈话"常表示几人（包括两人）相互之间用语言表达意思、交换意见或了解情况。

　　李老师昨天找我们谈话了。｜我们只谈过一次话。｜跟他谈话很有意思。

（7）"谈话"还可以表示某人在政治、外交等问题上发表的意见。可以说"发表谈话"。

　　外交部长对两国之间的一些问题发表了一次谈话。

〖练习 Exercises〗

填空：　A.讲话　　B.说话　　C.谈话
（1）她在人多的场合不敢＿＿＿＿。
（2）王主任要找你＿＿＿＿，他在办公室等你。
（3）他不太会＿＿＿＿，一＿＿＿＿就让别人不高兴。
（4）《现代汉语语法＿＿＿＿》是一本很好的语法书。

练习答案：　（1）A/B　　（2）C　　（3）A/B, A/B　　（4）A

213 交 jiāo ②　　交给 jiāogěi ②

〖相似 Similarities〗

动词。把某事物送给某人或单位。

报名表星期五以前要交办公室。‖ 请你帮我把作业交给王老师吧。

〖区别 Distinctions〗

（1）"交"后边可以用表示某事物的词语，也可以用表示某人或单位的词语。可以说"交表／钱／货／税（shuì）""交作业／报告／申请／学费""交到""交上（去）""交来""送交""交得…"。

他选好了要买的东西，可是交钱的时候，他才发现没带钱包。| 奖学金申请材料今天一定要交到办公室。| 这份报告下星期要交上去。| 我的作业交得太晚了，很不好意思。

"交给"后边一般用表示某人或单位的词语。

请你把这封信交给李主任。| 她让我交给你一本书。| 我的留学申请已经交给学校了。| 经理不知道把这个工作交给谁做才好。

（2）"交"还可以表示与人往来。可以说"交朋友""交友""交往""外交"。

跟中国人交朋友，对你提高汉语口语水平很有帮助。| 你跟不太了解的人交友要小心。| 我国与世界上的大多数国家建立了外交关系。

（3）"交"还可以表示不同的河流、道路、线条等经过同一点。可以说"相交"。

长江和汉江在武汉相交，很多铁路、公路也交于武汉，所以武汉的交通十分方便。

〖练习 Exercises〗

填空：　A. 交　　B. 交给

（1）他昨天没_____作业，李老师找他了。

（2）这两年在北京，她_____了不少中国朋友。

（3）他没有经验，这么重要的工作不能＿＿＿＿他。

214 交流 jiāoliú ③　　交往 jiāowǎng ③

〖相似 Similarities〗

动词。人与人之间往来。

　　彼此之间经常交流，有助于互相了解。‖我们两家已经交往了二十多年了。

〖区别 Distinctions〗

（1）"交流"常表示彼此把自己的思想、意见、经验、物品等给对方。可以带宾语。可以说"交流思想／意见／观点／看法／信息／心得／感情／经验""文化／经济／信息／学术／教育交流""交流产品／物资""交流会"。

　　在谈话中，大家交流了思想和意见。｜参加会议的大学校长们对当前如何办好大学交流了看法。｜打电话不仅可以交流信息，也可以交流感情。｜我们两国的文化交流已经有一千多年的历史了。｜我们两家公司应该经常交流产品，加强合作。｜下个月我们要参加一个物资交流会。

（2）"交往"常表示彼此之间有互相访问、交谈等活动。不能带宾语。可以说"官方／民间／私人交往""交往密切""交往很深"。

　　我们两国自古以来就有着密切的官方交往和民间交往。｜这些年来，我国与很多国家的交往都很密切。｜我和他只是工作上有些来往，私人交往很少。｜两位老人已经有了四十多年的交往，他们的交往很深。

〖练习 Exercises〗

填空：　A.交流　　B.交往
（1）大学里经常举办各种学术＿＿＿＿活动。
（2）谈话不仅能＿＿＿＿思想，而且能＿＿＿＿感情。

　　练习答案：　（1）A　　（2）A　　（3）B

（3）我们虽然在一个公司上班，但彼此并没有多少私人_____。

215 教练 jiàoliàn ③　　教师 jiàoshī ②　　老师 lǎoshī ①

〖相似 Similarities〗

名词。教别人知识、技术的人。

> 他是一位很好的篮球教练。‖ 当一名优秀教师很不容易。‖ 王老师是我们的汉语老师。

〖区别 Distinctions〗

（1）"教练"常指训练别人掌握某种技术、技巧或动作的人。"教练"可以用来称呼做教练工作的人。可以说"汽车教练""足球／篮球／乒乓球／体操／武术／舞蹈教练""总教练"。

> 高师傅已经做了十多年的汽车教练了。| 米卢是位很有名的足球教练。| 他以前是乒乓球队员，现在是中国乒乓球队总教练。| 刘翔受伤了，孙海平教练也很着急。

（2）"教师"和"老师"常指在学校里做教学工作的人。

"教师"可以指从事教学活动的职业，也可以指从事这种工作的人。不用来称呼别人。可以说"人民教师""中级／高级教师""特级教师""教师节"。

> 他的职业是教师，不是服务员。| 教师工作是很光荣的。| 这所中学有好几位特级教师。| 小李的妈妈是中学高级教师。| 九月十日是中国的教师节。

"老师"可以用来称呼做教学工作的人。称呼别人时，前边可以用人的姓名，可以带指人的词语作定语。

> 这位是我们学校的李老师。| 我们的老师都很热情。| 孩子的老师打电话来了。

（3）"老师"有时也用来尊称一些从事文化、艺术等活动的人。

练习答案：　（1）A　　（2）A，A　　（3）B

请王老师谈谈小说创作体会吧。（这位"王老师"是作家，但不是教师）

填空： A. 教练　　B. 教师　　C. 老师

（1）你们国家也有＿＿＿＿节吗？

（2）他是国家武术队的武术＿＿＿＿。

（3）她爸爸是一所中学的高级＿＿＿＿。

（4）我上小学的时候，李＿＿＿＿教了我们四年。

216 教室 jiàoshì ②　　　课堂 kètáng ②

〖 相似 Similarities 〗

名词。学校里上课用的房间。

我们在一个小教室里上口语课。‖ 同学们在课堂上有什么问题可以问老师。

〖 区别 Distinctions 〗

（1）"教室"常指用来上课的房间（里边可以有人，也可以没人）。可以说"教室里""一间／一个教室""明亮／宽敞的教室""新建的教室"。

我们学院的教室都在那座大楼里。｜上课的时候教室里坐满了人。｜学校一放假，教室的门就锁上了。｜这个教室现在改成阅览室了。｜这两间教室不一样大。｜每个教室里都有人在上课。

"课堂"可以指里边正在上课的房间。可以说"课堂上""课堂气氛""课堂纪律""课堂讨论""课堂作业"。

在课堂上他是我们的老师，下课以后他就是我们的朋友。｜上口语课的时候，我们班的课堂气氛很活跃。｜我们很喜欢进行课堂讨论。｜我们有时候要做一些课堂作业。

练习答案：　（1）B　　（2）A　　（3）B　　（4）C

（2）"课堂"有时比喻对人有教育作用的地方。

　　校外的社会环境是我们学习语言的大课堂。

〖练习 Exercises〗

填空： A.教室　　B.课堂

（1）那间大_____里有很多学生。

（2）每个学生都应该遵守_____纪律。

（3）这个房间以前是办公室，现在改成_____了。

（4）在家里，他是个好孩子，在_____上，他也是个很好的学生。

217 教学 jiàoxué ②　　　教育 jiàoyù ②

〖相似 Similarities〗

名词。教人知识、道理的活动。

　　马老师的教学经验很丰富。‖ 很多国家都很重视教育。

〖区别 Distinctions〗

（1）"教学"常指老师把知识、道理或技术等教给学生的活动。可以说"教学内容 / 方法 / 经验""教学计划 / 方案""教学重点 / 难点""教学活动""教学任务""教学时间""教学场所""教学楼""课堂教学"。

　　王老师的教学方法受到了学生们的欢迎。| 每一课都有一两个教学重点。| 小学老师的教学任务都很重。| 何老师非常重视课堂教学的效果。

　　"教育"常指按照一定的目的或要求来培养人、引导人的活动。可以说"教育事业 / 政策 / 方针 / 路线""幼儿 / 少儿 / 青少年教育""学前教育""中小学教育""义务教育""家庭教育""高等教育""成人 / 继续教育""艺术 / 历史 / 思想 / 道德 / 专业教育""教育学院""教育家""教育学"。

练习答案： （1）A　　（2）B　　（3）A　　（4）B

农村地区需要大力发展教育事业。 | 我们不仅要重视中小学教育，也要重视成人教育。 | 学校教育和家庭教育要很好地结合起来。

（2）"教育"也可以是动词，可以带宾语。

学校是教育人的地方。 | 我们应该教育孩子注意保护环境。 | 父母都希望把自己的孩子教育成对社会有用的人。

"教育"还可以表示让人明白某个道理。

这件事深深地教育了大家。

〖 练习 Exercises 〗

填空： A.教学 B.教育
（1）事实_____了大家。
（2）孙老师很善于组织课堂_____。
（3）孔子是中国古代伟大的_____家。
（4）老师要有丰富的知识，也要有很好的_____方法。

218 接下来 jiēxiàlái ② 接着 jiēzhe ②

〖 相似 Similarities 〗

表示后边的事情或情况与前边的事情或情况相连。

巴金先写了小说《家》，接下来又写了《春》、《秋》。‖ 她先唱了一段京剧，接着又唱了一段黄梅戏。

〖 区别 Distinctions 〗

（1）"接下来"常表示某事或某种情况以后，后来。可以作状语、定语。

刚开始他说话还正常，可是接下来喝了几杯酒以后，说话就不清楚了。 | 刚才发生的事情我们都没想到，接下来还会发生什么，谁都不知道。 | 今天晚

练习答案： （1）B （2）A （3）B （4）A

上的饭菜很好吃，接下来的歌舞节目也很精彩。｜那次事故，他感到自己有责任，在接下来的一年多里，他都很有压力。

"接着"常表示前后动作、事情相连。可以作状语，一般不作定语。可以说"紧接着"。

他喝了口水，又接着往下说。｜她站在台上，往台下看了一眼，接着，就开始唱了起来。｜比赛刚开始他们就进了一球，紧接着又进了一球，这样，在五分钟之内他们就两球领先了。

"接着"可以表示打算或要求在某个时间或事情之后继续做某事。

今天干不完了，明天接着干吧。｜您先休息一会儿，喝口水，下节课再接着讲。

（2）下边句中的"接下来"是动词短语。

那是王主任让他做的事儿，他虽然不太想做，但还是接下来了。｜她正在楼上搬行李，你去把她的行李接下来。

（3）下边句中的"接着"也是动词性的。

老李说他明天不来了，老王接着老李的话说："我也不来了。"｜我把钥匙扔下去，你接着啊。

〖 练习 Exercises 〗

填空： A.接下来 B.接着
（1）你别着急，_____讲，我听着呢。
（2）这一课今天上不完了，明天_____上吧。
（3）导游说："欢迎大家来到云南！在_____的两天里，我将陪大家参观游览。"
（4）刚开始他俩只是争论，但_____发生的事情我们都没想到：他俩打起来了。

练习答案： （1）B （2）B （3）A （4）A

219 节目 jiémù ②　　项目 xiàngmù ③

〖 相似 Similarities 〗

名词。表演、比赛中的一项一项内容。

今天的演出节目很丰富。‖ 他参加男子 800 米和 1500 米两个项目的比赛。

〖 区别 Distinctions 〗

（1）"节目"常指文艺演出、广播、电视里分出的一项一项内容。可以说"表演 /欣赏节目""看 / 听节目""文艺 / 音乐 / 新闻 / 广告节目""广播 / 电视节目""节目主持人""节目预告"。

今天的晚会上，我们班同学要表演两个节目。| 春节期间，电视里会播放丰富的文艺节目。| 收看新闻节目的人很多。| 有些广告节目也很有意思。

（2）"项目"常指工作、任务、业务、比赛、活动中分出的一项一项内容。可以说"申请项目""科学研究项目""重大项目""国家项目""建设项目""工业项目""项目经费""项目管理""项目负责人""比赛项目"。

李先生负责申请了好几个科学研究项目。| 这些建设项目都是在过去五年里完成的。| 这个工程（gōngchéng）队太小，不可能完成这么重大的建设项目。| 武术已经成为这次运动会的正式比赛项目了。

〖 练习 Exercises 〗

填空：　A. 节目　　B. 项目
（1）现在的电视_____比以前丰富多了。
（2）我国运动员将参加三十多个_____的比赛。
（3）春节晚会上不仅有歌唱_____，也有舞蹈_____。
（4）王老师和他的同事们正在从事一项国家_____的研究工作。

练习答案：　（1）A　　（2）B　　（3）A，A　　（4）B

220 节约 jiéyuē ②　　省 shěng ②

〖 相似 Similarities 〗

动词。在生活、工作等活动中尽量少用一点儿钱、材料等。

父母一个月给她八百块钱生活费，她还能节约下来一点儿。‖ 他买书的钱都是他平时省下来的。

〖 区别 Distinctions 〗

（1）"节约"通用于口语和书面语，"省"多用于口语。

（2）"节约"常和一些双音节词语一起用。可以说"节约用水／用电／用煤／用油／用纸""勤俭（qínjiǎn）节约""为了节约，…"。

学校和家长要教育孩子从小养成节约用水和节约用电的好习惯。 | 虽然现在的生活条件比以前好多了，但勤俭节约的传统不能丢。 | 他每天走路上班不是为了节约，而是为了锻炼身体。 | 他们每人要了一份套餐（tàocān），既节约又卫生。

"省"可以与一些单音节词一起用。可以说"省时""省力""省心""省吃俭用""省着（点儿）吃／用／花""省了又省"。

他想出了一个省时、省力又省钱的办法。 | 孩子学习、工作很努力，家长就比较省心。 | 这点儿钱是爸妈省吃俭用存下来的，我不能乱花。 | 我这个月的钱不多了，现在只好省着点儿用。 | 我在这儿生活省了又省，一个月也要用一千五百块钱。

（3）"省"还可以表示减少、免去。可以说"省去""省掉""省事""省得"。

前边用"因为"，后边常常用"所以"，但有时候前边的"因为"可以省去。 | 这些小事虽然麻烦，但很重要，我们不能为了省事就不去做了。 | 这次老刘帮了我们大忙了，让我们省了许多麻烦。 | 下午还要开会，中午我不回家了，省得来回多跑一趟。

填空： A.节约　　B.省

（1）为了_____用油，保护环境，请大家少开汽车。

（2）我还有三千多块钱，_____着点儿用，差不多够了。

（3）为了在工作中_____时_____力，人们造出了各种各样的机器。

221 结束 jiéshù ②　　完成 wánchéng ②

相似 Similarities

动词。事情发展或进行到了最后，完了。

> 客人们今天上午结束了对北京的访问，下午乘飞机到达广州。‖ 我们要在十天之内完成任务。

区别 Distinctions

（1）"结束"常表示事情本身发展或进行到了最后，不再继续。不常带宾语。常与"比赛""演出""讨论""活动""演出""节目""电影""战争""会议""生命"等配合使用。

> 裁判的哨声一响，比赛就结束了。| 演出还没结束，你怎么就走了？| 人们都希望这场战争早点儿结束。| 我们今天要在两个小时之内结束会议。| 这位闻名世界的歌唱家的生命虽然结束了，但他的歌声将永远留在我们的记忆中。

"完成"常表示按照一定的目标做完、做成某事。常带宾语。常与"任务""工作""学业""事业""工程""项目""使命""计划""作业"等配合使用。

> 我们一定要按时完成任务。| 对他来说，完成这项工作并不难。| 我们已经完成了原定的计划。| 妈妈告诉他，作业完成后才可以去玩儿。

（2）"完成"中间可以用"不"，可以说"完不成"。

> 这个任务要是完不成，我们就不能休息。

练习答案：（1）A　（2）B　（3）B，B

〖 练习 Exercises 〗

填空：　A.结束　　B.完成

（1）他作业还没_____就出去玩儿了。

（2）他们到电影院的时候，电影已经_____了。

（3）我们连续干了一个多月，终于_____了任务。

（4）比赛一_____，队员们就欢呼起来：我们赢了！

222 介绍 jièshào ②　　说明 shuōmíng ②

〖 相似 Similarities 〗

动词。说出来或写出来，让人明白。

请你先介绍一下你们公司的情况吧。‖ 我先把这里的情况向大家简单说明一下。

〖 区别 Distinctions 〗

（1）"介绍"可以表示通过说或写，使人知道、了解。可以说"给／向…介绍""介绍得很简单／详细／具体／清楚""介绍介绍""介绍到…"。

你给我们介绍一下北京故宫吧。 | 他介绍得很简单，我还是不太明白这东西怎么用。 | 你能不能再介绍得具体一点儿？ | 这是一种新产品，我向大家介绍介绍吧。 | 今天就介绍到这儿吧，明天继续介绍。

"说明"可以表示说清楚或写清楚。后边一般不用"得…"。可以说"使用说明""说明书"。

技术员向我们说明了新机器的使用方法。 | 在研究计划里要说明你打算采用的研究方法。 | 很多电器，像洗衣机、电脑、电视机等，都带有一本厚厚的使用说明。 | 新产品都有使用说明书。

（2）"介绍"还常表示使人与人认识。可以说"介绍朋友／对象""自我介绍""介绍人""介绍信""介绍…认识…"。

练习答案：　（1）B　　（2）A　　（3）B　　（4）A

我给你介绍两位新朋友，这位是李主任，这位是杨经理，两位都是刚从广州来的。｜第一次上课，王老师和同学们都作了自我介绍。｜你是第一次去他们公司，你要带封介绍信。｜那位是从北京来的马老师，我介绍你们认识一下吧。

（3）"介绍"还可以表示让别人知道、了解新的人或事物。可以说"介绍给…""介绍到…"。

他把那个项目介绍给一个朋友了。｜这个工作机会是一个朋友介绍给我的。｜这些非洲学生学好了汉语，他们就会把中国文化介绍到非洲去。｜京剧很早就被介绍到国外了。

（4）"说明"还可以表示清楚地显示、体现某种情况。

他汉语说得不太好，说明他还需要练习口语。｜两国人民经常来往，这说明两国关系比较密切。｜实验成功了，就说明我们的研究方法是正确的。｜你看到的这些情况并不能说明什么问题。

〖练习 Exercises〗

填空：　A. 介绍　　B. 说明
（1）他已经把这里的情况＿＿＿＿得很清楚了。
（2）他＿＿＿＿了好几个朋友来我们学校学习汉语。
（3）使用新洗衣机之前，最好看一下使用＿＿＿＿书。
（4）他有这么好的汽车，＿＿＿＿他不是一个普通职员。

223 今后 jīnhòu ③　　以后 yǐhòu ①

〖相似 Similarities〗

名词。某个时间或某件事后的时间。

明天我们就要回国了，希望今后多多联系。‖希望以后我们还有机会再见面。

练习答案：　（1）A　　（2）A　　（3）B　　（4）B

〖 区别 Distinctions 〗

（1）"今后"表示现在后边的时间，或离现在很近的将来后边的时间。常作状语、定语，一般不带定语。

这次没做好，你也不要太难过，今后还有很多机会。｜你马上就要毕业了，今后有什么打算？｜这些队员都很年青，没有经验，今后两三年里，我们不容易取得好成绩。｜父母让他自己决定今后的生活道路。

"以后"单独用（不带定语）时表示将来，"…以后"表示在某个时间或某事后的时间。与"以前"相对。可以作状语、定语，也可以带定语。

生活条件以后会越来越好的。｜这项工作才刚刚开始，以后的困难还很多。｜下班以后，她要去学校接孩子。｜他回德国以后，我们通过几次信。

（2）用"以后"可以说"从此以后""从今以后""从这／那以后""打这／那以后"。

这次被他骗（piàn）了，从此以后我再也不会相信他的话了。｜我以前用过这个牌子的手表，质量不错，从那以后，我一直认为这个牌子的产品很可靠。

〖 练习 Exercises 〗

填空：　A. 今后　　B. 以后

（1）她回国_____一直在一家贸易公司工作。
（2）这次因为不小心出了错儿，_____一定要小心了。
（3）我们的公司刚刚成立，_____的五到十年对我们非常重要。
（4）这件事情虽然过去了，但我希望从这_____不要再出这样的问题。

224　紧急 jǐnjí ③　　紧张 jǐnzhāng ②

〖 相似 Similarities 〗

形容词。时间不多，必须快点儿行动。

情况十分紧急，我们必须立即行动。‖ 我们只有一个星期准备，时间太紧张了。

练习答案：（1）B　　（2）A／B　　（3）A　　（4）B

（1）"紧急"常形容事情急，时间紧，不能等待，必须立即行动。可以说"紧急情况／任务／状态／措施（cuòshī）""紧急命令／通知／动员／集合／抢救／处理／行动／会议"。

洪水迅速上涨，灾区的形势万分紧急。| 经理交给他一项紧急任务，让他马上去广州。| 因为发生了突然事件，总统宣布全国进入紧急状态。| 在这种危险的情况下，他们只好采取紧急措施。| 医院对受伤人员进行了紧急抢救。

"紧张"可以形容做某事的时间不很够，也可以形容行为活动让人感到不能放松。可以说"时间紧张""工作／学习／比赛（很）紧张""关系紧张""紧张起来"。

虽然准备的时间很紧张，但他们还是安排得很好。| 这段时间工作比较紧张，下个星期就轻松一点儿了。| 这场比赛从开始到结束都很紧张。| 最近，这两个国家之间的关系变得紧张起来。

（2）"紧张"还可以表示因为兴奋、激动、担心或害怕而不能放松的样子。可以说"精神／心理／心情紧张"。

第一次在二百多人的会上讲话，他感到很紧张。| 今天的客人你都认识，不用紧张。| 考试前，大家的心理都比较紧张。| 他紧张得说不出话了。

（3）"紧张"还可以表示某种东西不很够，不容易得到。可以说"车票／机票／粮食／药品／石油／住房／教室紧张"。

春节的时候，火车票和机票都比较紧张。| 这几年，随着学生数量的增加，我们学校的教室和学生宿舍都紧张起来了。

〖 练习 Exercises 〗

填空： A. 紧急　　B. 紧张
（1）工作一_____，他晚上就睡不着觉。
（2）遇到_____情况，大家应该互相帮助。
（3）这次考试的内容都是我们学过的，大家不用那么_____。
（4）我们收到了_____通知：明天有暴风雨，原定的活动取消。

练习答案： （1）B　　（2）A　　（3）B　　（4）A

225 进口 jìnkǒu ③　　入口 rùkǒu ②

〖 相似 Similarities 〗

名词。进入某处的门或口儿。与"出口"相对。

> 这个公园有两道门，一个是<u>进口</u>，另一个是出口。‖ 这个剧场有一个<u>入口</u>，有两个出口。

〖 区别 Distinctions 〗

（1）表示进入某处的门或口儿，"入口"比"进口"更常用。"进口"和"出口"常合称为"进出口"，"入口"和"出口"常合称为"出入口"。

（2）"进口"常是动词，表示一个国家、单位或公司从国外或境外买进货物。可以说"进口货""进口商品""进口药物"。

> 这家店里卖的大多是进口货，比较贵。｜进口商品不一定比本地商品质量好。｜很多国家的飞机都是从外国<u>进口</u>的。｜他们每年都要<u>进口</u>大批粮食和其他生活用品。

（3）"入口"有时表示食物、饮料等进入口中。

> 这种菜做法好像很简单，但有的人做出来味道鲜美，有的人做出来却难以<u>入口</u>。｜葡萄酒的好坏不一定能看出来，但一入口，就很容易分出好与差。｜我很喜欢这种茶叶，泡在杯子里，绿绿的，<u>入口</u>更是清香。

〖 练习 Exercises 〗

填空：　A. 进口　　B. 入口

（1）这个超市里卖的粮食，大多是从东南亚_____的。

（2）星期六早上九点我们在博物馆_____处碰头吧，不见不散。

（3）菜的"色"可以看出来，"香"可以闻出来，"味"只有_____后才能感觉出来。

练习答案：（1）A　（2）A/B　（3）B

226 进去 jìnqu ①　　进入 jìnrù ②

〖 相似 Similarities 〗

动词。从外面到里面去。

> 主任在办公室等你，你可以进去。‖ 前边是教学区，车辆不准进入。

〖 区别 Distinctions 〗

（1）"进去"后边一般不用表示处所的词语作宾语。可以说"进得去""进不去"。

> 电影快开演了，咱们进去吧。| 他们从前门进去，又从后门出来了。| 咱们没有票，怎么进得去呢？| 他出来的时候忘了带钥匙，现在进不去了。

"进入"常表示进某个范围或某个时期里。常带宾语，宾语可以表示处所、范围或时期。

> 未经允许，不要进入别人的房间。| 九月，他们将要进入大学学习了。| 人类已经进入 21 世纪了。| 人进入青年时期，身体会发生很大变化。

（2）"进去"可以用在一些动词的后边。可以说"开 / 飞 / 搬 / 送 / 拿 / 穿 / 扔 / 冲 / 踢 / 赶 / 投 / 吃 / 穿 / 听 / 学进去"。

> 汽车从一号门开进去，从二号门开出来。| 咱们快把这些桌子和椅子搬进去吧。| 对学习的内容要是没兴趣，就很难学进去。

动词和"进去"之间还可以用"得"或"不"，表示可能或不可能。

> 他现在很生气，别人的话他很难听得进去。| 开始的时候没学好，到后来就学不进去了。

〖 练习 Exercises 〗

填空：　A.进去　　B.进入
（1）这双鞋太小了，我根本穿不_____。
（2）比赛就要开始了，咱们快_____吧。
（3）汽车过了长江大桥，就_____市区了。

（4）这次比赛要是赢了，我们就能＿＿＿＿＿＿前四名了。

227 进一步 jìnyíbù ③　　深入 shēnrù ③

〖 相似 Similarities 〗

程度比以前深。

> 来中国以后，我对中国文化有了<u>进一步</u>的认识。‖ 学会了汉语，可以更<u>深入</u>地了解中国文化。

〖 区别 Distinctions 〗

（1）"进一步"可以是副词，常表示事情进行的程度比以前高。可以说"进一步发展／了解／认识／说明／证明／提高"。

> 双方都希望<u>进一步</u>发展两国之间的友好关系。｜我们现在还需要<u>进一步</u>了解情况。｜他在另一篇文章里对这个问题又作了<u>进一步</u>说明。

"深入"可以是形容词，表示进行得很深。可以说"深入研究／讨论／调查／分析／了解""研究得很深入""写得很深入"。

> 这些问题还需要进行<u>深入</u>研究。｜经过两个多月的<u>深入</u>调查，他们发现了很多新的情况。｜他的文章对一些教育问题分析得很<u>深入</u>。

（2）"进一步"还可以是动词性的。可以说"进了一步""进了一大步"。

> 你的成绩是很不错，但我希望你能再<u>进一步</u>。｜自从来了几位技术人员以后，我们的生产技术比以前大大地<u>进了一步</u>。

（3）"深入"可以是动词，表示到事物的内部或中心。可以带宾语。可以说"深入群众／基层""深入生活""深入（不）下去""深入到…"。

> 领导干部必须<u>深入</u>群众，才能真正了解群众的生活。｜只凭自己的想象，工作很难<u>深入</u>下去。｜不<u>深入</u>到教学第一线去，怎么能研究好教育呢？

练习答案：（1）A　（2）A　（3）B　（4）B

填空： A.进一步 B.深入

（1）作家经常到工厂、农村去_____生活。

（2）只有_____到学生中去，才能了解学生的想法。

（3）为了_____提高自己的汉语水平，他决定再学习一年汉语。

228 近期 jìnqī ③ 最近 zuìjìn ②

相似 Similarities

名词。离现在比较近的时间。

> 近期报纸、电视上对这次事故的报道很多。‖ 最近不少地区都下了大雨，有些地方还发生了水灾。

区别 Distinctions

（1）"近期"多用于书面语，"最近"通用于口语和书面语。

（2）"近期"可以表示离现在比较近的一段较长的时间。可以说"近期内"。

> 近期放映的几部电影都比较受观众欢迎。| 他近期出版的小说是写城市青年的工作与生活的。| 参加世界杯比赛的国家队队员名单将于近期公布。| 俱乐部负责人说，俱乐部近期内不会考虑换教练的事情。

> "最近"常表示离现在很近的日子。后边可以用表示一段时间的词语。可以说"最近一段时间／一个时期／几天／两个星期／十年"。

> 你最近还好吧？| 他最近比较忙。| 最近一段时间我们的联系比较少。| 他对最近几天发生的这些事情非常关心。| 最近十年是我们公司发展最快的时期。

（3）"近期"还可以表示离现在比较近的一段时期。与"长期""长远"相对。

> 我们的工作要有长期目标，也要有近期的打算和安排。| 在实际工作中，我们要看到长远目标，更要做好近期的各项具体工作。

练习答案： （1）B （2）B （3）A

（4）"近期"后边还可以用分期出版的报纸、杂志的名称。

近期的《青年》杂志上发表了一篇很有意思的文章。｜他把近期《科学》杂志上发表的这方面的文章都看了一遍。

"最近一（两/几）期"后边也可以用分期出版的报纸、杂志的名称。

他的文章发表在最近一期的《科学》杂志上。｜我想看看最近几期的《世界文学》。

注意，下边句中的"最近"是副词＋形容词，表示距离是第一近的。

学校附近有好几家超市，这家是最近的。｜从我家到学校走这条路最近，但经常堵车。

〖 **练习 Exercises** 〗

填空：　A. 近期　　B. 最近
（1）这个问题一定要在_____内解决。
（2）_____几天的天气都很好，很适合出门旅游。
（3）她的小说发表在_____一期的《人民文学》上。
（4）要想实现长远的目标，就要从_____的具体工作做起。

229 经过 jīngguò ② 　　通过 tōngguò ②

〖 **相似 Similarities** 〗

（1）动词。从某处过。

每天早上上学我都要从这家商店门口经过。‖过江的汽车和火车都可以从大桥上通过。

（2）介词。引出实现某种情况的办法。

经过一番打扫和收拾，房间变得整洁多了。‖通过认真讨论，大家对这个问题的认识更清楚了。

练习答案：　（1）A　　（2）B　　（3）B　　（4）A

（1）"经过"作为动词，可以表示从某地过去。可以说"经过苏州／南京／泰山""经过商店门口"。

> 坐火车从南京到上海要经过苏州。｜我经过商店门口的时候，看见商店里有很多人。

"通过"作为动词，可以表示从某处或空间穿过，从一边到另一边。

> 几十辆汽车从新建的大桥上顺利通过。｜从法国开车通过海底隧道（suìdào）可以到英国。

（2）"经过"作为动词，也可以表示经历某段时间或某件事。

> 这次活动经过了一个多月才结束。｜这件事要经过仔细讨论才能决定。｜双方经过谈判达成了一项协议。｜所有的决定都必须经过大家一致同意。

"通过"作为动词，可以表示同意、批准，也可以表示某事物获得认可或符合要求。

> 这个决议在大会上获得了一致通过。｜大学毕业必须通过论文答辩才能拿到学位。｜他们的研究成果已经通过了专家鉴定（jiàndìng）。｜工程质量不符合要求就不能通过技术验收。

（3）"经过"作为介词，可以引出实现某事的途径、过程。

> 我是经过一个熟人才找到他的。｜经过他一介绍，大家就都互相认识了。

"通过"作为介词，可以引出实现某事所用的手段。

> 观众通过这个节目可以了解中国文化。｜通过参加各种课外活动，他认识了不少新朋友。

（4）"经过"还可以是名词，指事情的过程。

> 他知道这件事的详细经过。｜请你把事情的经过给大家介绍一下。

〖练习 Exercises〗

填空： A.经过　　B.通过

（1）我并不了解事情的具体_____。

（2）从上海到宁波要_____杭州吗？

（3）这个计划在昨天的会议上已经获得_____。

（4）_____两年的学习，他们已经基本掌握了汉语。

（5）_____"国际新闻"这个节目可以知道最近世界上发生的大事。

230　经历 jīnglì ③　　经验 jīngyàn ②

【相似 Similarities】

（1）动词。自己做过或遇到过某事或某种情况。

他从来没经历过苦难。‖ 这样的事，我从来没经验过。

（2）名词。自己做过或遇到过的事。

老人向我们介绍了他的那段不平凡的经历。‖ 老师傅向青年工人介绍了他的工作经验。

【区别 Distinctions】

（1）作为动词，表示自己做过或遇到过某事或某种情况，多用"经历"，较少用"经验"。

那些老兵都经历过那次可怕的战争。｜他把自己经历过的故事都写下来了。

（2）作为名词，"经历"常表示自己做过、遇到过的事。可以说"难忘／可怕的经历""不平凡的经历""一段经历"。

我们的生活经历都不相同。｜他的个人经历非常复杂。｜大家都不了解他过去的经历。｜那次难忘的经历对他产生了很大的影响。

作为名词，"经验"常表示从自己做过、遇到过的事中得到的知识、技能、心得。可以说"总结／积累／交流／吸取经验""经验教训"。

在长期的研究工作中，他积累了丰富的经验。｜我们经常交流学习经验。｜

练习答案：（1）A　（2）A　（3）B　（4）A　（5）B

王大夫治疗心脏病的<u>经验</u>相当丰富。｜我们要善于从过去的实践中总结<u>经验</u>教训。

（3）名词"经验"可以与量词"点"配合使用。

做了多年的教学工作，我有两点<u>经验</u>：一要有丰富的知识，二要有认真的态度。

（4）"工作／学习／生活经历"指过去工作、学习、生活的历史过程。

"工作／学习／生活经验"指从工作、学习、生活中得到的有关知识、技能或心得。

〖 练习 Exercises 〗

填空：　A.经历　　B.经验

（1）我对他的生活_____不太了解。

（2）这本书介绍了她在国外的那段_____。

（3）工作了这么多年，有一些_____，也有不少教训。

（4）你汉语学得这么好，给我们介绍介绍学习_____吧。

231 旧 jiù ②　　　老 lǎo ①

〖 相似 Similarities 〗

形容词。不新。与"新"相对。

旧房子｜旧思想｜旧习惯‖老城区｜老办法｜老的制度

〖 区别 Distinctions 〗

（1）"旧"可以表示过去的、过时的、用过的。可以说"旧书／车""旧衣服／家具／设备""旧传统／思想／道德／时代""旧的样式""用／穿旧了"。

他把<u>旧</u>书都卖了。｜这些设备太<u>旧</u>了，有的已经不能用了。｜这种<u>旧</u>的样式也挺好看。｜爷爷的<u>旧</u>思想就是改变不了。｜三年前买的衣服已经穿得很<u>旧</u>了，但是还没破。

练习答案：　（1）A　　（2）A　　（3）B　　（4）B

"老"可以表示经过或存在了很长时间的、原来的、跟以前一样的，或事物用了很长时间，失去了一些功能。可以说"老厂／路""老家""老地方／关系／习惯／规矩／样子""老一套""老上级／同事／朋友／同学／相识""老化"。

> 我们约好在老地方见面，不见不散。｜我们公司跟他们是老关系了。｜在食堂天天吃的都是老一套。｜我们一直在一个班上，我们是老同学。｜机器里的有些零件已经老化了，得换新的。

（2）"老"还常表示岁数大。与"小""少""幼"相对。

> 爷爷这两年老了很多，头发全白了。｜六十岁不算太老。｜人总是要变老的。｜这匹马太老了，已经跑不动了。

（3）"老"还可以是副词，相当于"经常"或"很"。

> 他的车老停在那儿。（经常）｜你怎么老迟到？（经常）｜我老早就来了。（很）｜他从老远的地方跑到这儿来，让他先休息一会儿吧。（很）

〖练习 Exercises〗

填空：　A.旧　　B.老

（1）咱们是_____朋友了，不用客气。

（2）这头牛已经_____了，没有力气了。

（3）这本词典用_____了，我想买一本新的。

（4）毕业十年后回到母校，学校的很多地方还是_____样子。

（5）柜子里的一些_____衣服她已经不穿了，但她还舍不得扔。

232 就要 jiù yào ②　　快要 kuàiyào ②

〖相似 Similarities〗

用在动词性词语前，表示事情或情况很快发生。

> 天就要下雨了，你带上雨伞吧。‖飞机快要起飞了，到北京后我再给你打电话。

练习答案：　（1）B　　（2）B　　（3）A　　（4）B　　（5）A

（1）"就要"前边可以用表示时间的词语（如"马上""十点""明天""三天后""下个月""明年"）。

马上就要过年了，孩子们都很开心。｜火车十点就要开了，他们怎么还没到啊？｜下个月我们就要离开学校了。｜明年这个时候我们就要开始找工作了。

"快要"前边不能用表示时间的词语。

（2）"快要"前边可以用"已经"。

已经快要到春天了，不会再冷了。｜飞机已经快要起飞了，可他俩还没到机场。｜我们已经快要到山顶了，你再坚持一下。

〖 练习 Exercises 〗

填空：　A.就要　　B.快要
（1）再过一个星期，传统节日春节_____到了。
（2）火车马上_____到上海了，我们准备下车吧。
（3）我几年前学了一点儿法语，现在已经_____忘光了。

233 举办 jǔbàn ③　　举行 jǔxíng ②

〖 相似 Similarities 〗

动词。进行某种活动。

为了迎接新年，电视台举办了一场新年音乐会。‖上个星期我们学校举行了一次运动会。

练习答案：　（1）A　　（2）A　　（3）B

〖 区别 Distinctions 〗

（1）"举办"可以表示组织安排进行某项活动。可以说"申请举办""联合举办""举办讲座／展览""举办培训班""举办城市／单位""举办地""举办国""举办权"。

> 北京成功举办了 2008 年奥运会。 | 这次活动是我们学校和一家公司联合举办的。 | 他们在本市举办了多期电脑技术培训班。 | 这次展览的举办单位都是很有名的公司。

（2）"举行"常表示进行比赛、集会、会谈、仪式等。可以说"举行庆祝活动""举行会谈／会议／谈判""正在举行""如期举行"。

> 元旦期间各单位都举行了丰富多彩的庆祝活动。 | 为了充分讨论这一问题，他们已经举行了多次会议。 | 双方同意就有关问题举行谈判。 | 很多人都希望这次运动会能在广州举行。

〖 练习 Exercises 〗

填空： A.举办 B.举行
（1）新年音乐会明晚在音乐厅_____。
（2）我们公司是这次活动的_____单位之一。
（3）双方已经就这个问题_____过多次谈判。
（4）他们正在向有关部门申请_____工业展览会。

234 据说 jùshuō ③ 听说 tīngshuō ①

〖 相似 Similarities 〗

动词。听别人说了某事。

> 下周要放的这部电影据说很好看。 ‖ 昨天的比赛听说很精彩。

〖 区别 Distinctions 〗

（1）"据说"常表示根据别人说或根据传说。多用在谓语前边或句子前边。"据说"

练习答案： （1）B （2）A （3）B （4）A

前边不能用副词，后边不能带名词性词语或数量词语，也不能加"了""过"。

这种活动据说以前也搞过。｜那家商店的东西据说很便宜。｜据说这次演出很成功。｜据说，这个饭馆的名字是一千多年前一个皇帝给起的。

"听说"常表示听别人说。可以作谓语，前边可以带状语（如"常听说""多次听说""没听说"），后边可以带名词性词语或数量词语，也可以带"了""过"。

我一听说他回来了，马上就给他打了个电话。｜这种事我从来没听说过。｜这个故事我已经听说过好多次了。｜我很早就听说过这件事了。｜他也听说了这个消息。

（2）"听说"可以作定语（如"听说的消息／故事／事情"），可以说"…是听说的"。

听说的事情不一定是真的。｜这事儿我也是听说的，不知道是真是假。

〖 练习 Exercises 〗

填空： A.据说　　B.听说
（1）_____的消息不一定可靠。
（2）你说的这事儿我也_____过。
（3）_____，明朝的第一个皇帝小时候家里很穷。
（4）这些事情都是_____的，不是我亲眼看见的。

235 决心 juéxīn ③　　信心 xìnxīn ②

〖 相似 Similarities 〗

都可以是名词。要做某事的心理。可以说"有决心""有信心"。

他要学好汉语的决心很大。‖她有学好汉语的信心。‖我们有克服困难的决心和信心。

练习答案：（1）B　　（2）B　　（3）A　　（4）B

〖 区别 Distinctions 〗

（1）"决心"可以表示一定要做某事的心理。可以说"下决心""下定决心""很大决心""决心动摇"。

> 到边远农村去当老师要有吃苦的决心。 | 她这次出国学习是下了很大决心的。 | 他要参加比赛的决心非常坚定。 | 即使遇到了什么困难，我们的决心也不能动摇。

"信心"常表示相信自己能做好某事的心理。可以说"信心十足""信心不足""充满 / 满怀 / 增强 / 恢复 / 丧失 / 失去信心""毫无信心"。

> 比赛之前，有些队员信心不足。 | 年青人对未来充满信心。 | 经历了那么多的失败，他现在已经毫无信心了。 | 朋友们的鼓励又使他恢复了一点儿信心。

（2）"决心"还可以是动词，表示一定要做某事。用在动词性词语前。

> 他经常说："我决心不抽烟了。" | 我决心从明天开始早点儿起床，锻炼身体。

〖 练习 Exercises 〗

填空： A.决心 B.信心

（1）对这次比赛，大家_____十足。

（2）经历了几次失败以后，他就失去_____了。

（3）我已经下定_____，抽完这支烟以后再也不抽了。

练习答案： （1）B （2）B （3）A

236 开展 kāizhǎn ③　　展开 zhǎnkāi ③

〖 **相似 Similarities** 〗

动词。进行某种活动。

　　我们班经常开展各种课外活动。‖ 双方对这个问题展开了热烈的讨论。

〖 **区别 Distinctions** 〗

（1）"开展"常表示组织进行，或使某项活动从小往大发展。可以说"开展起来／下去""开展不起来""开展不下去""开展得…"。

　　我们学校每学期都要开展一次留学生口语比赛。| 这个地区正在开展植树造林活动。| 同学之间的互帮互学活动要开展下去。| 各种各样的科技活动在我校开展起来了。| 这种课外语言实践活动开展得很好。

　　"展开"常表示规模较大地进行某种活动。后边不用"起来""下去"等。

　　对这件事大家有什么看法，可以展开充分的讨论。| 公安人员与违法分子展开了激烈的斗争。| 我们队抓住机会迅速展开进攻，终于攻进了一球。| 一场大规模的植树造林运动在西北地区展开了。

（2）"开展"还可以表示开始展览。

　　一年一度的上海车展明天开展。

（3）"展开"还可以表示张开、铺开、打开。

　　鸟儿展开翅膀，飞向了远方。（张开）|
　　他展开地图，找到了自己所在的位置。（铺开、打开）

〖 **练习 Exercises** 〗

填空：　A. 开展　　B. 展开

（1）一场大规模的体育运动已经全面_____了。

（2）我们单位人少，很容易_____各种集体活动。

（3）他们班喜欢运动的人不多，各种体育比赛总是＿＿＿＿＿不起来。

237 看法 kànfǎ ②　　想法 xiǎngfǎ ②

〖 相似 Similarities 〗

名词。对人或事物的意见。

> 对警察打人的事，你有什么看法?　‖　这个问题怎么解决，请大家都谈谈想法吧。

> "有看法"和"有想法"可以表示对某事不满意。

> 他干得少，工资却比别人高，很多人有看法／有想法。

〖 区别 Distinctions 〗

（1）"看法"常表示对某人或事物的认识、态度或评价。可以说"发表看法""对…的看法"。

> 大家对他的看法都挺好。| 让我们听听专家的看法。| 石油会不会继续涨价，专家们发表了不同的看法。| 人们对这件事的看法很不一样。

> "想法"常表示心里想的解决问题的办法或希望、担心等。

> 每个人都谈了自己的想法。| 对同一个问题，人们的想法不同，这很正常。| 让每个人都能找到满意的工作，这种想法很好，但是很难实现。

> **注意**，下句中的"看法"表示看的方式。

> 他看文章的时候遇到一个不认识的字就查字典，这种看法太费时间了。

> "想法"也可以表示想的方式，思路。

> 我不明白他是怎么想出这种办法的，他的想法很奇怪。

（2）"有想法"还可以表示善于思考问题或希望得到。

> 他是个很有想法的人，经常会提出一些好办法。（善于思考问题）| 对总经理

练习答案：（1）B　（2）A　（3）A

的位置有想法的人不少。（希望得到）

填空： A.看法 B.想法

（1）好的_____不一定都能实现。

（2）很多人都在发表对这位新总统的_____。

（3）她上班的时候经常打电话聊天儿，大家对她的_____很不好。

238 看来 kànlái ②　　看上去 kàn shangqu ③

〖 相似 Similarities 〗

根据某种情况进行估计、判断。

> 我们已经等了半个小时了，看来他不会来了。‖ 早上来找你的人，大概三十多岁，看上去像是老师。

〖 区别 Distinctions 〗

（1）"看来"可以表示根据某些事实或抽象的情况得出结论。可以说"在…看来""表面上看来"。

> 由于采用了新技术，产品质量大大提高了，看来不学习新技术是不行了。| 在他看来，这是件很容易的事情。| 这事表面上看来不难，实际上并不那么容易。

"看上去"可以表示根据看到的情况或表面现象得到的印象。

> 这些东西看上去很漂亮，其实一点儿也不实用。| 他虽然才四十几岁，但看上去有五十多了。| 你穿上这身衣服，看上去很精神。| 王总今天看上去心情很好，你去找他，他可能会同意你的要求。

练习答案： （1）B （2）A （3）A

（2）"看来"可以表示根据某种情况判断可能会发生某事或可能是某种情况。

> 他到现在还没到，<u>看来</u>他是不会来了。　|　老李对这事儿很有意见，<u>看来</u>他不会同意这个计划。　|　<u>看来</u>这雨还要再下一会儿。

（3）"看上去"还可以表示从下面往上看。

> 这山从远处<u>看上去</u>不太高，但因为没有路，上去也不容易。　|　这楼从不同的位置<u>看上去</u>，形状不同。

〖 练习 Exercises 〗

填空：　A.看来　　B.看上去

（1）刚才来找你的那个人　＿＿＿＿＿像是从外地刚来上海。

（2）今天　＿＿＿＿＿从巴黎到上海不难，可是在一百年前却很不容易。

（3）他们几个平时不太来上课，这次都没考好，　＿＿＿＿＿要想成绩好，还是要认真上课。

239 考 kǎo ②　　考试 kǎoshì ②

〖 相似 Similarities 〗

动词。通过回答问题或行为表现看人的能力或知识水平。

> 明天下午我们考口语。‖ 下个星期我们就要考试了。

〖 区别 Distinctions 〗

（1）"考"可以带宾语、补语。可以说"考听力/阅读/写作/口语/数学""考中学/大学/研究生""考证书/驾照（jiàzhào）""考完/好/上""考考""考得…"。

> 她从小就怕考数学。|　她最近在学开车，准备考驾照。|　明天的口语考完以后，我们出去玩儿玩儿吧。　|　很多人都希望能考上一所好的大学。　|　他知道领导问这些问题是想考考他。　|　她自己感觉考得不错，但实际上考得不那么好。

练习答案：　（1）B　　（2）A　　（3）A

"考试"一般不带宾语、补语。

上中学时，我们班经常考试。| 他病了，今天不能去考试。| 你没参加考试，怎么可能有分数？

（2）用"考"可以说"考生""考分""考点""考场""监考（jiānkǎo）""主考"。

考生们都很关心自己的考分。| 这几个教室都是考场。| 我们学校是汉语水平考试的考点。| 两位监考老师我都不认识。

用"考试"可以说"考试时间 / 地点 / 方式 / 经过 / 结果 / 成绩"。

大家一定要记住明天的考试时间和考试地点。| 很多人还不太了解这种考试的考试方式和考试经过。| 一个月以后才能知道考试成绩。

（3）"考试"还可以是名词。可以说"一项 / 一场 / 一次考试""三个小时的考试""听说读写考试""汉语考试""组织 / 参加 / 通过考试""有考试"。

明天有两场考试，上午一场，下午一场。| 我准备参加汉语水平考试（HSK）。| 这次有三百多名同学参加考试。

〖 练习 Exercises 〗

填空：　A. 考　　B. 考试
（1）这是一项新的_____，很多人还不太了解。
（2）很多高中生想上北京大学，但能_____上的人很少。
（3）城市里大学多，城市学生_____大学比农村学生容易。

240 靠 kào ②　　依靠 yīkào ③

〖 相似 Similarities 〗

动词。利用，从某人或事物那里得到帮助、支持。

我们不能完全靠别人的帮助，我们自己也要想想办法。‖ 我们公司发展得比较好，主要依靠科学管理和先进的生产技术。

练习答案：　（1）B　　（2）A　　（3）A

〖 区别 Distinctions 〗

（1）"靠"通用于口语和书面语，"依靠"多用于书面语。

（2）"靠"可以引出动作行为依靠的事物或人。可以说"靠得住""靠不住""可靠""靠着…"。

> 他靠着父亲与经理的关系在公司里找了份工作。｜老李这个人是靠得住的，你放心吧。｜前面有几件事情他都没做好，主任觉得他做事不太可靠。

（3）"靠"还可以表示挨着，接近。

> 请大家把这几块木板搬到那边靠在墙上吧。（挨着）｜我们学校靠人民公园，离南京路不远。（接近）

（4）"依靠"还可以是名词。可以说"有／没有依靠""找（到）依靠""失去依靠""生活／精神依靠"。

> 他一直跟父母生活在一起，生活上有依靠，很少做家务事。｜离开父母，到了国外以后，他也失去了依靠，很多事情只好自己做。

〖 练习 Exercises 〗

填空：　A.靠　　B.依靠

（1）他　　　　在椅子上睡着了。

（2）你找到了工作，就有了生活　　　　，好好工作吧。

（3）学习主要　　　　自己努力，完全　　　　老师是不行的。

241　可能 kěnéng ①　　也许 yěxǔ ②

〖 相似 Similarities 〗

表示对情况的估计。可以说"也许可能"。

> 他的房间没开灯，他可能不在家。‖你去问问老李，他也许能帮你。‖一天记住 300 个生词，对记忆力很好的人来说也许可能，但对一般人来说，根本

练习答案：　（1）A　　（2）B　　（3）A/B, A/B

不可能。

〖区别 Distinctions 〗

（1）"可能"可以是形容词，常表示对情况的估计，或表示情况可以实现。可以说"很可能""不可能""不大/不太可能""完全/当然可能""怎么可能""可能性"。

他到现在还没来，很可能不来了。| 她的汉语说得这么好，不可能才学了半年。| 用两年的时间学会汉语是完全可能的。| 你说他跑完100米只用了9秒，这怎么可能？

"也许"是副词，表示不太肯定的情况。可以单独用在句子前边，也可以用在"能""能够"的前边。

也许，在城里生活并没有他们说的那么美好。| 你要是早点儿来，也许能买到票。| 他们也许能够解决这个问题。

（2）"可能"还可以是名词。可以说"一种可能""有可能"。

比赛的结果有三种可能：或赢，或平，或输。| 只要我们不放弃，我们的理想就有实现的可能。

（3）"也许"有时相当于"或者"。可以说"也许…，也许…"。

由于难过，也许由于激动，她哭了起来。| 今年的冠军也许是大连队，也许是山东队，反正不会是上海队。

〖练习 Exercises 〗

填空： A．可能　　B．也许

（1）咱们跑得快一点儿，_____能追上他。

（2）_____，这些问题不像你想的那么复杂。

（3）他们打赢这场比赛的_____性越来越小了。

（4）这么漂亮的字不_____是一个五岁的孩子写的。

练习答案：　（1）B　　（2）B　　（3）A　　（4）A

242　可以 kěyǐ ①　　能够 nénggòu ③

〖相似 Similarities〗

助动词。表示有某种能力，有某种用途，被许可。

他一个人可以干两个人的活儿。‖我们一定能够做好这项工作。（有能力）

稻草可以造纸。‖酒精能够消毒。（有用途）

你可以去休息了。‖我们必须做完这些事才能够休息。（被许可）

〖区别 Distinctions〗

（1）"可以"多表示许可。能单独提问或单独回答问题。

你明天早点儿来，可以吗？　｜"我可以再借一本书吗？""可以。"

"能够"多表示有某种能力或可能。一般不单独提问或回答问题。前边可以用"没（有）"。

只要坚持下去，我们就一定能够克服困难。｜只有采用新的方法，才能够解决这些老问题。｜他最终没有能够实现自己的理想。

（2）"可以"有时能用在主谓短语的前边。

一个人做不了，可以两个人做。｜这间大房子，可以三个人住。

（3）"可以"还表示值得。

这本书内容不错，可以好好看看。｜他的意见是可以考虑的。

（4）下边句子中"可以"是形容词，表示不错（前边常加"还"），或程度高。

他的口语还可以，但是阅读不太好。（不错）｜今年夏天热得真可以。（程度高）

〖练习 Exercises〗

填空：　A.可以　　B.能够

（1）这些事情今天做不完，_____明天做。

（2）你们先把包送回房间再来吃饭也_____。

（3）在场的几个人没有一个_____回答他的问题。

（4）我今天有点儿不舒服，想早点儿回家，_____吗？

（5）他们虽然花了不少时间，但最终也没＿＿＿＿＿解决问题。

243 肯定 kěndìng ②　　一定 yídìng ②

形容词。某种情况是确定的。

> 他肯定知道这件事。‖ 他一定知道这个消息了。
>
> 我们得到了一个肯定的回答。‖ 她当了老师，与她妈妈的影响有一定的关系。

（1）"肯定"可以表示认为正确，或态度是确定的。与"否定"相对。作状语时可以加"地"。可以说"很／十分／非常／特别肯定""肯定的回答""肯定的态度"。

> 他肯定地说："这样做是对的。" | 老师肯定地点了点头。 | 对我们提出的问题，他给出了肯定的回答。 | 我们的态度是非常肯定的。

"一定"作定语时，可以表示某些数量、某种范围或程度。作状语时，表示确定的语气。后边不能加"地"，前边也不能用"很""十分""非常"等。

> 我每天都要花一定的时间来记生词。 | 经过努力，他们已经取得了一定的成绩。 | 天气的变化是有一定的规律的。 | 你放心，明天我们一定准时到。

（2）"肯定"还可以是动词，表示确认、确定。

> 校长肯定了我们取得的成绩。 | 老师肯定了我的做法是正确的。 | 这样做对不对，现在还不能肯定。

（3）"一定要"表示决心，要求或希望。

> 我一定要学好汉语。（决心） | 他一定要来。（要求或希望） | 你一定要记住这件事。（要求或希望）

（4）"不一定"可以作状语、谓语，也可以单独用。

> 这种说法不一定对。 | "父亲聪明，儿子就一定聪明吗？""那不一定。" | "你

练习答案：　（1）A　　（2）A　　（3）B　　（4）A　　（5）B

看今天会下雨吗?""不一定。"

〖练习 Exercises〗

填空：　A.肯定　　B.一定

（1）他的回答十分_____。

（2）我不能_____明天有没有时间。

（3）明天早上八点开车，大家_____不要迟到啊!

（4）植物生长的快慢与温度的高低有_____的关系。

244　口 kǒu ①　　嘴 zuǐ ②

〖相似 Similarities〗

人或动物吃、喝用"口"或"嘴"。可以说"张口／嘴""闭口／嘴""满口／嘴"。

他从不张口向父母要钱，自己打工挣学费。‖ 大夫让他张嘴，说"啊——"。
他坐在一边，闭口不言，谁也不知道他在想什么。‖ 老孙觉得她说得太多了，
而且很难听，就说:"你闭嘴吧，别说了!"
他满口答应了我们的要求。‖ 弟弟刚吃完饭，满嘴都是油。

〖区别 Distinctions〗

（1）"口"多用于书面语，"嘴"多用于口语。

（2）用"口"可以说"开口""口服""口红""口舌""口试""口罩（kǒuzhào）""病
从口入""口是心非""心口不一""衣来伸手，饭来张口"。

不管你怎么问，他就是不开口，警察很着急。| 吃东西要注意卫生，防止病
从口入。| 这种人口是心非，你别相信他。| 他从小就过着"衣来伸手，饭
来张口"的生活。

用"嘴"可以说"嘴唇""多嘴""插嘴""嘴甜""嘴笨""嘴快""嘴疼""嘴碎""嘴
紧""嘴严""嘴硬""嘴上"。

练习答案：　（1）A　　（2）A　　（3）B　　（4）B

这事跟你没有关系,你别多嘴。 | 他的嘴很笨,说了两句话以后就不知道说什么好了。 | 她年纪大了,说起话来没完没了,孩子们都说她嘴碎。 | 他嘴上答应了,可是心里并不愿意。

(3)"口角"常表示吵架、争吵。可以说"发生口角"。

他们俩刚见面时还说说笑笑的,但后来却发生了口角。

"嘴角"常表示上唇和下唇相连的部位。

她的嘴角看上去总是在笑。

(4)"口快"用在"心直口快"里,表示心里怎么想的就怎么说。

他这个人心直口快,大家都了解他。

"嘴快"表示很快把某事说出来了。可以说"嘴很快"。

妹妹嘴快,爸爸一回来,她就告诉他是弟弟把杯子打破了。

(5)"闭口"常表示不张口。可以说"闭口不说""闭口不言""闭口不提""闭口不谈"。

对这个问题他总是闭口不提。

"闭嘴"常表示因为不喜欢听别人说话,让别人别再说了。

他说得太多了,能不能让他闭嘴?

(6)"插口"表示插座等上面的孔。

这儿的插座有两个插口的,也有三个插口的。

"插嘴"表示在别人说话还没结束的时候就加入谈话。

这事儿跟你没关系,你不要插嘴。

(7)"亲口"是副词,表示某人自己用口、动口(说或吃、喝)。

你亲口尝尝,就知道这西瓜好吃不好吃了。

"亲嘴"是动词,表示人的嘴互相接触。

奶奶不让我看电影里男女亲嘴的场面。

(8)"口"还可以表示容器、房屋等进出的地方,或指道路交叉的地方、河流进入江湖海洋的地方、破裂的地方。可以说"碗口""杯口""袋子口""门口""洞口""胡同口""入口""进口""出口""路口""道口""河口""伤口""裂口"。刀上用来切削的一边叫"刀口"。

（9）"口"还可以是量词。可以说"一口饭""五口人""一口井""一口刀""一口流利的汉语""吃／喝一口"。

> 饭要一口一口地吃，事要一件一件地做。｜他虽然不是中国人，却能说一口流利的汉语。

（10）"嘴"常表示鸟、鸡、鸭或其他动物等吃喝的器官，也可以指物体上形状像嘴的部分。可以说"麻雀嘴""乌鸦嘴（也比喻人事先说会发生不好的事情）""鸭嘴""狗嘴""茶壶嘴""瓶嘴""烟嘴"。

〖 练习 Exercises 〗

填空：　A.口　　B.嘴

（1）这种药是外用的，不能_____服。

（2）你在吃什么，吃得满_____都是油？

（3）老孙一_____就把杯子里的酒喝干了。

（4）我们问了半天，可是她始终不开_____。

（5）我的_____很笨，不会说那些好听的话。

（6）她_____上说好，可是心里却不那么想。

245　困 kùn ③　　累 lèi ①

〖 相似 Similarities 〗

形容词。没有力气，没有精神。

> 昨天晚上睡得很晚，现在我很困。‖ 上了一天班，他觉得很累。

〖 区别 Distinctions 〗

（1）"困"主要形容人没有精神、想睡觉的样子。可以说"犯困"。

练习答案：　（1）A　　（2）B　　（3）A　　（4）A　　（5）B　　（6）B

到了半夜，人就很困了。| 他太困了，坐在椅子上就睡着了。| 他困得连眼睛都睁不开了。

"累"可以形容人或动物体力或精力消耗大。

干体力活儿很累。| 你累了半天了，休息一会儿吧。| 跑了这么远的路，马累得直喘（chuǎn）。

（2）"困"还可以是动词，表示处于困难、艰苦或危险的环境中，不能摆脱。

这道难题把他困住了。| 家里的老人和孩子把他困在村里，使他不能去外地工作。| 一连几天下大雨，这一地区发生了水灾，一些农民被困在村外的一处高地上。

"累"也可以是动词，表示使人或动物体力、精力消耗很大。

这活儿真累人。| 你要注意休息，别把身体累坏了。

〖 练习 Exercises 〗

填空： A. 困 B. 累
（1）人要是睡眠不足，就很容易犯_____。
（2）比赛快要结束了，队员们都_____得跑不动了。
（3）今天搬了这么多桌子、椅子，大家都很_____，晚上早点儿休息吧。

246 困难 kùnnan ② 难 nán ①

〖 相似 Similarities 〗

形容词。做事不容易。与"容易"相对。

在山区修建铁路十分困难。‖ 孩子学外语不太难，老人学外语比较难。

〖 区别 Distinctions 〗

（1）"困难"可以作定语、谓语，不常作状语、补语。作定语时，后边常用"的"。可以说"困难的日子""困难时期""生活困难"。

练习答案： （1）A （2）B （3）B

到中国用两三年时间学好汉语，不是一件很困难的事情。｜在那些困难的日子里，能吃饱肚子就很不错了。｜爷爷说，他小时候家里生活比较困难。

"难"可以作定语、谓语、状语、补语。可以与一些单音节词一起用。可以说"难事""难字""难题""难办／做／学／懂／认／记／说／写／走"。

刚到非洲，我们遇到不少难事儿。｜你说的这件事情很难办。｜我现在觉得汉字并不那么难学。｜他写的文章很难懂。｜下雨以后，这条土路很难走。｜这道考试题出得太难了，很多人都不会做。

（2）"困难"还可以是名词。表示不容易做的事情。可以说"有／没有困难""遇到／克服／战胜困难""一点儿／不少／许多困难""困难很大"。

你有什么困难，可以提出来。｜在生活中，人人都遇到过这样或那样的困难。｜你要在一年内学好汉语，困难很大。

（3）"难"在"难看""难听""难吃""难喝""难闻""难受"中，表示某方面的感觉不好。

这件衣服太难看了，我可不穿。｜这是谁在唱歌？这么难听！｜这种饮料很难喝，下次不要买了。｜刚才她有点儿难受，先回去了。

（4）"难"还可以是动词，表示使人感到不容易。可以说"难住""难倒（dǎo）""难不住""难不倒（dǎo）"。

前面的题目都比较容易，最后两道题把他难住了。｜吃饭问题难不住他，他最喜欢做饭做菜了。｜本来想难难他，没想到根本难不倒他。

〖练习 Exercises〗

填空：　A.困难　　B.难
（1）房间里有几个人在抽烟，气味很＿＿＿＿闻。
（2）现在还很＿＿＿＿说这场比赛的结果会怎么样。
（3）最近几年是我们公司的＿＿＿＿时期，大家在工作上会比较辛苦。
（4）刚到中国的时候，我们在学习和生活上遇到过不少＿＿＿＿，现在好多了。

练习答案：　（1）B　　（2）B　　（3）A　　（4）A

L

247　来 lái ①　　来到 láidào ②

〖 **相似 Similarities** 〗

动词。从某处到说话人所在的地方。

> 欢迎你<u>来</u>我们学校。‖ 她从小跟随父母离开上海<u>来到</u>兰州。

〖 **区别 Distinctions** 〗

（1）"来"可以表示从某处到说话人所在的地方的移动过程。可以用在表示命令、要求的句子里。可以说"快来""让…来""来一趟 / 一下""来…的路上"。

> 你快<u>来</u>，车马上就要开了。│ 你等一下，我马上就<u>来</u>。│ 你让小王<u>来</u>一下。│ 他们正在<u>来</u>机场的路上。

"来到"表示从某处到了说话人所在的地方（表示移动的终点，不表示过程）。

> 太阳快下山了，很多动物会<u>来到</u>湖边喝水。│ 以前只是听说这儿很美，这次<u>来到</u>这里，发现这儿比人们说的更美。

（2）"来"可以带宾语，也可以不带宾语。"来"的宾语还可以是指人或移动的事物。

> 老李他们明天早上<u>来</u>我们公司。│ 你什么时候<u>来</u>北京，我们见面谈吧。│ 家里<u>来</u>客人了，我去买点儿菜。│ 今天早上<u>来</u>了一辆车，是接老王去开会的。│ 昨天你怎么没<u>来</u>？

"来到"一般要带宾语（表示处所）。可以说"来到中国 / 公司 / 学校 / 教室 / 宿舍 / 旅馆"。

> 为了学好汉语，了解中国，我们<u>来到</u>了中国。│ 早上我<u>来到</u>教室，发现一个人也没有，我忘了今天放假。

（3）"来"后边可以用动词性词语。

　　我来看看这是什么东西。｜这个问题还是要你来解决。

（4）"来"可以作补语，也可以带补语。可以说"上／下／进／出／回／过／起来"。

　　你要的东西我都买来了。｜你给商店打个电话，他们会把东西送来。｜我们来早了，还有一个小时才开会呢。｜你来得太晚了，车已经开走了。｜你来得正好，我正要找你呢。｜北京我已经来过很多次了。｜他什么时候回来？

（5）"来"前边可以用"不""没"。

　　他们俩都不来了。｜昨天有很多人没来。

（6）"来"的主语还可以是事情、任务、问题等。

　　事情来了，你着急也没用。｜问题来了，就要想办法解决。

（7）"来"还可以表示做某种行为动作。

　　你别客气，我自己来。｜他唱得很好听，大家让他再来一个。

【练习 Exercises】

填空： A.来　　B.来到

（1）你去休息吧，我_____做饭。

（2）他们在门口登记以后，_____了会议室。

（3）前边的任务刚完成，新的任务又_____了。

（4）再等一会儿，他们要是还不_____，我们就走吧。

（5）春节期间，校长_____李老师家给他拜年。

练习答案：（1）A　（2）B　（3）A　（4）A　（5）A/B

248 老是 lǎoshì ③　　总（是）zǒng(shì) ②

〖 相似 Similarities 〗

副词。表示一直是某种情况。

> 他老是担心这儿的安全问题。| 这段时间做事老是不顺。‖ 晚上他总是在房间复习课文。| 她的办公室总是很整齐。

〖 区别 Distinctions 〗

（1）"老是"表示过去是这样，现在还是这样，不如意的或不希望发生的事情一次又一次发生。

> 她老是怕出事。| 我老是分不清他俩谁是哥哥，谁是弟弟。| 他老是骄傲，就是改不了。| 有不同意见应该好好谈谈，老是吵架是不能解决问题的。

"总（是）"可以表示有规律地发生，或者在一般情况下是这样。

> 地球总是绕着太阳转。| 他要是不能回家吃晚饭，总（是）要给家里打个电话。| 吃完晚饭，他总（是）喜欢出去散散步。| 他这个人总是很准时。| 她说话做事总是那么小心。

（2）"总是"还表示最后一定会这样。后边常用"要""会"。

> 这些问题总是要解决的。

注意，下边句子中的"总是"是副词"总"与动词"是"用在一起。

> 年青的时候多学点儿知识总是好事。| 学生总是学生，不学习怎么行呢？

〖 练习 Exercises 〗

填空：　A. 老是　　B. 总是

（1）你_____肚子疼，应该去医院看看。

（2）冬天_____会过去的，春天也_____会到来的。

（3）他每天_____要提前十几分钟到办公室，从来不迟到。

练习答案：（1）A　　（2）B，B　　（3）B

249 类 lèi ③ 种 zhǒng ②

〖 相似 Similarities 〗

量词。"一类 + 名词""一种 + 名词"表示一些相似或相同的人或事物。可以说"种类"。

> 像"山、水、太阳、桌子、椅子"这一类词，是名词。‖ 很多国家都要选一种花作为国花。‖ 这个超市很大，日常用品种类很齐全。

〖 区别 Distinctions 〗

（1）"类"常用于从许多人或事物中分出的一些相似或相同的人或事物。

> "花、草、树木、跑、看、说话"这几个词可以分为两类，一类是名词，另一类是动词。| 杨先生大部分时间都在研究所里，洗衣服、做饭这类家务事，他做得很少。| 世界上的动物和植物都可以分为很多类。

"种"可以用于相似或相同的一些人或事物，也可以用于跟其他事物有区别的事物的个体。可以说"种种""各种各样"。

> 这几种动物我以前从来没见过。| 住在这里的有两种人，一种是本地人，一种是从外地来的生意人。| 这种现象已经引起了很多人的注意。| 你看这两种办法哪一种好？| 在工作中他们克服了种种困难。| 这家超市很大，各种各样的商品都有。

（2）"类"还可以是名词。"…类"（如"经济类""文学类"）表示分出的"类"的名称。可以说"大类""小类""同类""异类""分类""归类"。

> 大学里的专业可以分为文科、理科、工科等大类，每个大类里可以再分为一些小类。| 图书馆里，同类的书都放在一起。| 这些新书没有分类编号，还不能借出。| 这些年来，学习经济类和计算机类专业的学生比较多。

〖 练习 Exercises 〗

填空： A. 类 B. 种

（1）希望今后不要再发生这_____不愉快的事情。

（2）我们学校的阅览室里有一百多_____杂志和报纸。

（3）从图书馆里借阅文学_____图书和杂志的学生很多。

（4）人们常常把语言中的词分为名词、动词、形容词等不同的_____。

250 类似 lèisì ③　　相似 xiāngsì ③

〖 相似 Similarities 〗

像，跟…差不多。可以说"跟／同／与／和…类似／相似"。

这次的情况跟上一次很类似。‖ 这部电影跟我以前看过的一部电影很相似。

〖 区别 Distinctions 〗

（1）"类似"是动词，可以带宾语。可以说"类似于…""跟…相类似"。

世界上不少地方有类似中国长城的建筑。| 古代的书院类似于今天的研究院。| 中国古代有一种游戏跟今天的足球比赛相类似。

"相似"是形容词，不能带宾语。可以说"相似得很""相似极了""相似性"。

这座桥的样子跟那座桥相似得很。| 她们姐妹俩的长相相似极了。| 这两种文化之间有不同点，但也有很多相似性。

（2）"类似"作定语时，可以表示这一类的、像这样的。可以说"类似的方法""类似（的）问题""类似（的）错误""类似现象／事故／事件／情况""类似观点"。

以后再遇到这样的问题，就可以用类似的方法去解决。| 以前也发生过类似的问题。| 希望以后不要出现类似的情况。

〖 练习 Exercises 〗

填空：　A.类似　　B.相似

（1）希望以后我们不要犯_____的错误。

练习答案：（1）A/B　（2）B　（3）A　（4）A

（2）这儿的大街小巷有很多小餐厅，_____于北京的小吃店。

（3）日语里一些词语的发音跟中国一些地方的汉语方言_____得很。

251 冷 lěng ①　　凉 liáng ②　　凉快 liángkuai ②

〖 **相似 Similarities** 〗

形容词。温度低。

这里的早晚温差比较大，白天比较热，夜里有点儿冷。‖ 秋天到了，天气也渐渐变凉了。‖ 太阳晒到的地方热，房间里比较凉快。

〖 **区别 Distinctions** 〗

（1）"冷"表示温度低的程度比"凉"更低。"冷风""冷水""冰冷"等比"凉风""凉水""冰凉"等让人感觉温度更低。可以说"冷空气""冷气""冷饭""冷饮""寒冷"。

中国北方的很多地方冬天很冷，南方一般冬天不太冷。｜天气预报说明天有冷空气，气温会降低很多。｜冷饭不能吃，要热一下。｜在寒冷的冬天，很多动物都进入了冬眠期。‖ 开水太烫（tàng）了，等凉一点儿才能喝。｜外边很热，进屋里凉一会儿吧。｜靠窗口的地方有凉风，不那么热。

"凉快"可以表示气温不高，天气不热，让人感觉比较舒服。

到了十月，北京就很凉快了。｜外边很热，但屋里开着空调，很凉快。｜下午下了一阵雨，天气也凉快了许多。｜白天温度很高，晚上就凉快了。

（2）"冷"还可以表示对人不热情，或不喜欢某事物。可以说"冷面孔""冷遇""冷门"。

她对客人总是冷冷的，不适合做营业员。｜一看到他的冷面孔，我就知道他生气了。｜他本来以为这个新产品会受欢迎，但结果却受到了冷遇。

练习答案：　（1）A　　（2）A　　（3）B

（3）"凉快"还可以是动词。可以说"凉快凉快"。

外边太热了，我们进屋里凉快凉快吧。

〖 练习 Exercises 〗

填空： A.冷　　B.凉　　C.凉快

（1）夏天，这些饭店里都开_____气。

（2）中国的很多地方，一月的时候是最_____的。

（3）到十一月的时候，北京的天气已经很_____了。

（4）大学里选热门专业的人很多，选_____门专业的人就比较少。

（5）太阳晒着的地方非常热，树荫（shùyīn）下、房间里_____一些。

252 离 lí ②　　离开 líkāi ②

〖 相似 Similarities 〗

动词。跟人、事物或地方分开。

你离家两天就想家，将来到国外学习怎么办？ ‖ 大学毕业以后，他就离开家乡来上海工作了。

〖 区别 Distinctions 〗

（1）"离"作为动词，常用在一些习惯用语里。可以说"离京（离开北京）""离境""曲不离口""三句不离本行""离家出走"。

我们到北京的时候，他已经离京前往上海了。| 这些人被要求在一个月之内离境。| 作为戏曲演员，他们总是曲不离口，时时都在训练。| 他是医生，说话三句不离本行，说着说着就说到身体健康上来了。| 你做错了，父母说你两句，你就离家出走，这就更不对了。

"离开"可以表示从某处出发、走开，或跟某人或事物分开。

练习答案：　（1）A　　（2）A　　（3）B　　（4）A　　（5）C

他的工作很忙，每天早上七点多离开家，晚上七八点才能回来。 | 小王从小到大一直跟父母生活在一起，从来没离开过。 | 他的汉语还不太好，离开词典，阅读很困难。

（2）"离不了"表示不能缺少。

爷爷看书、看电视都离不了老花镜。 | 做菜的时候总是离不了油和盐。

"离不开"可以表示不能缺少，也可以表示不能从某处走开。

鱼儿离不开水。（不能缺少）| 她也很想到分公司工作一段时间，但她孩子很小，家里离不开。（不能走开）

（3）"离"还常是介词，表示距离。可以说"离…远／近"。

我家离学校不远。 | 苏州离上海很近。 | 南京离上海大约二百公里。 | 现在离新年只有一个月了。

〖 练习 Exercises 〗

填空： A. 离 　 B. 离开

（1）非洲_____中国很远。

（2）代表团明天下午两点_____广州，前往上海。

（3）他是近视眼，上课、看电影都_____不了眼镜。

253 里 lǐ ①　　内 nèi ③　　中 zhōng ①

〖 相似 Similarities 〗

方位词。不超过一定界限的空间、时间或范围等。常用在名词性词语后边。

屋里很干净。‖ 饭店内禁止吸烟。‖ 海水中含有盐。

〖 区别 Distinctions 〗

（1）"里"通用于口语和书面语，"内"和"中"多用于书面语。

练习答案：（1）A　（2）B　（3）A

（2）"里"可以用在表示具体空间、时间或范围的名词性词语后边。

书包里 | 车里 | 家里 | 房间里 | 图书馆里 | 城里

夜里 | 假期里 | 暑假里 | 春天里 | 一个月里 | 一年里

生词里 | 课文里 | 练习里 | 小说里 | 作品里

"里"可以用在表示人体器官或机关单位的名词性词语后边。

手里 | 眼里 | 嘴里 | 心里 | 耳朵里 | 头脑里

区里 | 县里 | 省里 | 局里 | 厂里 | 公司里

（3）"内"可以用在一些表示空间或机关单位、组织的单音节名词后边。

校内 | 室内 | 市内 | 厂内 | 国内 | 党内 | 军内

"内"还可以用在一些表示时间范围的名词性词语后边。

年内 | 本月内 | 最近两周内 | 近几天内 | 三小时内

（4）"中"可以用在一些表示人的名词后边，表示在某一类或一群人中间。

学生中 | 老师中 | 群众中 | 工人中 | 职员中

"中"还可以用在一些动词、形容词的后边，表示某种活动正在进行或正处于某种状态。

调查中 | 研究中 | 休息中 | 讨论中 | 会谈中 | 商谈中 | 营业中

混乱中 | 痛苦中 | 幸福中 | 不安中 | 慌乱中 | 甜蜜中

（5）用"里"可以说"这里""那里""哪里"；还可以说"往里""朝里"等，作状语。

往里看 | 往里走 | 朝里挤 | 朝里望

用"内"可以说"对内""向内""在内"。

对内政策 | 向内转体一周 | 这些钱包括伙食费、住宿费在内。

（6）"往…里"中间还可以用上一些单音节形容词（如"往好里想""往少里说""往小里说"）。

咱们往好里想想吧。 | 这件事往少里说也要一个星期才能干完。

【练习 Exercises】

填空：　A.里　　B.内　　C.中

（1）昨天夜_____下了一场大雨。

（2）这些歌在学生_____很流行。

（3）包括上海在_____，他已经到过中国十多个城市。

（4）上车以后，请大家往_____走，不要都挤在门口。

（5）这个问题怎么解决还在讨论_____，下个星期才能决定。

（6）我们上大学时，大部分同学住在校_____，只有少数同学住在校外。

254　理解 lǐjiě ③　　了解 liǎojiě ②

【相似 Similarities】

动词。知道得很清楚。

　　我们都理解他的心情。‖ 大家都了解他的想法。

【区别 Distinctions】

（1）"理解"可以表示懂了或明白了意思、道理、行为等。可以说"很难／难以理解""理解不了""理解错了"。

　　我不理解这句话的意思。｜他的话很难理解。｜那些道理小孩子理解不了。｜只认识一句话里的词语，不一定能真正理解那句话的意义。

　　"了解"可以表示知道关于某人或事物的情况。可以说"了解情况"。

　　我刚来，还不太了解这儿的情况。｜我很早就认识他了，但一直不了解他。｜我了解他为什么要去北京。｜这次会谈，双方增进了了解。

（2）"理解"还表示懂得并原谅。可以说"表示理解""很能理解"。

　　我们这样做实在是没办法，希望大家能理解。｜工人们对厂里的新规定表示理解与支持。

　　练习答案：　（1）A　　（2）C　　（3）B　　（4）A　　（5）C　　（6）B

（3）"了解"还表示通过打听、调查、学习等，知道某些情况。可以说"向…了解…""了解了解"。

> 我想了解一下这件事发生的原因。｜我们还需要进一步了解情况。｜我们向当地人了解了这里人们的生活习惯。｜你去了解了解他们为什么没来。

【 练习 Exercises 】

填空：　A.理解　　B.了解
（1）他那么做，大家都很难_____。
（2）他的话不是这个意思，你完全_____错了。
（3）他从来没去过中国，但他很想_____中国目前的情况。

255 理想 lǐxiǎng ②　　希望 xīwàng ②　　愿望 yuànwàng ②

【 相似 Similarities 】

名词。对将来的想法。

> 她的理想是大学毕业后当一名优秀的教师。‖ 这次比赛我们的希望是能进入前四名。‖ 她要出国留学的愿望终于实现了。

【 区别 Distinctions 】

（1）"理想"常表示对未来的美好想象。可以说"伟大／远大／崇高（chónggāo）理想""理想主义""树立理想"。

> 她是一个有理想的人。｜为了实现理想，他们付出了巨大的代价。｜他从小就树立了这种伟大的理想。｜他相信这个远大理想是一定会实现的。｜这是一种十分崇高的理想。｜这个人是个理想主义者。

"希望"可以表示心里想要发生的好事或好的情况。"（没）有希望"表示"（没）有好的前途，或（没）有可能"。可以说"大有希望""希望很大""希望不大""充满希望"。

练习答案：　（1）A　　（2）A　　（3）B

只要我们认真努力，我们的<u>希望</u>是可以实现的。 | 他很有<u>希望</u>被选为人民代表。 | 这些孩子的将来大有<u>希望</u>。 | 他的伤差不多好了，看来他参加下个月的比赛<u>希望</u>很大。 | 他对自己的未来充满了<u>希望</u>。

"愿望"常表示想着将来会好的心理。可以说"主观愿望""迫切 / 强烈愿望""善良 / 美好（的）愿望"。

你的<u>愿望</u>是好的，但不太现实。 | 那种<u>愿望</u>是不可能实现的。 | 我们做任何事情都要从实际出发，不能只凭主观<u>愿望</u>。 | 能找到一份满意的工作是这些大学毕业生的迫切<u>愿望</u>。 | 她抱着美好的<u>愿望</u>从农村来到了城市。

（2）"理想"还可以是形容词，形容人或事物跟想的一致，让人满意。

实验得到了<u>理想</u>的结果。 | 这次考试的成绩不太<u>理想</u>。 | 这块地方做体育场是非常<u>理想</u>的。

（3）"希望"还可以是动词。可以带宾语。

父母都<u>希望</u>她能成为一名教师。 | 学生们都<u>希望</u>自己能考出好成绩。 | 我们都不<u>希望</u>发生不愉快的事情。

〖 练习 Exercises 〗

填空： A.理想　　B.希望　　C.愿望

（1）小李觉得现在的工作很不_____。

（2）实现世界和平是全世界人民的共同_____。

（3）父母都_____自己的孩子长大能成为对社会有用的人。

（4）她没有多么伟大的_____，她只想做一个普普通通的人。

（5）这些孩子要是好好培养，将来很有_____成为优秀运动员。

（6）_____世界不再有战争和贫穷，人人都有这样一个美丽的_____。

练习答案： （1）A　　（2）C　　（3）B　　（4）A　　（5）B　　（6）B,C

256 理由 lǐyóu ②　　原因 yuányīn ②

〖 **相似 Similarities** 〗

名词。做某事或出现某种情况的条件。

　　请你说说你这样做的理由。‖ 他向老师说明了自己没来上课的原因。

〖 **区别 Distinctions** 〗

（1）"理由"常表示说明或解释为什么做某事的道理。可以说"一条理由""充分的理由""理由充足""成为理由""不成理由"。

　　他为自己的行为找了好几条理由。| 他的要求很合理，我们没有理由不同意。| 我有充分的理由证明这种观点是错误的。| 上班迟到了，路上堵车是不能成为理由的。

　　"原因"常表示造成某种结果、引起某事或某种情况发生的条件。可以说"主观／客观原因""个人／社会原因""直接原因""事故／生病／失败／成功（的）原因""…的原因在于…""…，原因在于…"。

　　他没参加这次比赛，原因是他的脚最近受了伤。| 这起事故的发生有客观原因，也有主观原因。| 最近发生的这些事是有深刻的社会原因的。| 这次没考好的主要原因在于我没花多少时间复习。| 上次比赛他没能取得好成绩，原因在于他缺乏比赛经验。

（2）"找理由"常表示想办法解释自己的错误行为。

　　做错了事情要敢于承认，不要总是找理由来解释。

　　"找原因"常表示想办法找到事情发生的条件。

　　事故发生以后，一定要找原因，防止以后再发生这样的事情。

〖 **练习 Exercises** 〗

填空：　A.理由　　B.原因
（1）事情发生的＿＿＿＿正在调查之中。
（2）你可以反对他，但你反对他的＿＿＿＿不够充分。

（3）每次做错了什么事情，他总要找_____来解释。

（4）在讨论中，大家分析了这起事故的发生有三方面_____。

257 立刻 lìkè ②　　马上 mǎshàng ①

〖 相似 Similarities 〗

副词。表示事情很快发生。

　　他一听电话，立刻就知道是谁打来的了。‖ 你等一下，我马上就过来。

〖 区别 Distinctions 〗

（1）"立刻"通用于口语和书面语，"马上"多用于口语。

（2）"立刻"表示的时间比"马上"更短、更紧。

　　接到通知以后，我们就立刻行动起来了。｜ 你只要叫他，他立刻就会过来。｜
她一听到表扬，脸立刻就红了。｜ 老板一进来，大家立刻就不言语了。

　　"马上"表示的时间可以很短，也可以离事情发生的时间比较长。

　　火车马上就要开了。｜ 这个消息马上就传遍了全国。｜ 今天已经十二月二十三
号了，马上就到元旦了。｜ 我今年十八岁，马上就二十岁了，还小吗？

〖 练习 Exercises 〗

填空：　A.立刻　　B.马上

（1）你再等一会儿，他_____就会回来的。

（2）再有两个星期就要放寒假了，春节也_____就要到了。

（3）经理一进来，会议室就_____安静下来，一点儿声音也没有了。

练习答案：　256.（1）B　　（2）A　　（3）A　　（4）B

　　　　　　257.（1）B　　（2）B　　（3）A

258 利用 lìyòng ②　　使用 shǐyòng ②

〖相似 Similarities〗

动词。用。

我们要合理地利用自然资源。‖ 办公室的工作人员都会使用电脑。

〖区别 Distinctions〗

（1）"利用"可以表示使人或事物为某种目的服务，发挥好的作用。对象可以是土地、能源、场地、设备等具体事物，也可以是时间、条件、技术、机会、权利、手段、矛盾等抽象事物。

他们很会利用空间。| 现有的设备要充分利用起来。| 他利用业余时间学会了英语。| 这些有利条件我们要好好利用。

"使用"常表示在行为活动中用人或事物。对象多是具体的（如人才、工具、机器、资源、资金等），也可以是手段等抽象事物。可以说"使用方法""使用说明""使用期限"。

我们必须更加有效地使用人才。| 他们很快就学会使用这种新的机器了。| 这笔经费如何使用，请大家讨论一下。| 这种机器的使用方法很简单。| 让我看看电视机的使用说明。| 我们不能使用不正当的手段来达到自己的目的。

（2）"利用"还表示使别人为某种不正当的目的服务。可以说"被人利用""互相利用"。

他不是故意犯罪，而是被坏人利用了。| 这两个人互相利用，干了不少坏事。

〖练习 Exercises〗

填空：　A.利用　　B.使用

（1）研究所里的人都可以_____这两台机器。

（2）上班以后，我只能_____业余时间学习外语。

（3）我知道他想_____我们两家公司之间的矛盾来获得利益。

练习答案：　（1）B　　（2）A　　（3）A

259 练习 liànxí ② 训练 xùnliàn ③

〖 相似 Similarities 〗

都可以是动词。练。

学习游泳必须下水练习。‖ 下个星期有比赛，这几天我们正在抓紧训练。

〖 区别 Distinctions 〗

（1）"练习"可以表示为了熟练掌握知识或技能，按照学习的内容去做。

学习口语要多练习。｜刚开始学外语的时候，练习发音很重要。｜这首乐曲弹得不熟，你还要再练习几遍。

"训练"常表示为了使人或动物掌握某种技能，按照一定的计划、方法去做。对象可以是人或动物。可以说"身体／体形训练""严格训练""训练出（来）"。

厂里计划训练一批年轻工人来使用这些新买的机器。｜他的工作是训练熊猫适应野外生活。｜这些狗都是被严格训练过的。｜这个汽车培训学校已经训练出了1000多名合格的汽车驾驶员。

（2）"练习"还可以表示试着做某事。宾语可以是动词性词语。

刚学了一个月，他就开始练习用英语跟别人谈话了。｜她上中学的时候就练习写小说了。

（3）"练习"还可以是名词，相当于"作业"。可以说"做练习""交练习""练习本"。

我们每天晚上都要做练习。｜上课的时候要交练习。｜我买了两个练习本。

〖 练习 Exercises 〗

填空： A.练习 B.训练
（1）他学了半年汉语就开始_____用汉语写日记了。
（2）这些成功的运动员都不是在学校里_____出来的。
（3）体操运动员和舞蹈演员都要经过严格的体形_____。

练习答案： （1）A （2）B （3）B

260 留 liú ②　　留下 liúxià ②

〖相似 Similarities〗

动词。（使）人或事物不离去、不失去。可以说"留下来"。

> 每次放假，办公室都要留一两个人值班。‖ 还有些事情没做完，我和小王留下，其他人先回去吧。‖ 他说他愿意留下来，在这儿再工作一年。

〖区别 Distinctions〗

（1）"留"的宾语可以是人或事物，也可以是处所。可以说"留在…""留给…""留到…""留（不）住""留传""留着""留作纪念"。

> 他大学毕业后就留北京工作了。| 他回国的那段时间把狗留在我这里。| 这两本书是李老师留给你的。| 这两个房间我们给你留到18号，希望你能早点儿定下来。| 我们希望这些古代文物能够留传给后人。| 这个留着长头发的人是谁？

（2）"留下"的宾语一般是人或事物。可以说"留下…印象／回忆／记录／后果""把…留下"。

> 两年多的留学生活在我的脑子里留下了许多美好的回忆。| 老人年青时的生活在他的日记里留下了详细的记录。| 去年发生的生产事故留下了十分严重的后果。| 请大家把联系方式留下，有什么消息我会通知大家。

〖练习 Exercises〗

填空：　A.留　　B.留下
（1）这些东西送给你，＿＿＿＿作纪念吧。
（2）我们刚到中国的时候，当地人的热情与友好给我们＿＿＿＿了很深的印象。
（3）他的公司管理很乱，根本＿＿＿＿不住人才，不少人在这儿工作最多一年就走了。

练习答案：　（1）A　　（2）B　　（3）A

261 旅客 lǚkè ②　　游客 yóukè ③

〖 **相似 Similarities** 〗

名词。去外地的人。

　　春节前后，各地车站的旅客都很多。‖ 春天的时候，来杭州旅游的游客最多。

〖 **区别 Distinctions** 〗

（1）"旅客"常指乘坐汽车、火车、飞机、轮船等出行的人，也指住旅馆的人。

　　开车的时间快到了，但还有几位旅客没有上车。｜火车到南京的时候，有很多旅客下车，也有不少旅客上车。｜飞机上也有不少亚洲和欧美的旅客。｜船开得太快，不少旅客感到很不舒服。｜住旅馆的旅客都要登记姓名、住址等。

（2）"游客"常指到某地旅游、参观的人。参加旅游团的人是"游客"。

　　这个旅游团一共有二十八名游客。｜导游说，还有一位游客没到，再等一会儿。｜这几年到国外旅游的中国游客越来越多了。｜听口音，他们好像是上海游客。

〖 **练习 Exercises** 〗

填空：　A.旅客　　B.游客

（1）每年都有大批中外＿＿＿＿上黄山旅游。

（2）导游小王很热情，团里的＿＿＿＿都很喜欢她。

（3）春节前，火车上的＿＿＿＿大多是从外地回家过年的。

　　练习答案：　（1）B　　（2）B　　（3）A

旅行 lǚxíng ②　　　旅游 lǚyóu ②

〖 相似 Similarities 〗

动词。外出行走。

　　今年夏天我们打算去西部旅行。‖ 下个月我们要去中国的东北三省旅游。

〖 区别 Distinctions 〗

（1）"旅行"表示个人或集体为了游览或办事，到比较远的地方去。可以说"长途旅行""旅行社""旅行团"。

　　他喜欢一个人到外地去旅行。｜ 我们暑假去西安旅行过一次。｜ 那次旅行我们到了不少地方。｜ 祝你旅行愉快！

（2）"旅游"主要表示去外地游玩，看风景、名胜古迹。可以说"旅游景点 / 城市 / 行业 / 部门""旅游团""旅游局""旅游业"。

　　杭州是个旅游城市。｜ 这几年来中国旅游的外国朋友越来越多了。｜ 本市的旅游收入有了很大提高。｜ 政府希望大力发展旅游业。

〖 练习 Exercises 〗

　　填空：　A.旅行　　B.旅游
（1）杭州和苏州都是著名的　　　　城市。
（2）他的身体不太好，不能参加这种长途　　　　。
（3）这个城市这两年经济发展了，　　　　业的发展也很快。

　　练习答案：　（1）B　　（2）A　　（3）B

M

263 毛病 máobìng ②　　　缺点 quēdiǎn ②

【相似 Similarities】

名词。人或事物不好的方面。

他总是改不了乱扔东西的**毛病**。‖ 我们的工作中还存在着不少**缺点**。

【区别 Distinctions】

（1）"毛病"多用于口语，"缺点"通用于口语和书面语。

（2）"毛病"可以指人的行为活动中存在的不好的习惯，也可以指人、动植物的疾病，或机器不正常的情况等。可以说"老／坏／臭毛病""生／出／犯毛病"。

他这个人很能干，但也有不少**毛病**。｜人好发火也是一种**毛病**。｜他养成了一上课就想睡觉的**毛病**。｜他的腿有点儿**毛病**。｜她家的小狗生**毛病**了。｜这台机器经常出**毛病**。

"缺点"主要指行为活动或事物的不足、不完善之处。与"优点"相对。可以说"发现／改正／克服缺点"。

发现了**缺点**，就得想办法改正。｜一个人的身上不可能一点儿**缺点**也没有。｜材料不充分是这篇文章的一个**缺点**。｜老的产品太笨重是一个很大的**缺点**。

【练习 Exercises】

填空：　A.毛病　　B.缺点

（1）机器太陈旧就很容易犯_____。

（2）他一喝酒就头疼，这是老_____了。

（3）我们不仅要能发现_____，而且要勇于改正_____。

练习答案：（1）A　　（2）A　　（3）B，B

264 没关系 méi guānxi ①　　没什么 méi shénme ①
没事儿 méi shìr ②

〖 **相似 Similarities** 〗

表示不合适的言语、行为、情况等没有不好的影响，或不好的影响很小。

"不好意思，今天我得早一点儿走。""没关系，反正今天下午不太忙。"‖"你不舒服吗？""只是有点儿感冒，没什么。"‖"打扰你了，真不好意思。""没事儿，有什么事儿你就说吧。"

〖 **区别 Distinctions** 〗

（1）"没关系"可以表示不合适的言语、行为或某种情况没有不好的影响。

"这些事儿今天做不完了。""没关系，明天做也可以。" | "这儿的菜有点儿辣。""辣一点儿没关系，我能吃辣的。" | 那本书你还不还我没关系，我还有一本。

"没什么"常表示某种不好的情况不严重，不要紧。

"你头疼好点儿了吗？""没什么，今天好多了。" | "没想到，这次考试考得这么差。""没什么，还有下次呢。" | 遇到不高兴的事情，你们俩争论几句，这没什么，但千万不要打架。

"没事儿"常用于回答别人道歉的话，表示别人的行为对自己没有不好的影响。

"对不起，我把你的笔用坏了。""没事儿，我这儿还有一支。" | "这么晚还给你打电话，真不好意思。""没事儿，反正我还没睡觉。"

（2）用"没关系"可以说"跟（和/与/同）…没关系""没什么关系""没多大关系""没多少关系"。

那些事儿跟他没关系。 | 她和这件事儿没多大关系。

（3）"没什么"还可以用在一些名词性词语前边，表示没多少或基本上没有。

那么厚的一本书，里边没什么内容。 | 这电影实在没什么意思。 | 我对这种事情没什么兴趣。

（4）"没事儿"还可以表示没有事故、意外或要紧的情况。可以说"没什么事儿"。

> 大家赶忙把他送到医院，大夫看了看说："没事儿，他是太累了，休息两天就好了。" | 他们俩争吵了几句，现在没什么事儿了。

（5）"没事儿"还可以表示没做什么事情，没工作。

> 你今晚要是没事儿，咱们去看电影吧。 | 她没事儿的时候最喜欢跟朋友去逛商店。

（6）"没…的事儿"表示跟某人没关系，或不用某人做什么事儿。

> 这儿没你的事儿了，你去休息吧。

〖 **练习 Exercises** 〗

填空： A.没关系　　B.没什么　　C.没事儿
（1）我觉得这本小说_____意思。
（2）明天的会，你参加不参加_____。
（3）他一直说自己和这事根本_____。
（4）明后天我都_____，你来我家玩儿吧。
（5）他骑自行车摔倒了，腿上只是破了点儿皮，已经_____了。

---

265 面前 miànqián ③　　　前面 qiánmiàn ①

〖 **相似 Similarities** 〗

名词。前边。

> 现在我们面前有两条路，到底该走哪一条呢？ ‖ 超市在宾馆的前面。

〖 **区别 Distinctions** 〗

（1）"面前"常表示面对着的、距离很近的地方。在面前的事物可以是具体的，也可以是抽象的。

练习答案：（1）B　（2）A　（3）A　（4）C　（5）C

面前是一条水沟，车开不过去。| 她一回到家，孩子就跑到面前，告诉她今天发生的事。| 在困难面前，他总是不慌不忙的。| 这些问题都摆在我们面前，你看怎么办呢？

（2）"前面"常表示面向的地方，或位置、顺序靠前的地方。跟"后面"相对。

你在前面走，我们在后面跟着。| 市政府大楼前面是一个很大的广场。| 今天开会的人不多，大家都往前面坐吧。| 这本小说前面一半很有意思，后面的我觉得不怎么样。

〖 练习 Exercises 〗

填空： A.面前 　 B.前面

（1）在父母亲_____，我们永远是孩子。

（2）考试前我还要把_____的课文复习复习。

（3）在友谊和利益_____，你选择友谊还是利益？

（4）我在_____已经解释了这个意思，大家都听明白了吧？

266 名称 míngchēng ③ 　　名字 míngzi ①

〖 相似 Similarities 〗

名词。事物的名儿。

这两种食品名称相同，但味道和做法都不一样。‖ 这几所学校的名字里都有"交通大学"。

〖 区别 Distinctions 〗

（1）"名称"多用于书面语，"名字"通用于口语和书面语。

（2）"名称"多指事物或某个集体的名儿，一般不用于个人。

植物园里有很多花草我们都叫不出它们的名称。| 这部电影的名称很有意思，

练习答案： （1）A 　 （2）B 　 （3）A 　 （4）B

但不是很好看。 | 这儿原来叫"三林家具店"，后来生意非常好，名称也改叫"三林家具城"了。 | 医院里的护士有一个光荣的名称，叫"白衣天使"。

"名字"可以指个人、集体或事物的名儿。

这个班的大部分同学都有中文名字。 | 我们公司有三个人的名字是一样的。 | 苏州大学以前的名字叫东吴大学。 | 天津有一种包子很有名，名字叫"狗不理包子"。

〖 练习 Exercises 〗

填空： A.名称 B.名字

（1）父母都希望给孩子起个好听的_____。

（2）这部电视剧里提到的公司用的都是真实_____。

（3）只看菜谱（càipǔ）上菜的_____，有时并不知道那是什么菜。

267 明白 míngbai ①　　明确 míngquè ③　　清楚 qīngchu ②

〖 相似 Similarities 〗

（1）形容词。容易看清、听清或了解。

这段话的意思非常明白。‖ 我们的要求很明确。‖ 这篇文章的内容非常清楚。

（2）动词。了解，知道。

我明白了这句话的意思。‖ 大家都明确了自己的任务。‖ 我不清楚他今天为什么没来。

〖 区别 Distinctions 〗

（1）"明白"也可以形容聪明、懂道理的。可以说"明白人""明明白白"。

他好像是个马马虎虎的人，其实他心里很明白。 | 你叫他放明白点儿，不要做得太过分了。 | 我想了半天也没想明白这到底是怎么回事。 | 你是个明白人，

练习答案： （1）B　 （2）A　 （3）A/B

这点儿道理你一定懂。| 这是明明白白的道理，大家都能理解。

"明确"可以形容容易看清、听清或容易理解，而且是确定的。

他的态度很明确，就是不同意这么做。| 大家对这个问题有了明确的认识。| 校长明确地指出了学校工作中存在的问题。

"清楚"可以形容说话、思想等不乱，事物不模糊。可以说"写／说／想清楚""调查清楚""解释清楚""清清楚楚"。

请你把话说清楚一点儿。| 这件事现在已经调查清楚了。| 他的话我记得非常清楚。| 大家都回答得很清楚。| 他的报告写得清清楚楚的，很容易懂。

（2）"明白"作为动词，可以表示懂得、知道。可以重叠说"明白明白"。

我明白了一个道理。| 谁都不明白这是怎么回事。| 大家都明白了事情发生的原因。| 这次一定要让他们明白明白工作不认真是不行的。

"明确"作为动词，可以表示了解、确定。

大家都明确了今后的工作目标。| 我们必须明确这次活动的目的。

"清楚"作为动词，可以表示了解。可以说"对…很／非常／不太清楚"。

他对这里的情况很清楚。| 谁都清楚，王工程师要是不来，这个问题就解决不了。

〖练习 Exercises〗

填空： A.明白　　B.明确　　C.清楚
（1）他已经说得很_____了。
（2）我对他们的计划不太_____。
（3）我的位子在后边，黑板上的字看不_____。
（4）小刘是个_____人，这个道理她一定会懂的。
（5）她来中国就是为了学好汉语，这个目的很_____。

练习答案：（1）A/C　（2）C　（3）C　（4）A　（5）B/C

268 明显 míngxiǎn ③　　　显然 xiǎnrán ③

〖 相似 Similarities 〗

形容词。清楚地显出来，很容易看出或感觉到。可以作状语。

　　这样做明显不对。‖ 那样说显然是错误的。

〖 区别 Distinctions 〗

（1）"明显"除了作状语以外，还可以作定语、谓语。前边可以用"不""那么""这么""很""特别""非常""十分""更加""太"等。可以说"明显得很""明显不过"。

　　我们的优势现在还不明显。｜这么明显的问题你怎么没发现呢？｜这是一个很明显的缺点。｜这几年我们家乡的变化特别明显。｜跟红队相比，蓝队的优势明显得很。

　　"显然"多作状语，一般不作定语、谓语。前边可以用"很"，但不能用"不""那么""这么""太"等。

　　他没说话，显然是不同意这样做。｜他们的目的很显然，就是要夺得这次比赛的冠军。｜很显然，只有这样做才能解决问题。

（2）"明显"可以用在表示比较的句子里。

　　这个特点比前一个特点更加明显。｜他的优点没有缺点那么明显。

（3）"显然"有时可以用在句子前边。

　　显然，他那样说是不对的。｜很显然，我们的工作中肯定还会遇到很多这样或那样的困难。

〖 练习 Exercises 〗

填空：　A.明显　　B.显然

（1）目前我们还没有什么　　　　　的优势。

（2）很　　　　　，他这么做是完全错误的。

（3）这么　　　　　的道理，你怎么就不明白呢？

练习答案：　（1）A　　（2）A/B　　（3）A

269 目标 mùbiāo ②　　　目的 mùdì ②

〖 **相似 Similarities** 〗

名词。想要实现的希望。

> 我们公司今年的<u>目标</u>是卖出一万台机器。‖ 我们班同学学习汉语的<u>目的</u>不都一样。

〖 **区别 Distinctions** 〗

（1）"目标"可以指人们希望达到的某种程度、标准、数量等。一般用于好的方面。可以说"远大／伟大／宏伟目标""遥远（yáoyuǎn）的目标""奋斗目标"。

> 他没有什么远大的<u>目标</u>，只希望能找到一份好的工作。| 中国人民正在为实现国家富强的宏伟<u>目标</u>而努力奋斗。| 实现年利润（lìrùn）1000 万元，这对我们公司来说是很遥远的<u>目标</u>。

"目的"可以表示想要实现的事或做某事想要得到的结果。可以用于好的方面，也可以用于不好的方面。可以说"罪恶目的""不可告人的目的""目的性"。

> 我参加这次考试的<u>目的</u>只是想了解一下自己的汉语水平。| 他学习汉语的<u>目的</u>很明确，就是为了当汉语老师。| 不久，很多人都知道了他们那样做的罪恶<u>目的</u>。| 我们做什么事情都有一定的<u>目的</u>性。

（2）"目标"还可以表示打击（或攻击、射击）或寻找的对象。

> 射击的时候必须对准<u>目标</u>。| 雾太大了，我们很难看清前方的<u>目标</u>。| <u>目标</u>就在前方，请注意。

（3）"目的地"指出行要到的地方。

> 我们这次旅行最后的<u>目的</u>地是青海省的西宁，但在西安我们要停留两天。

〖 **练习 Exercises** 〗

填空：　A. 目标　　B. 目的
（1）他那样做有不可告人的_____。
（2）他到中国来的主要_____是学好汉语。

（3）我们的奋斗_____是，早日改变家乡的落后面貌。

（4）他从小就有一个远大的_____：长大以后要当一名好大夫。

270 目前 mùqián ③　　现在 xiànzài ①　　眼前 yǎnqián ③

〖 相似 Similarities 〗

名词。说话的这个时候。

目前，我们的一切工作都很正常。‖现在，农民的生活水平也提高了不少。‖我们不能只看眼前利益，也要考虑今后的发展。

〖 区别 Distinctions 〗

（1）"目前""现在"通用于口语和书面语，"眼前"多用于口语。

（2）"目前"可以表示离说话的时候比较近的一段时间。可以用在一般场合或正式场合。可以说"到目前（为止）""截至目前"。

目前，不少农村地区的医疗水平还很差。｜这个地区目前的形势还不稳定。｜截至目前，我们已经收到 40 多篇参加比赛的作文。

"现在"可以表示说话的时候，也可以表示说话前或者说话后、离说话的时间很近的时间。可以用在要求别人做某事的句子里。

现在，我要告诉大家一个好消息。｜他对现在的工作很满意。｜现在，北京、上海等城市的发展速度都比较快。｜你现在就去，不要等到明天了。

"眼前"可以表示最近。多用在一般场合。可以用在"看""盯""顾""管"等后边。

眼前的生活是没有什么困难，但将来怎么样，谁知道呢？｜我们要看得远一点儿，不能只看眼前。｜在很多地方，人们只顾眼前的经济利益，破坏了自然环境。

练习答案：　（1）B　　（2）B　　（3）A　　（4）A

注意，下面句子中的"目前"指面前。多用于书面语。

离开故乡虽然已经十多年了，但许多往事仍清楚地<u>如在目前</u>。

下面句子中的"眼前"指面前、跟前。

她被<u>眼前</u>的场面吓坏了。 | 他<u>眼前</u>有两条路，他不知道该走那一条。

〖 **练习 Exercises** 〗

填空： A. 目前　　B. 现在　　C. 眼前

（1）我们_____开始上课。

（2）你_____就给他打电话，问他来不来。

（3）看到_____所发生的一切，大家都很吃惊。

（4）突然站起来，我觉得_____什么也看不见了。

（5）到_____为止，已有三百多人报名参加本次运动会。

练习答案：　（1）B　　（2）B　　（3）C　　（4）C　　（5）A

N

271 哪里 nǎli ①　　哪儿 nǎr ①

〖相似 Similarities〗

代词。用来问什么地方，任何地方，反问（表示否定）。

> 你要去哪里？ ‖ 这本书在哪儿买的？（问什么地方）
> 在中国，到哪里他都说汉语。 ‖ 我星期天在家休息，哪儿也没去。（任何地方）
> 他哪里是喜欢吃面条？他不会做饭，只会下面条。 ‖ 我哪儿知道他不会说汉语？我还以为他是中国人呢。（反问）

〖区别 Distinctions〗

（1）"哪里"通用于口语和书面语，"哪儿"多用于口语。

（2）回答别人的夸奖、感谢，可以用"哪里"或"哪里哪里"，表示客气。

> "你做的菜真好吃。""哪里，马马虎虎。" | "你的汉语说得真好！""哪里哪里，还差得远呢。" | "这次你帮了我们大忙了，非常感谢。""哪里哪里，你不用客气，这是我们应该做的。"

（3）在对话中，"哪儿啊"可以表示对别人意见的否定。

> "我们已经到了吗？""哪儿啊，还早着呢。" | "他就是王校长吧？""哪儿啊，他是李老师，教数学的。"

（4）"哪儿跟哪儿啊"可以表示事情或关系混乱，没有道理。

> 你说的是哪儿跟哪儿啊？我不明白你在说什么。 | 这是哪儿跟哪儿啊？你们俩说的是两回事，没什么关系，不用争了。

〖练习 Exercises〗

填空：　A. 哪里　　B. 哪儿

（1）"你唱得真好听！""_____，不好意思。"

（2）"这是你妹妹吧？""＿＿＿＿＿啊，她是我姐姐。"

（3）我一个月的工资就这么一点儿点儿，＿＿＿＿＿有钱买房子？

272 那会儿 nà huìr ③　　那时候 nà shíhou ②

表示离现在比较远的时间。

他是 20 年前来非洲的，那会儿他才 20 岁。‖ 他是 1972 年到中国留学的，那时候到中国留学的外国人还不多。

〖 区别 Distinctions 〗

（1）"那会儿"多用于口语，"那时候"通用于口语和书面语。

（2）"那会儿"多表示较短的一段时间。可以带定语。可以说"…（的）那会儿""那会儿工夫"。

他昨天给你打电话那会儿，我就在他的办公室。| 我们公司刚成立那会儿，只有两间办公室。| 大学刚毕业那会儿，我们没有多少工作经验。| 他们就利用中午吃饭的那会儿工夫，谈好了合作的条件。

"那时候"表示的一段时间可长可短。多作状语。

二十世纪八十年代以前很少有人买电脑，那时候电脑很贵，种类也不多。| 二百年前，没有汽车和飞机，那时候，马车和船只是最常用的交通工具。| 他小学还没毕业就跟父母去了国外，那时候他没想到今天自己会成为外国一所大学的校长。

〖 练习 Exercises 〗

填空：　A.那会儿　　B.那时候

（1）他利用中午休息＿＿＿＿＿把车洗干净了。

练习答案：　（1）A　　（2）B　　（3）A/B

（2）你早上给我打电话_____，我们正开会呢。

（3）原始社会生产技术落后，_____人们面临的最大问题是生存问题。

273 那里 nàlǐ ①　　那儿 nàr ①

〖相似 Similarities〗

代词。指较远的地方。

> 那里的人们都很热情。｜我把书包放在了朋友那里。‖那儿的风景很美。｜你把东西先放在他那儿吧。

〖区别 Distinctions〗

（1）"那里"通用于口语和书面语，"那儿"多用于口语。

（2）"那里"只指处所，不能指时间。与"这里"相对。

> 小镇离我们村二十多里，那里有一所中学。｜那里曾经是一座繁华的都市。

（3）"那儿"还可以指过去的某个时候。可以用在"打""从"等介词的后边。与"这儿"相对。

> 从那儿以后，我们就再也没见过面。｜打那儿起，她就下决心要学好汉语了。

〖练习 Exercises〗

填空：　A.那里　　B.那儿

（1）从_____以后，他就再也没回过老家了。

（2）做生意的人总是要赚（zhuàn）钱的，不是从这里，就是从_____。

（3）三年前我们在北京见过一面，打_____以后，我一直没有他的消息。

练习答案：　272.（1）A　　（2）A　　（3）B

　　　　　　273.（1）B　　（2）A　　（3）B

274 那么 nàme ①　　那样 nàyàng ①

〖 相似 Similarities 〗

代词。可以用在动词性词语或形容词性词语前，指性质、状态、方式、程度等。

我不想那么做。‖ 我们不该那样对待他。

真没想到，他的车那么贵。‖ 没想到学大学数学会那样难。

〖 区别 Distinctions 〗

（1）"那么 + 形容词"，前边可以用"不"。

不那么胖 | 不那么难 | 不那么容易 | 不那么方便 | 不那么复杂

（2）"那么"可以是连词，引进结果。常与"既然""如果（说）""要是"等配合使用。

既然大家都同意了，那么我们就马上行动吧。 | 如果情况不发生变化，那么一切都按计划进行。

（3）"那样"可以单独用在助动词（如"应该""能""会"等）或"是"的后边。

当然应该那样。 | 千万不能那样。 | 怎么会那样呢？ | 情况并不是那样。

（4）"那样"可以作定语，后边常加"的"。

他不是那样的人。 | 那样的好机会可不多。 | 怎么会发生那样的事情呢？

（5）用"那样"可以说"像…那样""只有那样""就那样"。

事情不像他说的那样。 | 只有那样，才能解决问题。 | 就那样，我们错过了一次难得的机会。

〖 练习 Exercises 〗

填空：　A.那么　　B.那样

（1）真想不到，事情的结果怎么会是_____的呢？

（2）既然没有人反对，_____我们就按计划行动吧。

（3）我们要像雷锋_____，做一个对社会有用的人。

_____

练习答案：　（1）B　　（2）A　　（3）B

275 男人 nánrén ②　　男子 nánzǐ ③

〖相似 Similarities〗

名词。男性。

> 这些重体力活儿只好让<u>男人</u>来干，妇女干不了。‖ 他参加的比赛项目是<u>男子</u>100 米短跑。

〖区别 Distinctions〗

（1）"男人"通用于口语和书面语，"男子"多用于书面语或体育场合。

（2）"男人"常指男的成年人。与"女人"相对。可以说"大男人"。

> 这些年，村里的<u>男人</u>差不多都进城里打工去了。| 在建筑队里干活儿的大都是<u>男人</u>。| 你一个大<u>男人</u>，哭什么？

> "男子"与"女子"相对。可以说"男子汉""男子运动项目""大男子主义""一名男子"。

> 当年的那些小男孩一个个都已经长成<u>男子</u>汉了。| 这次运动会上，我们的<u>男子</u>运动项目成绩不太好。| 照片上的这名<u>男子</u>正是警察要找的人。

（3）"男人"有时指勇敢、有能力的男的。

> 你胆子这么小，像个<u>男人</u>吗？| 你要是一个<u>男人</u>，就应该承担起责任来。

（4）"男人"在口语中还可以指某人的丈夫。

> 跟她一块儿来的那人就是她<u>男人</u>。

〖练习 Exercises〗

填空：　A.男人　　B.男子

（1）你是个大_____，怎么这么胆小怕事呢？

（2）这次运动会上，他参加的是_____5000 米长跑。

（3）这件事情发生以前，他看见一名_____到过老板的办公室。

练习答案：　（1）A　　（2）B　　（3）B

276 南边 nánbian ①　　南部 nánbù ③　　南方 nánfāng ③

〖 **相似 Similarities** 〗

名词。朝南的地方。

> 这些办公楼大门都是朝南边的。‖ 广西、云南和海南都位于中国的南部。‖ 南方的一些地区，一年到头没有冬天。

〖 **区别 Distinctions** 〗

（1）"南边"指朝南的一边（范围可大可小）。与"北边"相对。

> 我们学校南边原来是一大片农田。｜ 这个小区有两道门，南边的是正门，北边的是后门。｜ 这阵大雨是从南边先下起来的。

"南部"表示某个较大地区（如大洲、国家、省）范围内靠南的地方。与"北部"相对。

> 印度是亚洲南部人口最多的国家。｜ 中国的南部比北部雨水多。｜ 安徽省南部多山，有不少风景区。

"南方"可以表示朝南的方向，或某个国家范围内靠南的地方。与"北方"相对。

> 冬天快来了，很多鸟儿都纷纷往南方飞去。｜ 从上海开往南方的火车大多要经过杭州。｜ 中国南方有不少地区冬天不下雪。

（2）"南部"还可以指学校、工厂等靠南的部分。

> 他们学校分南部和北部两个校区，中间隔一条马路。

（3）在中国，人们习惯把长江以南的地区称为"南方"。可以说"南方人""南方话""南方菜"。

> 我一看就知道他是个南方人。｜ 他虽然生在北方，但却是在南方长大的。｜ 南方的建筑风格跟北方不太一样。

〖 **练习 Exercises** 〗

填空：　A.南边　　B.南部　　C.南方

（1）江苏省_____地区这些年经济发展比较快。

（2）我们几个北方人都是第一次到广州，根本不习惯吃_____菜。

（3）每年七八月间，不仅_____特别热，北方也一样。

（4）我们学校跟他们学校中间有一条马路，他们学校在_____。

277　难过 nánguò ②　　难受 nánshòu ②

〖相似 Similarities 〗

形容词。心里感觉不舒服。

> 听了她的故事，大家心里都很难过。‖ 听到这个不幸的消息，人们都感到很难受。

〖区别 Distinctions 〗

（1）"难过"多表示心里痛苦，伤心。

> 想想自己的遭遇，她难过极了。| 她说到这儿的时候，难过得说不下去了。| 过去的事情已经过去了，你不要难过了。

> "难受"可以表示身体或心里很不舒服，很难忍受。

> 身上出了很多汗，不洗澡就很难受。| 他听了这些话，坐也不是，走也不是，简直难受死了。| 坐了一天一夜的火车，我感到很难受。

（2）"难过"还可以是动词，表示日子不好过。

> 我小的时候，家庭生活全靠父亲的那点儿工资，日子很难过。| 去年是我们公司最难过的一年，今年好多了。

〖练习 Exercises 〗

填空：　A.难过　　B.难受

（1）事情已经过去了，你别太_____了！

（2）如果不进行改革，公司的日子将会越来越_____。

练习答案：　（1）B　　（2）C　　（3）C　　（4）A

（3）被那多人看着，她感到很_____，好像一下子不会走路了。

278 脑子 nǎozi ②　　头脑 tóunǎo ③

【相似 Similarities】

名词。人或动物头上管运动、记忆、思维等活动的器官。

　　科学家的脑子很聪明。‖ 这几天他的头脑里想的都是放假去哪儿玩儿的事情。

【区别 Distinctions】

（1）"脑子"多用于口语，"头脑"通用于口语和书面语。

（2）"脑子"除了指人或动物头上管运动、记忆、思维等活动的器官以外，还可以指人思考、记忆的能力。

　　这人的脑子很好，不管学什么，总是一学就会。| 年纪大了，脑子也不太好了，学外语总是记不住。| 他的脑子很活，反应特别快。

　　"头脑"常指人的思维、记忆的能力。"有头脑"表示很善于思考，"有…头脑"表示在某方面有特别的能力。可以说"有管理 / 数学 / 科学头脑"。

　　李教授虽然八十多岁了，但头脑仍十分清楚。| 他头脑很简单，不会把问题往复杂里想。| 他从小就很有数学头脑，上学时最喜欢的就是数学。

（3）"没脑子"和"没头脑"都可以表示不善于思考，"没脑子"还可以表示记忆力不好。

　　他这人没脑子 / 没头脑，你不能完全听他的。（不善于思考）‖ 我这两天没脑子，什么事都记不住。（记忆力不好）

（4）"头脑"还可以指事情的条理。"摸不着头脑""没摸着头脑"表示一点儿也不知道该怎么做。

　　这事情太复杂了，我们到现在还没摸着头脑。

练习答案：　（1）A　　（2）A　　（3）B

（5）"头脑"还可以指领导人。可以说"头脑人物"。

参加这次会议的都是各个公司的头脑人物。

〖 练习 Exercises 〗

填空：　A.脑子　　B.头脑

（1）公司的账他整理了好几天，还是摸不着_____。

（2）没有管理_____的人，不适合当领导。

（3）明天你别忘了提醒我，我最近没_____，什么事都记不住。

279 内心 nèixīn ③　　心里 xīnli ②　　心中 xīnzhōng ③

〖 相似 Similarities 〗

名词。头脑里，思想里。

她是很有经验的老师，对孩子的内心很了解。‖ 这次事情没做好，她心里很难过。‖ 很多年过去了，老师的话我仍然记在心中。

〖 区别 Distinctions 〗

（1）"内心"和"心中"多用于书面语，"心里"通用于口语和书面语。

（2）"内心"多表示思想、精神或感情的深处。可以说"内心深处""内心世界""发自内心""内心里"。

年纪大了，老人的内心也越来越平静了。| 他虽然很有名，也很有钱，但他的内心却很孤独。| 孩子的内心世界是很丰富的。| 他始终微笑着在听，看得出他的微笑是发自内心的。| 她一直不说话，我不知道她内心里是怎么想的。

（3）用"心里""心中"可以说"记在心里 / 心中""心里 / 心中生气 / 不满""心里 / 心中清楚 / 明白""心里 / 心中有数""心里 / 心中装着…"。

练习答案：　（1）B　　（2）B　　（3）A

妈妈的话我一直记在心里 / 心中。| 他虽然没说什么，但心里 / 心中却很生气。| 产品没有质量就没有市场，对这一点我们心里 / 心中都很清楚。| 参观以后，我们对这家公司的情况已经心里 / 心中有数了。

用"心里"还可以说"心里想""心里温暖""心里（很）紧张 / 害怕 / 难过 / 难受""心里（很）乱""心里话""往心里去"。

她心里想，我要是能找到这样的工作就好了。| 生病的时候，朋友们来看望，我感到心里很温暖。| 突然发生这些事情，大家心里都很乱，需要好好想想该怎么办。| 平时工作忙，只有到过年的时候，她才能回家跟妈妈说说心里话。

用"心中"还可以说"活在…心中"。

老校长去世了，但他永远活在老师和同学们的心中。| 长城在中国人的心中具有十分特别的地位。

（4）"心里"还可以表示胸口内部。

我刚刚吃了药，现在心里感觉好点儿了。| 最近天气又热又潮湿，让人感到心里发闷。

〖 练习 Exercises 〗

填空：　A.内心　　B.心里　　C.心中
（1）他说的那些是跟你开玩笑的，你不要往_____去。
（2）作为工会主席，他的_____总是装着职工们的利益。
（3）当了多年的医生，他对这种病人的_____十分了解。
（4）救火英雄失去了生命，但他永远活在人们的_____。

练习答案：　（1）B　　（2）B/C　　（3）A　　（4）C

280 年代 niándài ②　　时代 shídài ③　　时期 shíqī ②

〖相似 Similarities〗

名词。较长的一段时候或某些年。

现在是什么年代了？你的思想怎么还这么保守？‖ 老人还清楚地记得青年时代的许多往事。‖ 他在那里度过了一生中最困难的时期。

〖区别 Distinctions〗

（1）"年代"可以指某年或某些年。一个世纪中有"二十年代""三十年代""六十年代""九十年代"等。

我忘了这件事发生的具体年代了。| 在这个创新的年代，人们需要每天学习新知识。| 他说的那些事情都发生在战争年代。| 上个世纪五十年代出生的人都经历过这样的事情。| 二十世纪九十年代以来，上海的变化很大。

（2）"时代"可以指历史上在政治、经济、文化等方面有明显特征的一段时间，也可以指人一生中的一段时间（像儿童、少年、青年、中年、老年）。可以说"信息时代"。

在封建时代，皇帝的权力是最大的。| 人类历史经历过旧石器时代和新石器时代。| 时代不同了，人们的思想观念也发生了变化。| 他的少年时代是在国外度过的。

（3）"时期"常表示具有某种标志或特征的一段时间。可以说"长／短时期""困难／繁荣时期""战争／和平时期""青少年时期""非常时期""一段时期""同时期"。

在今后相当长的时期内，我们会为实现这一目标不断奋斗。| 战争时期，人们的生活很不稳定。| 青少年时期正是学习文化知识的好时光。| 李白和杜甫是同时期的伟大诗人。

〖练习 Exercises〗

填空：　A.年代　　B.时代　　C.时期

（1）青少年正是长身体的_____，一定要保证营养。

（2）十几岁的时候正是人学知识的最好_____。

（3）在信息_____，知识更新（gēngxīn）的速度比以往快得多。

（4）在历史课上，我们常常要记住一些历史事件发生的具体_____。

（5）从这本小说里，我们可以看到二十世纪三十_____上海人的生活情况。

281 年轻 niánqīng ②　　青年 qīngnián ②

〖 相似 Similarities 〗

表示人的年纪不大。

> 我们公司的职工都很年轻。‖ 参加体育比赛的大多是青年人。

〖 区别 Distinctions 〗

（1）"年轻"是形容词，可以表示人的年纪在二十岁到三十岁上下，也可以表示人的岁数相对比较小（如，与五十岁的人相比，四十岁的人年轻；与七八十岁的人相比，六十岁的人年轻）。可以说"显得年轻""很年轻""更加年轻""年轻化"。

> 你穿上这身衣服显得年轻多了。| 你看上去比两年前更年轻了。| 他的父母都还比较年轻。| 干部队伍要年轻化。

"青年"是名词，一般指十六七岁到三十岁上下的人。可以说"青年时期/时代""中国/非洲青年""青年学生""男/女青年""小青年"。

> 我们的青年时期是在学校里度过的。| 世界各国青年之间的相互交流十分重要。| 参加这次活动的主要是一些青年学生。| 刚才有两名男青年在那边打起来了。

（2）"年轻人""年轻职工""年轻干部"等可以指二十岁到三十岁上下的人，也可以指岁数相对比较小的人。

> "青年人""青年职工""青年干部"等一般指十八九岁到三十岁上下的人。

练习答案：　（1）C　　（2）C　　（3）B　　（4）A　　（5）A

（3）"年轻"还可以表示开创或建立的年数不久。

这是一个年轻的国家，建国只有四十几年的历史。| 语言学是一门既古老又年轻的学科。

〖 练习 Exercises 〗

填空： A.年轻　　　B.青年

（1）_____是国家和社会的未来。

（2）他的_____时代是在国外度过的。

（3）他虽然五十多岁了，但看上去还比较_____。

（4）计算机学科虽然很_____，但它对人们生活的影响却越来越大。

282 努力 nǔlì ① 　　认真 rènzhēn ①

〖 相似 Similarities 〗

形容词。想把事情做好的样子。

工作的时候，大家都很努力。‖ 她写汉字很认真。

〖 区别 Distinctions 〗

（1）"努力"可以表示在学习、工作或其他活动中愿意投入时间和精力。可以说"共同努力"。

只要我们共同努力，一定能把工作做好。| 在学习方面，姐姐比弟弟努力得多。| 平时不努力，只是在考试前复习复习，这当然不行。| 小李的工作很努力，主任经常表扬他。| 经过大夫们四个多小时的努力，手术取得了成功。

"认真"常形容人在学习、工作或其他活动中态度严肃，不马虎。可以说"态度认真""认认真真"。

老李是个很认真的人，工作从不马虎。| 从她的作业里就能看到她的学习态

练习答案： （1）B　　（2）B　　（3）A　　（4）A

度很<u>认真</u>。｜这件事情很重要，希望大家都<u>认真</u>一点儿。｜他<u>认认真真</u>地写了一篇作文。

（2）"努力"还可以是动词。可以说"努力努力"。还可以分开用。

你再<u>努力努力</u>，一定会想出好办法。｜事情没有最后结束，还需要大家再<u>努一把力</u>。

（3）用"努力"还可以说"尽最大努力"。

我们一定<u>尽最大努力</u>帮助这些有困难的孩子。

（4）"认真劲儿"表示认真的样子、认真的状态。

爷爷学习书法的<u>认真劲儿</u>使我很感动。｜如果大家都有老李那样的<u>认真劲儿</u>，我们的工作就没那么难做了。

〖 练习 Exercises 〗

填空： A.努力 B.认真

（1）他是跟你开玩笑的，你不必那么_____。
（2）这些成绩是我们大家共同_____的结果。
（3）态度一点儿不_____，怎么能做好工作?
（4）我们已经尽了最大_____了，但还是没能解决问题。

283 女人 nǚrén ② 女士 nǚshì ③ 女子 nǚzǐ ③

〖 相似 Similarities 〗

名词。女性。

有了孩子以后，<u>女人</u>的生活压力更大。‖ 这幅画儿是一位法国<u>女士</u>画的。‖ 他没想到眼前的年轻<u>女子</u>就是总经理。

练习答案： （1）B （2）A （3）B （4）A

〖 区别 Distinctions 〗

（1）"女人"一般指成年女性（与"男人"相对）。多用于一般场合（很少用于正式场合）。可以说"做女人"。

> 他见到年轻女人就脸红，快三十岁了，还没女朋友。｜老马认为做家务就应该是女人干的活儿。｜作为女人，她又要工作又要照顾家庭和孩子，确实很不容易。｜她很好强，丈夫说她不会做女人。

"女士"是对成年女性的尊称（与"男士""先生"相对）。多用于正式场合。前边可以用名字或姓。可以说"女士优先""一位女士"。

> （晚会开始前，主持人说：）女士们、先生们，晚上好！｜这位是从香港来的李英女士。｜女士优先，请各位女士先上车吧。｜这种服装很受小姐女士们的欢迎。

"女子"可以指成年和未成年女性（与"男子"相对）。常用于专门场合（如体育、学校）。可以说"女子运动项目""女子组""女子单打／双打""女子跳远""女子篮球队／足球队／武术队""女子学校／中学／学院／大学"。

> 女子组比赛安排在下午。｜她是女子武术队的，你最好离她远点儿。｜她大学毕业后在一所女子中学当老师。

（2）"女人"还可以表示某人的妻子（用于非正式场合）。

> 村里人都说老韩家的女人很会过日子。

（3）在非正式场合的口语中，"像女人（一样／似的）"表示某男子说话或行为像女性。含贬义。

> 老孙见老金说个没完，很着急，说道："老金啊，你怎么像女人一样，没完没了啊？"

〖 练习 Exercises 〗

填空： A. 女人　　B. 女士　　C. 女子

（1）小王，你把这位 _____ 的行李送到她的房间去吧。

（2）_____ 学院里不一定都是女老师，也有一些男老师。

（3）老孙的 _____ 不太喜欢老马，因为老马老是找老孙抽烟喝酒。

（4）有些工作，像护士、幼儿园老师，更适合＿＿＿＿＿，不太适合男人。

284 暖和 nuǎnhuo ②　　　温暖 wēnnuǎn ③

〖 相似 Similarities 〗

形容词。感觉不冷也不热。

> 外边有点儿冷，但房间里很暖和。‖ 冬天的阳光照在身上，人们觉得很温暖。

〖 区别 Distinctions 〗

（1）"暖和"可以形容天气不冷也不热或不太热，也可以形容环境、房间、阳光、衣服、被子等让人感觉不冷也不热。

> 气象专家说，今年北方地区二月要比往常寒冷，而南方却要比往年暖和。｜等到天气暖和些，这些花都会开起来。｜这房子四处透风，一点儿也不暖和。｜保暖内衣比普通的内衣要暖和一点儿，但是太厚了。

"温暖"可以形容气候、阳光等不冷也不热，也可以形容气氛、家庭、话语等让人感到友好亲切。可以说"温暖如春""温暖的阳光"。

> 昆明四季温暖如春，所以被称为"春城"。｜温暖的阳光照在脸上，让人觉得暖洋洋的。｜回到父母的身边，她感到特别温暖。｜朋友们温暖的话语又使他恢复了一点儿信心。

（2）用"暖和"可以说"暖和暖和""暖和一下""暖和一会儿"。

> 屋里有空调，你快进来暖和暖和吧。｜今天很冷，你喝点儿酒，可以暖和一下。

（3）"温暖"可以是动词，表示使人感到温暖。可以带宾语。

> 老人的一番话温暖了我们的心。｜父母的爱温暖着她。

练习答案：　（1）B　　（2）C　　（3）A　　（4）A

〖练习 Exercises〗

填空： A.暖和　　B.温暖

（1）外边太冷了，你们进屋里_____一会儿吧。

（2）这件棉衣虽然有点儿旧，但穿在身上还是很_____的。

（3）他很小的时候就离开了父母，这些年没有感受到家庭的_____。

练习答案：（1）A　　（2）A　　（3）B

285 牌 pái ②　　牌子 páizi ②

〖 相似 Similarities 〗

名词。用木板等材料做的板（用作标志）；商品的名称。

公共汽车站的站牌上写着一路上要经过哪些车站。‖ 你看看牌子，我们去博物馆要坐几站？

我家的洗衣机是海尔牌的，质量不错。‖ 我想买个照相机，你看买什么牌子的好？

〖 区别 Distinctions 〗

（1）"牌"（有时说"牌儿"）常和一些单音节词一起用。作为用木板、铁块等做的标志，可以说"门牌""路牌""车牌""广告牌"。作为商品的名称，可以说"名牌""品牌"。

街道两边的人家门旁都有门牌，我们很容易就找到了王老师家。| 那边路牌上的字太小，从这边看不清楚。| 他只要看车牌就知道那些车是什么地方的。| 这件衣服挺好看的，是什么牌儿的？

"牌子"使用较自由。作为用木板、铁块等做的标志，可以说"一块牌子""很大的牌子""木头 / 铁皮牌子"。

路口放了一块牌子，是为参加会议的代表指示方向的。| 那边有一块很大的牌子，好像是用来做广告的。| 在机场出口处，有一些人手里举着牌子，上边写着他们要接的人的名字。| 那些有名的公司都很重视自己产品的牌子。

（2）"牌"还可以指娱乐（yúlè）用的一种工具（如扑克）。可以说"打牌""玩牌""出牌""纸牌""桥牌"。

我们小区里有一些退休老人，经常一起打牌。| 你刚才出了什么牌？

〖 练习 Exercises 〗

填空： A.牌　　B.牌子

（1）你看看，那块_____上边写的是什么？

（2）衣服只要穿着舒服合适就好了，不一定要买名_____的。

（3）他说，东西的_____很重要，价格贵一点儿没关系。

286 判断 pànduàn ③　　　评价 píngjià ③

〖 相似 Similarities 〗

（1）动词。认为人或事物怎么样。

我不了解这件事情，很难**判断**谁对谁错。‖ 在历史课上，我们经常要**评价**一些历史人物。

（2）名词。对人或事物的认识。

时间不多了，我们必须马上作出明确的**判断**。‖ 历史上，人们对孔子的**评价**有时很不一样。

〖 区别 Distinctions 〗

（1）"判断"常表示认为人或事物是什么样的（如对错、好坏等）。可以说"判断对错／正误／是非／好坏""正确／准确／错误判断""判断失误""判断能力""判断力"。

孩子太小，**判断**对错或好坏的能力还很弱。｜ 已经发生的事情证明他的**判断**是完全正确的。｜ 这个进球完全是守门员**判断**失误造成的。｜ 随着年龄和知识的增长，人对于是非的**判断**力也会不断增强。

（2）"评价"可以表示对价值、水平的高低或对影响、作用的大小发表意见。可以说"积极／高度／良好／真实／客观评价""评价不一""评价很高"。

两国领导人都高度**评价**了最近几年两国发展友好关系取得的成果。｜ 这份报告对今年的经济发展状况进行了客观**评价**。｜ 人们对这部电影的**评价**不一，

练习答案： （1）B　　（2）A　　（3）B

有人说很好，也有人说不怎么样。｜专家们对这项研究成果的评价很高。

填空：　A.判断　　B.评价

（1）这次画展获得了国内许多著名画家的良好_____。

（2）足球比赛时，守门员需要在短时间内对来球的方向作出正确_____。

（3）对同一个历史人物，往往有人对他的_____很高，有人的_____却很低。

287 配 pèi ③　　配合 pèihé ③

〖 相似 Similarities 〗

动词。人与人一起做某事。

> 大家都觉得这活儿小王配小李干很合适。‖ 几年来，我们在工作中配合得很好。

〖 区别 Distinctions 〗

（1）"配"可以表示两人成为男女朋友或夫妻。可以说"配成一对""配不上""配得上"。

> 他们的父母也希望他俩能配成一对。｜他觉得自己配不上小李。｜她的要求那么高，要有车，有房子，还要有好工作，谁配得上她？

"配合"常表示人与人一起有分工、有合作，共同做某项工作。可以说"互相配合""积极／好好配合""配合得…"。

> 大家在一起工作，一定要互相配合。｜医生说，只要他积极配合治疗，他的病很快就会好的。｜上半场比赛，两名进攻队员没配合好，下半场配合得不错。

（2）"配"还可以表示按照一定的标准、要求、计划提供或分给。可以说"配药""配钥匙""配电脑""配车""配设备""配助手"。

练习答案：　（1）B　　（2）A　　（3）B，B

医生经常要给病人配药。| 办公室里新来了一位老师，还要再配一把钥匙。|
他刚上班，公司就给他配了一辆车。

（3）"配"还可以表示符合某种标准、要求或情况，或事物与事物搭配在一起。

这样的人不配当老师。| 这件上衣配这条裙子很好看。

〖 练习 Exercises 〗

填空：　A. 配　　B. 配合

（1）他们俩要是＿＿＿＿成了一对，一定会经常吵架。
（2）公司决定给办公室里每个人都＿＿＿＿一台新电脑。
（3）队员们平时很少在一起训练，所以比赛时＿＿＿＿得很不好。

288 碰到 pèngdào ②　　碰见 pèngjiàn ②

〖 相似 Similarities 〗

动词。事先没有约会，偶然见到。

我曾经在校门口碰到过他一次。‖ 昨天我在路上碰见高中时的李老师了。

〖 区别 Distinctions 〗

（1）"碰到"可以表示见到某人或具体事物，还可以是抽象的事物（如问题、困难、
情况、麻烦等）。

昨天下午我在图书馆碰到小李了。| 你要是在哪里碰到这本书，请帮我买一
本。| 你在学习上要是碰到什么问题，可以问老师。| 谁在生活和工作中没
碰到过困难呢？| 这是我的几个朋友的电话，你在那里要是碰到什么麻烦，
可以找他们。

"碰见"一般表示见到某人，有时也表示见到某具体事物。

上个星期我碰见他好几回。| 这个人我在上班的路上经常碰见，但我一直不

练习答案：　（1）A　　（2）A　　（3）B

知道他是谁。 | 毕业之后，我们只在书店里<u>碰见</u>过一回。 | 这些都是几十年前的东西，现在已经很少<u>碰见</u>了。

（2）"碰到"还可以表示意外地挨到或接触到某人或具体事物。

街上的行人很多，骑自行车要特别小心，不要<u>碰到</u>行人。 | 他倒车的时候不小心<u>碰到</u>了后边的车，好在没有碰坏。 | 你的衣服<u>碰到</u>墙上了吧？沾了这么多灰。

〖 练习 Exercises 〗

填空： A.碰到　　B.碰见

（1）我上次在一家书店_____过你说的这本书。

（2）要是_____好天气，来这里游览的人会更多。

（3）刚才发现这孩子的手破了，我不知道他_____什么了。

289 批准 pīzhǔn ③　　　认可 rènkě ③

〖 相似 Similarities 〗

动词。同意别人的意见或同意别人做某事。可以说"得到批准/认可"。

公司<u>批准</u>了他们的生产计划。‖ 这份计划要在双方都<u>认可</u>了以后才能实行。

〖 区别 Distinctions 〗

（1）"批准"多表示上级、有关部门同意下级、个人的建议或请求等。可以说"批准下来"。

学校已经<u>批准</u>了他的留学申请。 | 那样做领导恐怕是不会<u>批准</u>的。 | 这个项目意义重大，已获<u>批准</u>。 | 我们的报告交上去已经三个月了，现在还不知道会不会被<u>批准</u>。 | 他的工作调动（diàodòng）申请还没有<u>批准</u>下来。

（2）"认可"多表示某种意见、情况或行为等是可以接受的、可行的。可以用于上

練习答案： （1）A/B　　（2）A　　（3）A

级对下级，也可以用于一般人之间或下级对上级。可以说"表示认可""为（wèi）/
被…所认可"。

> 他没说什么，这并不代表他就认可这种做法。| 把他的小说改成电影要得到
> 他本人的认可。| 对方听了新的合作计划以后，点头表示认可。| 作为演员，
> 她最高兴的事情就是自己演的电影被观众所认可。

〖 练习 Exercises 〗

填空：　A. 批准　　B. 认可
（1）他自己觉得自己演的电影很好，可是观众并不_____。
（2）他的奖学金申请已经获得_____，九月份他将到中国留学。
（3）经过多次讨论、修改，双方终于对这份新的文件表示_____。

290　平常 píngcháng ②　　普通 pǔtōng ②

〖 相似 Similarities 〗

形容词。一般的，不特别。

> 这些科学家看上去跟平常人没有什么区别。‖ 退休以后，他从市长变成了一
> 个普通人，跟普通老百姓一样。

〖 区别 Distinctions 〗

（1）"平常"可以形容跟平时一样，或很一般。可以说"不平常的日子""不平常的
经历""平常心"。

> 对他来说，今天是个不平常的日子。| 他自己要是不说，我们谁都不知道他
> 有一段很不平常的经历。| 他的言谈举止都很平常，没有什么跟别人不一样
> 的地方。| 不管成功还是失败，我们都应保持平常心。

"普通"常表示跟其他人或事物是一样的，不特别。"普通"作定语时可以不
加"的"。可以说"普通市民 / 干部 / 百姓 / 群众""普通学校 / 家庭 / 住房""普通

练习答案：　（1）B　　（2）A　　（3）B

教育""普通人""普通话"。

我出生在一个很普通的家庭，父母都是普通百姓。｜从上小学起一直到大学毕业，她都是在普通学校里接受普通教育。｜这个设计太普通了，一点儿特色也没有。｜他也是一个普通人，不是什么天才。

（2）"平常"还可以指平时。

他平常工作很认真。｜他今天的表现跟平常有点儿两样。｜平常他总是很和气，今天不知道怎么发火了。

〖 练习 Exercises 〗

填空： A.平常　　B.普通

（1）他性格内向，_____ 很少跟人聊天儿。

（2）王老师一家住的是市区的一套 _____ 住房。

（3）面对成功和失败，他都能保持一颗 _____ 心。

（4）我的父母都是 _____ 工人，我们家可买不起那么高级的汽车。

291 平时 píngshí ②　　日常 rìcháng ③

〖 相似 Similarities 〗

平常。

他平时工作很忙，有时周末也不能休息。‖ 公司里的日常工作都由李经理负责安排。

〖 区别 Distinctions 〗

（1）"平时"是名词，指平常的时候。可以作状语、定语、宾语。可以说"在平时"。

平时不努力，当然考不出好成绩。｜我平时一般六点半起床，周末有时候七点起床。｜大家都觉得他平时表现不错。｜在平时，一杯水不算什么，但在沙漠地区，一杯水有可能救活一条人命。

练习答案： （1）A　　（2）B　　（3）A　　（4）B

（2）"日常"是形容词，表示平常的。一般只作定语。可以说"日常生活／工作／事务／开支／花费／用品"。

王老先生的日常生活很有规律。 | 办公室里的日常事务不少，一件件都很具体。 | 家里人多，日常开支也不小。 | 这些小商店只卖些日常用品。

〖 练习 Exercises 〗

填空： A.平时 B.日常

（1）我们的很多时间都是花在安排_____生活上。

（2）他俩的性格很不相同，但他们_____却经常在一起讨论问题。

（3）校长去外地出差了，现在由副校长负责安排学校的_____工作。

练习答案： （1）B （2）A （3）B

292 齐 qí ③　　整齐 zhěngqí ②

〖 相似 Similarities 〗

形容词。在一起的一些人或事物大小、高低、长短等差不多，不乱；行为动作一致。

这个临时教室里的桌椅虽然高低不齐，但孩子们上课时都很认真。‖ 我们的教室里桌椅都很整齐。

〖 区别 Distinctions 〗

（1）"齐"表示一些人或事物不乱的意思时，使用不太自由。可以说"高低不齐""长短不齐""对齐""齐声歌唱"。

他的头发长短不齐的，看上去很乱。| 我们把教室里的桌子排一排吧，前后对齐。| 老师让我们把这首歌再齐声唱一遍。

"整齐"使用较自由。可以说"整齐的步伐／房屋""放／摆／排／站／走／写得很整齐""整整齐齐"。

路边的一排排整齐的房屋都是这几年新建的。| 书架上的书都放得很整齐。| 我们班同学的汉语水平比较整齐。| 老师在黑板上整整齐齐地写了几个句子。

（2）"齐"还可以表示一些人的想法一致。可以说"心齐""人心齐"。

只要大家心齐，这事就好办。| 那些年，公司里人不多，但人心很齐，业务发展很快。

（3）"齐"还可以表示全，不缺少。可以作谓语、补语。可以说"齐全"。

我们点的菜已经齐了。| 大超市里日常用品比较齐全，所以去那里买东西的人也多。| 这套书一共十本，我都买齐了。| 人都到齐了，出发吧。

〖 练习 Exercises 〗

填空： A.齐　　B.整齐

（1）人心不＿＿＿＿＿＿，事情就难办了。

（2）教室里的桌椅虽然不很新了，但都摆得很＿＿＿＿＿＿。

（3）一个班上学生的汉语水平要是高低不＿＿＿＿＿＿，就很难教。

293 气候 qìhòu ③　　天气 tiānqì ①

〖 相似 Similarities 〗

名词。气温、雨雪、风、云等气象情况。

　　沙漠地区气候条件非常不好。‖ 这几天天气不太好，又刮风又下雨。

〖 区别 Distinctions 〗

（1）"气候"常指较大范围内多年的、一般的气象情况，如寒冷、炎热、干燥（gānzào）、潮湿等。这种情况跟一个地区的位置、地形或海拔高度等有关。可以说"大陆性气候""海洋性气候""热带的气候"。

　　那里是海洋性气候，夏天不太热。| 北方有些地区气候干燥，常年的雨水很少。| 南方的气候让人感觉比较舒服。| 科学家指出，最近一百年来全球的气候条件没发生太大的变化。

　　"天气"常指一定范围内（如一个城市或一个地区）、一定时间内（如一天、一周或一个月）的气象变化情况，如晴、阴、雨、雪、冷、热等。可以说"天气预报""好天气""今天的天气"。

　　今天的天气不错。| 我们去北京开会那天真是个难得的好天气。| 今年夏天的天气有点儿反常。| 今天早上的天气预报说今天下午有大雨。

（2）"气候"还可以比喻社会、政治、经济形势。可以说"政治气候""经济气候"。

　　他对目前国内的政治气候非常了解。

　　练习答案： （1）A　　（2）B　　（3）A

（3）"成气候"常比喻取得很大的成就或得到很好的发展。

　　干企业，不善于跟别人合作是成不了气候的。｜没有经验、没人指导，我看他们难成气候。

〖 练习 Exercises 〗

填空：　A.气候　　B.天气
（1）这些人不懂技术，也不懂管理，很难成_____。
（2）早上的时候_____还不错，可是下午却下起了大雨。
（3）一些沙漠地区是大陆性_____，白天和夜里的温差很大。

294 气温 qìwēn ③　　温度 wēndù ②

〖 相似 Similarities 〗

名词。冷热的情况。可以用"度"为单位。

　　天气预报说，今天最高气温28度。‖ 明天早晨最低温度22度。

〖 区别 Distinctions 〗

（1）"气温"指空气的冷热情况。

　　一年四季，夏天的气温最高。｜在内陆地区，早晚和中午的气温差别很大。｜一些热带地区全年的气温都在30度以上。｜这里气温太低，不能种植香蕉（xiāngjiāo）。

（2）"温度"可以指空间或各种物体（比如水、食物、身体等）的冷热程度。

　　室内跟室外温度差别很大。｜利用空调可以根据需要调节室内温度。｜冬天的河水温度很低，可仍然有人下水游泳。｜人体的正常温度是37度左右。

───────────────────────────

　　练习答案：　（1）A　　（2）B　　（3）A

〖 练习 Exercises 〗

填空： A.气温 B.温度

（1）到了三月，不少地方的_____就逐渐回升了。

（2）冰箱里的_____很低，菜放进去一会儿就冰凉了。

（3）夏天的时候，海水的_____不高也不低，下海游泳的人很多。

295 前 qián ① 前边 qiánbian ① 前面 qiánmiàn ①

〖 相似 Similarities 〗

与"后"相对的方向、位置。"前边"和"前面"基本相同。

> 你沿着这条路往前走二百米，那边有一家超市。‖ 我们学校前边有一条河。‖ 图书馆前面是一大块空地，可以停放自行车。

〖 区别 Distinctions 〗

（1）"前"可以表示时间，可以用在一些表示事件或时间的名词性词语后（如"饭前""税前""会前""一个星期前""一年前"），也可以用在动词性词语或小句后（如"睡前""出国前"）。可以说"（…）之前"。

> 饭前洗手是个好习惯。| 昨天会前我跟他谈过这个问题。| 他一个星期前就回国了。| 他出国前我们见过一次面。| 她会说一点儿汉语，是因为她之前在马来西亚学过一年汉语。

"前边""前面"有时也可以表示时间，使用较自由。

> 我刚到这里，前边/前面发生的事情，我不太清楚。| 这个问题我们前边/前面已经讨论过，这里就不重复了。

（2）"前"可以直接用在一些单音节名词或其他名词性词语前（"前"的后边不能用"的"）。可以说"前排""前门""前总统""前两年"。

> 开学典礼时，学校领导都坐在前排。| 客人都是从前门进来的，后门这两天

练习答案： （1）A （2）B （3）B

没开。| 这位前总统最近出版了一本新书。| 前两年这里学汉语的人还不多，现在越来越多了。

"前边""前面"也可以用在一些名词性词语前（它们的后边可以用"的"）。

前边/前面（的）车停下了，我们的车也只好停下来。| 教室前边/前面的门打不开了，可能是锁坏了。| 前边/前面的课文比较容易，现在的越来越难了。

（3）"前"可以直接用在一些单音节名词或其他名词性词语后（"前"的前边不能用"的"）。可以说"面前""眼前""门前""车前"。

一会儿要在很多不认识的人面前讲话，他有点儿紧张。| 看到眼前发生的一切，她不知道该怎么办才好。| 我们到的时候，他家门前已经停了两辆车。| 教学楼前是一个大操场。

"前边""前面"也可以用在一些名词性词语后（它们的前边可以用"的"）。

这个村子（的）前边/前面有一条小河。| 这本书每一课的生词表都在课文（的）前边/前面。| 他们的座位在我们（的）前边/前面。

（4）"前"不常单独作主语、状语、宾语，有时与"后"配合使用，组成一些习惯用语。可以说"房前屋后""一前一后""前后"。

他家的房前屋后种了不少花草树木。| 他们俩一前一后离开了学校。| 为了解决住房问题，我们前后已经开了五次会。

"前边""前面"能比较自由地作主语、状语、宾语。

前边/前面还有不少空位子，我们过去坐吧。| 我们前边/前面虽然取得了一些成绩，但今后还要继续努力。| 开会的时候，学校领导们都坐在前边/前面。

（5）用"前边""前面"可以说"最前边""最前面"。

跑 1500 米比赛时，刚开始他跑在最前边/最前面，可最后他只得了第四名。

〖练习 Exercises〗

填空： A.前　　B.前边　　C.前面
（1）他们俩个子太高，不能站在＿＿＿＿。
（2）进出小区的汽车都只能走＿＿＿＿门。

（3）现在跑在最_____的三个人都是我们学校的。

（4）每次上新课_____，我们都要先复习一下旧课。

296　前后 qiánhòu ③　　左右 zuǒyòu ②

〖相似 Similarities〗

名词。用在数量词语后边，表示大约的数量。

十点前后｜六月前后｜一九九六年前后‖六点左右｜一个星期左右｜十块钱
左右

〖区别 Distinctions〗

（1）"前后"和"左右"都可以用在表示钟点的词语后边（如"五点前后""十点左
右"），但"…前后"表示一段时间，"…左右"表示不确定的某个时间点。

下午五点前后堵车比较严重。‖今天早上八点左右他给我打了个电话。

（2）"前后"可以用在表示时间的名词性词语后边（如"中秋节／春节／暑假前
后""午饭前后"），还可以用在表示事件的名词或动词性词语后边。

我打算在中秋节前后去一趟北京。｜放假前后有很多人到旅行社打听去外地
旅游的情况。

"左右"可以用在表示一段时间的词语后边。可以说"三天左右""一个星期左
右""两年左右"。

这些活儿可能还要三天左右时间才能干完。｜他去北京了，大概要在那里住
一个星期左右。｜他打算花两年左右时间去中国学习汉语。

（3）"前后"还可以表示前边和后边的地方。可以说"前前后后"。

我们学校前后都是马路。｜说话的时候要注意词语的前后顺序。｜他把前前
后后的经过详细地说了一遍。

练习答案：　（1）B/C　　（2）A　　（3）B/C　　（4）A

（4）"前后"还可以表示从开始到结束的时间。常作状语。

　　她前后用了三年时间才写完这部小说。｜他在这儿前后工作了两年半。

（5）"左右"也可以用在表示年龄、距离、重量、价格、数量等的词语后边，表示大约的数量。

　　三十岁左右｜四百里左右｜一百斤左右｜十块钱左右｜二十人左右

（6）"左右"还可以是动词，表示控制。

　　谁能左右目前的石油价格呢?

（7）"左右"还可以表示无论如何。可以说"左右为难"。

　　他为什么要辞职，我左右不能理解。｜这件事让他左右为难。

〖 练习 Exercises 〗

填空：　A.前后　　B.左右
（1）他在中国已经工作了五年_____。
（2）谁也_____不了当前形势的发展。
（3）他写这本小说，_____用了八年时间。
（4）今天午饭_____，有个人打电话来找你。

297 强调 qiángdiào ③　　重视 zhòngshì ③

〖 相似 Similarities 〗

动词。认为某事物很重要。

　　王老师总是强调，学习汉语一定要多练习。‖ 我们公司很重视产品的质量。

〖 区别 Distinctions 〗

（1）"强调"常表示认为某事、某个道理很重要，特别提出。对象是事物。可以说

　　练习答案：　（1）B　　（2）B　　（3）A　　（4）A

"反复／多次／一再／再三强调""强调客观原因／客观条件""强调一下""跟／向…强调"。

> 他在会上反复强调了这次行动的重要意义。| 事情没有做好，我们不能总是强调客观原因。| 这项工作的重要性我已经强调过多次了。| 我想跟大家再强调一下：这项活动很重要，一定要办好。

"重视"常表示认真对待，或把人或事物作为重点看待。对象可以是事物，也可以是人。可以说"高度重视""足够重视""引起／受到重视""重视不够"。

> 我们应该高度重视生态环境保护的问题。| 他的意见已经引起了有关部门的高度重视。| 小王刚参加工作，就受到了领导的重视。| 他们对这个问题的重视还不够。

（2）"强调"后边可以用"起""上"。

> 一谈到工作，他就会强调起客观条件差，所以工作很难做。| 你听，他又强调上他的理由了。

"重视"后边可以用"起来"。

> 我们对农业问题还是要重视起来。| 中小学教育必须重视起来。

【 练习 Exercises 】

填空： A. 强调　　B. 重视
（1）你提的问题已经引起了有关部门的高度_____。
（2）李经理反复_____，不能让不合格的产品出厂。
（3）我再_____一下，要提高口语水平，就必须多练习。

298 亲切 qīnqiè ③　　热情 rèqíng ②　　友好 yǒuhǎo ②

【 相似 Similarities 】

形容词。人与人之间很亲近。

练习答案： （1）B　　（2）A　　（3）A

同学们都觉得刘老师非常<u>亲切</u>。‖服务员对客人们都很<u>热情</u>。‖中国人民愿与世界各国人民<u>友好</u>相处。

【区别 Distinctions】

（1）"亲切"常形容对别人很关心的样子，也可以形容让人感到很熟悉、很轻松。可以说"亲切的态度／话语／语气／目光""亲切关怀／教导／接待／问候""亲切感"。

老人<u>亲切</u>的态度使我们不那么紧张了。｜他那<u>亲切</u>的目光似乎是在鼓励我们。｜她的发言让我们感到很<u>亲切</u>。｜领导的<u>亲切</u>关怀使他非常感动。｜回到了久别的故乡，他觉得一切都是那么<u>亲切</u>。

"热情"常表示对人的照顾、接待、服务、反应、回答等很积极，很主动。可以说"态度热情""热情接待／招待／服务""热情地打招呼""热情地回答问题""热情的语言／话语""热情的观众"。

餐厅服务员的态度都很<u>热情</u>。｜她见到老师总是要<u>热情</u>地打个招呼。｜杨老师对大家总是很<u>热情</u>。｜他见到老板，显得格外<u>热情</u>。

"友好"表示人与人、组织与组织、国家与国家之间关系亲近。可以说"亲切友好"。

中国朋友对我们这些留学生非常<u>友好</u>。｜我们两国关系一直很<u>友好</u>。｜他很<u>友好</u>地与客人们一一握手。｜两国领导人进行了亲切<u>友好</u>的谈话。

（2）"热情"还可以是名词，表示热烈的感情。

这首诗表达了作者的爱国<u>热情</u>。

【练习 Exercises】

填空： A.亲切　　B.热情　　C.友好
（1）这些年轻人对工作都很有_____。
（2）酒店服务员的服务态度都非常_____。
（3）毕业以后，我们还常想起老师们的_____教导。

（4）在这里，不同国家、不同民族的人们都能够_____相处。

（5）老同学说起当初在一起学习的往事，大家都有一种_____感。

299 亲自 qīnzì ③　　自己 zìjǐ ②　　自身 zìshēn ③

〖 **相似 Similarities** 〗

指某人本身。

> 这些活动项目都是校长亲自安排的。‖ 那些事情都是他自己决定的。‖ 事情没做好，不能总是怪别人，我们也要看看自身是否有问题。

〖 **区别 Distinctions** 〗

（1）"亲自"是副词，表示某种动作行为是某重要人物直接发出的。作状语。

> 经理亲自给他打了电话，他只好来了。| 每到春节，校长都要亲自登门，给老教师们拜年。| 市政府对这次活动非常重视，市长要亲自出席开幕式（kāimùshì）。

> "自己"是代词，可以用在一些指人的词语后边（如"老王自己""你自己""我们自己"），也可以作主语、宾语、定语。可以说"自己家""自己哥哥/妹妹/朋友"。

> 自己没把事情办好，怎么能怪别人呢？| 自己做事，自己负责。| 他把困难留给了自己，把方便让给了别人。| 他对自己的要求总是很严格。| 学习是我们自己的事情。

> "自身"是代词，常作定语，有时作主语或用在指人的词语后边。可以说"自身条件/优势/实力/价值""自身难保"。

> 教师要不断提高自身的业务水平。| 要想在比赛中取得好成绩，就只能靠自身的实力。| 作为篮球运动员，他具有很好的自身条件：个子高，反应快。| 你别找他了，他现在是自身难保，恐怕帮不了你的。

练习答案：　（1）B　　（2）B　　（3）A　　（4）C　　（5）A

（2）"自己人"常指跟自己比较亲近的、可以相信的人。

　　今天来的都是自己人，大家不要客气。

填空：　A.亲自　　B.自己　　C.自身
（1）大家在这儿就像在_____家一样，不用客气。
（2）国际奥委会主席_____给她发奖，她感到很光荣。
（3）你不要老是怪_____，这事儿没办好，我们大家都有责任。
（4）要成为优秀的篮球运动员，光靠个子高这个_____条件是不够的。

300 请教 qǐngjiào ③　　请问 qǐngwèn ①

〖 相似 Similarities 〗

动词。客气地问别人。

　　对不起，我可以请教一个问题吗？　‖　请问，校长办公室在哪儿？

〖 区别 Distinctions 〗

（1）"请教"常表示遇到不能解决的或不明白的问题，去问别人，希望得到别人的帮助。"请教"的后边不一定是问句。可以说"向…请教"。

　　你遇到问题时，可以向周围的人请教。｜这个问题我已经向一位老师傅请教过了，他说很容易解决。｜李教授很有学问，但邻居的洗衣机坏了，向他请教怎么办时，他却想不出什么好办法。

（2）向别人客气地提出问题前，可以用"请问"。"请问"的后边一般是提出的问题，是问句。

　　服务员见我们进来，热情地招呼我们坐下，说："请问，二位想吃点儿什么？"｜我想请问一下，这儿能换钱吗？｜你在中国住了这么多年，请问你都去过哪些地方？你最喜欢的地方是哪里？

练习答案：　（1）B　　（2）A　　（3）B　　（4）C

〖 练习 Exercises 〗

填空： A.请教 B.请问

（1）在学习上遇到不懂的问题就应该多向别人_____。

（2）我们每次向王老师_____问题，他都很热情地回答我们。

（3）记者问刘经理："您的公司前几年发展很快，_____刘经理，您今后有什么打算？"

301 请求 qǐngqiú ② 要求 yāoqiú ②

〖 相似 Similarities 〗

动词。希望别人做某事。

> 我们已经请求领导批准这个计划了。‖公司要求我们下个星期六一定要完成这项工作。

〖 区别 Distinctions 〗

（1）"请求"多用于正式场合或书面语，"要求"通用于口语和书面语。

（2）"请求"多表示对上级或者对别人客气地提出自己的想法，希望得到满足。可以说"请求帮助／批准／同意／支持"。

> 你去国外如果遇到特别麻烦的问题，可以找大使馆请求帮助。｜他们很快就答应了我们的请求。｜我们请求总公司同意我们的报告。｜不管他怎么请求，老板都不答应。

> "要求"常表示向别人或自己提出想法，希望得到满足或实现。可以说"合理／过分（的）要求""无理要求""技术／质量要求""操作／作业要求""严格要求""要求自己""要求很高／很严"。

> 大家的要求只要是合理的，学校一定会考虑。｜他的要求太过分了，我们根本做不到。｜在车间工作，有一定的技术要求。｜在生活上，老马没什么特

练习答案：（1）A （2）A （3）B

别的<u>要求</u>，只要吃饱穿暖就行了。 | 她对生活条件<u>要求</u>很高。

〖 练习 Exercises 〗

填空： A. 请求 B. 要求

（1）我们公司对产品质量_____很严。

（2）只有先严格_____自己，才能去_____别人。

（3）我们现在遇到了一些困难，_____贵公司给予支持和帮助。

302 庆祝 qìngzhù ②　　祝 zhù ②

〖 相似 Similarities 〗

动词。以某种方式对生日、节日等表达美好的心意。

　　明天是老李六十岁生日，同事们打算好好儿为他<u>庆祝</u>一下。‖<u>祝</u>你生日快乐！

〖 区别 Distinctions 〗

（1）"庆祝"多表示为了重大的喜事、重要的节日或纪念日而举行的规模较大的活动（如集会、聚会、演出、游行等），表示快乐或纪念。可以说"庆祝元旦／新年""热烈／隆重庆祝""为／给…庆祝""庆祝活动"。

　　我们全校上下都在准备<u>庆祝</u>建校100周年。 | 来自世界各地的运动员都在这里<u>庆祝</u>运动会取得了圆满成功。 | 在新机场建成的<u>庆祝</u>大会上，市长发表了演讲。 | 今天是我们毕业十周年的纪念日，咱们<u>庆祝庆祝</u>吧。

　　"祝"多用于在某个重要的日子（如节日、生日）到来时或要进行某活动时，向别人表示良好的愿望。可以说"祝你／你们／各位／大家…"。

　　<u>祝</u>你一路平安！ | <u>祝</u>你们在工作上、学习上取得更大的成绩！ | 新年快到了，<u>祝</u>大家新年愉快，万事如意！

（2）在书信、明信片、贺卡上常用"祝春节快乐""祝节日愉快""祝生日快乐""祝家庭幸福""祝进步""祝顺利""祝好"。

　　练习答案： （1）B　 （2）B，B　 （3）A

〖 练习 Exercises 〗

填空： A.庆祝 B.祝

（1）很多群众参加了这次国庆节的_____活动。

（2）为了_____元旦，我们学校要举办一场新年晚会。

（3）快过年了，她在寄给朋友的明信片上写道："_____新春快乐！"

303 全部 quánbù ② 全面 quánmiàn ③ 全体 quántǐ ②

〖 相似 Similarities 〗

所有的个体或方面。

> 这些游客全部是法国人。‖ 这本书全面介绍了中国古代的历史与文化。‖ 明天下午要开全体教师会议。

〖 区别 Distinctions 〗

（1）"全部"是名词，表示事物的整体或所有的人。常作状语（如"全部学过/看过""全部熟悉""全部都是""全部坏了"），还可以作定语（如"全部内容/精力/力量/时间"）、宾语（如"看全部"），还可以带定语（如"生活的全部"）。

> 这些生词我们全部学过了。| 这本书的全部内容他都很熟悉。| 看问题要看全部，不能只看部分。| 有了孩子以后，照看孩子、做家务差不多成了她生活的全部。

（2）"全面"是形容词，表示各个方面的。可以说"很/比较/非常全面""知识/技术全面""考虑/总结得很全面""全面了解/介绍/总结/进攻"。

> 她运用汉语的能力很全面，听、说、读、写都不错。| 他考虑问题考虑得不够全面。| 这份报告总结得非常全面。| 刚才王经理比较全面地介绍了我们公司的生产情况。

（3）"全体"是名词，常表示一定范围内所有的人。常作定语（如"全体国民/职

练习答案： （1）A （2）A （3）B

工／同学／教师"），有时作状语（如"全体参加／出席／起立"）。

过年的时候，公司里的<u>全体</u>职工每人都可以领到一包礼品。｜希望<u>全体</u>同学都能参加明天的开学典礼。｜明天的晚会我们班同学<u>全体</u>参加。

〖 练习 Exercises 〗

填空： A.全部　　B.全面　　C.全体

（1）这些职工_____都是大学毕业生。

（2）这本书对中国古代文化介绍得很_____。

（3）他把自己的_____精力都用在工作上了。

（4）经过十几年的学习，我们学到的知识已经比较_____了。

（5）大会主席宣布："请_____起立，唱国歌！"

304 全球 quánqiú ③　　世界 shìjiè ②

〖 相似 Similarities 〗

名词。地球上的全部地方。

这次经济危机对<u>全球</u>经济的发展产生了很大的影响。‖ 这个消息很快就传遍了<u>世界</u>。

〖 区别 Distinctions 〗

（1）"全球"多用于书面语，"世界"通用于口语和书面语。

（2）用"全球"可以说"全球华人""（在）全球上映／巡演""（向）全球直播""誉（yù）满全球"。

春节和中秋节等传统节日是<u>全球</u>华人共同的节日。｜这部电影从下月起将在<u>全球</u>上映。｜每次足球世界杯比赛都会向<u>全球</u>电视直播。｜近百年来，茅台酒成了中国白酒的代表，早已誉满<u>全球</u>。

练习答案：　（1）A　　（2）B　　（3）A　　（4）B　　（5）C

用"世界"可以说"全世界""整个世界""世界大战""世界历史 / 文明 / 和平""我们的世界""世界上"。

你知道全世界有多少个国家吗？ | 二十世纪的两次世界大战影响了整个世界。| 他对世界历史很有兴趣。| 让我们的世界多一些友爱，少一些仇恨吧。| 世界上有很多事物我们还不太了解。

（3）"世界"也可以指自然界和人类社会中所有事物的总和。可以说"这个世界""新 / 旧世界""客观世界""认识 / 了解 / 改造世界""世界的起源""世界万物"。

人从生下来的那天起，就开始不断认识这个世界了。 | 人们对世界的起源有很多不同的解释。

（4）"世界"还可以指人类生活、活动的某个地方，或自然界的某个地方。可以说"妇女 / 儿童世界""穷人的世界""个人的世界""动物世界"。

回到家里，这两间房子就成了她个人的世界。 | 野生动物园是各种动物的世界。

（5）"世界"还可以指人的心理活动的范围。可以说"主观 / 精神 / 感情 / 内心世界""科学 / 文学 / 童话世界"。

在每个人的主观世界里，对事物的认识很不相同。 | 我们无法了解他的内心世界。

〖练习 Exercises〗

填空：　A. 全球　　B. 世界

（1）儿童乐园是儿童的＿＿＿＿。

（2）狮子在非洲大陆的动物＿＿＿＿里是最厉害的吗？

（3）通过电视，＿＿＿＿华人都能收看到中国中央电视台的春节晚会。

练习答案：　（1）B　　（2）B　　（3）A

305 缺 quē ③   缺少 quēshǎo ③   少 shǎo ①

动词。数量不够。

> 我们班今天缺两个同学。‖ 这台机器缺少了两个零件，不能用。‖ 教室里少了一张桌子和两把椅子。

〖 区别 Distinctions 〗

（1）"缺"常表示应该有的或必须有的人或事物不齐全、不完整。可以说"缺钱""缺人""缺课""很缺…"。

> 这项工程现在既缺钱又缺人，很难进行下去了。| 我昨天买的那本书缺了两页。| 他学习很认真，从来没缺过课。| 现在就缺老李了，他一来，我们就出发。| 我们公司很缺像小李这样既懂技术又懂管理的人才。

"缺少"常表示某种需要的或应该有的事物或人数量不多或没有。对象多是具体的（如零件、粮食、老师、技术员），也可以是抽象的（如经验、知识、技术、机会），还可以是活动（如锻炼、训练）。

> 家里要用的东西都买得差不多了，现在只缺少一台电视机了。| 你看看要是还缺少什么，我们马上去买。| 这些青年技术人员理论知识比较丰富，但还缺少实践经验。

"少"可以表示原来有的或应该有的人或事物后来数量不够了。

> 我的书少了好几本。| 他借你的钱是不会少你的，你放心吧。| 每次组织集体活动总少不了小王。

（2）"少"还可以表示丢失。

> 门窗都被打开了，但房间里好像并没有少什么东西。

（3）"少"还常是形容词，与"多"相对。

> 这个小岛上的人口少得很。| 今天有点儿热，可以少穿一件衣服。

〖 练习 Exercises 〗

填空：　A.缺　　B.缺少　　C.少
（1）这一课的生词比上一课＿＿＿＿一点儿。
（2）你要是＿＿＿＿钱，我可以借点儿给你。
（3）她真是个好学生，这学期没＿＿＿＿过一次课。
（4）一直没找到满意的工作，他总感觉是因为自己＿＿＿＿机会。

306　确定 quèdìng ③　　确实 quèshí ②

〖 相似 Similarities 〗

某种情况是肯定的。

　　看来这个消息是确定无疑的了。‖ 这几年人们的生活水平确实提高了。

〖 区别 Distinctions 〗

（1）"确定"常作动词，表示明确地定下来（一般不再改变）。可以带宾语、补语、状语。可以说"确定名单／地点／时间""确定（不）下来""难以确定""早已确定""赶快确定""不能确定"。

　　我们已经确定了参加比赛的运动员名单。| 咱们把比赛的地点和时间也确定下来吧。| 你能确定车上的人都到齐了吗？| 什么时候回国，我现在还不能确定。

（2）"确实"是形容词，表示真实可靠，准确，不虚假。可以单独作状语。可以说"确确实实"。

　　你说的这件事情确实吗？| 确实，这种药治疗感冒效果是不错。| 关于这事儿，目前我们还没有得到确实的消息。| 他说的这种事情以前确确实实发生过。

练习答案：（1）C　　（2）A/B　　（3）A　　（4）B

填空： A.确定 B.确实

（1）他是不是能参加比赛，现在还不能_____。

（2）下一次会议的时间和地点已经_____下来了。

（3）这次失败，对大家来说，_____是一次沉重的打击。

（4）他说的情况看来是_____的，今天早上多家电视台播了这条消息。

练习答案： （1）A （2）A （3）B （4）B

R

307 认识 rènshi ①　　知道 zhīdào ①

〖相似 Similarities〗

动词。对人或事物有一定的了解。

正在讲话的这个人我<u>认识</u>。‖ 你说的这个人我<u>知道</u>。‖ 我只<u>知道</u>他的名字，但是不<u>认识</u>他。

〖区别 Distinctions〗

（1）"认识"常表示了解某个人是谁，某个地方在哪儿，某个事物是什么。宾语常常是人或具体的事物。可以说"互相认识""认识人""认识路""认识字"。

来，我介绍大家互相<u>认识</u>一下。 | 他们俩早就<u>认识</u>了。 | 我们几个人都不<u>认识</u>路，怎么去啊？ | 这个字我不<u>认识</u>。

"知道"常表示听说过、看到过或者接触过。宾语可以是具体的事物，也可以是抽象的事物（如事情、情况、消息）。可以说"知道他的名字""知道这件事""知道这个消息""知道一点儿情况""知道得很多 / 不多 / 很少 / 不少"。

课文里说的这些地方我都<u>知道</u>。 | 这个消息我们已经<u>知道</u>了。 | 我不<u>知道</u>这件事情。 | 你<u>知道</u>得真不少。

（2）"认识"还可以表示对人或事物的理解、思考、判断等。可以说"正确 / 错误认识""深刻认识""认识到…"。

我们要正确<u>认识</u>目前的形势。 | 自古以来，人们一直在<u>认识</u>周围的世界。 | 他还没有<u>认识</u>到自己的错误。

（3）"认识"还可以是名词。

他对这个问题的<u>认识</u>是正确的。 | 大家都谈了自己对这件事情的<u>认识</u>。 | 古人曾经认为太阳是宇宙（yǔzhòu）的中心，这种<u>认识</u>是错误的。

（4）"认识"的宾语一般是名词性的。

"知道"的宾语还可以是动词性的、形容词性的或者小句。

我<u>知道</u>怎么做。｜他已经<u>知道</u>错了。｜我不<u>知道</u>她为什么生气。

〖 练习 Exercises 〗

填空： A.认识　　B.知道

（1）很多人都已经_____这个消息了。

（2）这次去法国，我_____了几位法国朋友。

（3）你_____不应该那样做，为什么还要做呢?

（4）只有_____到自己的错误，才有可能去改正。

308 认为 rènwéi ①　　以为 yǐwéi ②

〖 相似 Similarities 〗

动词。觉得某人或事物是怎样的。

我<u>认为</u>他说的是对的，可是别人<u>认为</u>不对。‖ 我<u>以为</u>他八点才会到，没想到他七点就来了。

〖 区别 Distinctions 〗

（1）"认为"常表示对人或事物有确定的看法。对象可以是重大事物或一般事物。多用在正式场合。可以说"坚决认为""坚持认为""坚定／顽固地认为"。

我坚决<u>认</u>为这个安排是错误的。｜他坚持<u>认</u>为那样做肯定是对的。｜我们<u>认</u><u>为</u>国与国之间是平等的。｜我们<u>认</u>为靠战争是不能解决国家之间的问题的。

"以为"常表示对人或事物的看法不太确定，或提出不太确定的意见。多用于一般场合。说话人往往已经知道自己的看法错了，或不能确定自己的判断是否正确。可以说"原来以为""自以为""还以为…（呢）"。

练习答案： （1）B　　（2）A　　（3）B　　（4）A

我以为今天是晴天，没想到下了这么大的雨。｜我以前以为普通话就是北京话。｜我原以为这样做就对了，谁知道又错了。｜你的日语这么好，我还以为你是日本人呢。

（2）"认为"前边可以用"被（……）"。

他的观点当时被一些人认为是很可笑的。｜这种理论当时被认为毫无价值。

（3）用"以为"还可以说"……让……以为……"。

这样凉快的天气，会让人们以为夏天已经过去了。

【练习 Exercises】

填空： A.认为　　　B.以为
（1）我＿＿＿＿他是学生呢，原来他是老师。
（2）《红楼梦》被＿＿＿＿是中国古代最伟大的小说之一。
（3）原来你们是同事啊，我还＿＿＿＿你们不认识呢。
（4）他一直坚持＿＿＿＿经济落后的地区应该大力发展教育。

309 任务 rènwu ③　　义务 yìwù ③　　责任 zérèn ③

【相似 Similarities】

名词。应该做的事。

上半年的工作任务我们已经完成了。‖抚养（fǔyǎng）孩子，教育孩子，这是父母的义务。‖做好教学工作，这是老师的责任。

【区别 Distinctions】

（1）"任务"常表示上级安排的、自己定的或工作岗位要求的工作。可以说"分配／接受／完成任务""紧急／特殊／临时任务""繁重（fánzhòng）／轻松／伟大的任务""生产／学习任务""任务艰巨""任务急"。

练习答案：（1）B　（2）A　（3）B　（4）A

每个星期一，老板都要给我们分配一些新的任务。｜经理交给他一项临时任务：去机场接一位从法国来的客人。｜我们厂已经完成了今年的生产任务。｜半年要学完这么厚的两本书，这个任务很艰巨。

"义务"常表示按照道德应该做的事情，或者法律、合同等规定的要做的事情。可以说"尽义务""公民的义务""义务教育"。

养活年老的父母是子女应尽的义务。｜法律规定了每个公民的权利和义务。｜参军是法律规定的年轻人的义务。｜在中国，小学和初中实行义务教育。

"责任"常表示应该做而且必须做好的事情。可以说"规定的责任""责任心"。

教育孩子是父母的义务，也是父母的责任。｜作为一个部门的经理，他的责任很重。｜合同上要明确规定双方的责任。｜做任何工作都要有一定的责任心。

（2）"义务"还可以表示不要或不付工资的。可以说"义务劳动／植树／演出／献血"。

上个星期六，我们参加了一次义务劳动。｜他们经常参加义务植树活动。｜这是一次义务演出，演员们不拿一分钱。

（3）"责任"还可以表示因为没有做好应该做的事或者发生了事故而应当承担的过失。可以说"负责任""有责任""追究责任""主要责任""事故责任""违约责任"。

事情没做好，做事情的人当然要负责任。｜这个工作没有按时完成，大家都有责任。｜没有遵守交通规则，事故责任自负。｜出了问题，领导要负主要责任。

〖练习 Exercises〗

填空： A.任务　　B.义务　　C.责任
（1）我们保证按时完成＿＿＿＿。
（2）他是个＿＿＿＿心很强的人。
（3）酒后开车，出了事故是要负法律上的＿＿＿＿的。
（4）昨天有不少老师和同学都参加了这次＿＿＿＿劳动。
（5）法律既规定了公民的权利，也规定了公民的＿＿＿＿。
（6）我们这次的＿＿＿＿急、时间紧，希望大家克服困难，按时完成。

练习答案： （1）A　　（2）C　　（3）C　　（4）B　　（5）B　　（6）A

310 日期 rìqī ①　　日子 rìzi ②

〖相似 Similarities〗

名词。某一天。

我回国的日期已经定了。‖ 今天是他们结婚大喜的日子。

〖区别 Distinctions〗

（1）"日期"通用于口语和书面语，"日子"多用于口语。

（2）"日期"常表示确定的做某事的某一天或某个时间。可以说"报到／开学／考试／生产／出厂日期""日期限制"。

通知上写的报到日期是 9 月 1 日。｜ 食品包装盒上要写明生产日期。｜ 每件产品都要标明出厂日期。｜ 他在信的最后忘了写日期了。

"日子"可以指某一天。可以说"好日子""大喜的日子""结婚／出发／回国的日子"。

今天是什么好日子，你们这么高兴？｜ 他俩一年前就定下了结婚的日子，可现在又决定推迟结婚了。｜ 你们去日本，出发的日子定了吗？

（3）"日子"还可以指某些天、许多天，或者生活。可以说"过日子""平静／幸福／难过／伤心／苦难的日子""在国外的日子""那些／这些／这种／好些／有些日子"。

成家过日子既很简单，也很麻烦。｜ 退休以后，老人一直过着这种平静的日子。｜ 好些日子没见你了，你去哪儿了？｜ 在国外的那些日子里，我经常想念国内的朋友们。

〖练习 Exercises〗

填空：　A. 日期　　B. 日子

（1）结婚以后，他们小两口的_____过得还可以。

（2）这个任务是有_____限制的，咱们得抓紧点儿。

（3）他去云南已经有些_____了，过几天就要回来了。

练习答案：（1）B　（2）A　（3）B

311 如何 rúhé ③　　怎样 zěnyàng ③

〖 **相似 Similarities** 〗

代词。（1）问做事的办法、方式。

这么多人的住房问题<u>如何</u>解决？ ‖ 很多学生都在问：<u>怎样</u>才能提高口语水平呢？

（2）表示某种状况、程度。可以说"如何如何""怎样怎样"。

我们要想想自己是不是有错儿，不要老是说别人<u>如何如何</u>不好。‖ 她经常跟别人说自己的儿子<u>怎样怎样</u>聪明。

〖 **区别 Distinctions** 〗

（1）"如何"多用于书面语，"怎样"通用于口语和书面语。

（2）"如何"常作状语，有时作谓语。可以说"不知如何是好""…可如何是好""意下如何"。

在发展经济的同时，<u>如何</u>保护好环境？ | 你一直说这里的情况很好，可是现在发生了这么严重的事故，你<u>如何</u>解释？ | 面对突然发生的事故，她急得<u>不知如何是好</u>。 | 不少人提出要修改这个计划，你<u>意下如何</u>？

"怎样"常作状语、谓语、补语、宾语。可以说"怎样…都 / 也…""要 / 想怎样就怎样""对…怎样"。

学了两年，我们的汉语水平还不是很好，<u>怎样</u>才算学好汉语了呢？ | 那里的实际情况到底<u>怎样</u>？ | 下周就要考试了，你准备得<u>怎样</u>了？ | 这孩子在家里<u>想怎样就怎样</u>，这样可不好。 | 发生了这样的事情，我<u>怎样</u>解释，他都不信。 | 他虽然不怎么说话，但别人<u>对他怎样</u>，他心里很清楚。

（3）"怎样"还常作定语，问人或事物的性质、样子。后边常用"的"。

很多人并不知道他是<u>怎样</u>的一个老师。 | 来这里之前，我们并不了解这是<u>怎样</u>的一个国家。 | 很难想象，他们过的是一种<u>怎样</u>的生活啊！

〖练习 Exercises〗

填空： A. 如何 B. 怎样

（1）再过几天就要比赛了，你们练得_____了？

（2）读了这本书以后我才了解这是_____的一个民族。

（3）飞机十一点起飞，现在都十点多了，我们还堵在路上，这可_____是好？

练习答案： （1）B （2）B （3）A

312 伤心 shāngxīn ③   痛苦 tòngkǔ ③

〖 相似 Similarities 〗

形容词。遇到了不愉快或不幸的事，心里难受。

他家的狗病死了，他非常**伤心**。‖ 他的女朋友不同意跟他结婚，这使他很**痛苦**。

〖 区别 Distinctions 〗

（1）"伤心"通用于口语和书面语，"痛苦"多用于书面语。

（2）"伤心"常表示因为遇到不愉快或不幸的事，心里失望、难过、难受。可以说"伤心事""为…伤心""伤心透了"。

她的儿子走丢了，她哭得很**伤心**。| 看到她**伤心**的样子，大家的心里也很难过。| 她不想再提起自己遇到的那些**伤心**事了。| 听了他遇到的不幸，大家都为他**伤心**。| 儿女都长大了，但他们一点儿也不关心老人，老王和老伴**伤心**透了。

"痛苦"可以表示精神、心里难受。可以说"精神／心里痛苦""痛苦的心情""痛苦的选择／决定／思考／生活""极大／巨大痛苦"。

身体的病痛是可以治疗的，精神**痛苦**却很难治疗。| 没有人能理解她心中的**痛苦**。| 是继续在国外工作，还是放弃工作回国结婚，这是他现在面临的**痛苦**的选择。| 他陷入了深深的**痛苦**之中。

（3）"伤心"还可以是动词，可以说"伤…的心""伤透了心"。

儿子总是不听话，这**伤**了老人的**心**。| 这件事使她**伤**透了**心**。

（4）"痛苦"还可以表示身体疼痛、病痛。可以说"痛苦地喊叫""痛苦的叫声／表情""肉体痛苦"。

伤口很疼，在去医院的路上他**痛苦**地喊叫着。| 为了减轻肉体**痛苦**，做手术

时常常给病人打麻药。 | 从他痛苦的表情上可以看出，他的病又犯了。

【 练习 Exercises 】

填空： A.伤心　　B.痛苦

（1）听了她的不幸遭遇，人们都为她_____。

（2）她遇到了什么_____事，总爱跟好朋友说说。

（3）经过一个多星期_____的思考，他终于作出了决定。

（4）受伤以后，他忍受着巨大的_____，自己走到了医院。

313 商场 shāngchǎng ②　商店 shāngdiàn ②　市场 shìchǎng ③

【 相似 Similarities 】

名词。买卖东西的地方。

　这条街上有几家很大的商场。‖ 街道两边有很多大大小小的商店。‖ 那里的小商品市场很有名。

【 区别 Distinctions 】

（1）"商场"和"商店"一般是在房屋里买卖东西的地方。商场的地方往往比较大。

　这座大楼的一、二、三层都是商场。 | 车站附近新开了一家百货商场。 | 有空儿的时候她最喜欢逛（guàng）服装商场。

　商店的地方可大可小。可以说"小商店"。

　那些房子都是新建的，附近还没有比较大的商店。 | 星期天这儿的大小商店都不营业。 | 这个小区门口有几家小商店，他们卖水果和一些日用品。

　"市场"可以指房屋里或房屋外买卖东西的地方。可以说"菜市场""农贸市场""集贸市场""自由市场"。

　很多外地人来这里的水产品市场购买鱼虾。 | 我家附近新开了一家很大的菜

练习答案： （1）A　（2）A　（3）B　（4）B

市场。｜在农贸市场可以买到各种各样的农产品。｜每到周末，这里的自由市场都很热闹。

（2）"商场"还可以指做买卖的行业、场合。

人们常说，商场如战场，所以做生意并不是一件很容易的事情。｜他大学毕业就开始做电器生意，十几年来，他对商场的活动已十分熟悉。｜她觉得自己很难适应商场的激烈竞争，所以决定退出商场了。

（3）"市场"还可以指抽象的买卖商品的场所。可以说"市场经济""市场规律""国内／国外／国际市场""图书／电影／文化／粮食市场""失去市场"。

他当了二十多年中学老师，对市场经济并不了解，怎么能当经理？｜管理企业、制订企业发展计划必须符合市场规律。｜他们的产品已经开始走向国际市场。｜他虽然是很好的演员，但他对电影市场并不十分了解。

（4）"有市场"可以表示某人或事物很受欢迎，或某商品卖得很好。

国家刚刚对外开放的时候，一些懂外语的人很有市场。｜这种汽车只适合在城市里开，在农村没有什么市场。

〖练习 Exercises〗

填空： A.商场　　B.商店　　C.市场
（1）如今，黑白电视早已失去了_____。
（2）住在这里的人跟这家小_____的老板都很熟悉。
（3）做了几十年的生意，他知道_____的竞争十分激烈。
（4）虽然电子书发展很快，但纸印的书仍有很大的_____。

练习答案：　（1）C　　（2）B　　（3）A/C　　（4）C

314 商量 shāngliang ② 讨论 tǎolùn ②

〖 **相似 Similarities** 〗

动词。跟别人交换意见。

> 我想跟你商量一件事。‖ 今天下午，我们把下个月的工作讨论一下。

〖 **区别 Distinctions** 〗

（1）"商量"多用于口语，"讨论"通用于口语和书面语。

（2）"商量"常表示为做某事跟人交换意见，希望有一致的意见。"商量"的事可以是大事，也可以是小事。可以说"好商量""商量着解决""商量着办"。

> 这么一件小事，我看用不着商量了。| 集体的事情没经过商量，我一个人是不能决定的。| 有什么问题大家可以商量着解决。| 看来，这个问题是要好好商量商量。

> "讨论"常表示为了得到统一的或正确的认识，人们对某事或某个问题发表看法，或进行辩论。多用在正式场合。可以说"热烈讨论""大讨论""展开 / 进行讨论""学术讨论""讨论会""讨论得…"。

> 代表们在会上展开了热烈的讨论。| 李教授经常去外地参加学术讨论会。| 这是个很值得讨论的问题。

（3）"没商量"可以表示已经确定了，或不用商量了。

> 这事绝对没商量，你不用再说了。| 跟这种不讲理的人，没什么好商量的。

（4）"讨论"还可以表示在文章或著作中研究、说明某个问题。

> 这篇文章是专门讨论人口增长问题的。| 那本书详细讨论了外语教学的方法问题。

〖 **练习 Exercises** 〗

填空： A.商量 B.讨论

（1）大家在会上_____得十分热烈。

（2）这件事经理没有决定，他让我们_____着办。

（3）在这次会议上，专家们_____了改善农村学校办学条件的问题。

315 上升 shàngshēng ③　　　升 shēng ③

【相似 Similarities】

动词。从低处向高处移动；等级、数量、程度等增加。

最近雨水多，湖里的水也上升了不少。‖ 夏天雨水最多的时候，河水要升到我们现在站的这个地方。

【区别 Distinctions】

（1）"上升"可以单独作谓语，可以与一些双音节词语一起用。不带宾语。可以说"地位／职位上升""水位上升""价格／成本上升""直线／大幅／不断／逐步／稳步／步步／缓缓／逐年／连年上升""有所上升""上升很快""上升空间"。

刚到夏天，气温就直线上升，前天才二十几度，今天已经三十多度了。｜清晨，从我们住的宾馆就能看到太阳从远处海面上缓缓上升的景象。｜最近食品和日用品价格有所上升。｜雨下得又大又急，江河水位上升很快。

"升"有时可以带宾语，常与一些单音节词一起用。可以说"升级""升职""升官""升学""升旗""升温""升中学／高中""升一级""升起""升上""升入""升高"。

他的工作很有成绩，公司决定给他升一级工资。｜我们学校每天早上都要升国旗。｜站在领奖台上，看着国旗缓缓升起，她激动得流下了眼泪。｜为了升上好一点儿的高中，这些孩子每天都要学习到很晚。

（2）"上升"有时可以带定语。可以说"…的上升"。

随着职位的上升，他的工资也有所提高。｜食品价格的大幅上升给普通工人的生活带来了很大压力。

练习答案：　（1）B　　（2）A　　（3）B

（3）"升"可以用在"把"字句和"被"字句里。

　　这画儿挂得太低了，能不能把它往上升一点儿？ | 他上个月被升为队长了。

〖练习 Exercises〗

填空：　A.上升　　B.升

（1）这几天雨下得很大，河水_____很快。

（2）小王来公司才两年就被_____为主任了。

（3）初中毕业以后要通过考试才能_____入高中学习。

（4）石油价格的_____好像并没有影响这些人买车的积极性。

316 生存 shēngcún ③　　生活 shēnghuó ①

〖相似 Similarities〗

动词。活着。可以说"生存环境 / 条件""生活环境 / 条件"。

　　近二三十年来，这里建了许多工厂，动物的生存环境遭到了破坏。‖ 一些城市的楼房和汽车越来越多，人们的生活环境也越来越差。

〖区别 Distinctions〗

（1）"生存"多表示保持生命，存活。可以说"生存下来"。

　　要是没有空气和水，人就不能生存。 | 人到了别的星球上能不能生存呢？ | 熊猫在地球上的生存历史已经很久了。 | 在动物世界里，只有强者才能生存下来。

　　"生活"可以表示活着并进行各种活动。可以说"和 / 跟…一起生活""和 / 跟…生活在一起"。

　　中国的西南地区生活着很多少数民族。 | 他俩在中国工作和生活了二十多年。 | 他虽然已经结婚了，但还跟父母生活在一起。 | 这里是我们世世代代生活的地方。

练习答案：　（1）A　　（2）B　　（3）B　　（4）A

（2）"生活"还可以是名词，表示人活着的情况或从事的活动。可以说"日常／业余生活""生活水平""生活困难／富裕""物质／文化／精神生活""改善生活"。

> 他们的业余生活很丰富。｜这些年来，农民的生活水平也提高了不少。｜爷爷说他小时候家里生活比较困难。｜人不仅需要物质生活，还需要精神生活。

〖 练习 Exercises 〗

填空：　A.生存　　B.生活
（1）鱼虾要是离开了水，就不能_____。
（2）祖国是我们祖祖辈辈_____的地方。
（3）怎样才能使我们的_____更有意义呢？

317 生动 shēngdòng ③　　　形象 xíngxiàng ③

〖 相似 Similarities 〗

形容词。语言或艺术表现具体、感人。可以说"生动形象""形象生动"。

> 《差不多先生传》生动地讲述了一个做事马马虎虎的人的故事。‖《清明上河图》这幅画形象地描绘了当时社会生活的面貌。‖作家老舍的小说，语言十分生动形象。

〖 区别 Distinctions 〗

（1）"生动"多表示语言或艺术表现有活力，活泼，或事情使人感动。可以说"生动活泼""生动的故事／事例／情节"。

> 朱自清的散文《春》把春天的景象写得十分生动。｜这些文章写得生动活泼，表现了作者对大自然的热爱。｜李老师经常给我们讲一些很生动的故事。｜这一件件生动的事例，很有教育意义。

"形象"可以表示语言或艺术表现让人感到人或事物的样子很像某人或某事物的样子。

练习答案：　（1）A　　（2）B　　（3）B

作家的语言总是很<u>形象</u>。| 说黄河是中华民族的母亲河，这是一个<u>形象</u>的比喻。| 小说《子夜》<u>形象</u>地反映了20世纪30年代上海的社会面貌。| 他的马画得非常<u>形象</u>。

（2）"形象"还可以是名词，表示人或事物外表的样子，或艺术作品中的人物。可以说"个人形象""人物形象""形象思维"。

一些歌星、电影明星的<u>形象</u>很特别。| 他当了主任以后，就开始注意起自己的<u>形象</u>了。| 幼儿园老师经常画一些狮子、老虎的<u>形象</u>来帮助孩子们认识这些动物。| 阿Q是鲁迅小说中的一个人物<u>形象</u>。

〖 **练习 Exercises** 〗

填空： A.生动 B.形象

（1）画家的＿＿＿＿思维能力都很发达。

（2）你是国家公务员，上班的时候应该注意一点儿＿＿＿＿。

（3）"刻舟求剑""守株待兔"这些＿＿＿＿的故事已经流传了很多年了。

318 时候 shíhou ① 时间 shíjiān ① 时刻 shíkè ③

〖 **相似 Similarities** 〗

名词。过去、现在或将来的某一点。

你走的<u>时候</u>，别忘了关灯。‖ 下课的<u>时间</u>还没到，再做一个练习吧。‖ 在那么危险的<u>时刻</u>，他不可能想得太多。

〖 **区别 Distinctions** 〗

（1）"时候""时间"通用于口语和书面语，"时刻"多用于书面语。

（2）"时候"和"时间"可以表示过去、现在或将来的某一点或某一段（如"年轻的时候""三天时间"）；"时刻"一般表示过去、现在或将来的某一点或很短的一段（如"关键时刻"）。

练习答案： （1）B （2）B （3）A

（3）用"时候"可以说"在／当…的时候""小时候""这／那时候""有（的）时候"。不与"长""短""没"等一起用。

> 我正要出门的时候，电话铃响了。｜上课的时候，请大家说汉语。｜小时候，我们常在那个小花园里玩儿。｜那时候，我们根本不知道什么是困难。｜中午我一般吃米饭，有时候也吃面条。

（4）"时间"可以与表示具体钟点、日期或年月的词语配合使用。可以说"半天时间""三个月时间""半年时间"。

> 上午八点到十二点是学习时间。｜他吃早饭只用了五分钟时间。｜我们准备用两个月时间学完这本书。｜开会的时间是下午三点。

（5）"时间"可以与"长""短""没"等一起用。"有时间"和"没时间"可以分别表示"有空闲时间"和"没有空闲时间"。

> 我们有很长时间没见面了。｜你明天有时间吗？｜我很想出去旅行，但一直没时间。

（6）用"时刻"可以说"关键／紧急／紧张／危险／幸福时刻""难忘的时刻""历史性（的）时刻"。

> 现在正是工作的关键时刻，可是主任却生病了。｜在那个紧急时刻，大家都很惊慌。｜在危险的时刻，他表现得十分勇敢。

（7）"时刻"还可以是副词，表示任何时候，经常。可以说"时时刻刻"。

> 要时刻记住我们的责任。｜我们时时刻刻不要忘记：质量是第一位的。

〖练习 Exercises〗

填空： A.时候　　B.时间　　C.时刻
（1）我们_____不要忘记自己的责任。
（2）你要是有_____，我们一起去广州吧。
（3）这么短的_____不可能学好一门外语。
（4）年青的_____，我们根本不知道什么是累。

（5）那_____虽然生活比较苦，但是大家都很快乐。

（6）摄影师跑上前，迅速地拍下了这个难忘的_____。

319 实际 shíjì ②　　事实 shìshí ③

〖 相似 Similarities 〗

名词。真实情况。可以说"实际上""事实上"。

> 这份报告是符合实际的。‖ 他在文章里提到的事情是事实。
> 关于这件事，他说了很多，但实际上，他并不了解情况。‖ 很多人都在议论这件事情，事实上，情况并不那么严重。

〖 区别 Distinctions 〗

（1）"实际"常表示客观的条件或情况。可以说"实际情况""从实际出发""切合／脱离实际"。

> 实际情况没有我们想象的那么好。｜不管做什么工作，都要从实际出发。｜理论必须联系实际，不切合实际的理论是没有意义的。

"事实"表示真实发生的事情。可以说"成为事实""尊重事实""历史事实""事实根据／依据"。

> 古代人们的许多幻想，今天已经成为事实。｜历史学家非常重视历史事实。｜他那样说是没有事实根据的。｜事实证明，他的决定是错误的。

（2）"实际"还可以是形容词，表示符合客观条件或情况的。可以说"很／比较／不太实际""实际一点儿""实际意义"。

> 他的想法比较实际。｜这是一份很不实际的计划。｜刚工作就要买房，这太不实际了。｜我们的工作应该实际一点儿。

练习答案：　（1）C　　（2）B　　（3）B　　（4）A　　（5）A　　（6）C

〖 练习 Exercises 〗

填空： A.实际　　B.事实

（1）研究历史的人必须尊重_____。

（2）这个计划看上去很好，但不太_____。

（3）大量的_____证明，有钱不一定幸福。

（4）不切合_____的空想是没有多大意义的。

320 实现 shíxiàn ②　　现实 xiànshí ③

〖 相似 Similarities 〗

某种情况是真实的。

他想上大学的愿望终于实现了。‖ 只有经过努力，我们的愿望才可能变成现实。

〖 区别 Distinctions 〗

（1）"实现"是动词，表示使愿望等变成事实，达到目标。可以说"实现愿望/理想/目标/计划"。

为了实现自己的理想，他奋斗了一生。| 我们一定要实现这个目标。| 脱离实际的计划是根本不可能实现的。| 这两个国家之间的关系已经实现正常化了。

（2）"现实"可以是名词，表示客观事实。可以说"社会现实""现实情况/生活/问题"。

他的小说反映了当时的社会现实。| 制订计划时要考虑现实情况。| 他们公司现在面临的现实是资金严重不足。

（3）"现实"还可以是形容词，表示符合实际情况的。可以说"很/不现实""比较/特别现实"。

练习答案： （1）B　（2）A　（3）B　（4）A

他的想法总是很现实。 | 我们都希望能有那么好的结果，但那是不现实的。

〖 练习 Exercises 〗

填空： A.实现 B.现实

（1）每个人都希望能＿＿＿＿＿＿自己的理想。

（2）我喜欢看那些反映＿＿＿＿＿生活的作品。

（3）他说的那些想法非常吸引人，但很不＿＿＿＿＿。

321 实验 shíyàn ③ 试验 shìyàn ③

〖 相似 Similarities 〗

（1）动词。为了得到或证明某种结果，试做某事。

　　我们实验了好几次才取得成功。‖ 很多药品都要试验很多次才能投入使用。

（2）名词。为了得到或证明某种结果试做的事。可以说"做实验""做试验"。

　　科学实验证明这个理论是正确的。‖ 他们做了一次成功的试验。

〖 区别 Distinctions 〗

（1）"实验"可以表示为了检验某种理论、假设，而进行某种活动、操作。一般不带宾语。可以说"实验设备／仪器""实验课""实验室"。

　　科学研究离不开科学实验。| 研究所最近买了一批实验设备。| 上中学的时候，我们经常做物理实验。 | 有些化学实验比较危险。

（2）"试验"可以表示为了检验某事的结果或某事物的性能，进行某种活动。可以带宾语。可以说"试验新的机器""试验新的方法""试验新产品""试验田""试验场"。

　　试验表明这种药治感冒很有效。 | 美国是最早进行原子弹试验的国家。 | 研究人员正在试验一种新的药品。 | 农业研究所有一大片试验田。

练习答案： （1）A （2）B （3）B

〖 练习 Exercises 〗

填空：　A.实验　　B.试验

（1）学习物理和化学，一定要做＿＿＿＿＿。

（2）研究人员正在＿＿＿＿一种治疗头疼的新药。

（3）技术人员已经对新机器进行了＿＿＿＿，机器的性能很稳定。

322 食品 shípǐn ③ 　　食物 shíwù ②

〖 相似 Similarities 〗

名词。可以吃的东西。

> 他们公司是专门生产儿童食品的。‖ 冬天到来之前，松鼠（sōngshǔ）总要准备足够的过冬食物。

〖 区别 Distinctions 〗

（1）"食品"常指经过加工的、由商店卖出的吃的东西（一般是人吃的东西）。"宠物（chǒngwù）食品"是经过加工的、卖出的供宠物食用的东西。可以说"食品厂""食品店""食品商店／公司""食品加工厂""食品卫生"。

> 加工食品是需要粮食的。｜我们必须高度重视食品的卫生问题。｜这条街上有很多食品商店。｜这种食品一定要放在冰箱里保存。

（2）"食物"可以指人或动物吃的东西（不一定是经过加工的）。可以说"食物中毒""食物链（liàn）"。

> 人活着就离不开食物。｜原始人的食物大多是生的。｜狮子、老虎的食物就是那些小动物。｜吃了不干净的食物就很容易生病。

练习答案：　（1）A　　（2）B　　（3）B

〖 练习 Exercises 〗

填空： A.食品 　 B.食物
（1）小王的 ＿＿＿ 店生意很好。
（2）不注意 ＿＿＿ 卫生，就容易引起 ＿＿＿ 中毒。
（3）在非洲大草原上，一些弱小的动物就是狮子的 ＿＿＿ 。

323 始终 shǐzhōng ③ 　 一直 yìzhí ②

〖 相似 Similarities 〗

副词。表示事物、情况总是这样，没变化。

> 他始终认为那样做是对的。‖ 我一直以为他不知道这件事。

〖 区别 Distinctions 〗

（1）"始终"常表示事物、情况在一段时间内从开始到结束都是一样。可以说"始终如一"。

> 这几年，他始终坚持学习汉语。｜我等了一上午，他始终没打电话来。｜我始终不明白他为什么要那样做。｜在公司里工作的二十多年里，他总是很认真，做到了始终如一。

"一直"可以表示行为活动不中断，或事物、情况在很长时间里总是某种样子。"一直"后边的动词可以带时间词语、趋向词语。可以说"一直以来""一直＋动词＋下去""一直＋动词＋到…"。

> 我一直在想这个问题。｜外边的雨一直下个不停。｜交通和住房问题一直是许多大城市难以解决的问题。｜一直以来，我总希望有机会去黄山看看。｜你打算一直学下去吗？｜我们等他一直等到十二点。

（2）"一直"还可以表示运动的方向不发生变化。可以说"一直走／开"。

> 你一直往前走，到十字路口右拐就是邮局。

练习答案： （1）A 　 （2）A，B 　 （3）B

填空： A. 始终   B. 一直

（1）我打算在这儿＿＿＿＿住下去。

（2）一场大雪从早上＿＿＿＿下到深夜。

（3）不管遇到什么困难，我们的决心＿＿＿＿如一，是不会改变的。

324 事故 shìgù ③   事件 shìjiàn ③

〖 相似 Similarities 〗

名词。事情。可以说"重大事故／事件"。

　　酒后开车容易发生交通事故。‖ 新闻节目里经常报道国内外发生的新闻事件。

〖 区别 Distinctions 〗

（1）"事故"常表示在生产、工作、交通、医疗等方面发生的很不好的、不幸的或不应该发生的事情，这种事情多是意外的损失或灾祸。可以说"交通／医疗／生产事故""责任事故"。

　　这一路段经常发生交通事故。| 那家工厂发生了一起重大的责任事故。| 有关方面正在调查事故的原因。| 我们要从这次事故中吸取教训。

（2）"事件"常表示在历史上或社会上发生的不平常的大事情。这种事情可能是好的，也可能是不好的。可以说"新闻／历史／政治／外交事件""流血／伤人事件"。

　　学习历史必须了解一些重要的历史事件发生的原因。| 这个节目是专门报道国内外最近发生的政治或外交事件的。| 群众强烈要求调查这一事件的真相。

练习答案： （1）B   （2）B   （3）A

〖 练习 Exercises 〗

填空： A. 事故 B. 事件

（1）多家电视台报道了这次商店被抢_____。

（2）这起火灾_____给工厂造成了重大的经济损失。

（3）工作人员责任心不强是造成这起生产_____的主要原因。

325 适应 shìyìng ③ 习惯 xíguàn ②

〖 相似 Similarities 〗

动词。在新的环境里不感到有困难，或能够接受某种新的方式。

我已经适应这儿的生活环境了。‖ 他已经很习惯这儿的生活了。

〖 区别 Distinctions 〗

（1）"适应"常表示适合某种环境、条件、需要、方式等。可以说"适应环境 / 气候 / 形势 / 要求""适应能力""适应过程""适应性"。

为了适应工作需要，我们必须不断地学习。| 他的适应能力很强，到了一个新的环境，很快就适应那里的环境了。| 做一种新的工作，总要有个适应过程。| 这种树有很强的适应性，种在南方或者北方，都长得很好。

"习惯"常表示人或动物总是按照某种方式行动，或对某种新的环境、方式不感到有困难。

老王习惯饭后喝杯茶，看看电视。| 刚来这儿的时候，我不太习惯。| 这些动物习惯在野外自由活动，被关在动物园里，它们很不习惯。

（2）"习惯"可以作状语，后加"地"。

人们见面的时候总是习惯地说："你好！"

（3）"习惯"常是名词，表示长期形成的、一时不容易改变的行为活动方式。可以

练习答案： （1）B （2）A （3）A

说"老／坏／旧习惯""风俗习惯"。

> 睡觉前看一会儿书，这是他的老习惯。｜我们要让孩子从小养成讲卫生的习惯。｜每个民族都有自己的风俗习惯。

〖 练习 Exercises 〗

填空： A.适应　　B.习惯

（1）随便扔东西，这是个坏＿＿＿＿＿。

（2）只有不断地学习，我们才能＿＿＿＿＿新的形势。

（3）这儿男人们见面的时候总是要＿＿＿＿＿地握握手。

（4）这种长在水边的树很难＿＿＿＿＿干旱地区的气候。

326 适用 shìyòng ③　　　有用 yǒuyòng ①

〖 相似 Similarities 〗

有某种作用、用处。

> 这本书对初学汉语的人很适用。 ‖ 这里放着的东西都是有用的。

〖 区别 Distinctions 〗

（1）"适用"是形容词，常表示适合某（些）人使用的。可以说"适用对象""适用于…"。

> 这两种冰箱的适用对象不同，大的适用于三口以上的家庭，小的适用于单身家庭或两口之家。｜那种管理制度对他们很适用，但对我们却不一定适用。

"有用"是动词，常表示人或事物有某种作用。可以分开用。

> 这些年轻人在公司里都是非常有用的技术人才。｜这些东西都还有用，别扔了。｜这东西留着还有点儿用。｜这么破的东西还有什么用？

练习答案： （1）B　　（2）A　　（3）B　　（4）A

（2）"适用"的否定形式是"不适用"。

> 他们的管理方法虽然很先进，但对我们却<u>不适用</u>。

"有用"的否定形式是"没有用"或"没用"。

> 那些东西都<u>没用</u>了，扔了吧。

〖 练习 Exercises 〗

填空：　A.适用　　B.有用

（1）父母都希望孩子成为对社会＿＿＿＿的人。

（2）这一堆东西里，有些还＿＿＿＿，别都扔了。

（3）《现代汉语词典》虽然很好，但却不＿＿＿＿于初学汉语的人。

327 收 shōu ②　　受 shòu ③

〖 相似 Similarities 〗

动词。接受。可以说"收受礼物""收受贿赂（huìlù）"。

> 小李生日的时候<u>收</u>到了不少礼物。‖ 王主任从来不<u>受</u>礼。‖ <u>收受</u>贿赂是一种犯罪行为。

〖 区别 Distinctions 〗

（1）对象是"礼""礼物"时，用"收"可以说"把礼收下""收下礼物""收到（一份）礼物"。

> 你把礼<u>收</u>下了，怎么不问问是谁送的呢？　| 西方人<u>收</u>下礼物的时候，一般要打开看看是什么东西。

"受"后边不用"下"，"受到"的宾语不能是"礼""礼物"。

（2）"收"的宾语常是表示具体事物的名词，如"鲜花""信""邮件""包裹（bāoguǒ）"。

练习答案：　（1）B　　（2）B　　（3）A

教师节的时候，王老师收到了学生们送来的鲜花。 | 她的邮箱里每天都会收到很多邮件。 | 今天我收到家里寄来的一个包裹。

"受"的宾语常是动词，如"影响""批评""打击""教育""表扬""欢迎"，也可以是表示抽象事物的名词，如"苦""罪""气"。可以说"受得了""受不了"。

那次经济危机，很多国家都受到了影响。 | 这种新产品很受欢迎。 | 他一个人在外地工作多年，受了不少苦。

（3）"收"还可以表示把外边的东西拿进来，或把分散的东西拿到一起。可以说"收碗筷／衣服""收电费／粮食""收票""收税""收起来／回去／上来／下来"。

下雨了，我得回去收衣服。 | 她负责在电影院门口收票。 | 到了秋天，农民的家里都收了不少粮食。 | 都吃完了，把碗筷收起来吧。

（4）"收"的对象还可以是人。可以说"收学生／徒弟"。

孙老师收了一些学钢琴的学生。 | 王师傅新收了一个学武术的外国徒弟。

（5）用"受"还可以说"受+某人或事物+动词"（如"受观众欢迎""受台风影响"）。

这部电影很受年青观众的欢迎。 | 她学习音乐是受了父亲的影响。 | 由于受台风影响，本市今天夜里有大雨。

〖 练习 Exercises 〗

填空： A.收　　B.受

（1）这本小说很_____读者喜爱。

（2）新年的时候，我总会_____到一些贺卡。

（3）她_____不了别人对她的批评，哭了起来。

（4）他做完了作业，把书和本子都_____了起来。

练习答案： （1）B　　（2）A　　（3）B　　（4）A

328　收到 shōudào ②　　受到 shòudào ②

〖相似 Similarities〗

动词。得到某事物。

这次活动<u>收到</u>了很好的效果。‖ 他的小说<u>受到</u>了广大青年读者的欢迎。

〖区别 Distinctions〗

（1）"收到"的对象多是具体的事物，如信件、报告、材料、申请、通知、包裹、钱款、礼物。

以前从非洲寄封信到中国，要一个月才能<u>收到</u>，现在发电子邮件，马上就能<u>收到</u>。｜办公室已经<u>收到</u>了二十多份奖学金申请材料。｜她的朋友很多，每次过生日都会<u>收到</u>各种各样的礼物。

"受到"的对象多表示某种对待的情况，如打击、批评、损失、影响、欢迎、表扬、喜爱、重视、鼓励、教育。

这次失败使他的自信心<u>受到</u>了严重的打击。｜她的文章明显<u>受到</u>了冰心散文的影响。｜这部电影一上映就<u>受到</u>了全世界影迷的欢迎。｜他在会上提出的想法<u>受到</u>了领导的重视。

（2）用"收到"可以说"收得到""收不到"。

我在上海用手机发信息，你在非洲<u>收得到</u>吗？｜寄信的时候，如果把收信人的地址写错了，对方就<u>收不到</u>了。

（3）"收到"的对象还可以是信号、效果。

这里的通信条件很差，电视和手机信号都很难<u>收到</u>。｜公司的这次广告活动<u>收到</u>了很好的效果。

〖练习 Exercises〗

填空：　A.收到　　B.受到

（1）你_____办公室的通知了吗？下周一下午开会。

（2）她因为学习努力，乐于助人，经常_____老师表扬。

（3）医生对他的病采用了新的治疗方法，_____了一定的效果。

329 首先 shǒuxiān ③　　先 xiān ①

〖 相似 Similarities 〗

副词。表示时间上在前边，最早。

> 跑步比赛时，首先跑到终点的就是冠军（guànjūn）。‖ 教室的钥匙在我这儿，我得先到教室。

〖 区别 Distinctions 〗

（1）"首先"表示时间上是最早的，还可以表示某事物或情况是最重要的。

> 这种方法是李先生首先提出来的。｜昨天开会时，首先发言的是一位老先生。｜晚会一开始，她首先唱了一首大家很熟悉的歌。｜对于灾区来说，现在首先是要解决居民的饮水和食宿问题。

"先"可以表示时间上在前边（不一定是最早的）。可以说"最先""先后""先前"。

> 他说要两个小时以后才能到，我们先吃饭吧，不等他了。｜你先到的，就先办吧，我等一会儿。｜历史书上说，是哥伦布最先发现美洲大陆的。｜这两年在中国，他先后到过北京、西安、成都和西宁等地。｜他家先前住在淮海路，后来搬到长江路了。

（2）"首先"还可以表示排在第一位置的。后边常用"第二"或"其次"。后边可以停顿。

> 作为队长，首先，要有较强的组织和管理能力；第二，要有一定的专业水平。｜他首先是一名教师，其次才是作家。

练习答案：　（1）A　　（2）B　　（3）A

（3）用"先"还可以说"有先有后""…在先"。

买东西的人很多，总是要有先有后的，怎么能不排队呢？｜咱们有言在先，谁的工作出了问题，谁自己负责。

〖练习 Exercises〗

填空： A.首先　　B.先
（1）你_____别着急，慢慢说。
（2）你还是_____给他打个电话吧，看他在不在家。
（3）我们目前面临着两大困难：_____是资金不足，其次是人手不多。

330 属 shǔ ③　　属于 shǔyú ②

〖相似 Similarities〗

动词。归某人或某方面所有，或是某事物的一部分。

这里以前是一个县，现在属上海市了。‖ 昆山（Kūnshān）虽然离上海很近，但却属于江苏省。

〖区别 Distinctions〗

（1）"属"多用于书面语，"属于"通用于口语和书面语。
（2）在"属实""实属…""纯属…"里，"属"相当于"是"。

他说的情况如果属实，那就很麻烦了。｜我们也想住得好一点儿，现在住这里，实属没有办法。｜他们那样做，纯属不负责任。

"省／部／市属"表示属于某省、某部或某市的。"所属"表示属于某个单位的，常作定语。

本省的大多数大学都是省属的，只有两所大学是部属的。｜北京有两所师范大学，一所是部属的，一所是市属的。｜这个公司所属的几家商店卖的东西

练习答案：　（1）B　　（2）B　　（3）A

差不多，价格也没什么不同。

"属于"一般要带宾语。"你""我""他"等代词可以作"属于"的宾语。

汉语和日语属于不同类型的语言。｜他属于比较聪明但不太努力的那种人。｜大城市里的热闹生活好像永远不属于他。

（3）"属"还可以表示人出生的年份（如龙、虎、狗、鸡等）。

今年出生的孩子属狗，明年出生的属什么？

〖 练习 Exercises 〗

填空： A.属　　B.属于

（1）英语和德语都_____印欧语系。

（2）这些情况是否_____实，现在还不清楚。

（3）大家都知道他说的那些纯_____假话，所以谁都不信他。

331 数量 shùliàng ③　　数字 shùzì ③

〖 相似 Similarities 〗

名词。数（shù）。

节日期间，乘坐火车的旅客数量比平时增加了许多。‖ 我们公司规模大，生产和卖出的产品也多，每年的收入数字也很大。

〖 区别 Distinctions 〗

（1）"数量"常表示人或事物个体的多少。可以说"招生／招工数量""学生／人口数量"。

这几年我们学校的招生数量增加了很多。｜一些稀有动物的数量越来越少。｜有些大城市的人口数量在下降。

"数字"可以表示一般的数（shù）。可以说"天文数字"。

练习答案：（1）A／B　　（2）A　　（3）A

在我看来，他买房子的钱简直是个天文<u>数字</u>。 | 统计部门公布的<u>数字</u>是可靠的。 | 实际<u>数字</u>可能更大。

（2）"数量"常跟"质量"配合使用。

我们不仅要保证产品的<u>数量</u>，更要保证产品的<u>质量</u>。

（3）"数字"还可以指表示数的文字、符号。

用汉字写<u>数字</u>有大写（如"壹""贰"）和小写（如"一""二"）之分。 | 阿拉伯<u>数字</u>世界各地都在使用。

〖 练习 Exercises 〗

填空： A.数量 B.数字

（1）他们的产品_____增加了，但质量却下降了。

（2）近二十年来，这个地区的人口_____比较稳定。

（3）汉字中的"一"和"壹"(yī)表示同一个_____。

332 睡觉 shuìjiào ① 睡着 shuìzháo ②

〖 相似 Similarities 〗

动词。睡。可以说"睡不着觉"。

昨天晚上我九点就<u>睡觉</u>了。‖ 他坐在沙发上<u>睡着</u>了。‖ 这么晚还喝茶，你会<u>睡不着觉</u>的。

〖 区别 Distinctions 〗

（1）"睡觉"表示睡的行为。可以说"去睡觉""不睡觉""（正）在睡觉""睡一觉""睡睡觉""睡不好觉"。

快十二点了，去<u>睡觉</u>吧。 | 要做的事情太多了，今天晚上不<u>睡觉</u>也干不完。 | 你打电话过来的时候，我正在<u>睡觉</u>。 | 下午有点儿头疼，<u>睡</u>了一觉，现在

练习答案： （1）A （2）A （3）B

好多了。

（2）"睡着"表示进入熟睡的状态。可以说"睡不着"。

> 他好像睡着了，你把电视声音开得小一点儿。｜昨天太累了，晚上躺在床上一会儿就睡着了。｜因为很多事情没做，很着急，我昨天夜里两点还没睡着。｜晚上睡得太早睡不着，我再看一会儿电视。

〖 练习 Exercises 〗

填空：　A.睡觉　　B.睡着

（1）马上就吃午饭了，可他还在_____呢。

（2）晚上八点半就去_____，是不是太早了点儿？

（3）你昨晚给我打电话的时候我已经_____了，但还没_____。

333 随便 suíbiàn ②　　　自由 zìyóu ②

〖 相似 Similarities 〗

形容词。行为活动没有限制。

> 自助餐厅里的饭菜可以随便吃。‖ 这个公园不收费，人们可以自由进入。

〖 区别 Distinctions 〗

（1）"随便"多用于口语，"自由"通用于口语和书面语。

（2）"随便"可以表示在数量、范围、方式等方面没有限制，怎么方便就怎么做，也可以表示不认真、不讲究。可以单独回答问题。可以说"随便坐／看／写／说／买／吃／唱""随便谈谈／说说／聊聊""随随便便"。

> 今天来的人不多，大家可以随便坐。｜他只是随便看一下，就看出了很多问题。｜"你喝茶还是喝咖啡？""都可以，随便。"｜不管做什么工作都要认真，你这样随随便便的可不行。

练习答案：（1）A　　（2）A　　（3）A，B

"自由"常表示行为活动可以按照自己的想法进行。可以说"言论自由""自由发言 / 辩论""自由参加""自由体操""自由市场""自由惯了"。

> 他每天早上八点上班，下午五点下班，很不自由。│法律规定言论自由，每个人都可以自由地表达自己的意见。│这次活动大家可以自由参加。│他一直一个人生活，自由惯了，现在跟大家一起生活，他很不习惯。

（3）"随便"还可以是动词，可以带宾语。可以说"随便你 / 他""随…的便"。

> 你今天去或者明天去都可以，随便你。│你想怎么做就怎么做，随你的便。

（4）"随便"还可以是连词，相当于"不管"或"无论"。可以说"随便…都…"。

> 她很喜欢唱歌，好像随便什么歌，她都会唱。│明天从早到晚我都在办公室，你随便什么时候来，都可以。

（5）"自由"还可以是名词，表示法律、纪律、制度等规定的人们可以按照自己的想法做事的权利。可以说"行动 / 说话自由""自由民主""获得 / 失去自由"。

> 在法律规定的范围内，每个人都有行动和说话的自由。│世界上没有绝对的自由和民主。│进了监狱（jiānyù）以后就失去了自由。

〖 练习 Exercises 〗

填空： A.随便　　B.自由

（1）大会报告结束以后有半个小时的＿＿＿＿发言时间。

（2）我不知道该买什么样的衣服，就＿＿＿＿买了一件。

（3）结婚有了孩子以后，他的生活就没那么＿＿＿＿了。

334 所以 suǒyǐ ①　　　因此 yīncǐ ③

〖 相似 Similarities 〗

连词。用在表示结果的分句中，表示由某种原因引起的结果。

> 我去过他家，所以我知道他家在哪儿。‖ 我们曾经是同事，因此我对他有点

练习答案：（1）B　　（2）A　　（3）B

儿了解。

〖 区别 Distinctions 〗

（1）"所以"通用于口语和书面语，"因此"多用于书面语。

（2）"所以"常与"因为"或"由于"等配合使用。

他因为有急事，所以先走了。| 因为没有人通知他，所以他不知道这件事。| 由于资金不足，所以这项工程一直没能完成。

"因此"表示"因为这些（个），所以…"。可以与"由于"配合使用，但不与"因为"配合使用。可以用在表示结果的句子或段落前。

由于各方面都作了充分的准备，因此这次活动举办得很成功。| 做事情遇到一点儿困难是很正常的，重要的是我们要想办法克服困难。因此，我们现在要做的是设法解决我们面临的问题。

（3）用"所以"可以说"（之）所以…是因为…""所以…的原因"。

我们之所以改变了计划，是因为情况发生了变化。| 他所以没及时赶到，是因为他的车在路上坏了。| 我终于知道他所以反对这个计划的原因了。

（4）用"因此"可以说"…因此而…""…因此就…"。

我们目前是遇到了一些困难，但我们不能因此而放弃原定的计划。| 你的成绩不好，但你不能因此就没有了信心。

〖 练习 Exercises 〗

填空： A.所以 　　 B.因此

（1）他因为临时有事，＿＿＿＿今天来不了。

（2）他们＿＿＿＿能得冠军，是跟全队的共同努力分不开的。

（3）我们是取得了一些成绩，但我们不能＿＿＿＿就不再努力了。

练习答案：（1）A　（2）A　（3）B

335 所有 suǒyǒu ②　　一切 yíqiè ②

〖相似 Similarities〗

全部。

　　所有的人都知道这事了。‖一切办法我们都试过了，但都没用。

〖区别 Distinctions〗

（1）"所有"是形容词，表示一定范围内的全部，或属于某人、某单位、某组织的全部。作定语时，后边常用"的"。不常作宾语。

　　所有的地方我都找了，还是没找到。｜老人把自己所有的财产都分给了几个儿子。｜他几乎把自己所有的时间和精力都用在工作上了。｜所有入境者都要接受检查。｜这里的所有设备都是属于公司的。

　　"一切"是代词，可以指某人或事物的各个方面。可以做定语、宾语，也可以带定语。做定语时，后边一般不用"的"（如"一切办法""一切行为／活动"）。可以说"这／那一切""看到／听到的一切""经历的一切""所说／所写／所做的一切"。

　　她觉得这一切好像做梦一样。｜我告诉爸妈，我在这儿学习，一切都很好。｜对一切违法犯罪活动，都要坚决打击。｜在家里，他领导一切。｜这就是我要告诉你的一切。

（2）用"所有"和"一切"可以说"所有的一切"。

　　这所有的一切，我永远也不会忘记。｜他把自己所有的一切都献给了教育事业。

　　注意，下边句子里，"所有"是"所"和动词"有"连用，表示所拥有。可以说"所有权""所有者"。

　　这个公司现在归他个人所有了。｜土地的所有权属于国家。

〖练习 Exercises〗

填空：A. 所有　　　B. 一切

（1）他说的这_____都是真的。

（2）_____的矛盾都已经得到解决。

（3）图书馆里_____的杂志都不外借。

（4）这是我的家乡，我喜欢这儿的_____。

练习答案：（1）B　（2）A　（3）A　（4）B

T

336 特别 tèbié ②　　专门 zhuānmén ③

〖 相似 Similarities 〗

形容词。做某事只为某个或某些目的。

　　她回西安以后还<u>特别</u>打来电话表示感谢。‖ 他<u>专门</u>研究熊猫的生活习惯。

〖 区别 Distinctions 〗

（1）"特别"可以用在表示行为动作的词语前，表示很重视某人或某事，与对待其他人或事不同。相当于"特意"。

　　这是爸爸<u>特别</u>给妹妹买的生日礼物。| 主任在会上<u>特别</u>表扬了小王的工作态度。| 你打个电话就可以了，不用<u>特别</u>跑一趟。

　　"专门"常表示只做某事或只为某个目的。可以用在动词性词语前边，也可以用在名词性词语前边。可以说"专门请教/学习/负责/研究/讨论""专门人才""专门知识""专门机构/组织"。

　　为了解决这个问题，他<u>专门</u>请教了好几位专家。| 他来中国是<u>专门</u>学习中医的。| 我们公司需要各种各样的<u>专门</u>人才。| 孔子学院是在世界各地进行汉语和中国文化教学的<u>专门</u>机构。

（2）"特别"还可以表示不普通，跟别的不一样。

　　她新买的衣服样子很<u>特别</u>。| 他的声音有点儿<u>特别</u>。| 学习外语除了多练，没有什么<u>特别</u>的好办法。

（3）"特别"还可以是副词，表示程度高。

　　今年夏天<u>特别</u>热。| 我<u>特别</u>喜欢这些孩子。

（4）"特别是"表示情况更进一步。

　　他很喜欢画画儿，<u>特别是</u>油画。

填空： A. 特别　　 B. 专门

（1）这种水果的味道很＿＿＿＿＿。

（2）他在食品公司＿＿＿＿＿负责检查食品的质量。

（3）昨天是他的生日，他收到了一件＿＿＿＿＿的礼物。

（4）在我们这儿，你可以学习汉语，也可以学习一些＿＿＿＿＿知识。

337 特点 tèdiǎn ②　　 特色 tèsè ③

〖 相似 Similarities 〗

名词。事物特别的地方。可以说"（很）有特点／特色"。

　　广州和北京的气候特点不同。‖ 一些少数民族的服装很有特色。

〖 区别 Distinctions 〗

（1）"特点"可以表示人或事物独有的地方或方面（可以是好的方面，也可以是不好的方面）。可以说"他的特点""青年人的特点""性格特点""语法特点""特点突出"。

　　他这个人最大的特点是从来不着急。| 张飞这个人物具有鲜明的性格特点。| 这人的长相很有特点。| 中国园林建筑的特点十分突出。

　　"特色"可以表示事物独有的色彩、风格等（一般是好的方面）。可以说"中国特色""地方特色""民族特色"。

　　中国大使馆的有些建筑很有中国特色。| 中国的很多地方戏很有地方特色。| 春节晚会上，不同民族的演员穿着具有民族特色的服装，表演了很多歌舞节目。

（2）"特色"还可以表示具有某种特色的。作定语。可以说"特色菜""特色专业""特色农业"。

　　"东坡肉"是这家饭店的一道特色菜。| 这些年来，大学里开设了不少特色专

练习答案：　（1）A　　（2）B　　（3）A　　（4）B

业。｜政府鼓励农民发展特色农业，增加收入。

〖练习 Exercises〗

填空：　A.特点　　B.特色

（1）他们俩的共同＿＿＿＿＿就是喜欢睡懒觉。

（2）我刚开始学汉语，对汉语的语法＿＿＿＿＿还不太了解。

（3）他们在海外多年，但他们的生活方式还保持着中国＿＿＿＿＿＿。

338　疼 téng ②　　痛 tòng ③

〖相似 Similarities〗

形容词。身体生病、受伤、受打击时的感觉。可以说"头疼""止疼""头痛""止痛""疼痛"。

　　我这两天感冒，咳嗽，嗓子疼。‖ 他的伤口已经好多了，但还有点儿痛。‖ 他是昨天做的手术，伤口现在还有点儿疼痛。

〖区别 Distinctions〗

（1）"疼"通用于口语和书面语，"痛"多用于书面语。

（2）"疼"常表示身体的感觉。

　　他说他头有点儿疼，不能来上课了。｜孩子因为怕疼，都不愿打针。｜我的牙已经疼了好几天了。｜你摔疼了吧？

　　"痛"可以表示身体的感觉，也可以表示心里难受。不常单独使用，常与别的单音节词一起用。可以说"伤痛""病痛""腹痛""刺痛""悲痛""痛苦""痛心"。

　　他因为有伤痛，不能参加比赛了。｜他忍着病痛，坚持把这项工作做完了。｜那句话深深地刺痛了她的心。

（3）"疼"还可以是动词，表示喜爱、关怀（多用于长辈对晚辈、年长的对年幼

练习答案：　（1）A　　（2）A　　（3）B

的）。可以说"心疼""疼爱"。

他小时候，奶奶最疼他。 ｜ 姐姐非常疼爱弟弟。

（4）"痛"还可以做状语，表示坚决地（如"痛下决心""痛改前非"）、尽情地（如"痛哭"）。

他说要痛改前非，好好做人。 ｜ 她伤心极了，跑回家，痛哭了一场。

（5）"心疼"可以表示疼爱，或舍不得。

妈妈总是心疼小儿子。 ｜ 他花父母的钱，一点儿也不心疼。

"心痛"表示心里很难过，很伤心。

看着孩子痛苦的样子，母亲无比心痛。

〖练习 Exercises〗

填空： A.疼　　B.痛

（1）这种药专治腹_____。

（2）他_____下决心：一定要考上大学。

（3）她是父母最小的女儿，母亲最_____她。

（4）因为他花的不是自己的钱，所以一点儿也不心_____。

339 体会 tǐhuì ③　　体验 tǐyàn ③

〖相似 Similarities〗

动词。在学习、工作、生活等活动中得到认识。

不去农村，就很难真正体会农民的生活。‖ 他在电影中要演农民，所以他要去农村体验生活。

〖区别 Distinctions〗

（1）"体会"可以表示对人或事物的理解、领会、感受等。可以说"体会出""体会

练习答案：（1）B　　（2）B　　（3）A　　（4）A

（不）到""深刻体会"。

她的生活跟电影里的故事很相似，所以她能<u>体会</u>出故事中人物的心情。｜没经历过战争年代的艰苦，就<u>体会</u>不到和平年代生活的幸福。｜了解了农村的教育现状以后，他深刻<u>体会</u>到必须大力发展农村的教育事业。

"体验"可以表示自己亲身经历并感受。可以说"**体验**生活""**亲身体验**""**体验过**"。

他长期在农村<u>体验</u>农民的生活，写了不少关于农村生活的小说。｜这些年生活在上海，他亲身<u>体验</u>了上海的发展与变化。｜你从来没去那里<u>体验</u>过，你怎么知道那里的生活是这样的呢？

（2）"体会"还可以是名词，表示对人或事物的理解、感受的情况。可以说"**心得体会**""**体会很深**""**深有体会**""**很有体会**"。

看了这本书，你有什么心得<u>体会</u>？｜看了这份文件，我的<u>体会</u>很深。｜同一部作品，不同的人读了，可能会有不同的<u>体会</u>。｜请你谈谈这次参加比赛的<u>体会</u>吧。

（3）"体验"也可以是名词，表示经历。

他根据自己的独特<u>体验</u>，写成了一本书。｜他向大家讲述了他们这次出国旅游的许多新奇<u>体验</u>。

〖 练习 Exercises 〗

填空： A.体会　　B.体验
（1）他读了不少书，但没有多少心得_____。
（2）他在非洲生活了十多年，亲身_____了当地人的生活。
（3）没有经历过她那样的生活，我们很难_____她的复杂心情。

练习答案：　（1）A　　（2）B　　（3）A

340 天空 tiānkōng ③　　天上 tiānshàng ②

【相似 Similarities】

名词。跟地上相对的广大的空间。

> 暴雨过后，<u>天空</u>出现了一道美丽的彩虹。‖ 夜晚可以看见<u>天上</u>有数不清的星星。

【区别 Distinctions】

（1）"天空"多用于书面语，"天上"多用于口语。

（2）用"天空"可以说"天空中""天空上""飞上／升上／送上／升入天空""辽阔／晴朗／阴沉／灰暗／蔚蓝（wèilán）的天空"。

> 成群的大雁（dàyàn）在辽阔的<u>天空</u>中飞过。｜ 人类很早就梦想能飞上<u>天空</u>了。｜ 那天天气特别好，晴朗的<u>天空</u>一丝云彩也没有。

> "天上"后边不用"中"，不作"飞上""升上"等动词的宾语，也不用"辽阔""晴朗"等作定语。可以说"天上的星星"。

> 飞机在<u>天上</u>飞得很高。｜ <u>天上</u>的星星一闪一闪的，好像是在眨（zhǎ）眼睛呢。

（3）"天上"还可以用在表示夸张的句子里，表示很高的程度。

> 他太骄傲了，尾巴都要翘（qiào）到<u>天上</u>去了。｜ 他们俩的水平差得太多了，真是一个在<u>天上</u>，一个在地下。

【练习 Exercises】

填空：　A. 天空　　B. 天上

（1）他们已经把几十颗卫星送上了_____。
（2）蓝色的_____中飘着一朵朵白云。
（3）他的钱全输光了，他的生活也好像是从_____掉到了地下。

练习答案：　（1）A　　（2）A　　（3）B

341 听到 tīngdào ②　　听见 tīngjiàn ①

〖 相似 Similarities 〗

动词。听并接收到声音。中间可以用"得""不"。

　　我听到有人敲门，就说："请进！"‖ 我听见脚步声，就知道是妻子回来了。

〖 区别 Distinctions 〗

"听到"的对象除了声音以外，还可以是消息、事件等。

　　听到儿子得奖的消息，老太太高兴得嘴都合不上了。| 跟工人们在一起，我听到了很多有趣的故事。| 大家听到她发生了不幸，都很难过。| 这事我们从来没听到他说过。

"听见"的对象一般是某种声音。

　　这里虽然是大城市，下雨之后却能听见青蛙的叫声。| 我刚才听见有飞机从头上飞过。| "老马，老王在叫你呢！""啊，是吗？我没听见。"

　　注意，下边句中的"听到"表示听一个片段到了某个地方，或按顺序听几个项目到了某一个。

　　第三课的课文我们上次只听到一半就下课了。| 这张盘里一共十首歌，我现在听到了第五首。

〖 练习 Exercises 〗

填空：　A.听到　　B.听见

（1）外边好像有人敲门，你＿＿＿＿了吗？

（2）妈妈＿＿＿＿儿子的好消息，当然很高兴。

（3）这一课里有四段对话，我希望今天能＿＿＿＿第三段。

　　练习答案：　（1）A/B　　（2）A　　（3）A

342 停 tíng ②　　停止 tíngzhǐ ②

〖 相似 Similarities 〗

动词。不再动。

雨停了，我们走吧。‖ 由于缺少资金，他们的工程上个月就停止了。

〖 区别 Distinctions 〗

（1）"停"通用于口语和书面语，"停止"多用于书面语或正式场合。

（2）"停"可以和一些单音节词一起用。可以说"停电／水""停车""停放""停靠""停下""停住"。"不停地"常做状语。

明天上午九点到十点停电。｜门口不准停车。｜自行车都停放在大楼后边。｜快停下，有人还没上车。｜雨还在不停地下着。

"停止"常和一些双音节动词一起用。可以说"停止前进／训练／供应／营业／争吵／研究／工作／试验／上课／比赛"。

他命令部队停止前进，原地休息。｜两年来他一直没停止训练。｜警察来了，他们停止了争吵。｜大夫建议他停止工作，住院治疗。

（3）用"停"可以说"停（一）停""停一下""停着"。

请在前边停一停，有人下车。｜请在前边路口停一下，我在那儿下车。｜车在前边停着呢，咱们快点儿！

（4）"停"可以表示把车、船等放在某处。可以用在"把"字句里。可以说"…（地方）＋停＋…（车、船、飞机等）""停到…"。

他家门口停着两辆汽车。｜刚才这儿停了一辆白色汽车，你看见了吗？｜那次开车旅行，我们的车在这个车场里停过。｜你把车停到哪儿去了？

（5）"停在…"常表示车、船等在某处停下。

车停在路边。｜船都停在码头。｜飞机停在机场。

"停止在…"常表示保持原来的水平或状态。相当于"停留在…"。

他的口语没多大进步，差不多还停止在初级水平。｜这些年，他们两国关系几乎停止在二十年前的状态。

【练习 Exercises】

填空： A.停 　 B.停止

（1）谁把车＿＿＿＿＿在这儿？

（2）雨下得太大了，他们只好＿＿＿＿＿比赛。

（3）师傅，请在商店门口＿＿＿＿＿一下，我下车。

（4）因为缺少练习，他的汉语水平一直＿＿＿＿＿在初级阶段。

343 通常 tōngcháng ③　　往往 wǎngwǎng ③　　一般 yìbān ②

【相似 Similarities】

表示比较有规律的情况。

> 他通常十点半睡觉。‖孩子们往往会提出一些很奇怪的问题。‖周末我一般在家休息，很少出去玩儿。

【区别 Distinctions】

（1）"通常"和"一般"是形容词，可以表示概括大多数时候的情况。可以说"通常／一般情况"。

> 通常情况下，这儿夏天的气温总在30℃左右。‖一般情况下，北方的冬天总要下雪的。

（2）"通常"可以表示经常性的情况。可以做状语、定语。可以说"通常做法／看法""通常气温／气压""通常的习惯""通常所…（动词）"。

> 他每天早上通常八点一刻到办公室。｜她通常不吃早饭就去上课。｜家庭电话的电话费通常是每个月付一次。｜按照通常的习惯，晚饭后他是要出去散会儿步的。｜这次发生的事情和我们通常所见的情况不同。

"往往"是副词，多表示总是某种情况。做状语。

> 我们上大学的时候，往往好几个同学住一间宿舍。｜每到冬天，他往往要去

练习答案： （1）A　　（2）B　　（3）A　　（4）B

山上滑雪。｜下雨较多的地区，地下水往往也比较丰富。

"一般"可以表示平时大多数时候或普通的情况。可以做状语、定语、谓语。可以说"一般来说""一般而言""一般人""一般家庭""很一般""太一般了""不一般"。

一般来说，这里春夏季节雨水较多，秋冬雨水较少。｜要是没什么事，我一般不打电话。｜那么贵的房子，一般家庭是买不起的。｜上小学时，他的成绩一般，可是上了中学，他的成绩突然变好了。｜这幅画实在是太一般了。

（3）"一般"还可以表示像某种事物或差不多一样。可以说"像／如同…一般""一般大／高／长"。

从飞机上看窗外的云层就像雪一般。｜真没想到会发生这样的事情，我感觉如同做梦一般。｜哥哥和弟弟现在差不多一般高了。

〖 **练习 Exercises** 〗

填空：　A.通常　　　B.往往　　　C.一般
（1）这篇文章写得很_____。
（2）很多事情_____不像我们想的那样简单。
（3）他很善于思考，提出的问题_____非常重要。
（4）_____情况下，到了十月底，天气就渐渐凉了。
（5）这个词很常用，在_____的词典里都可以查到。
（6）那儿的出租车和我们在上海_____所看到的不同。

344 同样 tóngyàng ②　　　相同 xiāngtóng ②

〖 **相似 Similarities** 〗

形容词。人或事物之间没有区别。

他们俩用了同样的方法，但结果却不同。‖我们的意见基本相同。

练习答案：　（1）C　　（2）B　　（3）A/B　　（4）A/C　　（5）C　　（6）A

〖 区别 Distinctions 〗

（1）"同样"常做定语、状语，一般不做谓语，也不带状语。

> 我们用不同的方法，却得到了同样的结果。| 他们俩有着同样的经历。| 好的产品不一定都是大公司生产的，一些小公司同样可以生产出好产品。| 这次我没得到第一名，只得了个第三名，但我同样很高兴。

"相同"可以做谓语、定语，可以带状语，一般不做状语。可以说"完全／基本相同""很不／大不相同""跟…相同"。

> 这两件衣服的颜色不完全相同。| 东西方建筑的风格很不相同。| 他们弟兄俩的性格大不相同。| 他和你的观点差不多相同。

（2）"同样"还可以是连词，用在分句与分句之间，表示前后的情况一样。有时用"同样的"。

> 我不了解他，同样，他也不了解我。| 他不尊重别人，同样的，别人也不会尊重他。

〖 练习 Exercises 〗

填空： A.同样　　B.相同

（1）你们俩说的情况基本＿＿＿＿＿。
（2）人的物质生活很重要，精神生活＿＿＿＿＿也很重要。
（3）这两种空调价格差不多，但两家公司的服务质量却大不＿＿＿＿＿。

345 同意 tóngyì ①　　愿意 yuànyì ②

〖 相似 Similarities 〗

动词。认为某种意见、要求、办法等是好的，可以接受。

> 大家都同意这个意见。‖ 我们都愿意这么做。

练习答案： （1）B 　（2）A 　（3）B

〖 区别 Distinctions 〗

（1）"同意"是对别人的意见、要求、办法、行为等表示相同的意见，或表示允许别人做某事。"同意"的前边可以用"勉强""才"等。宾语可以是小句、动词性词语，也可以是名词性词语。

公司不同意他调到其他部门工作。 | 经理勉强同意他请两天假。 | 经过一再恳求（kěnqiú），妈妈才同意给他买那个新手机。 | 很多人都不同意他的看法。

"愿意"表示符合自己的心愿，答应或主动做某事。前边可以用"很""非常"。后边常用动词性词语。

工人们都愿意加班一天，好早日完工。 | 我很愿意把自己的一点儿经验介绍给大家。 | 他不愿意放弃这么好的机会。 | 派他出差，他似乎不太愿意。

（2）"愿意"还可以表示希望。

我们都不愿意发生这种不愉快的事情。 | 他很不愿意听到对他的批评意见。

〖 练习 Exercises 〗

填空： A.同意　　B.愿意
（1）我很_____听听大家的意见。
（2）我们都不_____看到发生这种不愉快的事情。
（3）刘主任一直到昨天下午才_____批准这个计划。

346 推动 tuīdòng ③　　　推进 tuījìn ③

〖 相似 Similarities 〗

动词。使事物发展、前进。

科学技术的进步推动了社会的发展。‖ 我们的各项工作都要继续向前推进。

练习答案：　（1）B　　（2）B　　（3）A

〖 区别 Distinctions 〗

（1）"推动"常表示使事物运动，或使活动、工作、事业开展起来。可以跟"前进""进步""展开"等配合使用。

生产力的发展将直接推动社会进步。｜新的政策推动了我市各项工作的展开。｜科学技术对生产的发展有着巨大的推动作用。｜知识分子是人类文明进步的重要推动力量。

"推进"常表示使事物更快地发展、进步。可以说"向前推进""把…推进到…"。

我们必须进一步提高教学质量，推进山区教育事业持续发展。｜科技进步将大力推进社会改革和生产建设。｜我们要把城市建设推进到一个新的阶段。

（2）"推进"还可以表示队伍、战线向前移动。

上级命令部队迅速向前推进。｜前锋队员得球以后，迅速推进，很快就到了对方的门前。

〖 练习 Exercises 〗

填空： A.推动　　B.推进
（1）我们的各项工作还需要继续向前_____。
（2）我们有信心把两国关系_____到一个新的阶段。
（3）为了_____社会进步，我们必须大力开展科技和教育工作。

练习答案： （1）B　　（2）B　　（3）A

347 外文 wàiwén ③　　外语 wàiyǔ ①

〖 相似 Similarities 〗

名词。跟母语不同的、外国的语言文字。

孔子的《论语》已经翻译成了多种外文。‖ 你想当外交官，就必须学好外语。

〖 区别 Distinctions 〗

（1）"外文"多用于书面语或正式场合，"外语"通用于口语和书面语。

（2）"外文"多指外国语言文字的书面形式。在"外文版作品／图书／杂志""外文书店""外文出版局"中，常用"外文"。

要是看不懂外文版作品，怎么能更深地研究外国文学？｜我们学校图书馆的外文版图书主要在三楼。｜上海福州路上有一家外文书店。

"外语"可以指外国语言文字的口语形式或书面形式。在"外语学院""外语系""外语专业""外语老师／教师""外语教学／学习""讲／说外语"中，常用"外语"。

中国的很多大学里都有外语学院或外语系。｜他在外语学习方面花了很多时间。｜我们公司里的员工大多能说一种或两种外语。

〖 练习 Exercises 〗

填空：　A. 外文　　B. 外语

（1）做留学生工作，不会说_____就很困难。

（2）她希望大学毕业后到中学当一名_____教师。

（3）中国古代著名小说《红楼梦》在海外已经有多种_____版。

练习答案：　（1）B　　（2）B　　（3）A

348 完美 wánměi ③　　完善 wánshàn ③

〖相似 Similarities〗

形容词。事物很好，没有缺点。

她们的表演非常<u>完美</u>，有三名裁判（cáipàn）给了满分。‖ 这是本市最大的医院，医疗设备也比较<u>完善</u>。

〖区别 Distinctions〗

（1）"完美"可以表示非常美好，完全没有缺点。可用于人或事物。可以说"完美的作品／形象""完美的表演／表现""完美的结局""完美无缺"。

在一起工作时间长了，我发现她并不像我想象的那么<u>完美</u>。 | 演员们<u>完美</u>的表演赢得了观众们长时间的掌声。 | 大家都希望这一阶段的工作能有个<u>完美</u>的结局。 | 实际上，我们在生活中很难找到一个人或一件物品是<u>完美</u>无缺的。

"完善"可以表示该有的事物都有了，而且很好。可用于事物（如设备、设施、组织、制度、计划、系统、理论、手续等），不用于人。

这些新办的学校教学设备还不够<u>完善</u>。 | 这份计划看上去很<u>完善</u>，但很不实际。 | 工商检查人员看他们的开店手续<u>完善</u>，经营合法，就没说什么了。

（2）"完善"还可以是动词，表示使事物变得完善。可以带宾语。可以说"逐步完善""不断完善""加以完善"。

他希望通过研究，进一步<u>完善</u>自己的理论。 | 我们的管理制度还有不少问题，今后要逐步<u>完善</u>。 | 国家的法律法规需要不断加以<u>完善</u>。

〖练习 Exercises〗

填空： A.完美　　B.完善
（1）中国艺术史上有许多_____的艺术作品。
（2）随着公司的发展，我们的生产和管理制度也会越来越_____。

（3）世界上有很多不同的生活方式，很难说哪种生活方式是_____无缺的。

349 完全 wánquán ②　　完整 wánzhěng ③

〖 相似 Similarities 〗

形容词。事物各部分完好，不缺少什么。

　　这个问题你回答得不够<u>完全</u>。‖ 这套旧书他还保存得很<u>完整</u>。

〖 区别 Distinctions 〗

（1）"完全"可以表示全面，不缺少某个方面。

　　这个答案没错，但不<u>完全</u>。| 关于这次活动的方方面面，他已经说得很<u>完全</u>了。| 研究资料我们都已经准备<u>完全</u>了。

　　"完整"可以表示事物作为一个整体是完好的，不缺少某个部分。

　　文物专家把出土的一些瓷器（cíqì）碎片拼成了一个<u>完整</u>的花瓶。| 这本书传来传去，现在已经不<u>完整</u>了。| 她多么希望能有一个<u>完整</u>的家啊！

（2）"完全"还可以表示全部。做状语，后边常不用"地"。可以说"完全不…""完全没…"。

　　我<u>完全</u>同意你的看法。| 这样做是<u>完全</u>正确的。| 我不<u>完全</u>明白这句话的意思。| 你说的事儿我<u>完全</u>不清楚。| 这些歌我<u>完全</u>没听过。

　　"完整"作状语时，后边常用"地"。

　　那张古画今天仍<u>完整地</u>保存在博物馆里。| 他能把这首诗从头到尾<u>完整地</u>背出来。

练习答案：　（1）A　　（2）B　　（3）A

〖 练习 Exercises 〗

填空： A. 完全　　B. 完整

（1）我们已经把那些问题_____解决了。

（2）我_____不了解情况，怎么能说出谁对谁错呢？

（3）他把那套上世纪 70 年代的邮票_____地保存下来了。

350 忘 wàng ①　　忘记 wàngjì ①

〖 相似 Similarities 〗

动词。不记得以前的事或认识的人。

我忘了告诉他这件事。‖ 我们不该忘记以前的教训。

〖 区别 Distinctions 〗

（1）"忘"多用于口语，"忘记"通用于口语和书面语。

（2）用"忘"可以说"难忘""忘事""忘本""忘光了""忘不了""忘在…""忘到…"。

杭州的西湖给我留下了难忘的印象。| 不知为什么，这些天我尽忘事了。| 这么多年我一直忘不了第一次去法国时他给我的帮助。| 我的照相机忘在车上了。| 他把妈妈的话早就忘到脑后了。

"忘记"可以与一些双音节词一起用。可以说"忘记历史""忘记朋友""难以忘记"。

学过的知识要是不常运用，很快就会忘记的。| 我们不能忘记历史的教训。| 那天发生的事情，我永远也不会忘记。| 过去的许多小事留在我的脑子里，一直难以忘记。

（3）"忘"的宾语是多音节的或比较复杂的形式时，常用"忘了"。

他昨天下班最后走，又忘了关灯。| 我忘了把你要的书带来了。

练习答案：（1）A　　（2）A　　（3）B

填空： A.忘　　B.忘记

（1）我把雨伞_____在出租车上了。

（2）我们千万不要_____历史的教训。

（3）上中学时背的古诗，我现在差不多都_____光了。

351 危机 wēijī ③　　危险 wēixiǎn ②

【相似 Similarities 】

名词。严重的困难情况。

　　1929 年世界上很多国家都经历了严重的经济危机。‖ 从十米高的地方掉下去会有生命危险的。

【区别 Distinctions 】

（1）"危机"常指在经济、政治等方面遇到的严重困难、损失或失败。可以说"经济／金融（jīnróng）／能源危机""政治／信仰／信任／道德危机"。

　　1997 年的金融危机给很多国家的经济带来了巨大影响。│能源危机严重影响了一些工业国家的经济发展。│他们目前还没有找到解决政治危机的好办法。│作为总统，他面临着两年来最严重的一次信任危机。

　　"危险"可以指可能遭到的伤害或失败。可以说"生命危险""不顾危险""脱离危险""潜在（qiánzài）危险""战争危险"。

　　他的伤虽然很严重，但不会有生命危险。│他们不顾危险，冲进火海救出了屋里的孩子。│大夫说他的病已经脱离危险了。

（2）"危险"还可以是形容词，表示可能带来伤害、灾难或困难的。可以说"危险物品／环境／人物／分子""危险的道路""危险品""危险性"。

　　开车走山路很危险，你一定要小心。│他在那种危险的环境中已经工作了十

练习答案： （1）A　　（2）B　　（3）A

多年。|严禁带危险物品乘飞机。

〖 练习 Exercises 〗

填空： A.危机　　B.危险

（1）能源_____将会给人类生活带来巨大影响。

（2）这房子又破又旧，墙也歪了，在这儿住很_____。

（3）他的病虽然脱离了_____，但他还要在医院里住一段时间。

352 文化 wénhuà ②　　　文明 wénmíng ③　　　知识 zhīshi ②

〖 相似 Similarities 〗

名词。人们对事物的认识和经验。

> 每个民族都有自己的文化。‖ 学习中文可以更好地了解具有五千年历史的中华文明。‖ 看书可以丰富我们的知识。

〖 区别 Distinctions 〗

（1）"文化"和"文明"可以指人类创造的物质和精神方面的各种事物。可以说"古老文化／文明""灿烂（cànlàn）文化／文明""东方文化／文明"。

> 印度和中国一样，都有自己的古老文化／文明。‖ 世界上的很多民族在历史上都有过灿烂的文化／文明。‖ 他对东方文化／文明产生了浓厚的兴趣。

"文化"所指的事物比较具体。可以说"文化交流""传统文化""饮食文化""茶／酒文化""历史文化名城""历史文化遗产"。

> 我们要建设现代化，也要继承（jìchéng）优秀的传统文化。|中国的饮食文化十分丰富。|我来中国的主要目的是学习汉语和了解中国文化。|西安是一座古老的历史文化名城。

"文明"所指的事物比较抽象。可以说"物质文明""精神文明""文明古国""人

练习答案：　（1）A　　（2）B　　（3）B

类文明"现代文明"。

美好的生活既需要物质文明，也需要精神文明。┃非洲的埃及是世界上四大文明古国之一。┃世界各民族的祖先都为人类文明发展作出了贡献。

（2）"文化"和"知识"可以指关于世界或事物的一般认识。可以说"学文化／知识""有文化／知识""文化知识"。

不好好学文化／知识，将来很难找到好工作。‖这些老师们都很有文化／知识。‖孩子们在学校里不仅要学习文化知识，也要学习怎么与人相处。

（3）"文化程度"常表示人接受教育的程度（如小学、中学、大学等）。

李爷爷只上过小学，文化程度不高，但他知道的国内外大事却不少。┃现在的中学老师大多有大学文化程度。

"文明程度"常表示人的行为活动方式表现出的文明的水平。

从一些人的谈话和行为可以看出这些人的文明程度。┃我们可以在较短的时间里修建一些高楼，但很难在短时间内提高市民的文明程度。

（4）"文明"还可以是形容词，表示行为动作等方面文明程度较高。

这些人都受过良好的教育，日常行为都很文明。┃他虽然上过大学，但说话却很不文明。

（5）用"知识"还可以说"基本／基础知识""书本知识""运用／掌握知识""知识丰富""知识分子""知识结构""知识产权""知识面""知识性"。

我们在学校学到了不少书本知识，但还缺少实践经验。┃运用知识比掌握知识更重要。┃知识就是力量。

〖 练习 Exercises 〗

填空： A.文化　　B.文明　　C.知识
（1）他很喜欢看书，所以他的_____很丰富。
（2）我只是喜欢喝茶，对茶_____了解得不多。
（3）学生必须学习一些关于社会和自然的基本_____。
（4）他没有上过大学，_____程度不高，但他很会做生意。

（5）我们要重视城市的房屋和道路建设，也要重视提高市民的 _____ 程度。

353　我 wǒ ①　　咱 zán ③

〖相似 Similarities〗

代词。指说话人自己。

他去，我也想去。‖ 让小王去吧，咱不去。

〖区别 Distinctions〗

（1）"我"在普通话中通用。在一些表示单位或组织的单音节名词前，"我"相当于"我们"。

我国 | 我省 | 我校 | 我军 | 我党 | 我厂 | 我部 | 我院 | 我系

"咱"指单个的"我"时用于北方方言。在普通话口语里，"咱"指"我们"（如"咱村里""咱百姓"）。

晚上咱吃什么？ | 咱爸咱妈这么多年吃了不少苦。 | 咱俩出去走走吧。

（2）"我"在"忘我""自我""无我"等词语中，指"自己"。

他忘我的工作精神让大家很受感动。 | 当领导的应该有点儿自我牺牲精神。

（3）"我"还可以与"你"连用或配合使用。

你我之间 | 不分你我 | 你我的关系 | 会场上大家你一语，我一言，很热闹。

（4）"咱"有时相当于"咱们"，指"你（们）和我（们）"。

哥们儿，咱不懂就得学。 | 各位，咱可不能说话不算数。

练习答案：　（1）C　　（2）A　　（3）C　　（4）A　　（5）B

填空： A.我　　B.咱

（1）如今，_____村里也建起了工厂。

（2）这两年，来_____国旅游的外国游客越来越多。

（3）这时，大家你看_____，_____看你，都不知道该怎么办。

练习答案：（1）B　　（2）A　　（3）A,A

X

354 西边 xībian ①　　西部 xībù ③　　西方 xīfāng ③

〖 相似 Similarities 〗

名词。朝西的地方。

> 我们学校的西边有一座小山。‖ 青海省在中国的西部。‖ 列车缓缓地朝西方开去。

〖 区别 Distinctions 〗

（1）"西边"指朝西的一边（范围可大可小）。

> 马路西边的那些房子都是我们公司的。| 学校西边还有一大块空地。| 今天你第一个到，太阳怎么从西边出来了？

"西部"可以指国家、省市、地区等朝西的部分（可以说"西部地区"），也可以指一个单位里朝西的那一块。

> 中国的西部地区多山。| 我没去过四川省的西部。| 东北地区的西部靠近内蒙古自治区。| 一条马路把我们学校分成了东部和西部两块。

"西方"指朝西的方向（范围比较大）。可以说"正西方"。

> 这座大楼的正门对着西方。| 飞机现在的飞行方向是正西方。| 他面向西方，看太阳一点儿点儿地下山。

（2）"西方"也指欧洲、美国等经济发达的国家和地区。

> 西方国家的经济比较发达。| 我对西方人的生活方式不太了解。

〖 Exercises 〗

A. 西边　　B. 西部　　C. 西方

_____ 的太阳就要落山了。

_____ 在的航行方向是正 _____。

（3）中国人和＿＿＿＿人的生活方式有些不一样。

（4）他们对中国＿＿＿＿地区的情况还不太了解。

355 显得 xiǎnde ③　　显示 xiǎnshì ③

〖相似 Similarities〗

动词。表现出。

> 房间里收拾得整整齐齐的，显得很干净。‖ 这次比赛显示了两个队的水平。

〖区别 Distinctions〗

（1）"显得"常表示人或事物让人感觉怎么样。要带宾语，宾语常是形容词性词语（可以说"显得年轻""显得好看／难看"），有时是小句。后边不能用"了""着""过""出""出来""一下"。

> 穿上这身衣服，她显得更年轻了。｜ 他一句话也不说，显得有点儿生气。｜山里的空气显得特别清新。｜ 他那样做显得他与众不同。

"显示"常表示明显地表现出。宾语一般是名词性的。后边可以用"了""着""过""出""出来""一下"。

> 这次比赛充分显示了他们队的实力。｜ 这些年轻人身上显示着积极向上的生活态度。｜ 他的工作能力还没有完全显示出来。｜ 你的歌儿唱得那么好听，今天好好显示一下吧。

（2）用"显示"还可以说"显示显示"。

> 他想通过这次活动，显示显示公司的实力。

练习答案：　（1）A　　（2）C　　（3）C　　（4）B

〖 练习 Exercises 〗

填空： A. 显得　　B. 显示

（1）他说话的时候，_____很激动。

（2）她的绘画才能很早就_____出来了。

（3）这些成果充分_____了研究人员的科研水平。

356 相信 xiāngxìn ②　　信任 xìnrèn ③

〖 相似 Similarities 〗

动词。认为可靠，不怀疑。

　　大家都很相信他。‖ 老板一直很信任他。

〖 区别 Distinctions 〗

（1）"相信"表示认为正确、真实、可靠。对象可以是人（别人或自己）或事物。宾语可以是名词性词语、动词性词语或小句。

　　当时我们都很相信他，谁都不知道他是个骗子（piànzi）。| 你相信他说的那些话吗？| 我不太相信真有那样的事情。| 我相信这种方法是很有效的。

（2）"信任"表示认为某（些）人可靠，可以放心让他（们）做某事。对象一般是别人或组织。宾语只能是名词性词语。可以说"对…的信任""赢得 / 取得 / 获得 / 得到信任"。

　　大家这么信任我，我一定要尽力把工作做好。| 他这个人一向很诚实，是可以信任的。| 我不能辜负（gūfù）同事们对我的信任。| 他做事诚实可靠，赢得了老板的信任。

练习答案：（1）A　　（2）B　　（3）B

填空：　A.相信　　B.信任

（1）我非常感谢大家对我的_____。

（2）你要_____自己一定能做好这个工作。

（3）他的汉语说得那么好，我不太_____他只学了一年。

357 想 xiǎng ①　　要 yào ①

〖相似 Similarities〗

动词。可以用在动词性词语前边，表示愿望。

　　放假以后我想去外地旅游。‖ 下午我要去超市买点儿水果。

〖区别 Distinctions〗

（1）"想"用在动词性词语的前边，多表示愿望或打算。这时，"想"前边可以用"很""非常""特别"。

　　我们都想把这件事做好。| 他不想再去麻烦别人了。| 这次去法国，她特别想买香水。

　　"要"用在动词性词语的前边，可以表示要求自己或别人做某事。"要"前边可以用"一定""坚决""偏"等，表示强烈要求。

　　我们要按时完成这项任务。| 你们要注意这些问题。| 我一定要把汉语学好。| 我知道他不希望我去，可我偏要去。

（2）"不想"用在动词性词语前，可以表示没有做某事的愿望。

　　你如果不想去，就别去了。| 我实在不想做这种没有意思的事情。

（3）"想"还可以表示思考，认为，想念。

　　我想过这个问题。（思考）| 我想这样做是有道理的。（认为）| 你长久不回家，

练习答案：　（1）B　　（2）A　　（3）A

你妈妈会<u>想</u>你的。（想念）

（4）"要"还可以表示希望得到，让，需要。

我们<u>要</u>两瓶啤酒和一瓶可乐。（希望得到）| 他<u>要</u>你给他打个电话。（让）| 从我家到学校走路<u>要</u>十五分钟。（需要）

（5）"要"还可以表示某事将发生。

车<u>要</u>开了，咱们快点儿！ | 天<u>要</u>下雨了，你带把伞吧。

〖练习 Exercises〗

填空： A. 想　　B. 要

（1）我＿＿＿＿他的话很有道理。

（2）我一直在＿＿＿＿这个问题。

（3）那些活儿还＿＿＿＿两天才能干完。

（4）这事儿很重要，我们一定＿＿＿＿做好。

358 想到 xiǎngdào ②　　想起 xiǎngqǐ ③

〖相似 Similarities〗

动词。思想里出现某人或事物。

每次遇到困难的时候，我都会<u>想到</u>父母的希望和鼓励。‖ 很多年以后，我还是会时时<u>想起</u>那些难忘的往事。

〖区别 Distinctions〗

（1）"想到"可以表示思想活动到某一点（如某人、某事物或某种情况）。对象可以是过去的或将来的，也可以是存在的或不存在的。可以说"真没想到""从来 / 根本 / 完全 / 万万没想到""想到这儿""想到哪儿了""想到一块了"。

他想找个人帮忙，想来想去，<u>想到</u>老王了，觉得他比较可靠。| 真没<u>想到</u>这

练习答案： （1）A　 （2）A　 （3）B　 （4）B

个店里的东西这么贵。| 我根本没想到她真的会去非洲。| 他想如果这次不去长城，以后就很难有机会了，想到这儿，他就决定跟大家一起去了。| 咱们终于想到一块儿了，我也是这么想的。

（2）"想起"可以表示思想里开始出现某人或事物，或开始想某人或事物。对象一般是已知的、过去的或已经存在的。可以说"时时/时常想到""回想起""想起…来"。

一想起孩子上学的事情，她就很着急。| 这事儿虽然已经过去很多年了，但我至今还时时想起。| 多年以后，大家回想起上学时候的一些事情，仍觉得很有意思。| 她坐在那儿，想起家里的老人和孩子来了，想着想着，就哭了。

〖 练习 Exercises 〗

填空： A.想到   B.想起
（1）发生这样的事情，我们完全没_____。
（2）我想了半天也没_____他叫什么名字。
（3）那虽然是十多年前的事了，但直到现在，我还会时常_____。
（4）来中国之前，我_____了很多可能遇到的情况，但没_____这里很多人都会说英语。

359 消息 xiāoxi ②　　新闻 xīnwén ②

〖 相似 Similarities 〗

名词。关于某人或某事物的情况。可以说"一条消息/新闻"。

我好久没有他的消息了。‖ 他每天都要听广播里的体育新闻。

〖 区别 Distinctions 〗

（1）"消息"可以表示关于人或事物的新情况。这种情况可以是报纸、广播、电台、电视台上报道的，也可以是人与人之间相传的。可以说"好消息""一个消息"。

练习答案： （1）A   （2）B   （3）B   （4）A,A

2008 年 8 月 8 日，很多报纸都报道了北京举办奥运会的消息。 | 这个消息很快传遍了全世界。 | 他去了美国以后，我就没有他的消息了。 | 我告诉你一个好消息。

（2）"新闻"可以是关于人或事物的新情况的一种文体。这种文体常出现在报纸、杂志、广播、电台、电视、网络上。"新闻"的形式可以是语言文字，还可以是图片。可以说"新闻节目／栏目／图片""电视／广播新闻""采访新闻""新闻记者""新闻播音员"。

电台和电视上都有新闻节目。 | 今天的报纸上有什么新闻？ | 他是记者，经常在外地采访新闻。 | 他很想在电视台当一名新闻记者。

〖 练习 Exercises 〗

填空： A. 消息　　B. 新闻

（1）你说的这个_____可靠吗？

（2）得知爷爷去世的_____，他非常难过。

（3）每天晚上他都要看半个小时的电视_____。

360 小心 xiǎoxīn ②　　注意 zhùyì ②

〖 相似 Similarities 〗

动词。为了防止发生不好的事情，说话、做事很仔细。

你慢点儿，小心桌上的杯子。‖ 开车转弯时一定要注意后边的人和车。

〖 区别 Distinctions 〗

（1）"小心"常表示为了不出错，在言语、行为等方面很细心。后边一般不用"着""过""到"。"小心地"常做状语。

大街上人多，骑自行车要小心一点儿。 | 你出门旅行一定要小心保管好自己

练习答案：　（1）A　　（2）A　　（3）B

的钱物。｜他说话很不小心，经常让别人听了不高兴。｜你不好好复习，小心这次考试不及格。｜她刚开始学滑冰，只能很小心地在边上滑。

"注意"常表示把思想精神集中到某处（某人、某事物或某方面）。后边可以用"着""过""到"。可以说"注意休息／饮食／卫生／安全""注意听／看／学""请注意"。

刚开始学习汉语时，一定要注意发音。｜听老师这么说以后，我们注意了这个问题。｜小偷并不知道警察正注意着他。｜大夫说她的病不要紧，但要注意休息。｜你说的这个问题，我们也注意到了。

（2）"小心翼翼（yìyì）"是成语，形容十分小心的样子。

她小心翼翼地把那块玻璃放到桌子上。

〖 练习 Exercises 〗

填空： A. 小心　　B. 注意

（1）路上人多车多，开车时一定要_____安全。

（2）护士很_____地把他的伤口洗干净，又上了点儿药。

（3）上课的时候你要是_____听了，就不会觉得难了。

361 星期 xīngqī ①　　　周 zhōu ②

〖 相似 Similarities 〗

"一个星期"或"一周"是七天。后边可以跟"一、二、三、四、五、六、日"。

我们班星期四下午不上课。‖我们周五上午去听报告。

〖 区别 Distinctions 〗

（1）"星期"是名词，可以与"个"一起用。

四个星期 ｜ 几个星期 ｜ 那个星期 ｜ 上个星期

练习答案：　（1）B　　（2）A　　（3）B

"周"是量词，前边可以直接用数词或用"这""那""下""上"等。不能与"个"一起用。

一周 | 十二周 | 这两周 | 几周 | 上（一）周 | 下周

（2）"星期日"也可以说成"星期天"。

明天是星期天，我打算去书店。

（3）"周末"一般指周六和周日。

这个周末我们打算去苏州。 | 一转眼又到周末了。

（4）"周"还指圈，周围。

他已经绕操场跑了一周。（圈） | 这里四周没有商店。（周围）

〖 练习 Exercises 〗

填空： A.星期　　　B.周
（1）地球自转一_____是二十四小时。
（2）他每个_____末都要去游泳馆游泳。
（3）一年有十二个月，一个月有四个_____。

362 行动 xíngdòng ③　　　行为 xíngwéi ③

〖 相似 Similarities 〗

名词。人的活动。

这次行动正在按计划进行。‖ 每个人都要对自己的行为负责。

〖 区别 Distinctions 〗

（1）"行动"可以表示个人或集体实际做某事。可以说"实际行动""采取行动"。

我们不仅要有决心，而且要有行动。 | 他们的行动很快就被人发现了。 | 我

练习答案： （1）B　　（2）B　　（3）A

们要想了解一个人，最重要的是看他的实际行动，而不是听他怎么说。 | 计划已经定下来了，现在应该采取行动了。

"行为"常表示受某种思想、意识影响而进行的活动。可以说"行为动作""举止行为""英雄 / 高尚（gāoshàng）行为""违法 / 犯罪行为"。

从一个人的行为说话可以看出他的性格。 | 她的举止行为很像她妈妈。 | 他的英雄行为值得我们学习。 | 他们的犯罪行为被警察发现了。

（2）"行动"还可以是动词，表示走动，或为实现某种目的而进行活动。

他的腿受伤了，现在行动不便。（走动）| 时间很紧，大家赶快行动起来吧。（为实现目的而进行活动）

〖 练习 Exercises 〗

填空： A.行动　　B.行为
（1）今晚八点，按计划_____。
（2）他的英雄_____感动了很多人。
（3）他的伤好了一点儿，但_____还不太方便。

363 形式 xíngshì ③　　样子 yàngzi ②

〖 相似 Similarities 〗

名词。事物外表的情况。

西方建筑的形式与东方建筑很不一样。‖ 这两件衬衫的样子差不多。

〖 区别 Distinctions 〗

（1）"形式"常跟"内容"相对。可以说"艺术 / 文学形式""书面 / 口头形式""表现形式""在形式上"。

小说和电影是两种不同的艺术形式。 | 文学的形式多种多样。 | 他以书面的

练习答案： （1）A　　（2）B　　（3）A

形式向上级谈了自己的看法。 | 写文章不仅要讲究内容，而且要注意形式。

"样子"常指具体事物的大小、高低、长短、颜色、形状等方面的情况，也可以指人或动物的外表。可以说"衣服／鞋子／书包／房屋的样子""高兴／难过／凶狠的样子""看样子"。

这种鞋样子好看，但穿了一个星期就坏了。 | 我不喜欢这台电视机的样子。 | 房间被他弄成了很乱的样子。 | 我看到他高兴的样子就知道他一定考得不错。 | 天好像要下雪的样子。 | 看样子她真的生气了。

（2）"形式"还可以表示行为活动的方式。可以说"活动／庆祝的形式""表达的形式"。

这次活动的形式十分丰富。 | 表达感情的形式有很多。

（3）"形式主义"主要表示在行为活动方面过分重视事物、活动的形式。

我们要重视形式，但不能搞形式主义。

（4）"样子"还可以表示让人学习或作标准的人或事物。可以说"做样子""照样子"。

做哥哥的应该像做哥哥的样子，不能跟弟弟一样不懂事。 | 老师先写了几个句子，然后让我们照样子造一个句子。

〖 练习 Exercises 〗

填空： A.形式　　B.样子

（1）看_____今天要下雨。

（2）小说是文学的一种_____。

（3）这间屋子里摆的东西还是三十多年前的_____。

（4）世界各地人们庆祝新年的活动，_____丰富多彩。

练习答案： （1）B　　（2）A　　（3）B　　（4）A

364 休假 xiū jià ②　　休息 xiūxi ①

动词。为了恢复体力或精力，一段时间停止工作。

　　我从明天开始休假一个星期。‖ 她在商店里工作，工作两天可以休息一天。

〖区别 Distinctions〗

（1）"休假"多表示从事某种工作的人在较长时间里（如几天、几个星期）可以不工作。可以说"休假回家""去外地／国外休假"。

　　这个工程完成后，大家就可以休假了。｜这两天，老师们大都休假回家过年了。｜老李的公司很忙，他们已经很长时间没有休假了。｜春节期间，我们可以休假十天。

　　"休息"表示的不工作的时间可长可短。可以说"休息五分钟／一个小时""休息一会儿／一下""休息休息""（没）休息好""休息场所""休息室"。

　　累了，休息一会儿吧。｜这个周末我想在家休息休息，哪儿也不想去。｜这两天你休息得怎么样？｜休息好了，才能更好地工作。｜教师休息室在二楼。

（2）"休假"可以分开用。可以说"休两天假""休一个月假"。

　　我们现在不太忙，每个星期都可以休两天假。｜他们要休满一个月假以后才回来上班。

（3）"休息"还可以表示晚上睡觉。

　　快十二点了，别再看电视了，该休息了。｜他说昨天晚上没休息好，现在很困。

〖练习 Exercises〗

填空：　A.休假　　B.休息

（1）这么晚了，你怎么还不＿＿＿＿？

（2）今年年底，公司将安排他们去国外＿＿＿＿。

（3）午饭以后只有半个小时的_____时间，请大家快点儿。

365 需求 xūqiú ③　　需要 xūyào ②

〖相似 Similarities〗

名词。希望有某种人或事物的情况。可以说"满足需求／需要"。

> 我们厂生产的这种新产品很受欢迎，目前还不能满足市场需求。‖ 节日期间，市场上的各种生活用品完全能满足市民的需要。

〖区别 Distinctions〗

（1）"需求"可以表示人、单位、市场等希望有某种人或事物的情况。可以说"商品／产品／房屋／人才需求""市场／社会需求""基本需求""需求旺盛（wàngshèng）""需求信息"。

> 大学要培养更多的应用人才，满足社会和企业的人才需求。｜不管生产什么产品，我们都应该先了解这种产品的市场需求情况。｜只要找到一份工作，衣食住行方面的基本需求就可以解决了。｜他们收集了很多关于住房的需求信息。

"需要"可以表示人、单位等希望有某种人或事物的情况，也可以表示动物、事物、活动等离不开某种事物的情况。可以说"国家／人民的需要""身体的需要""事业的需要""时代的需要"。

> 发展教育是国家和人民群众的需要。｜不管做什么事情，我们都不能只考虑个人的需要。｜吃饭、喝水和休息都是身体健康的需要。｜大学毕业了也还要继续学习，这是时代的需要。

（2）"需要"常是动词，表示希望有或必须（有）。

> 很多公司都很需要这种既懂技术又懂管理的人才。｜我们根本不需要这种只

练习答案：　（1）B　　（2）A　　（3）B

会说不会做的人。｜灾区目前正需要粮食和药品。｜这些问题都需要好好研究。

〖练习 Exercises〗

填空： A.需求　　B.需要

（1）他们现在_____的是干净的饮用水。

（2）房间不_____太大，但要干净、整洁。

（3）虽然已经建了很多房屋，但仍不能满足市民的住房_____。

366 选 xuǎn ②　　选举 xuǎnjǔ ③

〖相似 Similarities〗

动词。从多人中决定让某人做代表或担任某种职务。

大家都选大伟当班长。‖ 今年他们要选举新总统。

〖区别 Distinctions〗

（1）"选" 通用于口语和书面语，"选举" 多用于书面语或正式场合。

（2）"选" 可以是较多或很多人的行为，也可以是个人的行为。

他们正在选队长。｜我们班选了两个班长。｜我觉得老李适合干技术，不太适合当办公室主任，所以没选他。

"选举" 一般是较多或很多人的集体行为或社会行为。

这次会上我们选举了两名副主任。｜他们这段时间正在选举总统。｜村长是村民们选举出来的。

（3）"选" 的对象可以是担任某重要职务的，也可以是做一般的事情的。可以说 "选人才 / 队员 / 助手""入选"。

昨天的大会选出了市长和几位副市长。｜经理选了小李做助手。｜我们选一个人去买菜吧。｜每个队员都希望自己能入选国家队参加比赛。

练习答案： （1）B　　（2）B　　（3）A

"选举"的对象一般是担任某重要职务的。可以说"选举产生"。

> 今天的大会将要选举产生新的学生会主席和副主席。｜昨天的会上，她被选举为公司总工会副主席。

（4）"选"还常表示从多个事物、时间、地点中决定要某一个或几个。

> 考试的时候有些题目要我们从四个答案里选出一个正确的答案。｜我不知道哪一件更好，就随便选了一件。｜这几天我都有空儿，你选个时间吧，我们谈谈。

（5）"选举"可以做定语（可以说"选举时间／地点／方式／结果""选举权"），前边也可以带定语（可以说"总统选举""重要的选举"）。

> 他对昨天的选举结果很满意。｜每个公民都有选举权和被选举权。｜这是一次十分重要的选举。

〖 练习 Exercises 〗

填空： A.选　　B.选举

（1）这些书不用都看，_____两本看看就可以了。

（2）学生会主席和副主席都是通过_____产生的。

（3）王教练想从这些年青队员里_____两人进入国家队。

367 学 xué ①　　学习 xuéxí ①

〖 相似 Similarities 〗

动词。通过别人教或自己看、听、做等方式，得到知识或技术。

> 她很想学开车。‖ 我们今天要学习生词和课文。

〖 区别 Distinctions 〗

（1）用"学"可以说"学得好""学得不太好""学得很认真／努力""学会""没学会""改学…""一学就会"。

练习答案： （1）A　　（2）B　　（3）A

我们班马小云的法语学得最好。｜他虽然学得很认真，但成绩不太好。｜我等学会了开车就去买辆车。｜他原来是学日语的，后来改学汉语了。

"学习"可以用在一些双音节名词前作定语，也可以带定语。可以说"学习内容/方法/时间/情况/习惯/成绩/机会""孩子/学生的学习""汉语学习"。

正确的学习方法非常重要。｜我现在工作很忙，学习时间很少。｜你给我们介绍一下你的学习情况吧。｜老校长十分关心孩子们的学习和生活。

（2）"学好"中，"学"和"好"是动词和补语的关系，"好"表示"学"的结果。

你要是想当翻译，就一定要学好汉语。（动词和补语）

"学习好"中，"学习"和"好"可以是动词和补语的关系，"好"表示"学习"的结果；它们也可以是主语和谓语的关系，"好"说明"学习"的情况。

你要是想当翻译，就一定要把汉语学习好。（动词和补语）｜他不仅学习好，人也很好，朋友很多。（主语和谓语）

（3）"学"还可以表示模仿。

他会学很多种动物的叫声。｜她正在学王老师走路的样子，王老师进来了。

（4）在"语言学""语音学""经济学""物理学""生物学"等名词中，"学"表示学问、科学。

（5）"学习"还可以用在"把""对"等介词后边。

这学期你要把英语学习搞好。｜小李不仅工作好，对学习也十分重视。

〖 练习 Exercises 〗

填空： A.学　　B.学习
（1）他＿＿＿狗叫＿＿＿得很像。
（2）父母对孩子的＿＿＿很重视。
（3）这些孩子都很聪明，总是一＿＿＿就会。
（4）这么好的＿＿＿机会，我们一定要好好利用。

练习答案：（1）A，A　　（2）B　　（3）A　　（4）B

Y

368 夜 yè ③　　夜里 yèli ③

〖 **相似 Similarities** 〗

名词。从晚上较晚的时候到天亮前的时间。

> 大雨下了一天一<u>夜</u>，河水涨了很多。‖ 昨天<u>夜里</u>的雨下得很大。

〖 **区别 Distinctions** 〗

（1）"夜"常跟一些单音节词一起用，前边可以用数词。使用不太自由。可以说"夜晚""深夜""入夜""日夜""夜景""一 / 三 / 几夜""…之夜"。

> 乡村的<u>夜晚</u>特别安静。｜那天飞机很晚才起飞，我们到北京时已经是<u>深夜</u>了。｜快要见到<u>日夜</u>思念的家人了，她很激动。｜经过了差不多一天一夜的行程，我们终于到了非洲。｜球队获得了冠军，队员们度过了一个激动的<u>不眠之夜</u>。

（2）"夜里"使用较自由（作主语、宾语、定语、状语）。前边一般不用数词。可以说"有（一）天 / 今天 / 昨天 / 这天 / 那天夜里""夜里十一点 / 两点多钟""从夜里""在夜里""到夜里"。

> 有一天<u>夜里</u>，我做了一个梦，梦见自己回到了北京。｜这场雨从<u>夜里</u>一直下到天亮。｜他们的车开走了，很快就消失在<u>夜里</u>了。｜这里白天比较热，到了<u>夜里</u>就凉下来了。｜<u>夜里</u>，校园里很安静。

〖 **练习 Exercises** 〗

填空：　A.夜　　B.夜里

（1）天气预报说，今天_____到明天白天，阴有小雨。
（2）以前乘坐火车从我家到北京要一天一_____的时间。
（3）最近的作业多，我经常要做到_____十一二点才能做完。

练习答案：　（1）B　　（2）A　　（3）B

369 一边 yìbiān ①　　一方面 yì fāngmiàn ③

〖 相似 Similarities 〗

"一边…，一边…""一方面…，一方面…"表示进行两种有关的行为活动，或存在两种有关的情况。

> 他一边工作，一边学习汉语。‖ 你要想学好汉语，一方面要认真听课，一方面要多多练习。

〖 区别 Distinctions 〗

（1）"一边…，一边…"多表示同时进行两种动作行为。后边的动词性词语比较简短时，可以说"边…边…"（如"边走边唱""边吃饭边看电视"）。

> 我常常一边做饭，一边听收音机。| 她一边跟客人聊天儿，一边准备晚饭。| 我们边走边谈，一会儿就到学校了。

"一方面…，一方面…"可以表示有关的两种情况或两个方面（不一定是同时的）。可以说"一方面…，另一方面…"。有时可以写成"一方面，…，一方面，…""一方面，…，另一方面，…"。

> 他这次去北京，一方面是开会，一方面是要跟一家公司谈合作的事。| 她的汉语说得好，一方面是因为她聪明，另一方面是她特别努力。| 孩子唱歌得了奖，她的心情很复杂：一方面，她很高兴；另一方面，她又担心孩子练习唱歌会影响学习。

（2）"一边"可以表示事物的边上或旁边。

> 奶奶拉着两个孩子，一边是小冬，一边是小红。| 这里不能停车，你把车开到一边去吧。| 大家在讨论，主任坐在一边只是听。

（3）"一边"还可以表示某一种不同的意见。常带定语。

> "爸爸和妈妈的意见完全不同，你支持哪一边？""我当然站在妈妈一边。"

（4）"一方面"可以表示事物的某个方面。可以说"一个方面"。

> 你提到的这一方面问题确实很重要。| 他说的那些，从一方面看是有点儿道理的，但从另一方面看，又明显是错误的。

〖练习 Exercises〗

填空： A.一边　　B.一方面

（1）看问题要全面，不能只看某_____。

（2）队员们在训练，教练就在_____看。

（3）我们_____要增加产量，_____要保证质量。

（4）他这样_____开车_____打电话，是很危险的。

370 （一）点儿（yì）diǎnr ①　　（一）些（yì）xiē ①

〖相似 Similarities〗

表示较少的数量。用在动词、形容词或"这""那"后边时，"一"可以不用。

一点儿意见｜我想买（一）点儿水果。｜这件衣服大了（一）点儿。｜这点儿钱你拿去用吧。‖一些事情｜他找了（一）些材料。｜这间屋子比那间干净（一）些。｜这些人我都认识。

〖区别 Distinctions〗

（1）"一点儿"常用于不可数的事物。可以说"一点儿空气／阳光／泥土""一点儿水／汤""一点儿想法／感情／风度""一点儿汉语／英语"。

他们整天在地下工作，看不到一点儿阳光。｜这只是我个人的一点儿想法。｜在一起的时间长了，小王对她开始有了一点儿好感。

"一些"可以用于人或可数的事物。可以说"一些同学／老师／朋友／客人""一些国家／城市／公司／学校／景点""一些房子／汽车／桌子／课本""一些花／草／树"。

昨天我家来了一些客人。｜这本书介绍了中国各地一些有名的景点。｜我要去买一些书和本子。｜路边停了一些汽车和自行车。

练习答案：（1）B　　（2）A　　（3）B,B　　（4）A,A

（2）"一点儿地方"可以指面积不大的一块地方。

这么<u>一点儿</u>地方怎么能做操场呢？ | 我们来晚了，<u>一点儿</u>地方都没了，车停哪里呢？

"一些地方"可以指多个地方（面积可大可小）。

最近沿江的<u>一些地方</u>发生了水灾。 | 房间里有蚊子，孩子身上的<u>一些地方</u>被蚊子叮了。

（3）用"一点儿"可以说"一点儿…也不（没）…""一点儿…都不（没）…"。

刚来中国的时候，我<u>一点儿</u>汉语<u>也</u>不会说。 | 他对这事<u>一点儿</u>（也）不认真。 | 这件事我<u>一点儿</u>都不知道。 | 酒他<u>一点儿</u>都没喝。

（4）用"一点儿"还可以说"一点点""一点一点"。

他的病<u>一点点</u>好起来了。 | 一个人的知识是<u>一点一点</u>地多起来的。

（5）用"一些"可以说"一些年/月/天""一些时候/日子""某（一）些"。

这（一）些年大家都挺忙的。 | 这个工程还要一些时候才能完成。 | 在那（一）些日子里，我们都吃了不少苦。 | 这种情况在某（一）些地方仍然存在。

〖 练习 Exercises 〗

填空： A.一点儿 　　 B.一些
（1）俄语我_____都没学过。
（2）这么_____困难，我们一定能克服。
（3）他把_____难写的汉字都写在本子上。
（4）最近_____天，这条路上已经发生了好几起交通事故了。

练习答案： （1）A　　（2）A　　（3）B　　（4）B

371 一共 yígòng ② 一块儿 yíkuàir ①

〖 相似 Similarities 〗

副词。合在一起。

> 我买这几本书一共用了 320 块钱。‖ 这几样东西的价钱一块儿算吧。

〖 区别 Distinctions 〗

（1）"一共"常表示合在一起的数量。可以用在数量词语的前边。可以说"一共 + 动词 + 数量词语"。

> "那些东西一共卖了多少钱？""一共 860 块。"｜昨天的会一共来了 50 多人。｜他今年一共写了 20 多篇文章。｜我们一共干了四个多月才干完。

"一块儿"可以表示在一起。后边可以用各种表示行为活动的动词性词语。

> 小时候我们常一块儿玩儿。｜妈妈把我要的书和衣服一块儿寄来了。｜生词的发音、意思和用法要一块儿记住。｜这两个问题可以一块儿讨论。

（2）"一块儿"还可以是名词，表示同一处。可以说"到一块儿""在一块儿"。

> 这回我们总算想到一块儿了。｜我跟他总是说不到一块儿。｜我的书和衣服放在一块儿。｜这几样东西的价钱加在一块儿，是 450 块。

〖 练习 Exercises 〗

填空： A. 一共　　 B. 一块儿

（1）咱们 _____ 商量一下该怎么办吧。

（2）我家跟他家不在 _____ ，我家比较远。

（3）这本书 _____ 三十课，我们要学习一个学期。

练习答案： （1）B　 （2）B　 （3）A

372 一下 yíxià ①　　一下子 yíxiàzi ③

〖 相似 Similarities 〗

都可以是副词。表示很短的时间。

听他这么一说，我一下全明白了。‖ 我一下子想不起来他叫什么名字了。

〖 区别 Distinctions 〗

（1）"一下"（也说"一下儿"）常用在动词性词语后边，表示动作行为的时间短。

这本书你能不能借给我看一下？ ｜ 我把这儿的情况向大家介绍一下。 ｜ 请你写一下你的名字和电话号码。 ｜ 你过来一下，我问你一件事。

"一下子"常用在动词性词语、形容词性词语前，表示在很短的时间内。

这些问题不可能一下子全部解决。 ｜ 风太大了，桌上的纸一下子被吹得到处都是。 ｜ 孩子看见这可怕的情景，一下子哭起来了。

（2）用"一下"可以说"一下…，一下…"。

这天气一下冷一下热，人很容易感冒。

（3）"一下"用在动词后，是数量词，表示一次。

他轻轻地按了一下门铃，见没人开门，就走开了。 ｜ 我刚敲了一下门，他就开门出来了。

〖 练习 Exercises 〗

填空：　A.一下　　B.一下子

（1）他马上就到，咱们等他_____吧。

（2）我到邮局去_____，马上就回来。

（3）这个办法不太好，但我_____又想不出更好的办法来。

练习答案：　（1）A　　（2）A　　（3）B

373 一样 yíyàng ①　　一致 yízhì ③

〖相似 Similarities〗

形容词。事物之间没有差别。

你们俩的观点差不多是一样的。‖ 我们的意见是完全一致的。

〖区别 Distinctions〗

（1）"一样"表示事物是相同的。可以说"一样高 / 大 / 粗 / 厚 / 长 / 贵""和 / 跟 / 同 / 像…一样""大不一样"。

她们俩差不多一样高。| 这次跟上次可不大一样。| 他们今年同去年一样，又只得了第三名。| 我的想法跟他不太一样。| 王老师对学生像对自己的孩子一样。| 他们兄弟俩的性格大不一样。

（2）"一致"常表示互相符合，合得上。可以说"一致通过 / 同意 / 认为 / 推选 / 要求""言行一致""达成一致"。

大家一致同意选老马当工会主席。| 代表们一致认为他的报告非常重要。| 作为领导，言行不一致，就很难开展工作。| 经过多次讨论，双方终于达成了一致。

〖练习 Exercises〗

填空： A.一样　　B.一致
（1）不同的人写的文章不可能完全＿＿＿＿＿
（2）一个人时时做到言行＿＿＿＿＿是很不容易的。
（3）他们兄弟俩长得差不多＿＿＿＿＿，但性格却大不相同。

练习答案：（1）A　（2）B　（3）A

374 以来 yǐlái ③　　之后 zhīhòu ②

〖 相似 Similarities 〗

某个时间以后的时间。

> 20世纪80年代以来，中国经济发展很快。‖大学毕业之后，我当了几年小学老师。

〖 区别 Distinctions 〗

（1）"以来"常用在指过去的某个时间或事件的词语后边，表示从过去到说话时的一段时间（过去的时间）。可以说"自古以来"。

> 1954年以来，我们学校为本市中小学培养了一大批优秀教师。｜十多年以来，我们厂已经由当时的一个小加工厂变成了一个有一千多名工人的大厂了。｜改革开放以来，到国外留学的中国学生越来越多了。｜西安自古以来就是一个十分重要的城市。

"之后"常用在指某个时间、某个时期或某个事件的词语后边，表示某段时间或某个事件后的时间（可以是过去，也可以是将来）。

> 宋朝之后，中国历史上又出现了元朝、明朝和清朝。｜他回国之后，一直在一家公司做管理工作。｜代表团在上海的访问结束之后，还要访问北京和天津。｜我们谁也不知道五百年之后世界会变成什么样子。

（2）"…之后"还可以表示处所、顺序。

> 音乐厅在博物馆之前，博物馆在音乐厅之后。｜这次运动会，江苏队的成绩在上海队之后。

〖 练习 Exercises 〗

填空：A. 以来　　B. 之后
（1）舞蹈节目排在歌唱节目_____。
（2）五到十年_____，这些孩子就会成为非常优秀的运动员。
（3）五十多年_____，我们学校的学生由原来的不到一千人变成了现在的超过两万人。

练习答案：（1）B　　（2）B　　（3）A

375　以下 yǐxià ③　　之下 zhīxià ③

〖相似 Similarities〗

"…以下""…之下"表示比某一点低的数量、位置。

　　零度以下水就会结冰。‖ 他工作了十几年，他的工资不在你我之下。

〖区别 Distinctions〗

（1）"…以下"可以表示在某一点下面或后面的数量、次序或位置。可以说"三十岁以下""三年级以下""一千米以下"。

　　这次活动，55 岁以下的职工都要参加。| 明天三年级以下班级放假一天。| 半山坡以下都种上了松树。

"…之下"可以表示在某事物的下面，或比某一点低的水平。可以说"大树之下""大山之下"。

　　俗语说，大树之下好乘凉。| 孙悟空被如来佛压在高山之下，后来被唐僧救了出来。| 他们的水平不在我们之下，我们得好好准备。

（2）"以下"单独用（不带定语）时，表示下面或后面的（内容）。

　　以下是我的几点意见，请参考。| 以下问题还需要进一步讨论。

（3）"之下"前边可以用一些动词性词语，表示处于某种情况或具有某种条件。多用于书面语。

　　整座城市已经处于军队的控制之下。| 这项重大工程始终是在王总工程师的领导之下进行的。

〖练习 Exercises〗

填空：　A. 以下　　B. 之下

（1）以前，六层_____的楼房都没有电梯。

（2）我们不能因为对手的水平在我们_____就轻视他们。

（3）新闻节目结束时，播音员说："新闻播送完了，_____是广告时间。"

376 意见 yìjiàn ②　　　主意 zhǔyi ③

【相似 Similarities】

名词。对事情、问题等的想法。

这件事怎么处理，大家的意见还不一致。‖到底去不去旅行，他还没拿定主意。

【区别 Distinctions】

（1）"意见"可以指个人、集体、组织、机构对事情、问题的一般的想法、看法。可以说"意见一致"。

每个人都谈谈自己的意见吧。｜对这事，大家有什么好的意见，请提出来。｜如何解决两国在贸易方面存在的一些问题，双方已经达成了一致意见。

"主意"可以指个人关于怎样做某事、怎样解决某个问题的办法。可以说"出／拿／打主意""好主意"。

老李可能有办法，咱们请他出出主意吧。｜他一旦打定了主意，就不会轻易改变了。｜他想了半天也没想出什么好主意。

（2）"有意见""没意见"可以表示对人或事物有或没有不好的想法、看法。

你要是有意见，可以提出来。｜大家都同意这么做，我没意见。

"有主意""没主意"可以表示有或没有解决问题的办法。

他是个很有主意的人。｜这么麻烦的事情，主任也没主意了。

（3）用"意见"可以说"对…（没）有意见"。

他对新来的主任很有意见。｜大家对新规定有什么意见，可以提出来。｜群众对这种做法有很大意见。

练习答案：（1）A　（2）B　（3）A

〖 练习 Exercises 〗

填空： A.意见　　B.主意

（1）这是他哥哥给他出的＿＿＿＿。

（2）领导干部要多听听群众的＿＿＿＿。

（3）她的服务态度不好，顾客对她很有＿＿＿＿。

（4）这事儿我实在不知道该怎么办，你替我拿个＿＿＿＿吧。

377 意思 yìsi ②　　意义 yìyì ②

〖 相似 Similarities 〗

名词。语言、文字或其他符号表示的内容。

这句话的意思我不太明白。‖ 这两句话形式不同，但意义相近。

〖 区别 Distinctions 〗

（1）"意思"多用于口语，"意义"多用于书面语。

（2）"意思"可以指行为活动表示的内容、含义。

点头的意思就是表示同意。| 他那么做是什么意思?

（3）"意思"还可以指人的愿望、想法。

这样处理不是我的意思。| 他的意思是不太想去。

（4）"意思"还可以表示给别人一点儿好处或送一点儿礼品，或指礼品或礼品表示的心意。可以说"意思一下""意思意思""一点儿意思""小意思"。

你请别人帮忙，是应该意思意思。| 今天是他的生日，我们去意思一下吧。| 这是我们的一点儿意思，请收下。

（5）"有意思""没意思"分别表示有趣味、没趣味。

他说话真有意思。| 这种电影真没意思。

练习答案：　（1）B　　（2）A　　（3）A　　（4）B

（6）"意义"可以指事物的作用、价值、影响等。可以说"教育／历史／现实意义""深远／重要意义"。

> 事情已经发生了，现在后悔毫无意义。｜大家都觉得这项工作很有意义。｜这部电影对年轻人有着很深刻的教育意义。

〖 练习 Exercises 〗

填空： A.意思　 B.意义

（1）他向你招手，_____是让你过去。
（2）电灯是一项具有重要_____的发明。
（3）五四运动在中国现代历史上具有深远的_____。
（4）快到中午十二点了，可主人并没有留客人吃饭的_____。

378 因为 yīnwèi ①　　由于 yóuyú ③

〖 相似 Similarities 〗

表示原因。

（1）连词。

> 因为天气太热，所以路上行人很少。‖ 由于缺乏资金和设备，所以这个项目只好暂时停止。

（2）介词。

> 因为时间的关系，咱们今天就谈到这儿吧。‖ 由于天气的原因，我们今天不能去爬山了。

〖 区别 Distinctions 〗

（1）"因为"通用于口语和书面语，"由于"多用于书面语。
（2）用"因为…"可以说"（之）所以…，是因为…""所以说…，是因为…""因为…而…"。

练习答案： （1）A　 （2）B　 （3）B　 （4）A

他之所以要去大连，是因为他要去看一位老朋友。｜ 王老师所以受到学生的欢迎，主要是因为他的课非常生动。｜ 豆腐所以说是一种很好的食品，是因为它含有大量的蛋白质，而且容易消化。｜ 我不希望因为这点儿小事而影响我们的合作关系。

用"由于"可以说"由于…，因此／因而…""由于…（的）原因"。

由于他跟工人接触很少，因此根本不了解工人们的生活状况。｜ 由于这儿温泉的水温总是在38度左右，因而常年适宜洗浴。｜ 这些问题都是由于历史原因造成的。

〖 练习 Exercises 〗

填空： A. 因为　　　B. 由于
（1）我们都不希望_____这点儿小事而大吵大闹。
（2）他昨天之所以没来，是_____他没得到通知。
（3）_____会前作了充分准备，因此这次会议开得很成功。
（4）_____汽车价格下降，人们的收入增加，因而买汽车的人越来越多。

379 应当 yīngdāng ③　　应该 yīnggāi ①

〖 相似 Similarities 〗

助动词。按照规定、道理或一般的情况必须或必然这样。

我们双方都应当遵守合同的规定。｜ 在山路上开车应当格外小心。‖ 我们应该在八点钟以前到校。｜ 这些话应该由你来说。

〖 区别 Distinctions 〗

（1）"应当"可以表示当然要这样。语气比较强。可以说"理所应当"。

驾驶员应当注意交通安全。｜ 地铁停下后，乘客应当先下后上。｜ 他们队的水平确实比其他队高很多，得到冠军也是理所应当的。

练习答案：（1）A　（2）A　（3）B　（4）B

"应该"可以表示需要这样、最好这样。可以用在表示劝说的句子里。语气比"应当"弱。可以说"真不应该""当然应该""…是应该的"。

他的阅读能力比较强，口语还应该多练习练习。｜问老人的年纪应该怎么问？｜这么好的机会，你真不应该放弃，应该试试。｜我们这么做是应该的，你不用客气。

（2）"应该"还可以表示推测、估计。

阿里在中国已经学了四年汉语，他的汉语应该不错。｜听脚步声，应该是妻子回来了。

〖 练习 Exercises 〗

填空： A.应当　　B.应该
（1）发现问题当然_____想办法解决。
（2）你真不_____在那么多人面前批评他。
（3）作为国家工作人员，在工作中依法办事是理所_____的。

380 影响 yǐngxiǎng ②　　作用 zuòyòng ②

〖 相似 Similarities 〗

（1）动词。使事物发生变化。

咱们说话声音小一点儿，别影响他休息。‖艺术作品是人创作的，可是它又作用于人的精神。

（2）名词。使人或事物发生变化的结果。可以说"重要影响／作用""很大影响／作用"。

这件事对她的影响很大。‖这些技术人员在公司里发挥了很大的作用。

练习答案：　（1）B　　（2）B　　（3）A

〖 区别 Distinctions 〗

（1）"影响"是动词时，后边可以用名词性词语、动词性词语或小句。

> 你把电视的声音开得这么大，会影响别人的。| 心情不好会影响工作和生活。| 我们到外边谈吧，不要在这儿影响别人工作。

"作用"是动词时，可以说"作用于…"。多用于书面语。

> 客观事物作用于我们的感觉器官，我们就有了各种各样的感觉。| 很强的光作用于视觉，人会感到很难受。

（2）"影响"是名词时，可以与"深远""深刻""广泛"等配合使用。可以说"受（到）…影响"。

> 五四运动在中国历史上有着深远的影响。| 这些作家和艺术家在社会上的影响十分广泛。| 她写小说主要是受了父亲的影响。

"作用"是名词时，可以指效果、功能。可以说"起作用""发挥作用"。

> 这种药用来治感冒，作用不大。| 在完成这个项目过程中，这些年轻人起了很大作用。| 我们要充分发挥老专家的作用。

（3）"有影响"可以表示影响范围广，影响大。

> 冰心是中国现代文学史上很有影响的一位作家。

"有作用"可以表示起作用。

> 这种新药治疗感冒很有作用。

（4）"副作用"常指药物引起的不好的作用。

> 很多药物都有副作用。

〖 练习 Exercises 〗

填空： A.影响　　 B.作用
（1）她说这种东西有保护皮肤的_____。
（2）他学习绘画，主要是受了爷爷的_____。
（3）家庭生活环境对孩子们的成长_____很大。

（4）在这项工作上，钱先生和他的研究小组起了很大_____。

381 优点 yōudiǎn ②　　优势 yōushì ③

【 相似 Similarities 】

名词。人或事物好的方面。

新机器的最大优点是速度快。‖ 他们的产品优势在于价格低。

【 区别 Distinctions 】

（1）"优点"多表示人或事物的好的特点、方面。与"缺点"相对。

他的最大优点就是办事认真。| 你不要总是拿自己的优点去比人家的缺点。| 这些年轻人的优点是技术好，工作有热情，缺点是经验不够丰富。| 这种办法优点很多，可以采用。

（2）"优势"多表示在竞争、比赛中，某人或某事物比别人、别的事物好的方面。与"劣势（lièshì）"相对。可以说"地理／资源优势""产业／技术／人才优势""心理优势""占（有）优势""优势条件""优势学科"。

上海在发展海洋运输方面有明显的地理优势。| 这些新开的公司都具有很强的技术和人才优势。| 他具有丰富的国际比赛经验，所以在比赛中他的心理优势很明显。| 虽然他们在组织、技术和进攻方面都占优势，但最后他们还是没能赢得比赛。

【 练习 Exercises 】

填空：A.优点　　B.优势
（1）一所好的大学一定有自己的_____学科。
（2）跟这些公司比，我们在人才和技术方面都不占_____。

练习答案：（1）B　　（2）A　　（3）A　　（4）B

（3）我们不能光看别人的缺点，也要善于发现别人身上的　　　　　。

382 有的 yǒude ①　　有些 yǒuxiē ①

〖相似 Similarities〗

代词。指一些人或事物中的一部分。

我们班有的同学已经学过三年汉语了。‖ 我的书有些是朋友送的。

〖区别 Distinctions〗

（1）"有的"可能指某一个人或事物。

这些外国朋友，有的是第一次来中国，有的已经来过十几次了。（"有的"可能是某一个人）| 屋里的家具有的是进口的。（"有的"可能是某一件家具）

"有些"总是指某一些人或一些事物。

今天来的客人有些是我们的老朋友了。| 他买的书有些一遍也没看过。

（2）在"有的＋形容词"中，"有的"常做主语。可以说"有的…，有的…"。

我们班的同学，有的高，有的矮；有的胖，有的瘦。| 柜子里的衣服有的贵，有的便宜。

在"有些＋形容词"中，"有些"常做状语（这时，"有些"是副词），相当于"有点儿"。

这件衣服虽然有些贵，但质量很好。| 十月的天气，早晚已经有些凉了。

注意，下边句中"有的"是动词"有"后加助词"的"。

你说的情况是有的，但不多。

"有的是"表示有很多。

这种水果在南方有的是，你要多少，我们提供多少。

练习答案：　（1）B　　（2）B　　（3）A

填空： A. 有的　　 B. 有些

（1）老人虽然　　　　 瘦，但是很健康。

（2）这些楼　　　 高，　　　 低，都很有特点。

（3）图书馆里的小说　　　 是，你要是喜欢看，可以多借几本。

383 有（一）点儿 yǒu（yì）diǎnr ①　 有（一）些 yǒu（yì）xiē ①

〖 相似 Similarities 〗

（1）表示程度不太深、稍微。

　　她好像有（一）点儿不高兴。‖ 他说话时显得有（一）些紧张。

（2）表示数量不多。

　　瓶子里还有（一）点儿酒。‖ 这里还有（一）些问题需要研究。

〖 区别 Distinctions 〗

（1）"有（一）点儿" 可以单独回答问题。

　　"他发（烧）不发烧？" "有（一）点儿。" | "她是不是生气了？" "有（一）点儿。"

（2）"是有点儿" 可以表示对别人意见的部分肯定。

　　"这人太不讲道理了！" "哎，是有点儿。" | "他好像很紧张。" "对，我看是有点儿。"

（3）用 "有点儿" 可以说 "有点儿 + 太 + 形容词"。

　　你这样说，有点儿太夸张了吧。| 他做得有点儿太过分了。

（4）"有（一）些" 还可以指一部分。相当于 "有的"。

　　这二十多个汉字，有些我们已经学过了。| 放假的时候，有些同学要去旅游。

练习答案：（1）B　　（2）A, A　　（3）A

〖练习 Exercises〗

填空： A. 有点儿　　 B. 有些

（1）"你饿不饿？""＿＿＿＿。"

（2）今天来开会的人＿＿＿＿是我们都认识的。

（3）这事＿＿＿＿太突然了，我不知道怎么办才好。

384 又 yòu ①　　　再 zài ①

〖相似 Similarities〗

副词。表示某种情况重复出现，某件事情重复发生。

我又念了一遍课文。‖ 这些汉字我想再写一遍。

〖区别 Distinctions〗

（1）"又"可以表示已经发生的情况重复发生，也可以表示有规律地重复，或照例要发生某事。常和"了"配合使用。

前天他来了，昨天他又来了。| 明天又是星期天了。| 你这次考试成绩这么差，爸爸又该骂你了。

"再"表示某种情况重复发生时，多表示主观的愿望、要求，重复发生的情况往往还没有发生。可以用在要求或希望别人做某事的句子中。

这部电影我想再看一遍。 | 你能不能明天再到这儿来一次？ | 我们再谈谈合作的事吧。| 请你再说一遍。

（2）"又"与助动词连用时，它只能用在助动词的前边。

我们又可以在一起打球了。| 新学期马上又要结束了。

"再"与助动词连用时，一般用在助动词的后边。

你可以再借两本书。| 我们应该再等他一会儿。

练习答案： （1）A　　（2）B　　（3）A

（3）"又"还可以表示几种情况同时存在，或在某种情况之外补充别的情况。

　　昨天晚上又刮风又下雨，天气很不好。｜我吃了一碗面条，后来又吃了一块面包。

（4）"再"还可以表示一种行为在另一种行为结束后发生，这时，"再"前边可以用"然后"。

　　我想先休息一会儿，然后再去食堂吃饭。

（5）"再"还可以表示某种情况如果持续下去就会产生某个结果。可以说"再…就…"。

　　这次机会要是再抓不住，以后恐怕就没机会了。｜如果你再不走，就赶不上火车了。

（6）"再"可以用在形容词前，可以说"再…，也…""再…，都…"，表示在任何情况下都是这样。

　　遇到再大的困难，我们也要想办法克服。｜这种电影再便宜，观众都不一定喜欢看。

〖练习 Exercises〗

填空： A.又　　B.再
（1）你怎么_____感冒了？
（2）你要是_____不来，我们可不等你了。
（3）你_____劝他，他也不会改变主意的。
（4）对不起，我_____忘了把你要的书带来了。
（5）你能不能把这里的情况_____向大家介绍一下？
（6）我吃了两块面包，_____吃了一个鸡蛋，可还是没吃饱。

练习答案： （1）A　　（2）B　　（3）B　　（4）A　　（5）B　　（6）A

385 员工 yuángōng ③　　职工 zhígōng ③

〖 相似 Similarities 〗

名词。在企业、工厂、医院、学校、宾馆饭店等单位里工作的人。

这个公司目前有两千多名中国员工。‖ 这次我们公司要招收四十名新职工。

〖 区别 Distinctions 〗

（1）"员工"可以指在单位里工作的管理人员和普通工作人员。一般指一些人。可以说"师生员工""教职员工"。

节日期间，大批铁路员工仍日夜工作在自己的岗位上。| 在全体员工的共同努力下，我们公司去年的汽车产量和销量都有了很大程度的提高。| 目前，我们学校的师生员工已有两万多人。| 在全校教职员工大会上，她代表新教师发了言。

（2）"职工"多指在单位里工作的普通工作人员。可以指一些人，也可以指个人。可以说"干部职工""一名职工""教职工""职工宿舍 / 食堂 / 医院"。

市长昨天到火车站看望了春节期间仍在工作的干部职工。| 老金以前是我们厂的一名职工，现在退休了。| 我们学校目前在职的教职工有一千多人。| 他刚参加工作不久，现在住厂里的职工宿舍。

〖 练习 Exercises 〗

填空：　A. 员工　　B. 职工

（1）这所大学的师生_____有三万多人。

（2）公司规定：非本单位_____不许在此停车。

（3）他中学毕业后就进了工厂，成了一名普通_____。

练习答案：（1）A　　（2）A/B　　（3）B

386 在 zài ②　　正 zhèng ①

〖相似 Similarities〗

副词。表示动作行为在进行中，或状态在持续中。可以用在表示行为活动的动词性词语前。可以说"正在"。

> 操场上人很多，有的在跑步，有的在打球。｜你快点儿，大家都在等你呢。‖我们正讨论这个问题呢。｜他正看着电视，电话铃响了。‖ 他们正在开会。｜我们正在想办法。

〖区别 Distinctions〗

（1）"在"常表示动作行为在进行中。"在"前边可以用"一直""总""还""又"等，也可以用表示一段时间的词语。

> 我们一直在想办法解决这个问题。｜这段时间，他们总在讨论这些问题。｜他还在看电视。｜你听，他又在批评别人了。｜你这两年在干什么？

"正"常表示刚好处于某种状态。可以用在趋向动词（如"上来／去""下来／去""过来／去""过来／去""进来／去""起来"）和"要""是""像""因为"等词语前边，也可以用在形容词前边（如"正好""正热""正合适"），还可以说"正不…"。

> 我去找他时，他正从楼上下来。｜你来得正好，我正要找你呢。｜这正是我们要想办法解决的问题。｜事情的结果正像我们想的那样。｜正因为这事很重要，所以我们要特别认真。｜这双鞋大小正合适。｜不要我去正好，我正不想去呢。

（2）"正在"是"正"和"在"连用，常表示在某个时刻，动作行为在进行中。

> 你别着急，我们正在想办法。｜你给我打电话的时候，我正在看电视呢。｜我们正在开会的时候，电话铃响了。

（3）下边句子里，"在"是介词。

> 买电脑在那时候是件大事。｜她生在上海，长在北京。｜在朋友们的帮助下，他终于取得了成功。

（4）下边句子里，"在"是动词。

> 明天我在家。｜书都在桌子上。｜这件事做不做完全在你自己，你想做就做，不想做就不做。

（5）"正"还可以是形容词，表示不偏不斜。

> 邮局在我们学校的正对面。｜身正不怕影子歪。

〖 练习 Exercises 〗

填空：　A. 在　　　B. 正

（1）这些天我一直＿＿＿＿想这个问题。

（2）我＿＿＿＿不知道往哪儿走才好，来了辆出租车。

（3）他早上六点就出门去上班了，那时候你还＿＿＿＿睡觉呢。

（4）这件衣服你穿着＿＿＿＿合适，不大也不小，不肥也不瘦。

387　怎么 zěnme ①　　　怎么样 zěnmeyàng ①

〖 相似 Similarities 〗

（1）疑问代词。问动作行为的方式、方法。

> 这些问题怎么解决呢？｜你是怎么练习口语的？‖我们怎么样把工作做得更好呢？｜咱们怎么样才能提高汉语水平呢？

（2）不定代词。表示不确定的程度、状态。可以与"无论""不管"等配合使用。

> 不管条件怎么差，我们都要坚持下去。｜无论别人怎么劝他，他都不听。‖不管这东西怎么样便宜，反正我不买。｜无论你怎么样解释，现在都没用了。

练习答案：　（1）A　　（2）B　　（3）A　　（4）B

（1）"怎么"可以用在一些单音节动词前，问方式、方法。

你看这事怎么办？｜去邮局怎么走？｜咱们怎么去？｜这句话用英语怎么说？

（2）"怎么"作定语时，后边的名词性词语常带数量词语。

这到底是怎么（一）回事？｜你知道他是怎么一个人吗？

"怎么样"做定语时，后边常用"的"。

你知道当时是一种怎么样的情况吗？｜他们到底是些怎么样的人呢？

（3）"不怎么"可以用在动词或形容词前作状语，表示程度不高。相当于"不很…""不太…""不那么…"。

我们刚认识，我还不怎么了解他。｜那件事我不怎么记得了。｜伤口好多了，已经不怎么疼了。

"不怎么样"表示人或事物不太好。可以作谓语、宾语、补语。

我看这部电影真不怎么样。｜那些家具我觉得不怎么样。｜这本小说写得不怎么样。

（4）"怎么了"可以问刚发生的或刚发现的情况。

你怎么了？是不是不舒服？｜他今天怎么了？我从来没见他像今天这样发火。

"怎么样了"可以问已经知道的情况最近的发展变化。

你的感冒怎么样了？好些了吧？｜你们的工作怎么样了？什么时候能完成？

（5）"怎么"单独用在句子前边，表示吃惊或难以理解。

怎么，老朋友都不认识了？｜怎么，你星期天还上班？

"怎么样"单独用在句子前边，问情况或别人的意见。

怎么样，最近身体还好吧？｜怎么样，在这儿生活习惯不习惯？｜怎么样？这儿的环境不错吧？

（6）"怎么"可以用在动词性词语前边，问原因。

　　　你昨天<u>怎么</u>没来？ | 已经上课了，你<u>怎么</u>还在宿舍？ | 她<u>怎么</u>哭了？

（7）"怎么"可以表示反问。

　　　你<u>怎么</u>能说出这种话呢？ | 这事<u>怎么</u>会是他干的呢？

（8）"怎么样"可以作谓语、宾语、补语，问情况、状况。

　　　你最近身体<u>怎么样</u>？ | 这件衣服你觉得<u>怎么样</u>？ | 你看她的作业做得<u>怎么样</u>？

〖练习 Exercises〗

填空：　A.怎么　　B.怎么样

（1）你昨天_____没来？

（2）_____？我们去看电影吧。

（3）饭做得_____了？我们都饿了。

（4）"阿姨"的"姨"字_____写？

（5）那些东西看上去不_____，但都很贵。

（6）这些工作，做不_____难，但要做好并不容易。

388　增加 zēngjiā ②　　　增长 zēngzhǎng ③

〖相似 Similarities〗

动词。数量变多。

　　　我们学校今年的招生人数比去年<u>增加</u>了二百人。‖ 这几年职工的工资收入比过去<u>增长</u>了许多。

〖区别 Distinctions〗

（1）"增加"表示在原来的基础上数量变多了。对象可以是人或事物（如工资、收入、费用、面积、体重、难度、项目）。

练习答案：　（1）A　　（2）B　　（3）B　　（4）A　　（5）B　　（6）A

公司最近不打算增加新的员工。 | 这两年他的工资一点儿也没增加。 | 这样做不仅要增加费用，而且也增加了操作的难度。 | 这次运动会新增加了两个比赛项目。

（2）"增长"多表示提高。对象可以是抽象的事物（如经济、知识、才干），但不能是人。可以说"经济增长""人口增长"。

这几年我国的经济增长很快。 | 看书可以增长知识。 | 通过实践，他增长了才干。 | 一些发展中国家和地区，人口增长速度较快。

【练习 Exercises】

填空： A.增加　　B.增长
（1）这两年职工们的工资_____了一点儿。
（2）最近几年世界经济_____的速度比较慢。
（3）从低年级到高年级，学习的难度是不断_____的。

389 这么 zhème ①　　这样 zhèyàng ①

【相似 Similarities】

代词。指某种程度。

你这么想家，就早点儿回国吧。‖ 这样大的事情，我一个人不能决定。

【区别 Distinctions】

（1）"这么"多用于口语，"这样"通用于口语和书面语。
（2）"这么"可以用在表示人或事物的数量词语前边，指数量。后边不用"的"。

刚开始的时候，我们公司只有这么五六个人。 | 一共就这么一个月时间，咱们得抓紧点儿。 | 这么一大堆书，什么时候能看完？

"这样"可以指人或事物的性质、状态。可以说"这样的＋名词性词语"。

练习答案：（1）A/B　（2）B　（3）A

这样的同学在我们学校还有很多。 | 这样的事情以后不能再发生了。 | 学生们都很喜欢像王先生这样的老师。

（3）用"这么"还可以说"动词+这么+数量词语（如'两遍''一次''半天'）"。

这首新歌她只听了这么两遍就会唱了。 | 博物馆我只去过这么一次，我还想去看看。 | 我听了这么半天，一点儿也没听懂。

（4）用"这么"还可以说"这么点儿""这么些""这么样""这么着（zhe）"。

这么点儿事儿，我们很快就能干完。 | 这么些书，你都看过了吗？ | 他就是这么样的一个人，你别生他的气。 | 这事儿就这么着吧，好不好？

（5）"…有/没有…这么+形容词""…（不）像…这么+形容词"表示比较。

弟弟已经有我这么高了。 | 事情不像你想的这么容易。

（6）"这样"还可以指某种行为或情况。可以作主语、谓语、宾语，有时单独使用。

这样恐怕不太好吧。| 咱们千万不能再这样了。| 只有这样，才能解决问题。| 这样，问题就很容易解决了。

〖 **练习 Exercises** 〗

填空： A.这么　　 B.这样
（1）我看，这事就_____吧。
（2）就_____点儿事情，用不了那么多人。
（3）她希望考上像北京大学_____的大学。
（4）他学习汉语才两个月，只会说_____几句汉语。

390 真实 zhēnshí ③　　　真正 zhēnzhèng ③

〖 **相似 Similarities** 〗

形容词。真的。

他说的这些事情都是真实的。‖ 真正的朋友不一定要经常在一起吃吃喝喝。

练习答案： （1）B　 （2）A　 （3）B　 （4）A

〖 区别 Distinctions 〗

（1）"真实"多表示人或事是真的存在的，符合实际的，不是想象的。可以做定语、谓语、状语、补语。前边可以用"很""非常"等。可以说"真实情况／材料／报道／成绩""人物／故事／情节真实""真实性"。

从大量的新闻报道中我们可以了解这次事件的真实情况。｜记者写新闻必须真实。｜这盘录像真实地记录了事情发生的过程。｜这篇文章写得很真实，也很感人。｜很多人怀疑他说的这事儿的真实性。

（2）"真正"多表示某人或事物真的算得上是某种人或事物，或达到某种较高的程度。可以作定语、状语，不作谓语、补语。"真正"前边不能用"很""非常"等。可以说"真正了解／理解／懂得／明白"。

他是个真正的艺术家。｜你能说清楚什么是真正的爱情吗？｜开会并不是他到上海来的真正目的。｜我还没有真正了解他。｜工作几年以后，我才真正懂得了学习的重要性。

〖 练习 Exercises 〗

填空： A.真实　　B.真正
（1）在调查中得到的_____材料对我们的研究很有帮助。
（2）我们都希望得到幸福，但并不是都清楚什么是_____的幸福。
（3）他在中国已经住了五年了，但他觉得还没有_____了解中国文化。

391 争 zhēng ③　　争取 zhēngqǔ ③

〖 相似 Similarities 〗

动词。努力得到。

他们参加比赛的目的就是要争冠军。‖考试的时候我们都想争取得到好成绩。

〖 区别 Distinctions 〗

（1）"争"可以表示在比赛、竞争、谈判、战斗等活动中，努力得到好的结果。可以

练习答案：（1）A　　（2）B　　（3）B

说"争冠军／第一（名）""争权""争利""争名""争夺（zhēngduó）""争办／做／当""争到""争出胜负／高低""争得…"。

> 他的工作很认真，从来不<u>争</u>权不<u>争</u>利，也不<u>争</u>名。｜为了<u>争</u>夺这座城市，战争双方的伤亡都很严重。｜很多城市都想<u>争</u>办奥运会，北京<u>争</u>到了2008年奥运会的主办权。｜这两个队都想<u>争</u>第一，比赛时他们<u>争</u>得很激烈。

"争取"常表示在活动中努力去得到好的结果或实现某个目标。可以说"争取好成绩""争取胜利／独立""争取自由／民主／权利""争取时间""争取实现／得到""争取过来"。

> 大家都想在考试中<u>争取</u>好成绩。｜他们为<u>争取</u>实现国家独立和民主自由作出了巨大贡献。｜我们要想在年底完成这项工作，现在就必须<u>争取</u>时间。｜我们很需要像小李这样的人才，你去跟他谈谈，希望能把他<u>争取</u>过来。

（2）"争"还可以表示双方或多方为了自己的利益互不相让，争论或吵架。可以说"争吵""争起来"。

> 在产品的价格方面，双方<u>争</u>了很久。｜这事儿已经决定了，你们不要再<u>争</u>了。｜他们俩经常为一些生活小事<u>争</u>吵，刚才为了孩子上学的事情又<u>争</u>起来了。

〖 练习 Exercises 〗

填空： A.争　　B.争取

（1）作为运动员，他们都想在比赛中_____胜利。

（2）他们在会上为了这事儿的对错_____了半天，谁也不让谁。

（3）他只想平平安安地过日子，不想_____名，也不想_____利。

392 整个 zhěnggè ②　　整体 zhěngtǐ ③

〖 相似 Similarities 〗

事物的全部。

练习答案：（1）B　（2）A　（3）A，A

我<u>整个</u>假期都在上海，没去别的地方。‖ 这些不同的小组，合在一起就是一个<u>整体</u>。

〖 区别 Distinctions 〗

（1）"整个"是形容词，常做定语。句中常用"都"。可以说"整个上午／晚上""整个假期／寒假／暑假""整个学校／公司／工厂""整个城市／地区／国家／社会／世界""整个会场／运动场""整个身心"。

我<u>整个</u>上午都在办公室。｜ 这起事件震动了<u>整个</u>世界。｜ 昨天晚上<u>整个</u>体育场成了一片欢乐的海洋。｜ 这几年<u>整个</u>国家的经济都得到了很大发展。｜ 他的<u>整个</u>身心都投入到工作中去了。

"整体"是名词，指由各成员或各部分组成的集体或事物的全部。可以说"一个整体""形成／成为／作为整体""整体利益／效果""整体观念"。

一所学校是由教学、管理、后勤等部门形成的一个<u>整体</u>。｜ 在集体生活中，我们必须考虑<u>整体</u>利益。｜ 这幅画儿虽然有个别地方不太完美，但<u>整体</u>效果还是不错的。｜ 在工作中，我们要有<u>整体</u>观念，不能总想着自己的得失。

（2）用"整体"还可以说"（在）整体上""从整体上看""从整体上考虑"。

这个公园景点的分布<u>整体</u>上还比较合理。｜ 我们要从<u>整体</u>上来考虑这个问题，不能只看问题的本身。

〖 练习 Exercises 〗

填空： A.整个　　B.整体
（1）开学前一个星期，_____学校都在准备迎接新同学。
（2）这几个单位经过多年的密切合作，现在已经成为一个_____了。
（3）从_____上看，农民的生活比以前有了一些改善，但仍有许多人生活很困难。

练习答案：（1）A　　（2）B　　（3）B

393 正确 zhèngquè ② 准确 zhǔnquè ③

〖相似 Similarities〗

形容词。对，没错。

他的回答非常正确。‖ 这个答案是非常准确的。

〖区别 Distinctions〗

（1）"正确"形容人的言行、看法、判断等符合事实、道理或某种标准。与"错误"相对。可以说"正确处理""正确的选择/决定""意见/看法/方法正确"。

你这样做是很正确的。| 正确的答案往往只有一个。| 反复思考以后，他做出了正确的选择。| 工作方法正确，工作起来就会比较顺利。

（2）"准确"可以形容数字、答案是对的，没有误差，也可以形容语言表达很恰当，还可以形容投篮、射击很准。可以说"准确无误""准确时间""投篮准确"。

这些数字都是准确无误的。| 科学家已经能准确地计算出地球绕太阳一周需要多少时间了。| 他的文章用词总是很准确。| 职业篮球运动员投篮是相当准确的。

〖练习 Exercises〗

填空： A. 正确 　　B. 准确

（1）他们_____处理了这个问题。

（2）领导的看法不一定都是_____的。

（3）这件事已经过去很久了，它发生的_____时间我记不清了。

394 证 zhèng ③ 证件 zhèngjiàn ③

〖相似 Similarities〗

名词。证明某人身份的文件。可以说"身份证""身份证件"。

练习答案：（1）A 　　（2）A 　　（3）B

乘坐飞机时需要带身份证或护照。‖ 出国工作时要带好护照、毕业证书等各种证件。

〖 区别 Distinctions 〗

（1）"证"可以表示证明某人身份、经历或资格的文件。常用在一些双音节词语后（使用不太自由）。可以说"身份证""出生证""居住证""学生证""借书证""毕业证""工作证""结婚证""记者证""驾驶证""资格证"。

凭身份证、学生证或工作证都可以进这个图书馆看书。｜我想办一张借书证。｜大学毕业的那一天，毕业生们都领到了毕业证。｜你没有教师资格证，现在想到中学当老师是不太可能的。

"证件"多表示证明某人身份的文件。使用较自由。带定语时，定语后可以用"的"。可以说"出示／检查／查看证件""有效证件""你／我／他的证件"。

人们进出市政府办公楼时都要出示有效的身份证件。｜在机场进、出关时都有人专门查看证件。｜很多证件都有一定的有效期。｜我正要往里走，门口有个像士兵一样的人对我说："请出示你的证件。"

（2）"证"还可以表示证明事物性质或允许做某事的文件。可以说"产品合格证""营运证""通行证"。

我们厂出产的每一件合格产品都有一张产品合格证。｜你的车没有营运证，是不能运送货物的。

〖 练习 Exercises 〗

填空： A.证　　　B.证件
（1）他的居住_____到明年二月就过期了。
（2）学生凭学生_____可以从图书馆借五本书。
（3）你到邮局取包裹时必须出示你的有效_____。

练习答案：（1）A　　（2）A　　（3）B

395 证据 zhèngjù ③　　证明 zhèngmíng ②

〖 相似 Similarities 〗

名词。用来支持或说明某种情况真实性的材料等。

> 在法庭上说一个人有罪或无罪都要有证据。‖ 去外地旅行或者出国时要带好个人的身份证明。

〖 区别 Distinctions 〗

（1）"证据"常表示用来支持某种结论的物品、材料。可以说"寻找／搜集证据""掌握证据""拿出证据""缺乏证据""证据不足""证据面前""铁的证据"。

> 调查人员正在寻找这些人的犯罪证据。| 你说这事是他干的，你要拿出证据来。| 这个说法目前还缺乏证据，很难说是对是错。| 在铁的证据面前，他不得不承认自己的犯罪事实了。

"证明"可以指用来说明某人的身份或某种情况的文件、材料。可以说"身份证明""结婚证明""健康／财产证明""证明信""开证明""一张／份证明"。

> 护照和身份证都是个人的身份证明。| 公司要我们提供健康证明。| 他把证明信交给了刘主任。| 我要去办公室开一张证明。

（2）"证明"常是动词，表示用事实、数据、材料等表明或说明人或事物的对错或者真假。

> 历史会证明这样做到底对不对。| 谁能证明你说的这些是真的呢？| 我们了解到的事实证明，这事跟他确实没关系。| 实践证明，只有发展经济，才能改善人们的生活条件。| 大量经验证明，多练习是学习口语的好方法。

〖 练习 Exercises 〗

填空： A. 证据　　B. 证明
（1）你拿什么_____你是学生？
（2）办居住证时需要医院开一份健康_____。

（3）调查人员掌握的_____表明，这些人确实干了不少坏事。

396 之间 zhījiān ②　　中间 zhōngjiān ①

〖 相似 Similarities 〗

在某些人、事物或某个范围中。

> 我们单位同事之间关系都很好。‖ 在我们班同学中间，王亮跑得最快。

〖 区别 Distinctions 〗

（1）"之间"常用在一些名词性词语或数量词语之后。可以说"宿舍楼和食堂之间""班与班之间""人与人之间""座位之间""同学／朋友／兄弟姐妹之间""九点到十点之间"。

> 第一教学楼和第二教学楼之间有一大块空地。| 上中学的时候，我们学校的班与班之间经常进行体育比赛。| 朋友之间应该互相帮助。| 人与人之间要多交流才能增进了解。| 上午九点到十点之间有好几个人打电话找你。

"中间"可以表示当中的位置。可以带定语，也可以做定语。可以说"广场／水池中间""人群／群众／学生中间""中间位置／状态""（坐／站／放／摆／写）在中间""从中间（断开）""中间派"。

> 广场中间有一座塔。| 坐在中间的这位是不是校长？| 这根绳子太长了，可以从中间剪断。| 你画的树中间粗，两头细，这是什么树？

（2）"说话之间""转眼之间""突然之间"等，表示很短的时间。

> 从人民广场坐地铁去火车站，说话之间就到了。| 时间过得真快，转眼之间一年又过去了。| 他好像突然之间想起了什么事，就很快地站起身出去了。

练习答案：　（1）B　　（2）B　　（3）A

〖练习 Exercises 〗

填空： A. 之间　　B. 中间

（1）个子高的站＿＿＿＿＿，个子矮的站两边。

（2）人与人＿＿＿＿＿要是都能互相信任，该多好啊！

（3）足球比赛分上、下两个半场，＿＿＿＿＿休息一刻钟。

（4）上午十点到十一点＿＿＿＿＿，有个老人来办公室找你。

397 之内 zhīnèi ③　　之中 zhīzhōng ③

〖相似 Similarities 〗

在一定的界限、范围内。

> 他们在一年之内搬了三次家。‖ 一个月之中就发生了两起重大事故，我们必须找出原因。

〖区别 Distinctions 〗

（1）"之内"常表示在一定的时间、处所、数量、范围里，不超出。可以说"三天之内""方圆/周围两公里之内""1000字之内""职责范围之内""计划之内"。

> 我们一定要在一个星期之内解决这个问题。｜ 在这儿，周围两公里之内没有一户人家。｜ 杂志社要求每篇文章的字数在8000字之内。｜ 下课以后解答学生的问题，这也是每个教师职责范围之内的事情。｜ 这些工作都在计划之内。

"之中"可以表示在一定的时间、处所、范围、事物中。可以说"大海之中""人群之中""高高低低的大楼之中""意料之中"。

> 假期之中，我们游览了几处名胜古迹。｜ 这艘万吨巨轮在大海之中就像一片树叶一样，显得很小。｜ 她穿了件红棉袄，在人群之中特别显眼。｜ 他不同意这么做，也在我们的意料之中。

（2）"之中"还可以表示在一定的状态、过程中。可以说"黑夜之中""幸福/欢乐/

练习答案：　（1）B　　（2）A　　（3）B　　（4）A

喜悦／混乱之中""考虑／讨论／商谈／研究之中"。

他渐渐地走远了，他的身影消失在黑夜之中。｜离开家以后，她才感觉到在父母身边是生活在幸福之中。｜那里还处在混乱之中，你去那儿，一定要注意安全。｜新的计划还在讨论之中。

〖练习 Exercises〗

填空：A.之内　　B.之中

（1）上级要求他们三天_____提出解决问题的办法。

（2）球队刚刚获得冠军，队员们正处于巨大的欢乐_____。

（3）在成百上千座高楼_____，我们公司所在的这座楼显得很普通。

398 职业 zhíyè ②　　专业 zhuānyè ②

〖相似 Similarities〗

（1）名词。专门做的事。

她父母的职业都是教师。‖他的专业是数学。

（2）形容词。专门做某事的。

参加这次比赛的都是职业运动员。‖在研究所里工作的大部分人都是工程技术专业人员。

〖区别 Distinctions〗

（1）"职业"作为名词，常表示作为生活来源的工作。可以说"职业介绍所"。

教师是她的理想职业。｜他觉得自己的职业很光荣。｜王先生现在负责指导大学毕业生如何寻找职业。｜我们学校旁边有一家职业介绍所。

"专业"作为名词，指大学、专门学校分出的学科门类（如"数学／化学／物理／法学／中文专业""经济贸易专业""专业学习"）。

练习答案：　（1）A　　（2）B　　（3）B

在大学里你的专业是什么？ | 现在学习计算机专业和外语专业的学生很多。 | 这学期我们有三门专业课。 | 她不太喜欢自己所学的专业。

（2）"职业"作为形容词，可以用在一些名词性词语前边。与"业余"相对。可以说"职业运动员""职业球队""职业教练 / 律师 / 导游 / 演员"。

我们只是在业余时间打球，不能跟职业球队比。 | 金先生是一名职业律师。 | 这家旅行社现有二十多位职业导游。

"专业"作为形容词，表示经过专门学习或训练，对某个学科或某项技术很熟悉。可以说"专业人员""专业设计""专业眼光 / 水平""很 / 特别 / 相当专业"。

这座房子是请专业人员设计的。 | 画家是用专业的眼光来看这些作品的。 | 他们这些工作都做得相当专业。

（3）"职业化"表示把做某事作为职业。

有人认为，中国足球必须走职业化道路才能取得好成绩。

"专业化"表示使某（些）人具有专业水平，或使做某事有专业水平。

研究所里有一些高度专业化的研究小组。

〖 练习 Exercises 〗

填空： A. 职业　　B. 专业
（1）王老师的儿子考上了北京大学的法学_____。
（2）妈妈是女人一生的_____。
（3）经过一年多的_____学习，他们完全掌握了这项技术。

399 只要 zhǐyào ②　　只有 zhǐyǒu ②

〖 相似 Similarities 〗

连词。表示条件。

只要没有不同的意见，我们就这么决定了。‖ 在目前的情况下，大家只有团

练习答案：（1）B　　（2）A　　（3）B

结起来，才能战胜困难。

〖 区别 Distinctions 〗

（1）"只要"表示有这个条件就可以（这个条件不一定是唯一的）。一般用在分句中。常用"只要…，就／便…"。

　　只要你去叫他，他马上就来。｜只要我知道，就一定告诉你。｜你只要认真复习了，这次考试就一定能通过。

　　"只有"表示一定要某个条件才行（这个或这些条件是必须具有的）。可以用在分句中，也可以用在名词性词语或一些介词短语的前边。常用"只有…，才…"。

　　只有你去叫他，他才会来。｜只有老王师傅才能解决这个问题。｜只有在确实没办法的情况下，他才会向人求助。

（2）下边这句话里的"只有"是副词，表示不得不，只好。

　　今天什么车都没了，咱们只有再在这里等一天了。

　　注意，下边句子里的"只要"是副词"只"与动词"要"连用。

　　我只要一杯茶，不要啤酒。

　　下边这句话里的"只有"是副词"只"与动词"有"连用。

　　我带的钱不多，只有二百多块钱。

〖 练习 Exercises 〗

填空： A.只要　　B.只有
（1）你_____有信心，就一定能把汉语学好。
（2）_____放假的时候，我们才有时间去旅游。
（3）你_____打个电话就行了，不用自己跑一趟。
（4）我们_____充分地了解情况，才能作出正确的判断。

练习答案：（1）A　（2）B　（3）A　（4）B

400 制造 zhìzào ③　　制作 zhìzuò ③

〖 相似 Similarities 〗

动词。造某种东西。

这家公司是专门制造小汽车的。‖ 她们厂专门制作各种工艺品。

〖 区别 Distinctions 〗

（1）"制造"的对象常是机器，可以是比较大的（如飞机、轮船、汽车、机器等），也可以是比较小的（如电脑、收音机、照相机等）。

这种飞机是中国制造的。| 古人早就可以制造这种大船了。| 他的公司只能制造一些简单的生产工具。

"制作"的对象可以是一些小的东西（如服装、首饰、工艺品、糖果、玩具等），也可以是电影、广播电视节目、广告等。

他们厂制作的服装已经出口到欧美各国了。| 这些工艺品的制作技术非常复杂。| 这部电视剧是好几家电视台联合制作的。

（2）"制造"还可以表示造成或引起不好的情况或事件。可以说"制造麻烦 / 矛盾 / 冲突 / 混乱""制造紧张气氛"。

请你不要在这里制造麻烦了。| 他故意在这里制造紧张气氛。

〖 练习 Exercises 〗

填空： A. 制造　　B. 制作
（1）我们参观过这家汽车_____厂。
（2）有人想利用这起事件_____混乱。
（3）这部电影是由上海和北京的两家电影制片厂联合_____的。

练习答案：（1）A　（2）A　（3）B

401 中心 zhōngxīn ②　　中央 zhōngyāng ③

〖相似 Similarities〗

名词。中间。

　　人民广场在市中心，交通很方便。‖ 演员们表演的舞台位于体育场的中央。

〖区别 Distinctions〗

（1）指某块地方的中间位置时，"中心"的范围比较小，"中央"的范围大一些。

　　圆周上的任意一点与圆的中心的距离相等。‖ 广场中央有一座纪念碑。

（2）"中心"可以指具体的中间位置（如"湖的中心""中心地区／地带"），也可以指在某方面有重要影响的地方（如"文化／经济／商业／政治中心"），还可以指专门做某方面工作的地方（如"研究中心""教育中心""汉语教学中心"）。

　　湖中心有一座小岛，岛上有很多鸟。| 市中心的房屋价格很贵。| 北京是中国的政治、文化、外交中心。| 李先生现在是非洲研究中心主任。

（3）"中心"还可以表示事物中最重要的部分。可以说"中心工作／任务""工作中心"。

　　教学是学校的中心工作。| 目前我们的中心任务是发展经济。

（4）"中央"常指政府或政治团体的最高领导机构。可以说"中央政府""中央机关""中央银行""党中央""团中央"。

　　这件事已经引起了中央政府的重视。| 他在中央机关工作。| 参加这次会议的大都是各国的中央银行行长。

〖练习 Exercises〗

填空：　A. 中心　　B. 中央
（1）我们学校有十多个研究_____。
（2）从我们学校去市_____，交通很方便。

（3）＿＿＿＿＿政府对改善人民的生活条件十分重视。

402 重要 zhòngyào ①　　主要 zhǔyào ②

〖相似 Similarities〗

形容词。人或事物的作用、影响、地位等很突出。

今天的会议很<u>重要</u>，你一定要参加。‖ 我现在的<u>主要</u>任务是学好汉语。

〖区别 Distinctions〗

（1）"<u>重要</u>"常表示作用、影响、意义等重大。

这件事情非常<u>重要</u>，我们必须高度重视。| 在当今世界上，中国是具有<u>重要</u>影响的国家。| 五四运动在中国历史上具有重要意义。

"<u>主要</u>"常表示在有关事物中占突出地位的或起决定作用的。与"次要"相对。

这个公司现在的<u>主要</u>问题是管理混乱。| 我们学校的几位<u>主要</u>领导今天都来了，坐在当中的那位是校长。| 她是这部电影里的<u>主要</u>演员之一。

（2）"<u>重要</u>"除了作定语外，还可以作谓语、补语、宾语。一般不作状语。

公司里的事情，什么<u>重要</u>，什么不<u>重要</u>，当经理的应该明白。| 这件事现在变得相当<u>重要</u>。| 有些事我认为很<u>重要</u>，他却说不<u>重要</u>。

"<u>主要</u>"除了作定语外，还常作状语。一般不作谓语、补语、宾语。

学习<u>主要</u>靠自己的努力。| 今天的会我们<u>主要</u>讨论两个问题。| 这次来北京<u>主要</u>是开会，顺便参观一下故宫。

（3）"<u>重要</u>"还可以带状语、补语、定语。

要学好口语，多练习特别<u>重要</u>。| 健康比金钱要<u>重要</u>得多。| 他们已经认识到了知识的<u>重要</u>。

练习答案：（1）A　（2）A　（3）B

（4）"重要"可以用在比较句中。可以说"越来越重要""重要不重要""不重要""重要性"。

> 生活幸福比什么都<u>重要</u>。｜科学技术对经济发展的作用越来越<u>重要</u>。｜你觉得学习语法<u>重要</u>不<u>重要</u>？｜这次比赛输赢并不<u>重要</u>。｜他还没有认识到人才的<u>重要性</u>。

〖 练习 Exercises 〗

填空：A. 重要　　B. 主要

（1）那些钱对他来说实在是太_____了。

（2）这么_____的消息，你怎么不早点儿告诉我？

（3）这起交通事故_____是由于司机酒后开车造成的。

403 状况 zhuàngkuàng ③　　状态 zhuàngtài ③

〖 相似 Similarities 〗

名词。事物的样子。

> 一些工业城市的环境污染<u>状况</u>已经十分严重。‖ 这个地区长期以来一直处于动乱的<u>状态</u>。

〖 区别 Distinctions 〗

（1）"状况"常表示人、事物和活动的总的情况。可以说"健康／婚姻／社会／经济／政治／卫生／生活／发展状况"。

> 这张表要求填写个人的健康<u>状况</u>和婚姻<u>状况</u>。｜城市的社会治安<u>状况</u>已有所好转。｜这些进城打工的农民，他们的生活<u>状况</u>还存在很多问题。｜只有加强管理，才能彻底改变目前这种混乱<u>状况</u>。

"状态"可以表示人或事物的外表形态，或表示某种形势。可以说"固体／液体／气体状态""紧急／混乱／自由状态""无政府状态"。

练习答案：（1）A　　（2）A　　（3）B

水到零度以下的时候，就会变成固体状态。 | 总统宣布这个地区目前进入紧急状态。 | 这个地区目前处于无政府状态，社会很混乱。

（2）"状态"还可以表示人的心理、精神、身体情况。可以说"精神／心理状态""昏迷／休克／紧张／兴奋状态""最佳状态""比赛状态"。

他这几天的精神状态不太正常。 | 从昨天晚上到现在，他一直处于昏迷状态。 | 快比赛了，他的身体还没恢复到最佳状态。

〖 练习 Exercises 〗

填空： A.状况　　B.状态
（1）队员们的身体还没有调整到最佳_____。
（2）普通民众都希望尽早结束这种混乱_____。
（3）这些年，农民的生活_____得到了一定的改善。
（4）一百多年以来，地球的气候_____没有多大改变。

404 组成 zǔchéng ②　　　组合 zǔhé ③　　　组织 zǔzhī ②

〖 相似 Similarities 〗

动词。把分散的人或事物安排在一起，形成整体。

句子是由词语组成的。‖ 有些词语可以组合，有些词语不能组合。‖ 学习语言需要学习句子的组织规律。

〖 区别 Distinctions 〗

（1）"组成"多表示把一些部分或个体安排在一起成为某事物或集体。可以说"…由…组成""组成部分／人员"。

上场比赛的每支球队都由十一个人组成。 | 这五位专家组成的调查组正在对事故发生的原因进行调查。 | 学习汉语和参观游览都是我们这次夏令营活动的重要组成部分。

练习答案：（1）B　　（2）B　　（3）A　　（4）A

"组合"多表示把一些部分或个体合到一起。可以说"组合成…""由…组合而成""组合家具／音响"。

这几张图放在一起组合成了一幅很美的图画。｜老王上周买了一套很高级的组合音响。｜十名队员分为两组，有多种组合方式。

"组织"可以表示把一些人或事物安排在一起，或把一些人安排在一起从事某种活动。可以说"组织材料／句子／话语""组织活动／比赛／教学／讨论／讲座／旅游""组织会议／晚会""组织能力"。

写文章不仅要收集到好的材料，还要善于组织材料。｜我们学校的学生会经常组织各种文艺和体育活动。｜为了组织好这次会议，我们准备了很长时间。｜一个单位领导应该具有一定的组织能力。

（2）"组合"和"组织"可以带补语。

用"组合"可以说"组合到一起""组合在一起""组合起来"。

单独看这些图没什么意思，但把它们组合到一起就很有意思了。｜这一组家具组合在一起很好看。｜一些词语放在一起组合起来就成了句子。

用"组织"可以说"组织到一起""组织在一起""组织起来""组织得…"。

这些材料之间没什么关系，很难组织到一起。｜他把这些人组织在一起，成立了一家公司。｜这些人都很有能力，你可以把他们组织起来，一起干点儿事。｜这次会议组织得非常好。

（3）"组合"和"组织"还可以是名词。

用"组合"可以说"固定组合""最佳组合""一对组合"。

他们几个在一起打篮球已经成了固定组合。｜经过一段时间的训练，大家都认为他们俩是一对最佳组合。

用"组织"可以说"学生／群众／民间／国际组织""政治／军事／经济／文化／体育／艺术组织""党组织""有／无组织"。

学生会是学校里的学生组织。｜联合国是一个很大的国际组织。｜北大西洋公约组织是一个军事组织。｜这次活动很显然是有组织的。

〖练习 Exercises〗

填空： A.组成　　B.组合　　C.组织

（1）这个代表团的_____人员我们都认识。

（2）这所大学最早是由三所学校_____而成的。

（3）两个"木"字_____在一起就成了"林"字。

（4）作为学生，像他这样无_____无纪律是不行的。

（5）每年秋天，我们学校的学生会都要_____一次学生运动会。

练习答案： （1）A　　（2）B　　（3）B　　（4）C　　（5）C

附录
APPENDICES

词形或发音相似（含相同）的词（初级）
Words and Expressions with Similar (or Same) Forms or Pronunciations (Elementary)

收录词语索引
Index of Words and Expressions Included

词形或发音相似（含相同）的词语（初级）
Words and Expressions with Similar (or Same) Forms or Pronunciations
(Elementary)

说明：除意义相近外，汉语中有些词，有的词形相似（或相同），有的发音相似（或相同），也属于相似词语。熟悉掌握这些词语，有助于从听、说、读、写各方面更好地理解和使用汉语。下边词表中是初级汉语中常见的词形及发音相似（或相同）的词。本词表中包括前文辨析的 404 组相似词语中的个别词语。

Note: Except the words and expressions close in meaning, there are still words and expressions with similar (or same) forms or pronunciations. Familiarizing oneself with and mastering those words and expressions can help one understand and use Chinese better in the aspects of listening, speaking, reading and writing. The following list of vocabulary includes the frequently-used words and expressions with similar (or same) forms or pronunciations in elementary Chinese. It contains a few of the 404 groups of similar words and expressions discussed previously in this book.

简称表
Abbreviations

名	名词	noun
动	动词	verb
形	形容词	adjective
代	代词	pronoun
副	副词	adverb
数	数词	numeral
量	量词	measure word
介	介词	preposition
连	连词	conjunction
助	助词	particle
前	前缀	prefix
后	后缀	suffix

A

爱——受

爱（ài, 动）② ¦ 爱妈妈　心中有爱
受（shòu, 动）③ ¦ 受欢迎　受批评

安全——完全

安全（ānquán, 形、名）① ¦
　　注意安全　安全第一
完全（wánquán, 形、副）② ¦
　　回答得很完全　完全正确

B

八——人

八（bā, 数）① ¦ 八月　八位同学
人（rén, 名）① ¦ 好人　人很多

把介——把量——吧

把（bǎ, 介）① ¦ 把门打开　把汉语学好
把（bǎ, 量）② ¦ 一把雨伞　两把椅子
吧（ba, 助）① ¦ 走吧　好吧

白副——白形——百

白（bái, 副）③ ¦ 白学了　白跑一趟
白（bái, 形）① ¦ 白雪　很白的纸
百（bǎi, 数）① ¦ 一百　百分之九十

半——羊

半（bàn, 数）① ¦ 半天　半个西瓜
羊（yáng, 名）② ¦ 一只小羊　羊毛

包——句

包（bāo, 名、量、动）① ¦
　　一个包　一包糖　包起来
句（jù, 量）② ¦ 一句话　唱两句

包子——句子

包子（bāozi, 名）② ¦
　　好吃的包子　肉包子
句子（jùzi, 名）② ¦
　　很长的句子　写一个句子

报——抱

报（bào, 名）③ ¦ 一张报　看报
抱（bào, 动）② ¦
　　抱了很多东西　抱着孩子

报到——报道（报导）

报到（bàodào, 动）③ ¦
　　新学生去办公室报到
　　他刚来，还没报到
报道（报导）（bàodào（bàodǎo），动、
　　名）③ ¦ 报道（报导）大会的消息
　　写一篇报道（报导）

背 bēi——背 bèi 动——背 bèi 名

背（bēi, 动）② ¦ 背着书包　背不动
背（bèi, 动）② ¦
　　背着太阳　把课文背下来
背（bèi, 名）③ ¦ 后背　村子背后有座山

北——比

北（běi，名）①
　　窗户朝北　向北走 100 米
比（bǐ，介、动）①
　　哥哥比弟弟高　比一比

并_动_——并_动、副、连_——开

并（bìng，动）③
　　并起来　并在一起
　　手挽手，肩并肩
并（bìng，副、连）③
　　我并不知道
　　大会讨论并通过了这个计划
开（kāi，动）①开车　开门

C

车——东

车（chē，名）①新车　买一辆车
东（dōng，名）①
　　大门朝东　由西向东

成——城

成（chéng，动）②
　　长大成人　把会议室改成教室
城（chéng，名）③
　　一座古城　北京城

成——或

成（chéng，动）②
　　成了老师　做成一件事
或（huò，连）③
　　今天或明天　决定去或不去

重 chóng——重 zhòng

重（chóng，副）③
　　重写一遍　这本书买重了
重（zhòng，形）①
　　行李很重　任务重

出口_动_——出口_名_

出口（chūkǒu，动）③
　　出口到很多国家　大量出口
出口（chūkǒu，名）②
　　两个出口　体育馆出口处

初_副_——初_前_

初（chū，副）③
　　初学汉语　初来上海
初（chū，前）③
　　初级水平　五月初五

吹——次

吹（chuī，动）②
　　吹一口气　树被大风吹倒了
次（cì，量）①
　　去一次　多次见面

从来——以来

从来（cónglái，副）①
　　从来不说假话　从来没去过那里
以来（yǐlái，名）③
　　很久以来　参加工作以来

从前——以前

从前（cóngqián，名）③

从前，这里的交通不太方便。

以前（yǐqián，名）①
他来中国以前没学过汉语。

存——有

存（cún，动）②
存起来　钱存在银行
有（yǒu，动）①
有一位朋友　没有车

存——在

存（cún，动）②
一直存着　存了很多年
在（zài，动、介）①
在学校　在黑板上写字

D

达到——到达

达到（dádào，动）②
达到目的　达到标准
到达（dàodá，动）②
到达北京　代表团已经到达

大——太

大（dà，形）①
很大的房间　字写得大一些
太（tài，副）①
太好了　这里的东西太贵

代动——代名

代（dài，动）②
代同事去开会　找人代一下
代（dài，名）②老一代　后代

刀——力

刀（dāo，名）②菜刀　刀口
力（lì，名）③很有力　用尽全力

倒 dǎo——到——倒 dào

倒（dǎo，动）②倒下　倒在地上
到（dào，动）①
七点半到学校　客人都到了
倒（dào，动）②
倒车　往后倒一点儿

的——地——得

的（de，助）①
我的手机　美好的生活
地（de，助）①
高兴地说　很小心地放下
得（de，助）①
洗得很干净　做得非常好

地 de——地 dì

地（de，助）①
整齐地放着　好好地想一想
地（dì，名）③一大块地　目的地

得 de——得 dé

得（de，助）①说得很好　走得很累
得（dé，动）②得了第一名　得不到

等动——等助

等（děng，动）①
我们等你　等一会儿
等（děng，助）②
我去过上海、北京、广州等城市

这里的水果有苹果、香蕉、橘子等

低——纸

低 (dī, 形、动) ②┊
　　价格不低　低一下头
纸 (zhǐ, 名) ②┊一张白纸　写在纸上

弟——第

弟 (dì, 名) ②┊姐弟二人　哥哥和弟弟
第 (dì, 前) ①┊第一名　坐在第五排

对_{介、动}——对_形

对 (duì, 介、动) ①┊
　　对新的工作很满意　大门对着马路
对 (duì, 形) ①┊说得对　回答对了

对面——面对

对面 (duìmiàn, 名) ②┊
　　学校对面有一家商店　她坐在我对面
面对 (miànduì, 动) ③┊
　　面对困难　面对家人

多_副——多_形

多 (duō, 副) ②┊多好看啊　天多热啊
多 (duō, 形) ①┊很多自行车　买多了

F

分_动——分_{名、量}——份

分 (fēn, 动) ②┊分开　分给大家
分 (fēn, 名、量) ①┊
　　得到九十分　十点二十分
份 (fèn, 量) ②┊一份报纸　找一份工作

G

该——刻_动——刻_量

该 (gāi, 动) ①┊该走了　不该那样说
刻 (kè, 动) ③┊刻下名字　刻在石头上
刻 (kè, 量) ②┊八点一刻　一刻钟

干 gān——干 gàn——千

干 (gān, 形) ①┊衣服干了　天气很干
干 (gàn, 动) ①┊干什么　工作干完了
千 (qiān, 数) ②┊一千人　三千块钱

哥——歌

哥 (gē, 名) ①┊哥哥和弟弟　大哥
歌 (gē, 名) ①┊唱一首歌　好听的歌

各——名

各 (gè, 代、副) ②┊
　　各个国家　这两个人各有优点
名 (míng, 名、量) ③┊出了名　一名学生

根本_副——根本_{名、形}

根本 (gēnběn, 副) ③┊
　　根本不知道　根本没学过
根本 (gēnběn, 名、形) ③┊
　　对学生来说，学习是根本　根本原因

工夫——功夫

工夫 (gōngfu, 名) ③┊
　　两天工夫　没工夫去玩儿
功夫 (gōngfu, 名) ③┊
　　中国功夫　功夫茶

古——占

古 (gǔ, 形) ③┊ 古时候　古城

占 (zhàn, 动) ③┊ 占位置　占优势

光_{形、副}——光_名

光 (guāng, 形、副) ③┊
　　　表面很光　光说不练

光 (guāng, 名) ③┊ 太阳光　很亮的光

过_动——过_助

过 (guò, 动) ①┊ 过马路　再过几天

过 (guo, 助) ①┊
　　　我看过这个电影　没想过

H

还_副——还_动

还 (hái, 副) ①┊
　　　客人还没来　我还是没听懂

还 (huán, 动) ①┊
　　　去图书馆还书　借钱要还

行 háng——行 xíng

行 (háng, 量) ③┊
　　　写一行字　干一行，爱一行

行 (xíng, 动、形) ①┊
　　　行走　学汉语要多练才行

好_副——好_形

好 (hǎo, 副) ③┊
　　　好多人　带把雨伞，下雨的时候好用

好 (hǎo, 形) ①┊
　　　好人好事　太好了　好得很

合——台

合 (hé, 动) ③┊
　　　合起来　高兴得合不上嘴

台 (tái, 名、量) ③┊ 在台上　一台电视机

喝——渴

喝 (hē, 动) ①┊ 喝点儿水　喝了很多

渴 (kě, 形) ①┊ 口渴　很渴

合适——适合

合适 (héshì, 形) ②┊
　　　合适的方式　看电影时大声说话不合适

适合 (shìhé, 动) ②┊
　　　适合初学者　适合老年人穿的衣服

和——种

和 (hé, 介、连) ①┊
　　　和朋友讨论问题　北京和上海

种 (zhǒng, 量) ②┊ 一种语言　多种情况

互相——相互

互相 (hùxiāng, 副) ②┊
　　　互相帮助　互相关心和支持

相互 (xiānghù, 形、副) ③┊
　　　相互关系　相互之间　相互帮助

花_动——花_名——花_形

花 (huā, 动) ②┊ 花钱　花时间

花 (huā, 名) ①┊
　　　一朵花（儿）　好看的花（儿）

花 (huā, 形) ②┊ 花衣服　眼花了

画——画（儿）

画（huà，动）②┊画一张图　画得很好看
画（儿）（huàr，名）②┊
　　　　一张画（儿）　像画（儿）一样

话——活

话（huà，名）③┊几句话　说了很多话
活（huó，形、动）①┊
　　　　活火山　活到一百岁

坏——环

坏（huài，形）①┊
　　　　汽车坏了　小心一点儿不是坏事
环（huán，名）②┊
　　　　二环路上车很多
　　　　学习过程中做练习是重要的一环

回动——回量

回（huí，动）①┊回家　回一封信
回（huí，量）②┊
　　　　去过一回　听别人说和自己说是两回事

会动——会名

会（huì，动）①┊
　　　　她会说汉语　今天不会下雨
会（huì，名）③┊
　　　　开会　上午的会十二点结束

J

几——九

几（jǐ，数）①┊
　　　　不知道现在几点了　好几百人
九（jiǔ，数）①┊

我们九月一号开学　一九一九年

架动——架量

架（jià，动）③┊架起来　在河上架一座桥
架（jià，量）③┊
　　　　一架飞机　一架钢琴（gāngqín）

间——问

间（jiān，量）①┊一间办公室　两间房子
问（wèn，动）①┊问一个问题　问路

将副——将介

将（jiāng，副）③┊
　　　　我们将认真研究这件事情
　　　　下次将解决这个问题
将（jiāng，介）③┊
　　　　将生活水平再提高一步
　　　　将客人请到公司

角量——角名

角（jiǎo，量）②┊三角钱　八角五分
角（jiǎo，名）③┊牛角　广场的西北角

叫动——叫介

叫（jiào，动）①┊叫什么名字　大声叫
叫（jiào，介）②┊桌上的纸叫风吹跑了
　　　　自行车叫朋友借去了

节目——节日

节目（jiémù，名）②┊
　　　　新闻节目　表演一个节目
节日（jiérì，名）②┊
　　　　民族传统（chuántǒng）节日
　　　　节日放假安排

斤——片——升

斤 (jīn, 量) ② ┊ 三斤重　一斤二两
片 (piàn, 量) ② ┊ 一片云　一片面包
升 (shēng, 动) ③ ┊ 升高　升起来

进——近

进 (jìn, 动) ① ┊ 走进教室　装进书包
近 (jìn, 形) ② ┊ 离学校很近　近一点儿

经理——经历

经理 (jīnglǐ, 名) ② ┊ 公司经理　总经理
经历 (jīnglì, 动、名) ③ ┊
　　经历了很多事　一段经历

精神 jīngshén 名——精神 jīngshen 形

精神 (jīngshén, 名) ② ┊
　　科学精神　精神世界
精神 (jīngshen, 形) ③ ┊
　　看上去很精神　越来越精神

救——球

救 (jiù, 动) ② ┊ 救人　救火
球 (qiú, 名) ① ┊ 打球　足球

K

开展——展开

开展 (kāizhǎn, 动) ③ ┊
　　开展活动　开展起来
展开 (zhǎnkāi, 动) ③ ┊
　　展开一张地图　在桌子上把画儿展开

看——着

看 (kàn, 动) ① ┊ 看电影　看清楚

着 (zhe, 助) ① ┊ 灯亮着　在椅子上坐着

考——老 副——老 形——老 前

考 (kǎo, 动) ② ┊ 考汉语　考得很好
老 (lǎo, 副) ② ┊ 老不下雨　老是这样
老 (lǎo, 形) ① ┊ 老人　老房子
老 (lǎo, 前) ③ ┊ 老师　老板

空——空儿

空 (kōng, 形、副) ③ ┊
　　这几个房间是空的　空有一身本领
空儿 (kòngr, 名) ③ ┊
　　有空儿　一点儿空儿也没有

块——快

块 (kuài, 名、量) ① ┊ 木块　一块手表
快 (kuài, 形、副) ① ┊
　　走得很快　火车快要开了

困——团

困 (kùn, 形、动) ③ ┊ 太困了　被困住了
团 (tuán, 名、量) ③ ┊ 旅游团　一团火

L

来——米 名——米 量

来 (lái, 动) ① ┊ 来客人了　来晚了
米 (mǐ, 名) ② ┊ 一碗米　大米
米 (mǐ, 量) ② ┊ 一米长　两米高

两 量——两 数

两 (liǎng, 量) ② ┊
　　三斤二两　四两重的鱼
两 (liǎng, 数) ① ┊

两三个小时　两天时间

M

买——卖

买（mǎi，动）①

　　去商店买东西　给孩子买件衣服

卖（mài，动）②

　　这个商店卖的东西很贵

　　羊肉都卖完了

毛_量——毛_名——手

毛（máo，量）②　五毛钱　八毛五分

毛（máo，名）③　羊毛　多如牛毛

手（shǒu，名）①　一双手　拿在手上

每_代——每_副

每（měi，代）②

　　每个同学　每月有四个星期

每（měi，副）③

　　每学完一个单元有一次考试

　　每前进一步都要努力

面_量——面_名

面（miàn，量）③

　　一面国旗（guóqí）　一面镜子（jìngzi）

面（miàn，名）②　一碗面　爱吃面

面前——前面

面前（miànqián，名）③

　　父母面前　在困难面前

前面（qiánmiàn，名）①

　　走在前面　前面说过的话

N

哪——哪儿

哪（nǎ，代）①　哪个地方　哪位老师

哪儿（nǎr，代）①　去哪儿　你家在哪儿

那_代——那_连——那儿

那（nà，代）①　那件衣服　那间教室

那（nà，连）③

　　明天要是不下雨，那就好了

那儿（nàr，代）①

　　都在那儿　那儿的菜又好吃又便宜

难——谁——准

难（nán，形）①　很难回答的问题　难办

谁（shéi/shuí，代）①

　　你的老师是谁？　谁来了？

准（zhǔn，形、副）③

　　天气预报很准　我明天准来

内——肉

内（nèi，名）③　校内　国内

肉（ròu，名）①　牛肉　一块肉

年级——年纪

年级（niánjí，名）②

　　三年级学生　小学五年级

年纪（niánjì，名）②

　　小小年纪　年纪大了

P

怕_动——怕_副——拍

怕（pà，动）①　怕狗　怕做不好

怕（pà，副）③┊

　　这么晚了，他怕是不会来了

拍（pāi，动）②┊拍拍手　拍照片

排_动——排_名——排_量

排（pái，动）③┊排座位　排队

排（pái，名）②┊

　　（军队里的）一个排　他是排长

排（pái，量）②┊

　　我的座位在第六排　一排椅子

票——要

票（piào，名）①┊飞机票　一张票

要（yào，动）①┊要一杯茶　要认真

Q

气_动——气_名

气（qì，动）③┊又气又急　不要气他

气（qì，名）③┊打开窗户换换气　香气

钱——线

钱（qián，名）①┊十块钱　花钱

线（xiàn，名）②┊一条线　一根红线

R

任_动——任_连

任（rèn，动）③┊新任校长　任用

任（rèn，连）③┊任你怎么说，他都不听

S

上_动——上_名

上（shàng，动）①┊上北京　上六楼

上（shàng，名）①┊在桌子上　大街上

少——小

少（shǎo，形、动）①┊

　　知道这件事的人不少

　　这里还少一把椅子

小（xiǎo，形）①┊小孩子　一家小公司

生_动——生_形

生（shēng，动）②┊

　　生根开花　她生在北京，长在上海

生（shēng，形）③┊

　　今天的米饭有点儿生

　　我刚到这里，很多事情都很生

省_动——省_名

省（shěng，动）②┊省时间　省点儿钱

省（shěng，名）②┊

　　他去过很多省、市　河北省离北京很近

实现——现实

实现（shíxiàn，动）②┊

　　实现计划　完全实现

现实（xiànshí，名）③┊

　　了解现实　现实情况

T

提——题

提（tí，动）②┊提着行李　提得很高

题（tí，名）②┊几道题　一道难题

头 tóu_{名、量}——头 tóu_形——头 tou_后

头（tóu，名、量）②┊鱼头　一头牛

头（tóu，形）③┊头两名　头三天

头（tou，后）②┊后头　里头

腿——退

腿 (tuǐ, 名) ② ┊ 双腿　腿上

退 (tuì, 动) ③ ┊ 后退　退一步

W

往——住

往 (wǎng, 动、介) ② ┊

　　　一直往前　开往上海

住 (zhù, 动) ① ┊

　　　住在学校　在北京住了十年

为 wéi 动、介——为 wèi 介

为 (wéi, 动、介) ② ┊

　　　事在人为　这样做容易为大家所接受

为 (wèi, 介) ② ┊ 为什么　为人民服务

文学——文字

文学 (wénxué, 名) ③ ┊

　　　文学创作　现代文学

文字 (wénzì, 名) ③ ┊ 文字学　古文字

问——向

问 (wèn, 动) ① ┊ 问几个问题　问一下

向 (xiàng, 介、动) ① ┊

　　　向前看　面向大海

我——找

我 (wǒ, 代) ① ┊ 我学汉语　我不太忙

找 (zhǎo, 动) ① ┊ 找人　找两块钱

X

洗——选

洗 (xǐ, 动) ① ┊ 洗车　洗干净

选 (xuǎn, 动) ② ┊

　　　选一件好看的　选一位代表

下 动——下 名——下 量

下 (xià, 动) ① ┊ 下山　下车

下 (xià, 名) ① ┊ 大树下　楼下

下 (xià, 量) ② ┊ 等一下　刚才钟响了三下

响——向

响 (xiǎng, 形) ② ┊

　　　她走路的声音很响

　　　欢迎的掌声 (zhǎngshēng) 响了很久

向 (xiàng, 介、动) ① ┊

　　　向他学习　向前一百米

像 动——像 名

像 (xiàng, 动) ② ┊

　　　小王长得像妈妈

　　　才进入十一月，可已经像是冬天了

像 (xiàng, 名) ③ ┊ 人像　给他画一张像

小 形——小 前

小 (xiǎo, 形) ① ┊ 很小的国家　一件小事

小 (xiǎo, 前) ② ┊ 小吃　小孩儿

小姐——小组

小姐 (xiǎojie, 名) ① ┊

　　　李小姐　一位小姐

小组 (xiǎozǔ, 名) ③ ┊

　　　八个人分为两个小组　小组讨论

信 动——信 名

信 (xìn, 动) ③ ┊

　　　我信他说的是真话　信不信由你

信 (xìn, 名) ②┊一封信　很长的信

性——姓

性 (xìng, 后) ③┊先进性　完整性
姓 (xìng, 名、动) ②┊
　　　很普通的姓　我们的老师姓王

学——字

学 (xué, 动) ①┊学外语　好好学
字 (zì, 名) ①┊写字　认字

Y

右——左

右 (yòu, 名) ②┊
　　　在中国开车要走右边
　　　很多人习惯用右手写字
左 (zuǒ, 名) ②┊
　　　在英国开车要走左边
　　　她喜欢用左手拿筷子

Z

再——在动、介——在副

再 (zài, 副) ①┊
　　　先想想再回答　再等一会儿
在 (zài, 动、介) ①┊
　　　我家在上海　在生活上关心大家
在 (zài, 副) ②┊
　　　我在做练习　你在忙什么

站动——站名

站 (zhàn, 动) ①┊站起来　站着说话
站 (zhàn, 名) ②┊火车站　加油站

张动——张量

张 (zhāng, 动) ③┊张嘴　东张西望
张 (zhāng, 量) ②┊一张画儿　几张照片

真——直形、动——直副

真 (zhēn, 副) ①┊真好　真不知道
直 (zhí, 形、动) ③┊
　　　马路又宽又直　直起身
直 (zhí, 副) ③┊
　　　气得直哭
　　　这趟车直达北京，中间不停

正副——正形

正 (zhèng, 副) ①┊
　　　外边正下雨　我正要找你
正 (zhèng, 形) ③┊
　　　正前方　这菜的味道很正

支——只 zhī量——只 zhǐ副

支 (zhī, 量) ②┊一支军队　一支笔
只 (zhī, 量) ③┊一只小鸟　两只耳朵
只 (zhǐ, 副) ②┊只会说汉语
　　　只学过一点儿

钟——种

钟 (zhōng, 名) ③┊时钟　六点半钟
种 (zhǒng, 量) ②┊两种方法　多种语言

主人——主任

主人 (zhǔrén, 名) ②┊小狗的主人
　　　这房子的主人出国了
主任 (zhǔrèn, 名) ③┊办公室主任
　　　他俩都想当主任

收录词语索引
Index of Words and Expressions Included

519

图书在版编目 (CIP) 数据

汉语相似词语区别与练习. 初级 / 方绪军 著. —北京：北京语言大学出版社，2012.12
ISBN 978-7-5619-3416-6

Ⅰ.①汉…　Ⅱ.①方…　Ⅲ.①汉语—词语—对外汉语教学—教学参考资料　Ⅳ.① H195

中国版本图书馆 CIP 数据核字（2012）第 285305 号

书　　名	：汉语相似词语区别与练习　初级	
	HANYU XIANGSI CIYU QUBIE YU LIANXI　CUJI	
责任印制	：汪学发	

出版发行：**北京语言大学出版社**

社　　址：北京市海淀区学院路 15 号　　邮政编码：100083
网　　址：www.blcup.com
电　　话：发行部　010-82303650 / 3591 / 3651
　　　　　编辑部　010-82303647 / 3592 / 3395
　　　　　读者服务部　010-82303653 / 3908
　　　　　网上订购电话　010-82303668
　　　　　客户服务信箱　service@blcup.com
印　　刷：保定市中画美凯印刷有限公司
经　　销：全国新华书店

版　　次：2012 年 12 月第 1 版　　2012 年 12 月第 1 次印刷
开　　本：787 毫米 × 1092 毫米　　1/16　　印张：34.25
字　　数：501 千字
书　　号：ISBN 978-7-5619-3416-6 / H · 12206
定　　价：79.00 元

凡有印装质量问题，本社负责调换。电话：010-82303590